제국을
사진 찍다

Picturing Empire: Photography and the Visualization of the British Empire

by James R. Ryan

First published by Reaktion Books, London, UK, 1997
Copyright © James R. Ryan 1997
All rights reserved.
Korean Translation Copyright © Greenbee Publishing Company, 2015.
Korean translation rights arranged with Reaktion Books LTD through Shinwon Agency.

제국을 사진 찍다

발행일 초판 1쇄 2015년 10월 20일 | **지은이** 제임스 R. 라이언 | **옮긴이** 이광수

펴낸곳 (주)그린비출판사 | **펴낸이** 임성안 | **등록번호** 제313-1990-32호

주소 서울시 마포구 동교로17길 7, 4층(서교동, 은혜빌딩) | **전화** 02-702-2717 | **이메일** editor@greenbee.co.kr

ISBN 978-89-7682-539-1 03900

이 도서의 국립중앙도서관 출판시도서목록(CIP)은 서지정보유통지원시스템 홈페이지(http://seoji.nl.go.kr)와
국가자료 공동목록시스템(http://www.nl.go.kr/kolisnet)에서 이용하실 수 있습니다.(CIP제어번호: 2015026622)

나를 바꾸는 책, 세상을 바꾸는 책 www.greenbee.co.kr

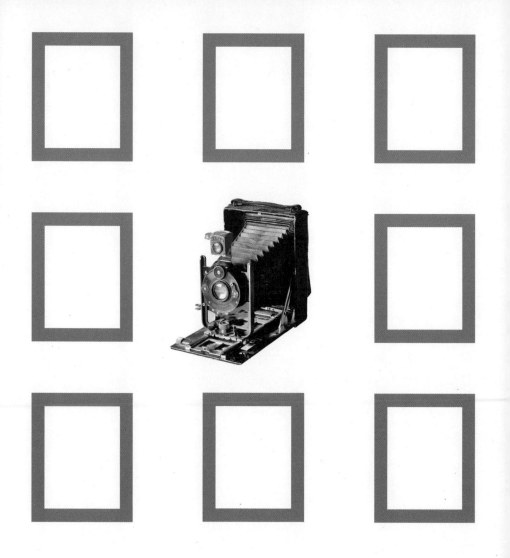

대영제국의 사진과 시각화

제국을
사진 찍다

제임스 R. 라이언 지음 | 이광수 옮김

ㅎB
그린비

감사의 글

이 책을 쓰는 동안 많은 이가 내게 흔쾌하게 시간과 지식을 내주는 배려를 아끼지 않았다. 특히, 펠릭스 드라이버(Felix Driver)에게 큰 감사를 드린다. 그는 수년간 지지지 않는 일정과 사려 깊은 의견을 제시하였고, 내게 용기를 북돋워 주었다. 또 크리스토퍼 핀니(Christopher Pinney)에게도 큰 신세를 졌는데, 그는 원고의 두 버전을 모두 읽는 수고를 마다하지 않았고, 좋은 제안을 하는 데 전혀 인색하지 않았다. 패트릭 브랜트링거(Patrick Brantlinger)와 데이비드 리빙스턴(David N. Livingstone) 그리고 로이 포터(Roy Porter)는 초기 버전을 꼼꼼히 읽고 깊이 있는 통찰력과 좋은 제안을 보내준 데 대해 특별히 감사를 드린다. 또 밀리 떨어져 있음에도 정기적인 소통을 통해 용기를 북돋아 준 조앤 슈워츠(Joan Schwartz)에게도 큰 감사를 드린다.

　이 연구가 진행되는 동안 많은 도서관 사서들과 사진 사서 그리고 아카이브 자료사들의 도움을 많이 받았다. 그들이 내 물음에 진지하게 도와주지 않았더라면 이 연구는 훨씬 힘들었을 것이고, 지루하고 재미없었을 것이다. 그들 가운데 특히 런던 왕립지리학회(Royal

Geographical Society)의 조앤나 스캐든(Joanna Scadden), 런던 외국 및 영연방 사무국(Foreign and Commonwealth Office)의 캐스린 허턴(Kathryn Hutton), 런던 인도청(廳) 도서관(India Office Library)의 존 팰코너(John Falconer), 케임브리지 대학 왕립영연방협회 컬렉션(Royal Commonwealth Society Collection)의 테리 배링턴(Terry Barrington), 런던 자연사박물관(Natural History Museum)의 앤 다타(Ann Datta), 런던 왕립인류학과 연구소(Royal Anthropological Institute)의 크리스 라이트(Chris Wright), 옥스퍼드 대학 지리학부 도서관의 린다 앳킨슨(Linda Atkinson)과 수 버드(Sue Bird), 런던의 의약사를 위한 웰컴 연구원(Wellcome Institute for the History of Medicine)의 윌리엄 슈프바흐(William Schupbach), 요하네스버그의 브렌더스트 도서관(Brenthurst Library)의 다이애나 매든(Diana Madden)에게 특별한 감사를 드린다. 그리고 다프니 포스켓(Daphne Foskett) 여사에게도 특별히 감사를 드린다. 여사께서는 사적 소장품을 내주셔서 존 커크로 하여금 사진을 재생할 수 있도록 친절을 베풀어 주셨다. 또 러셀 트레인(Russel E. Train)은 내게 토머스 배인즈(Thomas Baines)의 창고 관리인의 노트를 검토할 수 있도록 허락해 주었다.

옥스퍼드 대학 지리학부와 세인트휴(St. Hugh) 대학의 동료들은 작업할 수 있도록 좋은 환경을 조성해 주었고 연구에 전념할 수 있는 분위기를 만들어 주었다. 특히 엘리자베스 배전트(Elizabeth Baigent), 고든 클락(Gordon Clark), 바버라 케네디(Barbara Kennedy), 존 윌킨슨(John Wilkinson)과 대학원 지리학 세미나에 참가한 모든 분들에게 감사를 드린다. 마틴 바푸트(Martin Barfoot)는 이해할 수 없는 마감 기한에도 기꺼이 훌륭한 사진 작업을 해주었다.

역사연구소(Institute of Historical Research)에서 열린 제국사 세미나(Imperial History Seminar)와 역사지리연구자 런던 모임(London Group of Historical Geographers) 참가자들에게도 특별히 감사를 드린다. 그들 모두 이 연구가 진행되는 동안 우정으로 그리고 학문적으로 좋은 분위기를 만들어 주었다.

자신의 생각과 참고자료 그리고 용기를 아낌없이 베풀어 주신 몇몇 분이 있다. 그들 가운데 케이 앤더슨(Kay Anderson), 팀 배린저(Tim Barringer), 앤드루 블레이크(Andrew Blake), 크리스 브리워드(Chris Breward), 안드레아스 브뢱크만(Andreas Broeckmann), 켈리 보이드(Kelly Boyd), 돈 채프먼(Don Chapman), 리처드 드레이튼(Richard Drayton), 엘리자베스 에드워즈(Elizabeth Edwards), 패트리샤 파라(Patricia Para), 데이비드 길버트(David Gilbert), 피터 한센(Peter Hansen), 사라 하퍼(Sarah Harper), 옌스 야거(Jens Yäger), 필 킨스먼(Phil Kinsman), 애브릴 매드렐 맨더(Avril Maddrell Mander), 피터 마셜(Peter Marshall), 팀 멜드럼(Tim Meldrum), 존 매켄지(John MacKenzie), 로한 맥윌리엄(Rohan MacWilliam), 캐서린 내시(Cathrine Nash), 수 파넬(Sue Parnell), 대니얼 피어시(Daniel Piercey), 앤드루 로버츠(Andrew Roberts), 사라 래드클리프(Sarah Radcliffe), 제인 샘슨(Jane Sampson), 라파엘 새무얼(Raphael Samuel), 히더 쇼어(Heather Shore), 제임스 시드웨이(James Sidway), 도널드 심슨(Donald Simpson), 앤서니 스토크웰(Anthony Stockwell), 니콜라 토머스(Nicola Thomas), 애드리앤 투키(Adrianne Tooke), 기어로이드 투아타일(Gearóid Ó Tuathail), 빌 턴스톨(Bil Tunstall)의 이름은 꼭 불러야겠다.

이 프로젝트가 진행되는 몇 년간 가족과 친구들은 도움을 아끼지 않았다. 그 가운데 가장 큰 감사는 당연히 아내인 데보라(Deborah)에게 해야 할 것이다. 자상하면서 날카로운 독자인 아내는 빈틈없는 의견과 끝없는 용기를 가져다주었다. 끝으로 만약 내 조부모의 식민 경험이 없었더라면 제국에 관한 문화 복합체에 다가갈 수 없었을 것이다. 특별히 아서 호너(Arthur Horner)가 나눠 준 기억력과 통찰력에 감사드린다.

사진에 관한 감사의 말

케임브리지 대학 평의회의 허락에 따른 왕립영연방협회 컬렉션(Royal Commonwealth Society Collection)의 14, 20, 36, 80, 81, 83, 84, 86; 에딘버러 민족도서관(National Library)의 다프니 포스켓 여사의 허락에 따른 10, 11, 12; 런던 대영도서관(British Library)의 38, 56, 57; 런던의 외국 및 영연방 사무국 컬렉션의 26, 39, 54; 런던 국가육군박물관(National Army Museum) 관장의 배려에 의한 33; 런던 자연사박물관의 87; 런던 왕립인류학연구소(Royal Anthropological Institute)의 배려에 의한 4; 런던 큐(Kew)의 왕립식물원(Royal Botanic Garden)의 7, 9, 15, 16, 17, 18, 19, 20, 21, 22, 23, 24, 25, 27, 28, 29, 30, 31, 32, 34, 35, 37, 40, 41, 42, 49, 50(표지에 사용하기도 함), 51, 52, 59, 60, 61, 62, 63, 64, 65, 66, 88, 91 그리고 옥스퍼드 대학 보들리도서관(Bodleian Library)의 70, 73, 90, 92.

서문

내 고조할머니가 1931년 8월 남아프리카공화국 나탈(Natal) 주 더반
(Durban)에서 이국적인 복장을 한 인력거꾼과 엽서용 사신을 찍었는
데, 그때 할머니는 남아공의 유럽인 거주자나 여행자들 사이에서 널리
유행한 사진 전통을 따르고 있었다(사진 1). 세기가 바뀌면서 사람들은
대중이 열광한 유행을 따라 이런 사진을 제작하였는데, 가격이 아주 저
렴하였다. 그래서 내 고조할머니처럼 식민지에서의 호사스런 삶을 보여
줄 수 있는 인증사진을 찍어 고향에 있는 가족이나 친구들에게 보내
곤 했다. 내 먼 친척 가운데 한 분은 1880년대 중반에 갓 결혼한 신부
로 남아프리카에 도착하였다. 그때 그곳에 정착해 있던 영국인은 그전
부터 이미 이런 사진을 통해 자신들을 불멸의 존재로 보존하였다. 이러
한 이미지가 대량으로 복제되어 배포되기 훨씬 전부터 인력거꾼, 가마
꾼, 의자꾼 같은 온갖 종류의 '토착민 운반인'을 이용해 이동한 백인 남
성과 여성의 사진은 대영제국 스타일의 일반적인 상징이었다. 이와 비슷
하게 아프리카가 제공하는 차이와 유혹도 저 유명한 토머스 존스 바커

1. 인력거꾼과 저자의 고조할머니, 남
아프리카공화국 나탈 주 더반에서,
1931년 8월 27일

(Thomas Jones Barker)가 그린 「영국의 위대함의 비밀」(1861)에 잘 나타나듯, 오랫동안 시각 이미지로 표현되어 왔다(사진 2). 이 그림은 화려한 색상의 옷과 온갖 장신구로 치장한 이름을 알 수 없는 한 아프리카 흑인 왕이 몸을 숙여 젊은 빅토리아 여왕으로부터 성경책을 받는 모습을 묘사한 것이다. 이러한 자료로 미루어볼 때 내 고조할머니가 스스로 선택했든지, 아니면 전통에 따라 그리했든지 간에 그 당시 그런 스타일로 제국을 표현하는 사진을 찍은 관습은 영국의 심상 안에 깊게 자리 잡고 있었던 것이다.

2. 토머스 존스 바커, 「영국의 위대함의 비밀」, 1861

이 책은 이렇듯 심상의 지리학 안에 자리 잡은 사진의 위치에 관한 내용으로, 빅토리아 여왕 통치(1837)부터 제1차 세계대전 전야까지의 기간을 다룬다. 이 기간에 일어난 사건인 1839년의 사진 발명과 그 이후 사진술의 발전은 대영제국이 해외에서 크게 팽창한 시기와 일치한다. 세기가 바뀌는 정점에서 대영제국은 세계 인구의 1/4에 달하는 지역을 지배했는데 그 크기가 1,200만 제곱마일에 달했다.[1] 세국이 발전하면서 달성한 것을 기록하는 데 결코 없어서는 안 되는 사진이 등장했다. 그리고 1900년에는 대량생산체계를 갖춘 코닥카메라에 의해 버튼 하나만 누르면 될 정도로 간단해졌다. 가족 앨범에서 가져온 것이든, 공식 아카이브에서 가져온 것이든 관계없이 역사적 사진은 영국의 제국적 과거에 대한 광경을 여실히 보여 준다. 더군다나 포스트 식민적 맥락 안에서 사진 아카이브가, 이제 막 그 생성과 지속에 합당한 비판적 관심을 받고 있는 집단적 식민의 기억을 재현한다는 것은 명백해 보인다. 빅토리아와 에드워드 시대의 제국이 사진으로 재현된 복합적인 방식에 대해서, 그리고 문화영역의 범주 내에서 제국이 사진 행위에 가졌던 지대한 관심의 역할에 대해서 내가 관심을 갖기 시작한 것은 바로 이러한 배경 아래에서였다.

내가 사용하는 '제국주의'라는 용어는 제국이 형성되고 유지되며 팽창되는 과정을 의미하는데, 그 안에서 제국주의는 단지 영토를 복속시키고, 정치적 야망을 가지며, 경제적 이득을 취하는 것을 포함할 뿐만 아니라 문화 형성, 태도, 믿음, 관습 등도 포함한다고 주장하는 역사학자들과 포스트 식민주의자들의 최근 의견을 따른다. 구체적으로 나는 제국주의를 다양한 수준의 군사주의와 애국주의를 대동해 세계의 나머지 지역 모두에 지속적으로 퍼뜨리는 일련의 문화적 태도이며, 인종적 우월성에 대한 믿음과 '문명화의 사명'에 대한 충성심이라고 기술하는 존 매켄지(John MacKenzie) 같은 역사학자들의 주장을 지지한다.[2] 따라서 제국주의는 빅토리아와 에드워드 시대에 영국의 문화와 사회 안에서 중심 이데올로기의 역할을 했다. 그것은 문화 형태 범주 안에서 그것을 표현하고 키워내는 역할을 하였는데 그 안에 포함된 것으로는 음악 전당, 극장, 영화, 교육, 청소년 문학, 스포츠, 전시 등이 있다.[3] 문화 과정에 대한 그러한 테두리 안에서 사진을 고려해야만 비로소 대영제국 안에서 매체가 얼마나 중요하였는지에 대해 이해할 수 있다.

나는 이런 사실에서 출발하여 다양한 사진 행위 안에서 제국주의가 유지되었음을 주장한다. 예를 들면, 앞에서 언급한 바 있는 우리 가족 앨범에 있는 그 식민지 사진은 백인 여성과 아프리카 흑인 남성 사이의 관계를 내 고조할머니 같은 식민지 거주자에게는 아무렇지 않은 평범한 방식으로, 심지어 어떤 관점에서는 오늘날에도 재현되고 있는 방식으로 재현하고 있다. 그런데 만약 두 사람의 관계가 거꾸로 나타난다면 놀라지 않을 사람은 없을 것이다. 그것은 두 사람 모두 최고로 멋지게 차려입고 있지만, 그 둘은 이미지의 시각 공간 안에서 확연히 둘로 나뉘기 때문이다. 게다가 여기에서의 시각은 이데올로기와 일치한다. 즉, 잘 보이지는 않지만 인력거에는 '더반 인력거 상사. 유럽인 전용'이라는 문구가 적혀 있음을 알 수 있다. 앞으로 살펴보겠지만, 사진의 행위와 미학 또한 제국주의의 이데올로기를 표현하고 구체화시킨다.

빅토리아 여왕이 차지하는 제국 중심부에서의 우상적 위치 또한 사진을 통해 투사되었는데, 그 좋은 예가 전문 사진가 힐스(Hills)와 사운더스(Saunders)가 찍은 우편 수발함 앞에서 집무하는 모습의 사진이다(사진 3). 이 사진에서 독특한 검정색 상복을 입은 차분한 모습의 여왕은 세계 최고의 제국을 통치하는 부담을 효과적으로 다루는 모습으로 묘사되어 있다. 인도 제국 여왕으로서 그녀의 역할은 흔들림 없는 꼿꼿한 자세로 여왕의 명령을 기다리는 인도인 비서 셰이크 첫다(Sheikh Chidda)의 모습을 통해 나타나기도 한다. 이는 1893년 여왕이 윈저의 프로그모어(Frogmore)에 있는 콘소트(Consort) 공의 능묘를 정규적으로 방문하던 때 찍은 힐스와 사운더스의 사진인데, 델리(Delhi)나 심라(Simla)에서 찍힌 것으로 보일지도 모른다. 빅토리아 여왕은 인도를 방문한 적이 없다. 이 사진은 인도에서 다르바르[무갈식 궁정. 영국 통치기에는 의례를 위해 상징적으로 가설됨]가 설치된 것과 같은 해에 오스본 하우스(Osborne House)에 설치된 같은 모양의 인도식 다르바르 집무실에서 찍은 것으로, 마치 여왕이 인도 통치를 위해 친히 인도로

3. 로버트 힐스와 존 사운더스, '프로그모어 집무실의 빅토리아 여왕'. 셰이크 칫다의 시중을 받고 있음

간 것처럼 상상하게 한다.

얼핏 보기에 카메라라는 존재를 잊은 듯하지만, 빅토리아 여왕은 분명히 카메라를 의식하며 어떤 고정된 자세를 유지하고 있다. 즉 테이블보가 바람에 날려 흐릿하게 찍혔고, 그녀가 쥔 펜은 정지해 있다. 여왕은 사진의 기술 과정을 이해하였을 뿐 아니라 ─ 사실 그녀는 그림으로 그려진 것보다 더 자주 사진으로 찍혔다 ─ 사진의 이미지가 가질 수 있는 중요한 도덕적 영향 또한 이해하였다.

여왕과 앨버트(Albert) 공은 일찍이 사진에 푹 빠졌다. 그들은 1840년에 이미 다게레오타입(daguerreotype)을 사들였고, 1854년 런던사진협회(London Photographic Society)가 개최한 첫 전시에 참관하였으며, 윈저 성에는 암실까지 갖추어 놓았을 정도였다. 가족들 사진을 모으는 데 아주 열성적이었던 빅토리아 여왕은 왕실 전통을 고안하는 데 카메라를 매우 효과적으로 이용하기도 했다.[4] 여왕과 그 가족의 사진이 명함판 사진으로 시중에 대량 유통되어 구입할 수 있게 되었다. 작은 명함 위에 붙여진 인쇄물로 구성된 이러한 사진은 초상용으로 널리 사용되었는데, 특별히 유명 인사용이나 '이국풍'을 드러내는 용도로 사용되었다. 그 좋은 예가 1861년에 메이올(J. E. Mayall)이 제작한 '왕실 앨범'인데, 이는 사진이 갖는 순간성에 대해 열광하는 데 일조하였다. 그리고 시간이 지나면서 빅토리아 여왕의 대형 프린트와 판화 인쇄물이 제국 전역에 걸쳐 응접실, 학교 강당, 기차역 등에 걸리게 되었다.

많은 점에서 대영제국, 특히 빅토리아 시대 같은 경우, 장대한 광경의 미학적 축적과 분위기를 보유하였다.[5] 이는 아마 제국의 여러 가지 전시, 기념 축전 그리고 여러 다른 대중 집합 연회에서 가장 극적이었을 것이다. 예를 들면, 『펀치』(Punch) 지에 실려 있는 1866년의 '빅토리아 여왕 즉위 기념 축전 연회'(사진 4)는 제국의 힘과 진보를 보여 주는 열광적인 느낌을 그려 내어 일깨우고 있다. 제국 광경의 중심에는 빅토리아 여왕 자신이 브리타니아(Britannia)로 그려져 있다. 폭포에서부터 도시들에 이르기까지 제국에 관한 모든 것에는 그녀의 이름이 부여되었는데, 그녀의 형상은 봄베이부터 빅토리아까지 제국 도시를 칭송하는 수없이 많은 조각 속에서 불멸의 존재가 되었다.

『펀치』 지의 축연은 제국과 관련된 장대하고 화려한 의식을 보여 줄 뿐 아니라 그 장면에 참여하는 동시에 기록하는 자로서의 사진가라는 존재를 보여 주기도 한다[그림의 왼쪽 위]. 사진은 빅토리아 시대의 문화를 입증하는 데 없어서는 안 될 요소가 되었다.[6] 카메라는 당시의 다른 발명품에 둘러싸인 채 그 시대가 이룩한 파노라마 저쪽의 대포를

4. '빅토리아 여왕 즉위 25주년 희년제', 1886, 『펀치』

반영하면서 멀리 떨어져 있는 지평선을 향해 배치된다. 『멋진 세기』(*The Wonderful Century*)의 저자 러셀(A. R. Russel)은 사진을 만드는 데 화학과 광학을 어떻게 적용하느냐는 "우리 시대가 전적으로 담당해야 할 것"이라고 주장했다.[7] 그래서 빅토리아 시대가 내세우는 최고의 경이로운 발명품 가운데 으뜸인 카메라는 세계의 실체들과 그 안에 존재하는 대영제국의 팽창된 모습을 드러내는 데 가장 막강한 수단으로 널리 간주되었다.

'역사의 눈'

대영제국의 역사를 기록한 많은 사람들은 제국의 성격과 여러 사건을 보여 주기 위해 광대한 시각 자료를 활용하였다. 특히 그 가운데 사진은 제국의 과거에 대한 향수와 비판 양쪽 모두의 풍조를 보여 주는 창으로 활용되었다.[8] 그렇지만 시각화된 많은 역사는 그 이미지를 지극히 일반화된 역사적 상황 안에 위치시키는 것밖에 하지 못했다.[9] 이것은 시각 자료, 특히 사진을 활용하는 데서 일반적으로 갖는 역사에 관한 근시안에서 비롯되는 것이다. 라파엘 새무얼(Raphael Samuel)에 의하면 사진은 단순히 '역사의 눈'이다. 이러한 새무얼의 생각은 19세기 미국의 사진가 매튜 브래디(Matthew Brady)가 쓴 용어를 차용한 것인데, 우리로 하여금 문자 그대로 과거를 되돌아보게 한다.

보통 역사가는 자신이 사용하는 자료가 얼마나 입증할 만한 것인지에 대해 좀스러울 정도로 꼼꼼한데 그 역사가가 기꺼이 사진을 찍으려 하고, 사진을 있는 그대로의 사실을 반영하는 것으로 취급하는 것은 참으로 희한한 일이다. 우리는 사진이라는 것이 우리가 의도하는 바내로 모든 자세한 것을 다 까발려주는 것이라고 해설을 달지도 모른다. 반면, 꼭 그렇지 않다고 문제 제기를 해야 할 필요성도 없다. 아니면 확실하게 할 요량으로 그 사진이 어떻게 존재하게 되었는지를 따져보거나 그 안에 왜 누구누구는 있는데 누구누구는 없는지에 대해 심사숙고해 봄으로써 사진의 정체를 따져볼 필요도 없을 것이다. 심지어 우리는 사진에 대한 교환 차원에서 항상 갖는 기초적 사항들, 예컨대 사진가는 누구이고, 사진이 언제 어떤 상황에서 찍혔는지 따위조차 잘 따르지 않는다.[10]

새무얼은 중대한 도전을 하나 던진다. 역사적 사진에는 인용부호를 다는 것이다. 이는 의미를 만드는 가상의 세계와 문화적 관습을 이해하기 위하여 그 사진들을 역사적 맥락 안에 위치시키는 것이다. 그는 이렇게 말한다.

사진이 갖는 힘은 보이는 것과는 정반대이다. 우리는 과거를 알기 위해 사진에 접근하고 있다고 생각할지도 모르지만, 그 사진들이 역사적으로 중요하고 과거에 우연히 남겨진 것을 소중한 상징으로 전환시키는 것은 그 사진들에 부여하는 우리의 지식이다.[11]

새무얼이 정확히 지적하였듯이, 사진이란 모호한 이미지이다. 그것은 그 사진을 보는 사람에 따라 그 안에 부여된 지식에 의해 다중적 의미가 생성되기 때문일 것이다. 그런 데다가 분명히 사진에 역사적 유물로서의 단일한 힘을 가져다주는 것은 사진 안에 보관된 — 보통 사진을 찍은 사람들이 원하지 않은 형식이나 보지 않은 내용으로— 과거의 우연한 잔여일 뿐이다.

회화나 스케치 혹은 지도를 볼 경우, 우리는 보통 대상 그 자체를 볼 뿐 그 재료, 물질, 보이는 형태나 그것들이 재현하는 대상을 고려하지는 않는다. 그런데 우리가 사진을 볼 때는 보통 사진이 아니라 그것이 보여 주고 있는 대상 자체를 본다. 롤랑 바르트가 말하듯, "당신의 사진을 다른 이에게 보여 주라. 그러면 그도 바로 자신의 사진을 당신에게 보여 줄 것이다. '여기 보세요. 이 사람이 제 형이고, 이 아이가 어릴 적 접니다' 등과 같이."[12] 사진이 우리에게 상기시키는 강력한 시각적 존재감은 그것이 갖는 지표 기호로서의 지위에서 생겨나는데, 거기에서 빛과 어둠을 화학적으로 기록하는 것은 필연적으로 사진 이전의 대상에 연계되어 있다. 이 때문에 사진은 독특한 소통적 존재의 위치를 부여받는 것이다. 과학수사에서의 핑거프린트나 데드마스크처럼 '어떤 일이 있었는지'에 대한 선택적이지만 확실한 시선이 된다.[13] 이에 대해 다시 롤랑 바르트가 지적하듯, "사진이 무한히 재현하는 일은 딱 한 번 일어난다.

다시 말하면, 사진은 존재론적으로 결코 반복될 수 없는 것을 기계적으로 반복한다."[14]

빅토리아 시대 사람들에게 사진이란 과학과 예술의 완전한 결합인 것처럼 보였다. 자연을 전적인 정밀도와 복잡한 정확도로 복사하는 것을 허용하는 하나의 기계적인 수단이었다. 그래서 1854년 제24차 영국 과학진보학회(British Association for the Advancement of Science) 회의에서 새무얼 하일리(Samuel Highley)가 다음과 같은 일을 한 것으로 전해진다.

몇 장의 사진을 통해 '관찰'에 대한 엇갈리는 주장에서 자연의 대상을 아주 '충실하게' 묘사한 것의 중요성이 어떤 가치 있는 도움을 줄 수 있는지, 그리고 자기 방에서 연구하는 학생들이 어떻게 실체적 원칙의 적용을 통해 멀리 떨어진 지역의 동식물군이나 의학적 실험의 희귀한 경우를 연구할 수 있는지를 회원들에게 보여 주었다.[15]

사진을 '자연 대상을 있는 그대로의 사실을 묘사하는 것'이라고 믿음으로써 19세기 중반 이후 사람들은 사진을 과학과 예술에 적용할 것을 요구했다. 게다가 다음 장에서 제시하겠지만, 바로 카메라의 정확성에 대한 이러한 믿음 때문에 카메라를 멀리 떨어진 곳에 거주하는 사람들과 그 광경을 탐험하고 조사하는 데 사용하도록 한 것이다.

그렇지만 카메라가 세계를 재현하는 데 충실한 도구라고 가정했음에도 불구하고 사진의 의미는 문화적 코드와 관습을 통해 도출되는 하나의 사회적 행위였다. 실제로 사진은 풍경화를 통해 물려받은 시각적 사실주의에 관한 회화적 관습 없이 '근대적 관점'으로 부상할 수는 없었다.[16] 이렇게 사진이 회화로부터 많은 미학적 관습을 물려받았음에도, 사진적 이미지가 갖는 지표적(indexical) 지위는, 사진가가 카메라로 세계를 프레이밍하는 것을 완벽하게 통제할 수 없다는 무능력 —— 이에 반해 화가의 통제하는 정도는 훨씬 강하다 —— 과 함께 사진을 회화나 그 외의 다른 모든 그래픽 예술과 분명히 구별하였다.

회화나 지도 제작만큼은 아니겠지만 사진의 문화적 통용 역시 관습적인 방식으로 이루어지고 있다. 이러한 주장은 사진의 역사에 관한 많은 저작이 전통적으로 사진이 이루어 낸 기술적 발전과 유명한 사진가의 예술적 업적에 주로 초점을 맞추어 왔다는 점에서 우리에게 중요한 비판거리들을 제공해 준다. 그 역사는 보통 1839년 사진의 '발명'으로 시작하여 사진의 현재 자의식에서 정점을 이룬다.[17] 이렇게 접근해 봄으로써 우리는 사진이라는 것이 그 기술적 발전과 심미적 완전성 위에 기초한 어떤 자연적이면서 고정된 정체성을 갖는다고 생각할 수 있다. 또 전통적으로 사진은 시각적 실체, 즉 '세상을 보는 창'으로서 전혀 다른 시간과 장소에서 완벽하고 객관적으로 보는 것을 투명하게 기록하는 것 정도로 인식되어 오기도 했다.[18] 마찬가지로 사진가 개인과 그들의 예술적 생산에 압도적으로 초점을 맞추는 것은 아마 모순되게도 사진을 창조적 개인의 독특한 전망의 표현으로 읽는 것에 이르기도 한다. 이러한 접근은 사진의 미학적 가치를 우선시할 뿐 아니라 사진에 관한 행위들을 소외시키기도 한다.

그래서 사진의 역사에 관한 여러 가지 전통적 모델은 과거에 관한 분명한 역사적 근거로서의 사진에 부여되는 권위가 어떻게 특정한 역사적 맥락에서 그 스스로 구성되는지를 보여주는 데 실패했다. 하지만 사회문화적 관점을 적용하는 여러 연구들은 사진의 기술적 발전과 예술적 완성도에 관해 매우 체계적으로 강조함으로써 그 폭을 넓혀 주었다.[19] 일반적으로 시각 인식이라는 것은 정보를 외부로부터 지속적으로 부연하고 학문적 체계와 문화적 코드에 기반을 둔 이론을 시험하는 것을 내포하는 하나의 행위적 과정이듯이, 사진은 선택적이고 부분적이며 특정 문화의 틀 안에서 읽힐 수 있는 것이다.[20] 앨런 세큘러(Allan Sekula)가 지적하듯, "만약 정보가 문화적으로 결정된 관계의 산물이라는 것을 기본 전제로 받아들이면 우리는 더 이상 사진 이미지에 대해 본질적이고 보편적인 의미를 부여할 수 없다."[21]

존 태그(John Tagg) 같은 이는 이보다 더 급진적인 주장을 함으로써 '사진의 역사'에 관한 일관성을 신랄하게 비판하였다.

사진이라는 것은 정체성을 갖지 않는다. 기술로서의 사진의 지위는 그것에 부여되는 권력관계에 따라 변한다. 실제 행위로서의 성격은 그것을 작업하게 하는 대행자와 기관에 의존한다. …… 그리고 그 결과물은 그것들이 특정하게 통용되는 체계 안에서 독해가 가능하고 의미가 있는 것이다.[22]

나는 태그가 주장하는 "사진이란 항상 담론적 힘의 구성물일 뿐"이라는 총체적 주장에는 동의하지 않지만, '자연적' 근거로서 사진의 권위는 근거를 가져다주는 그 어떤 것에 관한 역사를 고려함에 따라 수정될 필요가 있다는 전제를 강조하는 데는 유용한 것이 사실이다. 왜냐하면 만약 사진적 이미지가 시각 인식에 관한 또 하나의 유사체로 해석된다면 그것은 사진 이미지가 '자연적' 복제이기 때문이 아니라 그 두 가지 모두 역사적으로 그리고 문화적으로 부호화되어 있기 때문이다.[23] 사실, 사진 이미지는 그 근거로서의 능력을 선행하는 실재에 존재하는 연계를 통해서만 부여받는 것이 아니라 기술적이고 문화적인 과정 그리고 사진이 의미 있게 되는 담론적 틀로부터도 부여받는다.

20세기에 들어와서 어디에나 존재하게 된 사진은 스스로 인간 인식에 관한 모델이 되었고, 상황 발생에 관한 표준이 되었다. 그렇지만 사진 이미지와 '실재 세계' 사이의 유사성은 단지 관습적인 것이다. 즉 카메라의 디자인은 편평한 이미지 안에 공간을 회화적으로 재현하기 위한 특정한 문화적 관념으로부터 나온 것일 뿐 결코 인간의 눈 구조로부터 나온 것이 아니다.[24] 그렇지만 카메라와 눈의 유사성은 우리 주변에 대한 경험의 '표준' 방식이 '회화를 바라보는 관람자와 같다'라는 매우 널리 통용되는 전제를 감추는 데 도움이 된다. 그래서 지식이란 한쪽으로는 자기 스스로 파악하는 세계 그리고 다른 쪽으로는 정신적으로 재현하는 것 사이의 '조응'관계라고 추정되는 것이다.[25] 그렇지만 세계는 관찰자에게 스스로를 드러내지 않는다. 재현이라는 것은 하나의 복합적·문화적 과정이기 때문에 사진은 더 넓은 담론 안에서의 순간들로 이해되거나 '보는 방식'으로 이해되어야 한다. 그런데 여기에서 '보는 방식'은 역사적 묘사를 필요로 한다.

또한 문화적으로 구성된 '보는 방식'으로서의 사진에 대한 접근은 사진 담론의 텍스트 간 관계(intertextuality)를 아주 유용하게 강조하기도 한다. 왜냐하면 사진은 결코 '시각' 이미지가 아니기 때문이다. 기술(記述), 사진, 만화 그리고 회화 같은 여러 상징 부호의 유형 간에 만들어진 '상식'에 의한 구분은 그 자체가 역사적이다.[26] 빅토리아 시대에 소설이 언어의 시각화, 틀의 고안, 가상의 상징 그리고 관점의 여러 형태 등을 사용하였듯이 사진 또한 다른 상징 부호들과 복합적으로 상호관계를 맺으면서 보여지고 읽히는 것이다.[27] 사진적 심상의 의미가 제목, 캡션 그리고 수반되는 텍스트의 형태로 주어지는 언어적 메시지에 의해 틀지어지는 것은 매우 자주 있는 일이다.[28] 게다가 다른 종류의 텍스트와 상호관계를 맺는 방식 때문에 사진은 근대 서구의 기억에 관한 중심적 행위로 자리 잡았다.[29]

　　따라서 내가 주장하고자 하는 바는 하나의 '시각 역사'를 구성하는 쪽으로 가자는 것이다. 이는 한편으로는 이미지를 훨씬 넓은 역사와 문화의 맥락 안에 위치시키는 데 실패했음을 의미하는 것이고, 다른 한편으로는 이미지 그 자체를 비판적으로 검토하는 데 누락시켜 버린 여러 접근 사이에 존재하는 영역을 기록하는 것임을 의미하는 것이다.[30] 내가 출발점으로 삼는 지점은 사진 이미지가 단순히 '혼자 스스로 말하는 것'이 아니며 순수한 역사적 눈을 통해 세계를 보여 주는 깃도 아니라는 것이다.[31] 다른 말로 하면 사진 이미지라는 것은 특정한 문화적 조건과 역사적 상황 안에서 생산되고 짜여진 의미들을 부여받는다는 것이다. 그래서 영국 안의 특정한 사회적 모임 내에서 소비되기 위해 만들어지고, 재생되고, 유포되고, 마련되는 그런 사진들은 그들이 짜놓은 틀 안에서 그려진 물리적 공간이나 사람들에 관해 다루는 것과 같이 제국 문화의 심상적 풍경에 관한 것들을 아주 많이 드러내는 것이라고 주장한다. 이런 점에서 그 사진들은 그 자체가 대영제국의 실재를 형성하는 지식과 권력의 표현인 것이다.

심상의 지리

대영제국은 다양한 문화 텍스트를 통해 빅토리아 시대의 심상 속에서 세워졌다. 대영제국 시기 여러 세대에 걸친 학생들의 기억에 투사되어 가장 오랫동안 남은 상징물은 분홍색으로 칠해진 제국의 영토가 그려진 세계 지도였다. 예를 들어, '제국 연방 세계 지도'('Imperial Federation Map of the World', 사진 5)는 19세기 말에 제국의 통합을 촉진하기 위해 제작된 것이다. 빅토리아 여왕 즉위 50주년을 기념하여 제작한 『더 그래픽』(The Graphic)의 컬러 부록으로 출판된 이 지도는 메르카토르 도법 — 영국의 영토가 상대적으로 크게 과장된 — 을 사용하였다. 그리고 100년이 넘는 대영제국의 성장을 차트로 기록했다. 그런데 아이러니하게도 지도가 제작된 지 10년 후에 아프리카의 많은 부분이 대영제국의 영토임을 나타내는 분홍색으로 칠해졌다. 지도의 테두리는 대영제국을 둘러싼 전 세계의 식물군, 동물군, 인종 유형, 식민지 주민을 나타내는 상징들로 채워졌는데, 그것들은 지구의 중심에 자리 잡은 브리타니아 여신에게 초점이 맞춰져 제작되었다. 제국 연방은 '하워드 빈센트 대영제국 지도'(Howard Vincent Map of the British Empire)를 제작하기도 했는데, 존스턴(T. B. Johnston)에 의해 위의 지도와 같은 해에 출판되었다. 약 1.8㎡의 밝은 컬러로 채색된 이 지도는 『더 그래픽』에서 다시 제작된 지도와 마찬가지로 1886년에 영국이 지배한 제국의 영토뿐만 아니라 1786년의 제국을 묘사한 도해도 보여 준다. 이 지도는 인구, 조세, 기선 항로, 왕립 해군기지 등에 관한 정보도 기재되어 있었으며, 당시 광고들이 말해 주듯 '제국의 모든 주민이 도서관, 학교 등에서 대영제국이 무엇인지를 볼 수 있도록' 모국을 위한 그 위대한 상업적 가치를 아주 깔끔한 디자인으로 보여 준다. 제국 연맹의 지도들은 제국 통합을 시각적으로 그리고 텍스트를 통해 촉진하고자 하는 의도로 수많은 판을 제작해 널리 유포하였다. 그 가운데 1902년도 판은 세실 로즈와 국왕 에드워드 7세가 함께 선언한 "연방이 힘이다"(Union is

5. '제국 연방 세계 지도', 『더 그래픽』

Strength)라는 문구를 음각한 것을 보여 준다. 이러한 지도들은 영국의 시각으로 지구의 지리를 재현하여 널리 알리는 중요한 방식이었다.

　지도가 제국의 규율에 대해 갖는 상징적이고 실제적인 중요성이 제국의 역사학, 지도학, 지리학에 의해 파헤쳐지는 동안[32] 지리학 담론의 한 형태로서의 사진은 그보다 훨씬 비판적 관심을 받지 못했다.[33] 그렇지만 사진이나 지도는 '쉽게 만든 지리학'을 표현하는 능력을 길러 왔고, 그 표현력은 1851년의 널리 알려진 세계 지도와 여행 게임으로부터 여러 어휘를 차용하였다. 지도와 마찬가지로 사진 또한 세계를 두 개의 차원으로 축소시킨다. 사실, 사진은 초기에는 지도를 제작하는 데 도움을 주는 하나의 기술로서의 잠재력으로 인해 지리학계에서 주목을 받았다. 왕립지리학회(Royal Geographical Society)의 회장이던 조지 그리너프(George Greenough)는 1841년에 "만약 이상(理想)에 대한 인식을 마음에 전달해 주는 어떤 예술이 있다면 …… 그것은 두 번 생각할 필요도 없이 사진이다"라고 말하였다. 그는 사진의 '면밀함'과 '정확성' 그리고 '순간적으로 그리고 완벽한 정확도로' 실행하는 그 위력을 높이 칭송했다.[34] 또 왕립지리학회의 2대 회장인 로드릭 머치슨(Roderick Murchison) 경은 재임기간 중에 지도를 다시 제작하는 수단으로 정확하고 경제적인 사진을 사용하도록 권고했다.[35] 그래서 사진은 지리학이 갖는 두 개의 차원으로 된 과학적 세계관을 공유하였고, '순간적으로 그리고 완벽한 정확도로' 실행하는 능력으로 인해 지리학이 스스로 '세계를 단일한 투영으로 정확하게 축소시키는 것'이라고 주장하는 것을 정당화시켜 주는 데 아주 중요한 수단이 되었다.[36] 그래서 세계는 규격화되고 축소되면서 상상하고 탐험하며, 나아가 소유할 수 있게 되었다. 다음은 1864년에 어떤 익명의 비평가가 '사진이 갖는 최고의 기능'에 대해 한 말이다.

> 과학의 길로부터 벗어나기 위해 …… 공간과 시간의 장애 그리고 문명이 지나가버렸거나 아예 시작하지도 않은 지구의 많은 지역에서 일어나는 현상들에 대해 설득하기 위해 문명화된 땅의 지적 능력을 가져오는 …… 과학의 여러 용도 차원에서 보면 탐험가와 사진가는 호환 가능한 용어다.[37]

세계를 과학의 정밀성으로 드러낼 수 있다는 사진의 능력에 대한 그런 과도한 믿음은 과학 하는 사람들과 예술 하는 사람 모두가 공유하는 것이었다. 사실, 그들은 딱히 한정된 범주의 사람들만도 아니었으며, 당시 공통 조어로 사진이 '예술과학'(ArtScience)으로 간주되었다.[38] 특히 사진은 지리학의 한 담론으로 그리고 그 존재 이유를 공간의 탐험과 정복에 둔 당시 부상하던 지리과학과 연계되었다.

사진이 갖는 제국적 차원에 대한 나의 설명은 특히 영국 제국 시대의 지리 지식에 관한 더욱 맥락적인 역사에 기여하기도 한다.[39] 그것은 제국의 성장이 지리학 기관으로서의 발전과 상응하는데, 그 둘 사이에는 실로 강한 연계가 존재하였다.[40] 1860년에는 왕립지리학회의 회장이 창립 기념식에서 "지구의 모든 곳으로 영토를 넓힌 제국과 함께 …… 우리 영국인은 지리과학을 추진함으로써 다른 어떤 민족보다 더 많은 것을 얻을 수 있을 겁니다"[41]라고 연설하기도 했다.

1830년에 창립한 후 그다음 해에 아프리카탐험학회(Society for the Exploration of Africa)와 통합한 왕립지리학회는 원정대를 조직하여 그 조직을 지리 지식의 핵심에 위치시킴으로써 제국사회에 큰 영향력을 발휘하였다. 한편으로는 학술 기록 보관소이기도 하고, 과학 모임이기도 하며, 제국의 도서관이기도 하지만, 사실 왕립지리학회는 19세기를 거치면서 최근 어느 한 지리사학자가 간파하였듯이 '탁월한 제국 학문'[42]의 본거지 기관이었다. 로드릭 머치슨 경을 위시한 많은 제국 학문 주창자들이 이끈[43] 왕립지리학회는 영국 학문의 성과와 대영제국 정부 그리고 제국의 주요 관심사에 대한 엘리트 세계와 더 넓은 공론의 장 사이에서 결정적인 역할을 수행했다.[44]

따라서 그러한 성격의 학회 안에 위치한 지리학은 각별한 주목을 받으면서 학문, 사진 그리고 제국 사이에서 일어나는 상호작용에 관한 여러 가지 중요한 의문을 제기한다. 학문을 하는 모임으로서 왕립지리학회가 첫 출발점으로 삼은 것은 제국을 사진으로 기록하는 작업을 제작하고 소비하고 보관하는 일이었다.[45] 왕립지리학회는 과학과 저널리즘 그리고 식민 당국으로서의 위치를 동시에 설정함으로써 사진이 그 안에서 매우 중요한 자리를 차지하게 해주었다. 1902년 런던대학교 벌링턴 가든즈(Burlington Garden)에서 열린 대회 — 이 대회는 1871년부터 1920년까지 열렸다 — 모습을 담은 사진에서(사진 6) 보는 것과 같은 종류의 저녁 모임들은 거의 슬라이드를 사용했는데, 특히 학회가 프로젝터를 구입한 1890년부터 그리하였다. 이 사진에서 대회장 뒤편에 프로젝터가 설치되어 있음에도 발표를 듣는 회원들은 모두 지도를 손에 들고 있다. 발표자의 테이블은 연단 좌측에 있다. 사진은 여행을 하고 돌아온 사람들이 들려주는 이야기와 지리적 지식을 펼쳐 보이는 데 꼭 필요한 것이었다. 왕립지리학회가 내세운 주요 조건으로 세운 로더 로지(Lowther Lodge)에 강연장 하나가 마련되었을 때 특별히 프로젝터를 위한 커다란 이중 스크린을 장착하도록 설계되었다. 왕립지리학회의 『저널』(Journal)과 『발표문집』(Proceedings)은 1880년대부터 사진을 출간하기 위해 발 빠르게 톤을 절반으로 하는 기술을 활용하기도 했다.

왕립지리학회는 암실과 복사실은 물론이고 사진을 전시하고 필름 음화(陰畵), 프린트 그리고 슬라이드를 저장해놓기 위해 사진실을 설치하기도 했다. 왕립지리학회는 1860년대부터 여러 경로를 통해 사진들을 수집하기 시작했고, 나중에는 『저널』을 통해 회원들에게 사진을 찍어오도록 청탁하기도 했다. 1930년에 접어들면서 소장한 사진 프린트가 7만 5천 장이 넘었고 슬라이드는 2만 6천 장가량이나 되었다. 기록 보관실에는 지구 전역을 돌아다니며 찍은 회원들의 사진 결과물, 그것들을 지리적 지역에 따라 분류하여 가죽으로 제본한 책 그리고 엄청난

6. '런던대학교 벌링턴 가든즈(Burlington Gardens) 대회' 모습. 휴 R. 밀(Hugh R. Mill), 『왕립지리학회록 1830~1930』(1930)에서 발췌

양의 음화, 프린트, 슬라이드 등을 모아놓았는데, 이 모든 것들은 문자 그대로 세계를 사진으로 찍어 두는 것이다. 이는 수전 손택이 지적했듯이, "사진을 수집하는 것은 세계를 수집하는 것"[46]이었기 때문이다. 이는 제국 지리학이 세계 지도에 있는 모든 빈 공간의 중앙을 특유의 지도 제작법에 따라 찾아 채워 넣었듯, 사진은 곧바로 큰 야망을 품고 시각적으로 조사하는 일을 행하는 대규모 집단 사업의 일부가 되었다. 시각적 '사실'로서 사진은 그러한 대규모 사업에 안성맞춤이었기 때문에 제국 기록보관소 내에서 중요한 역할을 수행하였다. 토머스 리처즈(Thomas Richards)는 그러한 기능을 하는 기록보관소를 "국가와 제국의 행위 안에서 수집되고 통합된 지식의 판타지"라고 분석하였는데, 이는 바로 왕립지리학회 같은 학문적 기관이 지구적 규모로 지식을 찍어 둠으로써 이루어진 것이다.[47]

사진의 제국적 범주는 영국의 지리과학 기관이 정한 틀 안에서 결정적인 역할을 하였다는 사실을 분명히 했다. 그 결과 왕립지리학회 같은 과학에 의거한 학회라는 장치 — 탐험가들에게 카메라를 빌려주고 제작한 사진들을 전시하는 일을 한다 — 는 제국사진 기록보관소를 세워 많은 일을 추진하고 조정해 나갔다. 사진에 관하여 훈련시키는 등의 여러 사업이 1880년대 중반 이후로 탐험가와 여행자들에게 제공되었는데, 이는 곧 사진과 관련된 모든 과정이 관찰의 문법과 지리과학이 미지의 세계를 드러내려고 하는 일의 중심에서 수행되는 묘사를 어떻게 예시하였는지에 관해 많은 것을 보여 준다. 사실, '사진'이라는 어휘를 만든 존 허셸(John Herchel, 1792~1871) 경은 1861년에 완벽한 기술적 지리학은 반드시 "다게레오타입 같은 진짜로 믿을 만한 그림을 전시해야 한다"[48]라고 주장한 바 있다.

허셸은 사진적 지리학을 해야 한다고 한 반면 상업 사진가이자 1866년부터 왕립지리학회의 공식 사진 강사로 일했던 존 톰슨(John Thomson, 1837~1921)은 '지리학적 사진'을 해야 한다고 했다. 톰슨은 1891년 영국진보과학회(British Association for the Advancement of Science)에서 사진과 탐험에 관한 강의를 하면서 다음과 같은 말을 했다.

진실 그리고 그것이 지켜지는 모든 것과 관련하여 말한다면, 사진이야말로 절대적으로 믿을 만하다. 그리고 현재 사진이 하는 일을 보면 미래에 모든 부류의 과학 안에서 엄청나게 유용해질 것으로 예측된다. 파라오나 카이사르의 사진을 확보하기 위해서라면 누구나 무엇이라도 내주지 않겠는가? 프톨레미에게 세계의 초기 기록을 제공한 여러 여행자들과 그들이 관찰했던 것들에 대한 사진 그리고 마르코 폴로의 사진, 또한 그가 힘든 여행을 하면서 방문했던 장소와 사람들에 대한 사진의 경우도 마찬가지일 것이다.[49]

톰슨은 제국의 시대에 영국이 성취한 세계적 업적을 대변하는 데 있어서 사진이 갖는 중요성을 명쾌하게 이해했다. 그는 1862년과 1872년 사이에 중국, 싱가포르, 캄보디아를 여행하며 사진을 찍은 전문 사진가였다. 이 자리에서 그의 작업을 간단하게나마 논의하는 것이 필요한 이유는 특별히 내가 하는 지리학적 담론 안에서 사진이 차지하는 위치에 대한 더욱 폭넓은 관심과 관련이 있기 때문이다.

이 책을 통해 내가 주장하는 바와 같이, 빅토리아 시대의 많은 식민지 사진 ─ 여행 사진에서부터 자연사 지형에 관한 사진에 이르기까지 모두 ─ 은 넓게 볼 때 지리학에 관한 것이다. 1872년 영국으로 돌아온 톰슨은 자신이 찍은 방대한 사진 원정은 향후 여행지에 대한 글과 사진을 함께 묶어 출판할 자신의 책에 사용될 엄청나게 많은 자료들을 제공해 주었다는 사실을 알게 되었다.[50] 그의 중국, 키프러스 그리고 그 외의 많은 지역으로의 여행은 식민지 확장에 관심을 갖는 영국의 상인들을 위한 해외 자원과 그 전망에 관한 사진 목록을 생산해 내는 하나의 기획으로 재현된 것이다. 예를 들어, 그가 출판한 방대한 분량의 『사진으로 보는 중국과 중국인』(*Illustrations of China and Its People*, 1873~1874)은 '중국의 과일'(사진 7)을 보여 준다. 1860년 영국의 사진가 로저 펜튼(Roger Fenton)이 찍은 사진을 위시하여 당대의 여러 사진가가 찍은 이국적 과일에 관한 여러 사진들과 마찬가지로 톰슨 또한 정물화 기법의 회화적 전통에 의지했다. 유럽 미술에서의 이국적 과일에 관

7. 존 톰슨, '중국의 과일', 『사진으로 보는 중국과 중국인』(1873~4)

한 이미지는 오랫동안 바다 너머 신세계의 풍부함과 연관되었다. 그리고 당시 대영제국의 도상학은 브리타니아 여신에게 바치는 이국적 과일 (사진 5를 보라) 모습과도 관련지어졌다. 톰슨의 사진은 과일을 아주 세밀하게 묘사한 회화와 많은 부분에서 같았는데, 식물학적 분류에서부터 질감과 맛에 이르기까지 그리고 '유럽의 과수원 안으로 가져오기'[51] 위한 잠재성을 보여 주는 점에서도 같았다.

　과학적 세밀함을 제공하기 위한 톰슨의 사진 활용이 전혀 특징이 없는 것은 아니다. 그는 스스로를 과학적인 탐험가만큼이나 예술적 사진가로 나타냈다. 그는 1866년에는 왕립지리학회에 그리고 1867년에는 런던민족협회(Ethnological Society of London)에 입회하면서부터 줄곧 사진의 과학적 적용을 추진하였다. 사실, 우리가 그의 사진을 보고 그의 여행기를 읽을 때는 바로 이러한 당시의 심미적 관습의 맥락에서 행해야 한다. 그에게 "그러한 사진의 신뢰성은 그것을 읽는 독자를 재현되는 장면 앞에 실제적으로 위치시키는 것과 같은 식으로 찍는 것과 가장 가까이 접근하게 해주는 것이다."[52] 그가 선호하는 콜로디온 (collodion) '습판'(wet-plate)으로 하는 사진 제작은 지리학자와 인류학자에게 이미지가 '과학적'이라는 평가를 확보하게 해주는 아주 세밀하고 깨끗한 사진 이미지를 제공해 주었다.

지리학 내부에서 톰슨이 한 작업은 사진이 들어간 여행기를 통해서나 1886년 이후 공식 사진 강사로 활동한 것을 통해서나 모두, 지도 제작술, 지형 조사, 자료 보관 그리고 전략 계획 등을 통하여 이루어지는 지리학이라는 학문이 '엄격하게 실질을 추구하는'[53] 동안에 그것이 고도의 심상에 의한 행위라는 사실을 보여 주는 방향으로 전개되어 가고 있었다. 예를 들어, 이러한 사실은 헨리 모튼 스탠리(Henry Morton Stanley)의 '암흑의 아프리카'[54] 내부로의 탐험에 대한 다양한 문화적 독해나 대중적 표현에서도 찾아볼 수도 있다. 그렇지만 지리학 담론 내에서의 심상에 관한 중요성을 크게 인정하는 쪽으로 옮겨갔다 할지라도 특히 제국주의 맥락에서 시각적 지리적 심상에 대한 비판적 해석은 없었다.[55]

나는 지리학 지식과 제국적 담론 안에서 사진의 위치에 대한 분석을 시도하면서 에드워드 사이드(Edward Said)가 『오리엔탈리즘』(1978) 에서 처음 사용한 '심상의 지리학'이라는 용어를 빌려왔다. 사이드는 이 책에서 '오리엔트'라는 동양에 관한 복합적이고 상호 모순적인 여러 관념들과 이미지들이 유럽인에 의해 어떻게 만들어졌는지를 밝혀 주었다.[56] 특별히 오리엔탈리즘에 물든 재현에 관심을 갖지 않지만 — 사실, 사이드는 주로 문헌에 초점을 맞췄다 — 유럽인 여행자, 탐험가, 무역상 그리고 학자 등이 찍은 사진들이 오리엔탈리즘 담론으로부터 크게 영향을 받았다고 하는 사실을 새삼 말할 필요는 없다.[57] 더욱 일반적으로 말하자면, 사진은 세밀함과 편재성 그리고 일련의 기관이라는 장소를 넘어서 이루어지는 통용이라는 성격을 가지고 있기 때문에 제국의 심상의 지리학을 구성하는 데 중요한 역할을 하였다. 그리고 그것은 과학, 예술, 무역 그리고 정부를 포함한 일련의 담론 안에서 하나의 유사 제국을 창조해 냈다.

나는 '담론'이라는 개념을 사용한다. 그 이유는 담론이 역사적으로 자리매김되는 아주 다양한 행위, 개념 그리고 기관 — 사냥에서 등반에 이르기까지 혹은 식민 당국에서 보이스카웃 운동에 이르기까지 — 이 서로의 관계 속에서 별개로서 비판적 토론을 벌이는 것으로 간주되기 때문이다. 나는 제국 권력의 문화적 형태의 일관성과 단일성에 대해 지나치게 중시할 생각은 추호도 없다.[58] 사실, 나는 제국주의와 식민주의의 복합적인 성격은 오로지 다양하고 특정한 표현을 통해서만 묘사될 수 있는 것이라고 굳게 믿는다.[59] 그래서 나는 그 어떠한 형태일지라도 제국 사진을 어떤 거대한 조사로 착수하는 일을 하지 않았다. 그것보다는 특정 인물, 장소 그리고 행동에 관한 더욱 지역화된 사진에 관해서 연속적으로 탐구하고자 한다. 그렇지만 그 사진들을 훨씬 넓은 주제 경향과 이데올로기 틀에 관련시킬 생각은 전혀 없다. 그렇게 함으로써 나는 제국 기록보관소에 대한 가치 있는 역사적 비판을 통해 주의를 환기시킨 여러 기록 보관자, 역사학자 그리고 인류사학자들이 이루어 놓은 최근의 상당한 업적에 조금이나마 기여하고 싶을 뿐이다.[60]

사진은 대영제국을 여러 가지 방식으로 그리기 위해 사용되었다. 다음 장에서는 사진 행위들을 통해 제국의 심상의 지리가 생산되고 투사되는 많은 핵심 주제들을 확인하고자 한다. 사진은 빛의 힘에 기반을 두는 기술로, 특히 '식민 실현의 섭리론'이라는 적당한 용어로 주조된 그 식민 통치에 의해 알려진 지리학 담론의 일부로서 상징적 중요성을 맡았다. 그 안에서 기독교 문명과 과학 지식의 상호 팽창은 지구의 '어두운' 오지에 '빛을 전해 주는 것'으로 표현되었다.[61] 이러한 상징성은 19세기 지리학 담론의 가장 중요한 측면들 가운데 하나로 자리 잡았다. 제1장에서 나는 1858년부터 1864년 사이에 이루어진 데이비드 리빙스턴(David Livingstone)의 아프리카 잠베지 강 탐험을 통해 지리학 탐험에서 사진이 맡은 역할에 대해 생각해 볼 것이다.

그들 가운데 사진을 사용한 과학적 여행자만 있었던 것은 아니다. 제2장에서는 1860년대와 1870년대에 나온 상업 사진가의 지형과 풍경을 검토할 텐데, 특히 인도를 찍은 새무얼 본(Samuel Bourne)과 중국 및 키프러스를 찍은 존 톰슨을 들여다볼 것이다. 앞으로 보게 되겠지만, 과학임과 동시에 예술로서의 풍경 사진은 제국의 풍경을 만들고 길들이는 데 강력한 도구였다.

제3장에서는 탐험과 식민의 만남, 즉 군사 원정이라는 또 다른 중요한 측면에서 사진의 위치를 살펴볼 것이다. 군대, 특히 영국 공병대에서 사진을 활용한 바를 검토한 후 1867~1868년 사이에 일어난 아비시니아 작전에 대해 자세한 논의를 전개하고자 한다. 과학적 탐험가와 저널리스트뿐만 아니라 공병대 사진사들도 데리고 간 이 원정을 통해 우리는 제국이 전쟁을 벌이고 그것을 재현하는 데 사진과 과학이 얼마나 밀접하게 연계되었는지를 알게 된다.

당시 기록은 군사 원정과 탐험이 가끔 대영제국의 규칙이라고 하는 사냥과 가장 멋지게 부합되는 행위라고 말하곤 한다. 제4장에서는 아프리카를 중심으로 '카메라와 함께하는 사냥'에 사용된 언어와 심상에 대해 추적할 것이다. 여기에서는 사진 행위가 박제술, 등반, 관리를 포함한 여러 행위들과 언어가 어떻게 관련되어 있는지를 주목할 것이다.

제5장에서는 사진이 어떻게 '인종 유형'을 조사하고 분류하는 데 사용되었는지를 찾아볼 것이다. 나는 그 가운데 특히 빅토리아 시대의 '인종'에 대한 이론의 맥락을 통해 인류학과 지리학 안에서 사진이 어떤 역할을 했는지 그 위치를 설정할 것이다. 당시 '인종'은 해외의 대영제국에 거주하는 비(非)유럽인을 가리키기도 했고 동시에 영국 내의 어떤 사회집단, 특히 빅토리아 시대 런던 시민이 아닌 '타인'을 의미하기도 했다. 이 대목에서 나는 사진이 어떻게 동원되고, 어떻게 강화시키며, 나아가 문화적 차이 이해의 공유를 어떻게 반박하는지를 보여주고자 한다.

사진은 슬라이드를 보여 주면서 진행하는 강의를 통해 대규모로 제국의 메시지를 촉진시키는 데 활용된 가장 효과적인 수단이었다. 제6장에서는 슬라이드가 영국의 학생들에게 제국 지리학을 가르치는 데 어떻게 활용되었는지를 검토할 것이다. 특히 1902년부터 1911년까지 활동한 식민성시각교육위원회(Colonial Office Visual Instruction Committee)에 초점을 맞출 것이다. 그 가운데 교육자이면서 지리학자인 핼포드 매킨더(Halford Mackinder)와 그 기획에서 공식 사진가로 활동한 휴 피셔(Hugh Fisher)의 역할에 주시하고자 한다. 그리고 시각지시위원회제국사무국이 정한 사진의 목적과 기술이 20세기 초 제국의 교육과 촉진이라는 넓은 범위 내에서 어떻게 부합되었는지도 살펴보고자 한다.

끝으로 제7장은 제국의 심상 지리학 안에서 사진이 어떠한 위치를 차지하였는지 그리고 역사적인 사진들에 대한 지위의 이동과 의미의 변화를 생각해 보기 위해 앞에서 논의했던 주제들을 함께 살펴보고자 한다.

차례

PICTURING EMPIRE

1장 _ 암흑 탐험하기

1839년 사진을 발명한 직후 유럽인은 다양한 해외 탐험에 이러한 신기술을 적용시키려는 시도를 했다. 예를 들어, 영국의 저명한 천문학자인 존 허셜 경은 1839년 북극 탐험에 사진 장비를 포함시키려고 했다.[62] 1846년에는 『예술 조합』(*Art Union*)이라는 잡지에 다음과 같은 제언이 있었다.

> '탤벗타입'(Talbotype)은 이제 모든 탐험 원정에 없어서는 안 될 것이다. 탐험가는 뛰어난 자연물을 태양이 그린 사진으로 찍어 여정 중에 겪게 될 고생을 없애고, 위험을 줄이며, 정확도를 높이면서 그 여정을 정할 수 있을 것이다.[63]

탤벗타입(즉, 칼로타입)은 1840년에 음화 사진 과정을 발명한 윌리엄 헨리 폭스 탤벗(William Henry Fox Talbot)의 이름을 따서 지은 것으로, 종이로 된 음화를 민감하게 만든 것이다. 종이 음화는 아주 선명한 이미지를 보여 주지는 못하지만, 유리보다는 운송이 훨씬 편했다. 그래서 1850년대까지 널리 사용된 이 기술은 많은 사람들이 여행자나 탐험가가 사용하기에 좋겠다고 생각했다. 탐험 여행에 사진을 대동해야 한다는 요청이 많았고, 존 허셀 경과 데이비드 브리스터(David Brewster) 같은 저명한 과학자들도 간절히 원했지만,[64] 초기 사진은 아직 기술이 부족하고 장비가 너무 큰 데다가 사람들이 장면 묘사를 위해 좀더 입증된 형태를 선호했기 때문에 탐험에 바로 투입되지는 못했다.

그래서 1850년대가 되기까지 카메라는 대부분의 평범한 여행자가 가지고 다니지는 못하였다. 1851년에 프레드릭 스콧 아처(Frederick Scott Archer)가 콜로디온 습판을 발전시킨 것과 같은 사진 장비의 개선이 이루어짐으로써 원정 사진은 상업적으로 더욱 성공할 수 있게 되었다. 하지만 여전히 크고 무거운 장비와 기술 조작 문제가 있었다. 초기 원정가와 여행 사진가가 사진이라는 대중적인 기술을 사용함으로써 겪은 어려움은 개스턴 티산저(Gaston Tissandier)가 1876년에 펴낸 『사진의 역사와 입문서』(*A History and Handbook of Photography*)의 '사진과 탐험'(사진 8) 같은 당시의 사용법에 관한 글과 판화에 잘 나타나 있다. 아처의 과정은 요오드화칼륨이 들어 있는 콜로디온(니트로셀룰로오스와 에테르 용액)으로 유리판을 편평하게 코팅 처리하고, 그것을 질산은이 담긴 통에 담가 화학적 변화를 일으킨 후 젖어 있는 동안 카메라를 통해 감광시키는 것이다. 여기에서 판은 반드시 편평하게 코팅되고, 화학적 변화를 일으켜야 하며, 그 지점에서 고정시켜 현상해야 했기 때문에 사진가는 반드시 판, 화학 약품, 텐트 암실 등을 가지고 다녀야 했다. 판화에서 볼 수 있듯이 초기의 탐험 사진 작업은 결코 단순하지 않았다. 운반하는 데 어려움이 있었을지라도 대부분의 사진가들은 그 기술

8. '사진과 탐험', 개스턴 티산저(Gaston Tissandier), 『사진의 역사와 입문서』

을 도입하였는데, 그 이유는 그런 복잡한 과정을 통해서 칼로타입보다 더 좋은 이미지를 만들 수 있었고, 감광 시간도 이전에 몇 분씩 걸린 것에 비해 몇 초면 해결될 수 있었기 때문이다. 물론 특허 문제로 영국에서는 1850년대 중반까지 탤벗 칼로타입의 사용을 제한했기 때문이기도 하다.

1860년대까지 사진은 세계에서 '덜 알려진' 지역을 향해 떠나는 일련의 영국 탐험가들에 의해 예전에 없던 큰 규모로 널리 사용되었다. 빅토리아 시대에 탐험이 널리 발전하게 된 데는 낭만적 모험, 상업적 야망, 군사 원정, 지리의 발견, 과학 지식의 추구 같은 여러 복합적 동기가 있었는데, 그러한 행위에는 폭넓은 의도와 효과를 위해 항상 사진이 따라다녔다. 탐험과 발견에 대한 수사적 표현에도 불구하고 탐험가들은 완전히 새로운 것을 거의 재현하지는 못하였다. 그것보다는 차라리 낯섦에 대해 새로운 방식으로 재현하고 있었다.

아마 많은 여행자와 탐험가들이 사진 장비 때문에 대단한 어려움을 겪었을 뿐만 아니라 열이나 습기 혹은 파손 때문에 애써 작업한 것을 망치는 일이 많았을 것임은 어렵지 않게 짐작할 수 있다. 1860년부터 1863년까지 존 해닝 스피크(John Hanning Speke)와 함께 아프리카 나일 강을 탐험한 제임스 그랜트(James Grant)는 탐험을 시작한 잔지바르(Zanzibar)에서 실물 사진을 아주 많이 만들어 내는 데 성공했지만, 이내 카메라가 매우 불편하다는 것을 깨닫게 되었고 컬러 스케치를 만들어 내는 데 집중하게 되었다.[65] 따라서 빅토리아 시대에는 사진이 광범위하게 전개된 탐험에서 어떤 경우에나 사용되지는 못했다는 사실은 전혀 놀랄 만한 일이 아니다. 예를 들면, 1880년대 말경에 오스트레일리아 내륙을 여행했을 때는 카메라가 따라가지 못했다. 어떤 역사학자는 말하기를, 사람들이 사진은 모든 것을 객관적으로 그리고 완벽하게 포착해 내는 것이라고 생각했기 때문에 오스트레일리아를 여행한 그 사람들은 사진을 거부했는데, 그들은 사진이 보이지 않는 것에 대한 자신만의 개인적인 서사를 할 수 없게 만들기 때문이라고 했다.[66] 1880년대까지 오스트레일리아 내륙 탐험에서 사진이 없었다는 사실은 분명히 놀랄 만한 일이지만, 예외적인 경우라는 것이 확실하다. 우리는 다른 곳에서 탐험가들이 사진이라는 매체를 어떤 실질적이거나 기술적인 이유가 있어서가 아니라 의식적으로 혹은 무의식적으로 거부했다는 근거를 찾아볼 수 없다. 이는 1850년대부터 시작된 '암흑 아프리카' 내륙 모험에서 분명히 살필 수 있다.

아프리카의 '암흑 대륙' 이미지는 19세기 후반 대부분의 영국 대중에게 강력한 영향력을 발휘하였다. 빛의 자연적 힘에 기반을 둔 기술을 이용하는 카메라는 아프리카 대륙의 비밀을 밝히는 일에 특히 잘 맞아

떨어지는 것 같았다. 그렇지만 알려지지 않은 그리고 지리적인 진실을 들춰내는 데 필요한 것이라고 상정된 그 힘으로 사진은 영국의 아프리카 탐험가들로 하여금 아프리카 내륙이 병과 죽음과 야만의 땅이라는 기존의 이미지를 더욱 강화시키도록 했다. 그러한 상(像)을 시각적 진실로 만들어 냄으로써 사진은 패트릭 브랜트링거(Patric Brantlinger)가 지적하였듯이 "아프리카는 빅토리아 시대의 많은 탐험가, 선교사, 과학자들이 빛을 들고 물밀 듯 들어감으로써 '암흑'으로 커나가는"[67] 과정에서 중요한 역할을 하였다.

빛과 어둠의 수사는 기독교 선교사의 담론 가운데 특히 시각적인 상(像)과 언어적인 상 안에서 널리 퍼졌다. 예를 들어, 제임스 니스벳사(James Nisbet & Co.)가 출간해 1페니에 판 존 길버트(John Gilbert)의 '사진으로 보는 세계 선교 지도'('Pictorial Missionary Map of the World', 1861)에 의하면 대부분의 아프리카는 '이교도'의 땅을 묘사하는 차원에서 검은색으로 칠해졌고, 표시된 것은 오로지 백인 선교지와 강밖에 없었다. 더 일반적으로 말하자면, 만약 회화나 판화를 통해서만 영국이 아프리카를 식민 세력으로 만나는 장면을 묘사하였다면, 하얀색을 기독교, 문명, 유럽인의 인종 정체성과 연계시킨 여러 작업은 이루어질 수 없었을 것이다. 그런 묘사를 한 것으로는 토머스 존스 바커(Thomas Jones Barker)의 「영국의 위대함의 비밀」(*The Secret of England's Greatness*, 사진 2)이 대표적이다. 같은 시기에 빅토리아 시대의 위대한 제국 영웅 가운데 한 사람인 선교사이자 탐험가인 리빙스턴의 사진은 그를 위험하고 어두운 열대 아프리카에서 빛의 세례를 듬뿍 받은 빛나는 백인으로 묘사한다.

이러한 빛과 어둠의 상징은 아프리카로 간 여러 원정에서 사진 찍는 일을 통해 구체화되었다. 사실, 리빙스턴이 1858년부터 1864년 사이에 행한 잠베지 강 탐험은 영국의 공식적 원정 가운데 사진을 가장 먼저 사용한 탐험 가운데 하나다. 리빙스턴은 오랫동안 아프리카에 하느님(God)이라는 어휘를 투사하기 위해 환등기의 형태로 시각 기술을 즐겨 사용하였다. 환등기는 성경에 나오는 여러 이야기를 그리면서 유럽의 기술적 우월함을 보여 주는 데 중요한 역할을 했다. 그는 실제로 환등기에 대해 언급한 적이 있었는데, 그 가운데 적어도 하나는 잠베지 원정에 관한 것이었다.[68] 여기에서 환등기는 '문명의 산수소(oxyhydrogen) 빛'으로 간주되었다.

잠베지 원정은 로드릭 머치슨 경이 리빙스턴을 위해 국가 차원에서 열광적으로 기획한 것이었다. 제2대 왕립지리학회 회장 재임기에 머치슨은 주저하던 정부를 설득해 5천 파운드에 달하는 공식 후원금을 조성하였는데, 나아가 왕립지리학회와 왕립런던회(Royal Society of London)로 하여금 그 원정을 조직하고 준비하는 데 중심적이고 대중적인 역할을 하도록 하였다. 원정을 조직하고 그 여행담을 들려주는 주체로서 왕립지리학회는 멀리 떨어져 있는 세계 여러 지역의 광경을 영국의 과학자, 여행자 그리고 거기에 관심을 가진 대중이 자세히 검토할 수 있도록 장을 열어 주는 일에 앞장섰다. 18세기 이후 아프리카 내륙은 유럽인에게 흥미진진한 볼거리를 제공하는 곳으로 떠올랐다. 1830년부터 왕립지리학회는 1788년에 설립된 아프리카학회(African Association)에 의해 시작된 원정 추진을 효과적으로 떠맡았다. 그리고 아프리카는 19세기를 거치는 동안 가장 중요한 단일 목적지로 남게 되었다.

지리과학이 수많은 경로를 통해 실행에 옮겨졌다고는 하지만 해외 원정은 왕립지리학회 활동의 초점을 재현하는 것이었고, 그것은 빅토리아 시대 지리학 사업의 중심을 차지하였다. 원정을 추진하고 실행에 옮기는 일은 왕립지리학회가 지리과학의 중심 기관으로서 스스로를 강화시키는 주요 수단이었고, 이는 나아가 지리학에 국가가 필요로 하는 학문이라는 아우라를 씌워 주었다. 1875년에 이 학회 회장은 "탐험은 진정한 진보의 개척자다"라는 말을 남기기도 했다.[69]

일반적으로 탐험이라는 것은 지형에 관한 뜻밖의 재미를 주는 단순한 이야기와 영웅적 발견이라는 형태를 띠지만, '제국의 시대'인 영국의 탐험은 특별하게도 항상 어떤 사명에 잔뜩 고취되어 있었다. 그 정의에 따르면 탐험은 의도적이면서 뭔가를 추구하는 것이기도 하다. 정해진 목표, 심상으로 그려진 풍경 그리고 관찰이라는 형태와 지식의 범주를 동원하는 것은 탐험가의 문화적 관계 안에서 틀이 짜여지는 것보다 더 자주 일어나는 일이었다. 더욱이 탐험은 왕립지리학회 같은 학문적 기관의 형태가 모양을 갖추는 데 상당한 영향을 끼쳤을 뿐만 아니라 대영제국의 영향권 안으로 신속하게 들어오는 그 땅과 사람들을 향한 공식 정책과 대중적 태도에 심대한 효과를 끼치기도 했다.

잠베지 원정의 공식 목표는 리빙스턴이 자신의 직원에게 보낸 지시문에 드러나듯 매우 명확하다.

원정의 가장 주된 목적은 …… 정점에 도달한 지리학 지식 그리고 동아프리카와 중앙아프리카의 광물 자원과 농업 자원을 확장시키고, 나아가 그곳 주민에 대해 더 잘 알게 하며, 그들로 하여금 자신들의 에너지를 산업 추진에 매진하도록 만드는 것이다. 또한 영국의 공장에서 만든 상품을 제공받고 원자재를 영국으로 수출하기 위해 자

기 땅을 열심히 경작하도록 하는 것이다.[70]

물론 리빙스턴의 더 넓은 의도에는 아프리카 문명이 시작될 '정당한'(노예 기반이 아닌) 상업과 기독교의 확장도 포함되었다.

원정의 과학적 목표는 사진을 위시한 재현 작업에 여러 가지 능력과 기술을 필요로 하는 것이었다. 리빙스턴이 공식 사진가이자 지도 제작자로 자신의 동생 찰스를 데려간 것은 이 부분에서 가진 그의 능력 때문이었다. 원정에 대한 공식적 지위를 줄 만한 가치가 충분할 정도로 중요하게 간주되었다는 사실은 그 자체로서 매우 의미심장하다. 1858년 5월 쓴 찰스에게 보낸 편지에서 리빙스턴은 "서로 다른 부족들의 특징적 표본 …… 그리고 나무, 초목, 곡식이나 과일, 동물 등 …… 그러한 광경을" 확보하기 위해 사진 장비를 챙겨와 원정 초기부터 작업을 하는 게 필요하겠다고 제안했다.[71] 따라서 사진을 찍는다는 것은 원정의 목표에 확실하게 부응하는 것으로 간주되었고, 비록 부피가 큰 장비가 필요하긴 해도 그것은 탐험 대상 지역의 풍경, 주민, 동식물군을 영구히 기록해 두는 새롭고 강력한 수단으로 인정되었다.

찰스 리빙스턴의 잠베지 원정 때 찍은 바오밥나무의 실물 사진 한 장(지금은 잠비아의 리빙스턴에 있는 국립박물관에 소장되어 있다)은 오랜 시간이 흘렀지만 여전히 남아 있다. 비록 찰스가 원정에서 자신이 맡은 의무의 대부분에서 아주 형편없는 능력을 발휘했음에도 사진에 쏟은 노력은 결코 실패하지 않았는데, 영국으로 돌아올 때 그는 40여 장의 실물 음화를 가지고 왔다. 찰스는 잠베지에서 돌아온 후 1863년 말에 외무국에 다음과 같은 요청서를 보냈다.

저는 로드릭 머치슨과 오웬 교수가 사용할 수 있도록 원주민의 다양한 직업과 놀이 그리고 빼어난 나무나 바위 등을 찍은 사진을 프린트하는 중입니다. 이 사진들을 프린트하는 일에는 약 6파운드 정도가 소요될 것으로 보입니다.[72]

이에 저명한 박물가이면서 다윈 비평가인 리처드 오웬(Richard Owen)은 찰스의 요청을 지지하는 서신을 외무국에 보내는 데 조금도 주저하지 않았다.

사진은 원주민의 인체 특징을 아주 유용하고 충직하게 기록한 것이기 때문에 저는 그것들이 민족지의 이점에서 프린트되어야 할 것임을 제안합니다. 마찬가지로 바위를 찍은 사진은 지질학자에게 유용할 것이고, 나무를 찍은 사진은 식물학자에게 유용할 것임에 대해 추호의 의심도 하지 않습니다. …… 찰스 리빙스턴 씨가 영국에서 행한 일은 많은 보수를 필요로 하는 일이라는 의견을 갖고 있습니다.[73]

그가 이렇게 추천한 후 찰스는 원정 급여에다 추가 보수를 떳떳이 받았고, 거기에 사진 프린트 비용까지 받았다. 그가 형 데이비드 리빙스턴의 첫 야망을 완수했다는 것은 분명하다. 즉, 그의 사진은 아프리카의 지리학, 민족학, 지질학, 식물학 지식에 아주 의미 있는 과학적 기여를 한 것이다. 출판사 존 머레이(John Murray) 또한 데이비드 리빙스턴과 찰스 리빙스턴을 위한 『서사』(Narrative)를 준비하면서 삽화로 그의 사진을 사용했는데, 서문에서 "찰스 리빙스턴과 커크(Kirk) 박사의 사진들은 삽화를 물리적으로 보여주는 데 도움을 주었다"라고 말했다.[74]

이 내용이 시사하듯, 찰스는 단순한 원정대 사진가만은 아니었다. 또 식물학자이면서 의료 담당관이던 존 커크는 원정에 자기 장비를 가지고 간 경험이 풍부한 아마추어 사진가였다. 그는 특별히 찰스가 어떻게 '사진을 뒤죽박죽으로 만들어 버렸는지에'[75] 대해 지적하는, 즉 찰스의 초기 성과에 대한 신속한 평가를 내렸다. 커크는 왁스칠을 한 종이와 찰스가 사용한 콜로디온을 사용하여 음화를 제작하는 데 성공하였다.[76] 왁스칠 한 종이 음화는 1850년에 구스타브 르 그레이(Gustav Le Gray)가 발명한 것인데, 일반적으로 사용하던 칼로타입 종이보다 훨씬 뛰어난 음화를 만들어 냈지만 콜로디온만큼 세밀하거나 민감하지는 못했다. 커크는 원정 초기에 찰스와도 함께 작업을 하였는데, 주로 사진 제작 과정을 도와주는 역할을 맡았다. 1858년 6월과 7월에 찰스, 커크 그리고 원정대의 미술과 재고관리 일을 맡았던 토머스 배인즈(Thomas Baines)는 나머지 원정대가 장비를 강 상류 지역으로 옮기는 동안 니이카 섬(Nyika Island)에 남겨졌다. 이때의 일을 배인즈는 자신의 일기에 이렇게 적어놓았다.

찰스 리빙스턴 씨가 사진 텐트 암실 밖으로 나왔다. 그리고 우리는 그것을 설치했다. …… 오후에는 실물 카메라가 설치되었고, 우리는 조를 짰다. 크루멘(Kroomen)이 집을 찍는 조에 들어왔고, 여섯 장가량의 광경을 찍었다. 그리고 그 사진들은 커크가 밤에 성공적으로 현상하였다.[77]

지금까지 남아 있는 대부분의 원정 사진은 존 커크가 제작한 것이라 할지라도 사진을 제작하는 과정에서 그가 상당한 시간을 찰스 리빙스턴과 함께 보낸 것은 분명하다. 게다가 말라리아에 걸리거나 탈진 상태에 빠지거나 사진 장비를 다루는 데 서툴러서 초기에 많은 실패를 겪긴 했지만, 그래도 찰스는 상당한 성공을 거두었다. 그는 아내에게 '영국에서 팔 만한 좋은 음화들을' 여러 장 확보했다고 편지를 쓴 적이 있다. 그리고 그 후 바오밥나무의 완벽한 사진을 건질 수 있었다.[78] 찰스가 자기 사진 프린트를 고향에 가지고 돌아와 팔겠다고 한 것은 표면상으로는 과학적인 목적으로 작업을 했다지만 개인적으로는 돈을 벌겠다는 동기가 그 안에 분명히 존재한다는 야망을 드러낸 꼴이다. 그가 과학적 표본뿐만 아니라 팔릴 만한 사진을 찍을 수 있는 멋지고도 특별한 풍경을 찾아 다녔다는 것은 분명하다. 찰스는 한 달 후 강 상류 유역을 탐험하고 사진을 찍고 돌아오고 나서 다음과 같이 말했다. "돌아온 이후로 난 몇 장의 프린트를 확보했다. 그 가운데 두 장은 여자들 사진인데, 한 여자는 머리에 물동이를 이고 있으며 또 한 사람은 예쁜 나들이옷을 입었다."[79]

원정대 사진가들은 아프리카의 삶과 풍속을 보여 주는 사진을 제작하는 것은 물론이고 그 밖에 다른 일을 하기도 했다. 주된 일 가운데 하나가 지형의 중요한 특질, 특히 잠베지 강 운항과 관련된 것들을 조사하는 것이었다. 1858년 11월의 케브라바사(Kebrabasa) 급류를 탐험하고 기록하는 데 카메라를 사용한 것은 바로 이러한 사진술의 능력 때문이었다. 데이비드 리빙스턴은 잠베지 강을 운항 가능하게 하기 위해 가장 우선적인 장애물인 케브라바사 급류를 탐험하고 조사하는 일에 매우 신중하게 접근했다. 데이비드 리빙스턴은 아프리카 내륙의 일부를 문명 앞에 열어 보이고 '정당한 교역'이 이루어지기를 꿈꾸었다. 리빙스턴은 자신의 일기에 다음과 같이 적었다. "우리가 '케브라바사'라고 부

9. 토머스 배인즈, 잠베지 강 케브라바사 위에 있는 두 지류의 쉬밧다, 1859

른 곳에 도착한 후 …… 배인즈가 스케치를 하는 동안 찰스는 그 광경을 사진으로 담았다." 토머스 배인즈의 그림 '잠베지 강 케브라바사 위에 있는 두 지류의 쉬밧다'('Shibadda, or two channel rapid, above the Kebrabasa, Zambezi River', 사진 9)는 케브라바사 급류 위의 풍경을 스케치한 것으로, 그림에는 바위 끝에 카메라와 삼각대를 세우고 작업하는 검은 옷을 입은 찰스 리빙스턴과 그의 옆에 서 있는 데이비드 리빙스턴 혹은 존 커크로 보이는 사람이 그려져 있다.

분명히 찰스는 급류 쪽으로 카메라를 들이댔다. 그의 11월 25일자 일기에는 다음과 같이 적혀 있다.

카메라를 바위 위에 세우고 광경을 찍었다. 정리가 다 끝나고 미리 준비해 간 건조판으로 사진을 찍는 데 30분이나 걸렸다. 나는 다시

먼 거리를 걷기 전에 작열하는 태양 아래 이미 탈진 상태가 되었다.[80]

육체적으로는 이런 고생을 했지만, 찰스는 상당히 많은 양질의 음화를 확보한 것으로 보인다. 그는 오랫동안 준비했고 그 덕분에 토머스 배인즈의 그림에 그의 모습이 무의식적으로 나타난 것이다. 이에 대해 미술사학자인 팀 배린저(Tim Barringer)는 배인즈가 사진 찍는 모습을 그린 것은 사진술이라는 새 기술이 주는 위협을 미술로 조롱하는 것이라고 분석했다.[81] 배인즈는 멀리 떨어져 있는 바위 위에 자리 잡고 있던 사진가 찰스와 그의 조수가 급류를 포착해 내려는 장면을 거대한 주변 환경에 둘러싸인 난쟁이 같은 모습으로 그린 반면, 자신은 완성한 스케치를 들고 한 잔 즐기고 있는 모습으로 그림 앞쪽에 그려 넣었다. 하지만 나는 이런 해석이 옳다고 생각하지 않는다. 배인즈와 찰스가 좋은 사이는 아니었지만, 배인즈는 사진의 예술과 과학을 진심으로 흠모했기 때문이다. 게다가 비록 그들의 장비가 서로 다르고, 만들어낸 이미지의 진실이 서로 다르게 통용되었지만, 원정대에서 맡은 미술가와 사진가의 역할은 아주 밀접하게 연계되었기 때문이다. 그래서 데이비드 리빙스턴은 토머스 배인즈에게 "우리가 지나갈 일반적인 풍경을 충실하게 재현하도록" 지시한 바 있다. 여기에는 '풍경의 특징'을 스케치한 것, '야생 길짐승과 날짐승을 그린 것', '희귀하면서 유용한 식물, 화석, 파충류 표본' 그림, '민족지 용도로 쓰일 서로 다른 부족들의 평균 표본' 등이 들어 있다.[82] 따라서 그림도 사진과 마찬가지로 지리적·민족지적 지식을 포착해 내는 수단으로 사용할 의도가 있었던 것이다. 더군다나 잠베지 원정 중에 어이없는 절도죄로 해고당한 후 배인즈는 무역상, 사냥꾼 그리고 사진가 제임스 채프먼(James Chapman)과 함께 새로운 팀을 꾸려 빅토리아 폭포 원정을 갔다. 그는 그곳에서 유리판과 스케치판을 더욱 밀접하게 조합하여 작업했다. 그 후 몇 년 동안 카메라는 배인즈의 수많은 아프리카 스케치와 그림 작업에서 중요한 역할을 하였는데, 그 둘은 경쟁관계라기보다는 과학적 정밀성과 예술적 매력을 서로 공유하는 관계를 유지하였다. 사실, 나는 배인즈 그림에 나오는 카메라는 사진이라는 권위를 빌려 자신의 그림을 인정받으려는 예술가의 의도로 보는 게 더 그럴듯하다고 생각한다. 그가 그린 케브라바사 급류 그림은 지리적 형세와 곳곳의 풍경을 기록하는 데 있어서 사진이 경쟁 기술로서라기보다는 서로 밀접하게 연결된 것이라는 사실을 강조하는 것이다.

이런 점에서 원정 사진은 제국의 과학적 탐험과 조사 행위에서 그림 같은 '경관'을 만들어 내는 아주 긴 전통을 재가공하는 것이었다. 예를 들어, 원정대장 윌리엄 앨런(William Allen)은 자신의 책 『니제르 강의 그림 같은 경관』(*Picturesque Views on the River Niger*)에서 랜더(Richard Lemon Lander)가 실패한 니제르 강 원정(1832~1833) 동안 '현장에서 만든' 경관들을 보여 주었는데, 그는 영국 군함 윌버포스(HMS Wilberforce)호 요원으로 그리고 니제르 강 조사자로서 따라갔다. 앨런의 니제르 강 경관과 잠베지 강 사진, 그림, 지도는 모두 왕립지리학회와 영국 정부와 밀접하게 연계된 공식 원정의 일부로 작업된 것이다. 원정 목표는 아프리카에서 노예 무역과 기독교 확립 그리고 '정당한 교역'이었다. 앨런의 『니제르 강의 그림 같은 경관』을 "아프리카 여러 지역의 모습과 사람들의 풍속을 묘사하려는 노력"이라 평가했는데, 이 책은 전적인 지리학적 조사로 경관과 지도가 함께 수록되어 있다. 그래서 코맨더 W. 앨런이 1832~1833년에 조사한 니제르 강과 찻다(Chadda) 강 지

도에는 그 경관들을 촬영한 장소를 표시하고 있다.[83]

사진은 문맥에 의존하는 지시 같은 성격을 지녔기 때문에 그러한 조사 작업에 사진을 사용하는 것은 훨씬 더 큰 잠재성을 지니게 된다. 바로 이런 이유 때문에 데이비드 리빙스턴은 사진들을 스케치와 지도와 함께 포함시켰다. 거기에는 1858년 12월에 자신이 작성하여 신임 외무장관 맘스베리 경(Lord Malmesbury)에게 보고한 기록도 포함되었는데, 이것은 나중에 왕립지리학회의 저녁 회의 때 전시된 바 있다.[84] 리빙스턴은 자기 일행이 수행한 급류 탐험과 조사를 기술하면서 기선이라면 홍수가 날 때도 '아무런 어려움 없이' 그 급류를 건널 수 있을 것을 확신한다고 기술했다. 그는 "지금껏 본 적이 없는 최악의 급류를 자세히 스케치하였고 사진을 찍었다"는 사실을 언급하면서 자신의 확신을 재확인하였다. 여기에서 스케치는 배인즈가 수채화로 그린 것이고, 사진은 '찰스 리빙스턴이 촬영한 것'이라고 밝혔다.[85] 그는 발송 공문에 시각 이미지도 포함하였는데, 그 이유는 '이것이야말로 내가 의미하는 바를 가장 명쾌하게 전달해 주는 가장 좋은 방식이기 때문이다'라고 생각했기 때문이다. 리빙스턴은 어떤 한 장의 사진에 특별히 주목하였는데, '죽은 하마 한 마리를 보여 주는 것인 동시에 물속에 있는 바위를 보여주기도 한다.' 그리고 "바위들 사이에 물길을 보여 주는 사진에도 주목한다."[86] 그는 케브라바사 급류가 자신이 생각했던 잠베지 강 운항을 불가능하게 하는 위협적 존재라는 사실을 인정하지 않았다. 그는 이 분야에 대해 더 많은 지식을 가진 커크가 나중에 강 상류 쪽에서 더 큰 급류를 만난 후에도 그 생각이 변하지 않았다. 그래서 커크는 진실을 알았지만, 리빙스턴 자신은 그 사실을 결코 믿지 않았다. 리빙스턴은 눈으로 볼 수 있는 근거를 통해 견고한 기선이라면 강을 맨 위에서 아래까지 운항할 수 있다는 주장을 확실하게 뒷받침하였다. 외무국에 케브라 바사 급류라는 장애물 때문에 강 운항을 절대로 할 수 없다고 보고하는 것은 단순히 리빙스턴이 요청한 기선에 대해 확신을 주지 않음을 의미하는 것이 아니라 향후 전개될 전체 원정에 대해 확신을 주지 않는 것을 의미한 것이었다.[87] 그래서 그는 자신만의 해석을 부각시키면서 사진을 사용했는데, 여기에서 사진은 결정적인 근거의 한 형태이자 그의 식민주의적 관점을 도입시키는 수단이었다. 즉, 익숙지 않은 것을 익숙하게 하고, 알려지지 않은 것을 알려지게 하는 것이자 복합적인 환경을 유럽의 과학적 지식이라는 하나의 구성 범주로 전환시키는 것이다.

존 커크도 잠베지 강과 셔(Shire) 강에 대한 스케치와 사진을 남겼다.[88] 스케치와 사진들은 모두 이 강들뿐만 아니라 운항에 있어서의 장애물들도 효과적으로 보여 주었다. 사진은 특히 새로운 발견에 대한 적절한 목격으로서 확실한 근거가 되었고, '새로운' 지형의 이름을 짓는 데도 마찬가지였다. 커크는 셔 강에서 급류의 일부를 사진으로 찍었는데, 그곳은 그와 데이비드 리빙스턴이 1859년 1월 9일에 발견했다고 하는 곳이다(사진 10).[89] 그들은 원정하는 배가 운항할 수 없는 그 급류를 로드릭 머치슨 경의 이름을 따 '머치슨 급류'라고 이름 지었다. 그 급류는 저명한 과학자의 이름을 따 지은 첫 경우도 아니고 마지막도 아니다. 사실 머치슨 급류는 같은 이름의 아프리카의 다섯 지리 지형 가운데 하나이고, 같은 이름을 가진 것이 세계적으로는 23개나 된다. 이러한 이름 짓기는 본국의 과학적·정치적 집단에서 머치슨이라는 이름이 얼마나 중요한지를 보여 주는 것이면서 그가 아프리카와 그 너머에서의 탐험을 추진하는 데 결정적인 역할을 하였음을 나타내는 것이다.[90] '아프리카 쟁탈' 과정에서 유명한 과학자, 군주, 탐험가들의 이름은 아

10. 존 커크, 셔 강에서 급류, 1859

프리카 전역에 자유롭게 흩어져 있는데, 모두 산과 강 그리고 계곡 혹은 심지어는 나라 전체를 유럽의 권위를 빌려 이름을 지었다. 여기에서 탐험가들의 이름은 윌리엄 윈우드 리드(William Winwood Reade)의 책 『아프리카 스케치북』(*An African Sketchbook*, 1873)의 '아프리카 문학지도' 안에 가장 확실하게 그려져 있다. 커크와 리빙스턴은 머치슨 급류를 사진으로 찍음과 동시에 이름 짓는 일을 통해 자신들의 후원자를 기념하고 지리적으로 발견한 풍경을 자신들의 용어로 새겨 놓는 일을 하고 있었다. 역사적 근거로서 사진의 힘은 이미 그것을 아프리카 대륙 위에 영국 문명과 그 권위의 상징을 덧붙이는 중요한 수단으로 만들고 있었다.

앞에서 밝혔듯이, 사진은 동부와 중부 아프리카에 대한 지리적 지식을 생산해 내는 중요하고도 새로운 수단으로서 잠베지 강 원정에 포합되었다. 그 결과 생성된 아프리카 사진은 지도나 텍스트를 통해 생성된 재현과 마찬가지로 결코 중립적이지 않았는데, 사진적 재현이라는 것이 유럽인의 정착과 교역 확대를 확립시키는 것을 목표로 삼은 원정의 일부를 구성했기 때문이다. 데이비드 리빙스턴은 1865년에 출판된 잠베지 원정에 대한 이야기의 서문을 통해 이를 아주 또렷하게 밝혔다.

> 우리가 하는 탐험에서 가장 주된 목적은 9일간의 경이로운 기간 동안 어떤 사물을 발견하는 것과 야만인들을 쳐다보거나 그들에게 우리를 보여 주는 일이 아니라 날씨, 자연 생산물, 지역 질병, 원주민과 바깥 세상과의 관계 등에 주목하는 일이다. 이 모든 것은 특정 이익에 따라 준수되었는데, 그것은 마치 미래를 보듯 이제 막 역사가 시작되는 아프리카 대륙에 첫발을 내디딘 백인이 느낄 수밖에 없는 것들이었다.[91]

사진은 이러한 제국주의 풍조를 구성하는 일부로서 가장 이상적인 재현의 수단이 되었고, 시각적 '진실'을 보여 주는 것으로서 아프리카에서 영국 제국주의의 잠재력이자 문제가 되었다.

잠베지 원정 때 찍은 수많은 사진들은 '암흑 아프리카'에 대한 시각적 상(像)을 표현하기도 했다. 예를 들어, '1859년 7월 13일, 루파타(Lupata)'에서 찍은 도저히 헤치고 들어갈 수 없는 뒤엉킨 식물을 보여 주는 사진이 그런 경우다(사진 11). 이 사진은 야만의 땅으로 고착된 아프리카의 이미지와 잘 맞아떨어진다. 이런 이미지는 유럽인이 아프리카 대륙을 탐험하면서 시각화한 후 더욱 복잡하게 강화된 것이다. '암흑 대륙'이라는 이미지는 15세기에 처음으로 서아프리카를 접한 후 유

11. 존 커크, 루파타, 1859년 7월 13일

럽에서 널리 유포된 여러 인상이 합쳐져 만들어진 것인데, 19세기 유럽,
특히 영국에서 고착화되었다. 그 이미지로 인해 유럽인은 아프리카에
서 시장 기반의 교역 가능성을 보기 시작했고, 점차 더 항구적인 제국
의 야망을 갖게 되었다. 1850년대까지 탐험가들은 아프리카의 성격 그
리고 자연에서 사는 아프리카 사람들에 관한 공통의 이미지와 여러 가
정들로 무장한 채 영국을 떠나 그곳으로 향했다.[92]

　예를 들어, 아프리카 열대 환경의 울창한 숲은 오랫동안 유럽인에
게 풍부한 부(富), 미지의 질병, 죽음의 위험 모두를 가져다주는 것으로
인식되었다.[93] 리처드 버튼(Richard Burton)의 책 『중부 아프리카의 호
수 지역: 탐험의 풍경』(*The Lake Regions of Central Africa: A Picture of
Exploration*, 1860)은 그 부제가 제시하듯 이러한 이미지를 잘 드러낸
또 하나의 주해다. 당시 왕립지리학회 회장이던 얼 그레이(Earl Grey)가

말하기를, 버튼의 풍경은 '역겨운 측면'을 보여 주는데, 그곳은 "더러운 독기로 꽉 찬 악취가 진동하면서 온갖 식물과 축축하고 어두우면서 아무 변화도 없는 모습이 압도적인, 아주 넓은 저지대로 둘러싸인 열병에 빠진 곳"[94]이라고 혹평하였다. 커크의 사진은 이러한 심상, 즉 아직 야만이 들끓는 원시의 땅의 상태를 벗어나지 못하는 풍경을 보여 준다.

커크는 식물학자이자 의료 담당자로 원정에 참가했기 때문에 리빙스턴이 말했듯 '자연의 산물'과 '지역의 질병'에 특히 관심이 많았다. 질병의 여러 유형이 축축하고 무성한 그리고 아주 중요한 아직 경작되지 않은 열대 환경과 연관된 유독 공기 분출구와 어떤 인과관계를 갖는지에 대해 영국과 서아프리카에서 오랫동안 심도 있는 의학 토론이 열렸다. 따라서 커크의 장면 선택은 19세기 중반 의료 지형학 차원에서 가진 관심과 밀접하게 관련되는데, 이는 '백인종'에 의해 만들어진 열대 아프리카의 발전 적합성에 대한 그 자신의 관심에 의해 틀이 짜여진 것이었다.[95]

식민 원정 차원에서의 의료 지형에 사진을 적용한다는 것은 오랫동안 기대했던 바였다. 1846년에 발간된 『예술 조합』은 다음과 같이 폭스 탤벗의 장비를 널리 사용해야 함을 역설했다.

아프리카에서 강을 탐험할 때 우리는 안전하고 건강에 좋은 지역들이 있는가 하면 유독한 공기와 말라리아에 감염된 무시무시한 곳이 있음을 알게 되었다. 탤벗타입이야말로 분명히 이곳에 대해 그 어떠한 글보다도 훨씬 잘 안내해 줄 것이다.[96]

존 커크의 사진 촬영은 사진을 과학적으로 적용하였다는 사실 그리고 개인적으로 의료와 식물에 대해 관심을 가졌다는 사실의 맥락 안에 위치해 있었다.

커크와 찰스 리빙스턴은 모두 향후 영국에서 더 깊은 연구를 하기 위한 동식물군을 모으는 데 중요한 역할을 하였다. 그리고 그 과정에서 원정을 통해 자연사 자료 수집에 대한 폭넓은 관심을 갖는 활동의 일부가 바로 사진 촬영이었다는 사실은 분명하다. 자연학자인 리처드 오원이 찰스가 수집한 '사진 표본'에 대해 강력한 지지를 보낸 것은 과학자들이 얼마나 진지하게 사진 촬영을 했는지를 보여 주는 명확한 근거가 된다. 원정에 참여한 식물학자로서 커크는 특히 동식물군의 표본을 기록하는 하나의 수단으로서 사진을 사용하는 데 관심을 가졌다. 그래서 현재 남아 있는 그의 사진은 나무와 식물에 관한 여러 장면을 보여 주는 것이 대부분이다(사진 12). 그래서 바오밥나무라든가 담쟁이넝쿨 같이 확실하게 식물학적 발견에 어떤 공헌을 하는 차원에서 선택하여 촬영한 그의 사진들은 단순히 아프리카 풍경을 멋지게 보여 주는 것이라기보다는 자연사의 표본이라는 점에 더 크게 동의할 수 있다. 예를 들어, 사진 가운데 '1859년 7월 13일, 루파타'라는 캡션을 단 앨범에서 커크는 이렇게 말한다.

루파타의 숲은 즙이 많은 잎 넝쿨 식물로 뒤덮여 있는 것을 보여 주기 위해 고른 것이다. 그 줄기는 지름이 5인치 정도 되지만 한 칼이면 베어 버릴 수 있다. 그때 우윳빛 즙이 엄청나게 나오는데, 천연 생고무를 다량 함유하고 있다.

커크는 대영제국 자연사 본부인 큐(Kew)에 있는 왕립식물정원

12. 존 커크, '세나, 1859년 7월'
13. 바링토니아 라세모사(barringtonia recemosa) 스프렝(Spreng), 존 커크가 수집함

(Royal Botanical Gardens)에 사진, 스케치 그리고 기록물과 식물 표본 등을 모두 보냈다. 커크의 사진은 자연 채집에 영향을 받은 반면, 그의 표본 채집은 사진에 의해 모양새가 만들어졌다. 즉, 그가 수집한 많은 식물 표본은 나뭇잎과 줄기를 눌러 종이 위에 올려놓은 모습이 그 세밀함이나 법의학적 자료와 같으면서 동시에 심미적 배치를 해놓았다는 점에서 초기의 나뭇잎 사진과 매우 닮아 있다(사진 13). 어쨌든 사진은 특히 나무같이 아주 큰 규모의 식물을 기록하는 데 매우 유용하였다. 그렇다고 해서 사진이 식물 표본 채집의 일을 맡아 하는 것은 아니었다. 식물을 채집하는 일에는 색이나 질감은 물론이고 씨앗을 보존하는 일도 포함되었기 때문이다. 그러한 표본 채집은 분명히 부분적으로는 심미적 차원에서 동기가 부여되기도 했을 것이고, 더 재미있는 사물을 찾아서 다른 사람에게 여행 이야기를 할 때에 보여 주겠다는 동기도 있었을 것이다. 그렇지만 잠비아 원정에서 동식물 표본 수집가들은 큐의 식물학적 지식 창고에 기여할 때 훨씬 더 실용적인 고려를 우선적으로 하였는데, 교역의 관점에서 중요한 자연 자원을 발견하는 데 훨씬 더 신경을 쓴 것이다. 따라서 석탄과 목재의 표본이 수집되었고, 원정대를 실어 나르는 기선인 마 로베르(Ma Robert)호 그리고 앞으로 운행하게 될 기선에 연료로 사용할 가능성이 면밀하게 기록되었다. 존 커크는 이 가운데 고무 추출과 면화 생산에서 바오밥나무로 만드는 바구니와 그물에 이르기까지 식물로부터 얻을 수 있는 많은 잠재적 생산물에 대해 특별한 관심을 기울였다.

찰스 리빙스턴과는 달리 커크는 원정대가 찾아간 지역의 원주민에 대한 사진에 대해서는 별 흥미를 느끼지 않은 것 같다. 실제로 지역의 부족들이나 자신이 참여했던 탐험대의 사진은 거의 남아 있지 않다. 이러한 지형의 모습과 식물 표본에 국한된 선택적 시각은 데이비드 리빙스턴이 말한 대로 부분적으로 '독특한 흥미'를 보여 주는 것인데, 그것을 통해 유럽인은 아프리카를 식민화 이전에는 역사가 없는 대륙이라고 마음으로 그렸다. 이러한 심상에 근거하여 만든 혹평은 '암흑 대륙'에 사는 원주민에게도 마찬가지로 적용되었다. 커크의 사진은 겉으로 텅 비어 있는 풍경을 보여 준다. 사진은 지도와 글과 함께 하나의 지리적 담론 안에서의 재현으로 선택적으로 배치되었는데, 그 담론은 그곳에서의 인간 존재에 대한 삶의 환경을 없애 버렸고 나아가 원주민을 그들이 사는 주거지로부터 격리시켜 버렸던 것이다.[97] 이러한 의미에서 커크의 식물 표본은 찰스 리빙스턴이 했던 민족지적 '표본'의 재현과 상응하게 되었다.

커크의 사진에는 거의 나타나지 않는다 할지라도 잠베지 원정대가 찾아간 지역의 주민은 개념적 용어 안에서 '야만의' 풍경을 재현하는 데 중요한 역할을 한다. 프랜시스 갤튼(Francis Galton)이 지적하였듯이, 버튼 같은 영국의 탐험가들이 남긴 기록은 '천박하고 시끌벅적하며 술 취한 야만인들이 땅을 뒤덮은 역겨운 모습'[98]을 투사하는 것이다. 수많은 당대 사람들과 마찬가지로 갤튼 또한 중부 아프리카를 아주 나쁘게 본 버튼과 의견을 같이했다. 여기에서 캘튼은, '땅 전체에 천박하고 술 취한 야만인들이 뿔뿔이 흩어져 끊임없이 이어져 사는 야만의 모습을 버튼이 비춰 보여 줬다는 당시 왕립지리학회 회장 얼 그레이의 1860년 기록을 따른 것이다. 환경과 주민이 함께 '하나의 역겨운 카오스'를 구성하는 것으로 그려진 아프리카의 이미지는 결코 새로운 것이 아니었다.[100] 그런데 18세기 이래로 유럽인은 열대 환경의 비옥함을 사회적 게으름의 원인이자 징표로 간주하기 시작했다.[101] 이것은 특히 리빙스턴

같이 모든 인간은 하나의 근원에서 나왔다고 믿으면서(일원발생설) 환경과 인간 개량이 가능하다고 믿는 사람들에게는 특히 중요하였다. 커크의 사진(사진 11을 보라)에서 식물이 얽히고설켜 혼란스러운 이미지는 비옥한 잠재력을 보여 주기도 하지만 토착 산업과 노동의 부재를 의미하기도 한다. 결국 커크의 이미지는 '암흑 대륙'이라는 심상의 지리학을 다시 새긴 것이 되었다. 아프리카 풍경이 혼란스러운 것을 넘어 심지어는 무서운 것으로 재현되기도 했지만,[102] 다른 한편으로는 식민지적 전망을 드러내는 것이기도 했다. 야생성이라는 것이 제멋대로의 비옥함을 의미하는 것으로 받아들여질 수 있었고, 개량을 위한 빈 공간으로 독해될 수도 있었음을 의미한다.

잠베지 원정이 아프리카 원정 가운데 사진을 이용한 최초의 시도였지만, 그렇다고 해서 유일한 경우는 아니다. 사실, 험난한 환경 조건과 부피가 큰 장비 때문에 곤란을 겪게 되더라도 많은 탐험가들은 자신이 발견한 것을 기록해 두기 위해 사진술을 택하였다. 예를 들어, 제임스 채프먼은 1859년부터 1863년 사이에 남부 아프리카 내륙에서의 사냥과 교역 탐험 시 사진 장비를 가져갔다.[103] 채프먼은 1859~1860년에 토머스 배인즈를 따라 잠베지 강의 빅토리아 폭포로 탐험을 나갔는데, 이때는 배인즈가 리빙스턴의 잠베지 원정팀에서 해고당한 뒤다. 1860년 1월에 케이프 콜로니(Cape Colony) 총독이던 조지 그레이(George Grey) 경에게 보낸 편지에서 채프먼은 질병과 가뭄 그리고 무료함의 문제가 더 큰 실패에 의해 어떻게 더 악화되었는지를 설명하였다. 그는 이렇게 말했다. "약간 실망스럽긴 하지만, 저는 아무런 후회도 하지 않습니다. 제가 돌아올 때 좋은 사진 한 장 없이 돌아온다고 말할 때 총독 각하께서 저를 위로해 주시리라 확신합니다."[104] 채프먼은 나중에 많은 성공을 거두게 되지만, 1860년대 같은 초기에는 사진으로 하는 기록의 실패가 탐험 자체의 실패와 같은 것으로 간주되었다.

돌이켜 생각해 보면, 잠베지 강 원정에서 확보한 사진은 자칫 잘못되었더라면 실패로 돌아갈 뻔한 사업에서 우연히 얻어 낸 산물이었다. 첫 출발할 때 원정대에서 사진에 부여한 공식적인 역할은 과학적 원정과 관련된 기술을 인정하는 차원에서였다. 사실, 잠베지 강을 찍은 커크의 사진 경험은 왕립지리학회가 1865년에 펴낸 『여행자들에게 주는 힌트』(Hints to Travellers)의 제2쇄에서 사진에 관한 첫 절에 활용되었다.[105] 이렇게 영향력이 크고 오래 가는 연작은 탐험가들의 노동을 지리과학에 더 적용가능한 것으로 향상시키기 위해 그들에게 장비와 관찰기술에 대한 조언을 제공하려는 목적으로 영향력이 큰 지리학자들의 노력의 의해 신선된 것이있다.

프랜시스 갤튼 같은 영향력이 큰 인물들의 노력에 이어 왕립지리학회는 1886년에 존 톰슨을 공식 사진 강사로 임명했다. 그 자리는 사진이라는 수단을 과학적 흐름의 정당한 형태로 인정한 것을 공식적으로 확인한 것이었다. 탐험가들이 점차 젤라틴 필름과 휴대하는 카메라에 의존할 수 있게 되면서 그러한 발전으로 인해 사진은 이제 지리적 탐험의 한 수단으로 확고하게 자리 잡았다. 톰슨 자신이 1885년에 말했듯이, "이제 실로 지리적이고 민족지적인 여러 모습을 기록하기 위해 사진을 가져가지 않는 원정이란 있을 수 없는 것으로 간주된다."[106]

사진은 이제 분명히 아프리카의 다른 지역들에 대한 여러 원정을 기록하기 위해 사용되었다. 그리고 이 과정에서 리빙스턴의 전망이 아주 큰 영향력을 행사했다. 왕립지리학회 주도로 1885~1886년의 토머스 조셉 래스트(Thomas Joseph Last) 대장이 이끈 니야살랜드

14. 앨버트 호스, 니야사에 있던 영사관 마당에 꾸려진 원정대, 1886

(Nyasaland) 원정에서는 당시 니야사 호수 인접 지역의 영사였던 앨버트 호스(Albert Hawes)가 사진가로 기록을 남겼는데, 호스는 이외에도 1886년에 래스트를 따라 여러 원정에 참여했다.[107] 니야사에 있던 영사관 마당에 꾸려진 원정대 사진(사진 14)을 보면 우기였는데도 래스트가 같이 참여했는데, 그가 정중앙에 자리한 걸로 보아 원정대의 위계가 잘 서 있음을 알 수 있다. 이보다 20여 년 전에 찍은 잠베지 원정 사진에는 탐험가 자신들은 나타나지 않는데, 호스의 사진에는 원정대가 일종의 군대처럼 조를 갖춘 장면으로 묘사되어 있다. 그리고 사진에는 육분의 (六分儀)가 눈에 잘 띄게 배치되어 있고, 열대 정글의 한복판에 세워진 원정대를 표시하는 왕립지리학회 깃발도 보인다.

나중에 영국령 중앙아프리카 식민 지배자들이 찍은 사진들은 풍경이 문명화를 이행하기 위해 경작되고 개량된 여러 장면을 강조하는 방식으로 등장했다. 예를 들어, 1900년부터 1905년 사이의 기간 동안 영국령 중앙아프리카의 블란타이어(Blantyre) 주변에서 찍은 사진 앨범에는 도로, 교회, 병원, 정부 건물, 커피 플랜테이션, 소풍이나 크로케(croquet) 같은 영국인의 야외 활동 등을 담은 사진이 압도적으로 많다.[108] 이런 장면들은 어둡고 헝클어진 식물들[109]의 모습과 확연히 차이가 나는 것으로, 그것은 영국의 제국주의적 심상 위에서 만들어진 '암흑 아프리카' 이미지를 지속적으로 유지하려는 어떤 기준이 되었다.

2장 _ 경관 틀 잡기

탐험가들은 멀리 떨어져 있던 제국의 실제를 파악하기 위해 사진을 사용하는 일에서 독특하지도 않았을뿐더러 크게 앞서나간 것도 아니었다. 1840년대경부터 이국적 장면을 확보하려는 유럽인의 요구를 이용하여 돈벌이를 늘리는 데 혈안이 되어 있던 상업 사진가들이 등장해 사진을 통해 이방의 땅을 '발견하기' 시작했다.[110] 프랑스의 광학사인 노엘-마리 르르부르(Nöel-Marie Lerebours)는 많은 사진가들에게 북아프리카와 근동을 포함한 세계 각지의 다양한 기념물과 기념 장소의 이미지를 모아 줄 것을 주문했다. 그리고 그것들을 모아 1841년부터 1844년 사이에 판화와 부식 동판 방식으로 인화하여 『다게레오타입 사진으로 여행하기』(*Excursions Daguerriennes*)라는 책을 출간하였다.[111] 19세기 후반에 부쩍 늘어난 세계 각지, 특히 이집트와 성지(聖地)를 여행하는 사람들은 대부분 그곳들을 이국적인 풍경으로 바라보았던 부유한 영국인이었는데, 그들로 인해 그림이나 사진과 탐험이 봇물 터지듯 했다.[112] 그들에 의해 '오리엔트'의 여러 장면들이 영국 대중에게 익숙하게 알려졌는데, 데이비드 로버트(David Robert) 같은 화가와 프랜시스 프리트(Francis Frith) 등이 그 대표적 인물이다.

프리트는 1856년부터 1859년 사이에 이집트, 시나이, 팔레스타인 등지를 여행했는데, 라이게이트(Reigate)에 근거를 둔 그 유명한 사진 상사를 시작하러 돌아오기 전까지 그곳의 기념물과 풍경을 기록했다.[113] 프리트는 다른 많은 상업 사진가와 마찬가지로 스스로를 예술가이자 과학자로 보았다. 다시 말해 그의 사진 관점은 결코 단순히 예술을 향한 것은 아니었고, 멋진 풍경과 고대 건축물에 접근한 것만큼 작품에 대해 과학적 관심을 부여하였다. 그래서 1859년 그가 기선을 타고 백(白)나일 강을 탐험하려는 계획을 세웠을 때, 프리트는 당시 왕립지리학회의 명예 서기장이자 유명한 서남부 아프리카 탐험가이던 프랜시스 갤튼을 찾아갔다. 갤튼이 나일 강을 여행했을 때가 1844년이었는데, 그는 이즈음 프리트의 작품을 잘 알고 있었고, 그를 뛰어난 사진가로 인정하고 있었다.[114] 프리트는 새무얼 본(Samuel Bourne)이나 존 톰슨을 포함한 영국의 여러 여행 사진가 가운데 한 사람이었는데, 그의 사진은 제국의 지리적 탐험에 대한 담론의 일부로 간주될 수 있었다. 그의 사진으로 하는 원정은 미지의 세계를 발견하는 감각으로 활성화되었고, 사진을 확보하기 위해 인내하는 그 힘든 조건에 대해 스스로 강한 자부심을 가졌다. 실제로도 많은 사람들이 그의 작업을 통해 이미지의 참신함, 과학적 가치 그리고 예술성을 높일 수 있었다.

상업 사진가들은 풍경의 관점을 잡아내는 데 상당한 에너지를 쏟아 부었다. 몇몇 사람들은 이런 것이 영국 사진에서 볼 수 있는 강한 특성이라고 했다. 1867년 파리박람회의 영국 사무국에서 한 비평가는『영국사진저널』(*British Journal of Photography*)에 기고한 글에서 풍경 사진은 '우리만의 특별함'(our specialité)이어야 한다고 했는데, 그 이유는 "영국인은 조국을 사랑하고 우리는 유람하는 민족이기 때문이다."[115]라고 했다. 사실 제국이 팽창함으로써 유람의 전망이 활짝 열렸고, 풍경 사진에서 빅토리아 시대의 취향이 더욱 확산되었다. 게다가 제국이라는 생각의 일부는 풍경의 개념에 달려 있었는데, 여기에서 풍경이란 지구 전체의 차원에서 통제된 공간으로서 그리고 그러한 통제를 재현하는 수단으로서 만들어진 것이다.[116] 왜냐하면 풍경은 유리판이나 스케치 판 위에 기록되기를 기다리면서 이미 '바로 그곳에' 존재하는 어떤 무엇이 아니기 때문이다. 그것보다는 풍경이란 공간을 개인적으로 그것으로부터 이탈하여 보는 사람에 의해 심상적으로 전유되고 특별히 그려지는 방식으로 나타나기 때문이다.[117]

역사적으로 풍경의 개념이 발생한 것은 그것이 특별히 제국주의 담론에 아주 잘 어울렸기 때문인데, 이는 미첼(W. J. T. Mitchel)이 지적한 바와 같이 "그 스스로를 역사에서 피할 수 없는 진보적 발전으로 인식되는 풍경의 확장으로 그리고 '문화'와 '문명'이 스스로를 '자연스러운' 것으로 이야기하는 어떤 진보 안에 존재하는 '자연'의 공간으로 명확하게 (그리고 동시에) 생각으로 그려내기 때문이다."[118]

게다가 남태평양을 보는 유럽인의 관점에 대한 버나드 스미스(Bernard Smith)의 설명이 보여 주듯, 풍경의 개념은 사진이 등장하기 전에 형성된 유럽인의 해외 탐험이나 팽창과 아주 밀접하게 관련되어 있었다.[119] 18세기 중반 이래로 카메라 옵스큐라—사진에 관한 담화적 욕망의 하나로서 생각하던 것—에 의해 생성된 이미지를 영구히 확보하는 것의 가능성에 대한 관심이 압도적으로 풍경과 자연에 대한 관점을 전유하게 되었다는 사실 또한 매우 중요하다.[120] 1860년대부터

1880년대까지 영국 전문 여행 사진가들이 널리 찍은 풍경 사진은 앞으로도 계속 보여 주겠지만, 특히 풍경 관념과 제국의 시각으로 보는 성격 전환에 잘 맞아떨어졌다.

　19세기에 많은 전문 사진가들이 작업한 풍경 사진은 절대적으로 심미적인 대상으로 간주되었다. 그렇지만 상업 사진가들은 '과학적' 원정과 조사를 포함한 다양한 맥락에서 작업을 수행하였다. 예를 들어, 티모시 오설리번(Timothy O'Sullivan)의 미국 서부 사진은 원정의 맥락에서 작업된 것이다. 그것들은 단순히 멋진 장면들을 즐기기 위한 '풍경'으로서가 아닌 아직 개척되지 않은 서부의 자원과 지리에 대해 미국 정부에 정보를 제공하는 차원에서의 '관점'으로 작업된 것들이다.[121] 마찬가지로, 19세기 후반 캐나다 서부의 풍경 사진 역사 또한 사진이 지형 조사와 1885년에 완공된 캐나다태평양철도(Canadian Pacific Railway)를 마케팅하는 데 어떻게 밀접하게 적용되는지를 보여 준다.[122] 예를 들어, 1858년부터 1885년 사이에 풍경 사진가들은 영국령 콜롬비아에서 변경 지역의 황야, 철도, 광산 그리고 정착 등에 초점을 맞췄다. 프레이저 강(Fraser River) 골드 러시부터 캐나다태평양철도의 완공까지 이 시기는 유럽인의 식민 권력이 극적으로 확장되던 때로서 식민 지배의 진행과 영국 식민 지배의 정체성의 의미를 포착하려는 풍경 사진이 생산되었다.[123] 또 공식 원정과 조사를 하는 당사자들에 의해 전문 사진가가 고용되기도 했다. 예를 들어, 영국령 콜롬비아의 경우 전문 사진가 프레드릭 델리(Frederick Dally)가 영국 군함 스카우트(HMS Scout)호를 타고 밴쿠버 섬을 일주한 것을 기록으로 남겼고, 또 다른 전문 사진가 에드워드 도세터(Edward Dossetter)는 1881년 스키타인 강(Skitine River)과 퀸 샬로테 섬(Queen Charlotte Islands)까지 여행한 영국 군함

로켓(HMS Rocket)호의 인도청 감독관인 이스라엘 포웰(Israel Powell) 박사를 따라가기도 했다.[124]

상업적 풍경과 '예술' 사진이 정부 주도의 과학적 조사 안에서 작동되었다는 명백한 근거가 있음에도 사진의 '담론 공간' 사이에서, 특히 과학 안에서의 '관점'과 예술 안에서의 '풍경' 사이에 범주를 구분한다는 것은 옳지 않다고 본다.[125] '풍경'의 개념은 '관점'의 개념을 포함시켰고, 예술적 장르와 과학적 기록을 포괄하는 많은 맥락 안에서 작동하였을[126] 뿐만 아니라 그 안에는 깜짝 놀랄 만한 새로운 것도 없다. 부연하자면, 많은 상업 사진가들은 윌리엄 호지스(William Hodges)나 토머스 대니얼(Thomas Daniel) 같은 18세기 후반의 아름다운 장면을 찍은 사진가들의 전철을 밟았다. 그 두 사람은 완성도가 높은 데다가 존경받은 예술인이었는데, 특히 식민 탐험과 자연철학 탐구와 관련된 작가들이었다.[127] 흥미로운 것은 1860년대, 1870년대, 1880년대 영국의 풍경 사진이 제국의 풍경이야말로 눈에 보이는 것의 자연적인 방식임을 다시 한 번 새기는 과정에서 광경에 대한 객관적 기록으로서 사진을 권장하기 위해 회화적 관습에 의존하는 척 가장하는 방식을 사용했다는 것이다.[128]

인도에서의 새무얼 본, 1863~1870

여행 사진가가 세계 곳곳으로 간 것은 1863년 새무얼 본(Samuel Bourne, 1834~1912)이라는 영국의 한 젊은 사진가가 『영국사진저널』을 통해 한 다음과 같은 말에서 그 분위기를 찾을 수 있을 것이다. "이제 세세에서 구석이라는가 협곡 혹은 계곡, 산, 시골 같은 그런 곳은 거의 없다. 카메라의 눈이 살살이 침투하지 않은 곳이 없기 때문이다."[129]

카메라를 들고 세계 곳곳을 여행하고 탐험하는 낭만은 당시 열정 넘치는 사진가 새무얼 본을 유혹하기에 충분하였다. 새무얼 본은 노팅햄(Nottingham)의 은행을 그만두고 인도로 향해 그곳에서 7년간 사진가로 활동하였는데, 1863년에 자신이 찍은 인도에서의 사진은 "최소한 새로운 것이었다"라고 말했다.[130] 이를 구체적으로 보면, 1857~1858년 동안 일어난 반란(Mutiny) 사건과 그 뒤로 이어진 정치 변화로 인해 영국과 영국령 인도 정부는 새로운 인도아대륙의 사진 이미지를 필요로 하였다. 새무얼 본은 이 사건에 관심을 가진 터라 경험이 풍부한 사진가 찰스 셰퍼드(Charles Shepherd)를 따라 군대에 합류하여 심라에서 사진 상사를 차렸다. 히말라야 지대에 위치한 이 병영은 인도 정부의 여름 주거지로 유명하였는데, 이 지역에서 새무얼 본과 셰퍼드는 많은 풍경 사진과 초상 사진들을 남겼다. 1870년 새무얼 본이 인도를 떠날 때까지 사진 상사에서 만들어 낸 사진들은 인도의 주요 도시 대부분은 물론이고, 런던과 파리로도 팔려나갔다. 사진이 대량으로 팔리면서 상사는 캘커타(1867)와 봄베이(1870)에도 스튜디오를 차리게 되었다.

그들이 이렇게 성공을 거둔 것은 새무얼 본이 사진 예술가로서 얻은 명성 덕분이었다. 그는 건축이나 초상 사진을 포함한 많은 분야에서 관심을 드러냈지만 그가 특히 널리 알려지게 된 것은 1863년, 1864년 그리고 1866년에 서부 히말라야 지역에서 촬영한 일련의 풍경 사진 덕분이었다. 그는 좋은 사진을 찍기 위해 매우 열심히 원정을 다녔고, 그 결과물을 『영국사진저널』에 사진과 함께하는 글로 잇달아 발표했다.[131] 그의 사진 원정은 그의 입지를 굳히는 데 결정적인 역할을 하였다. 그리고 최근에는 그 사진들 덕분에 사진사에서 위대한 선구자로서 명성을 얻기까지 했다.[132] 그렇지만 새무얼 본을 사진의 예술적인 면에서만 국한하여 평가하면 그러한 이해는 한계를 노정하게 된다. 그의 사진이 만들어지고 보여지는 맥락에서 생각해 봐야 하기 때문이다. 특별히 그의 사진 원정의 중요성이 감안되어야 하는데, 일반적으로 식민 시기의 사진 재현의 경우에 그렇듯 그의 사진 행위는 상당히 과장된 평가를 받은 것이 사실이다.[133]

　새무얼 본의 사진은 뛰어난 기술과 구성 덕분에 인도와 영국에서 큰 찬사를 받았다. 1869년 『영국사진저널』은 어떤 열렬 독자가 그의 사진들을 "비견할 수 없을 정도로 뛰어나다"[134]고 평가한 것에 대해 뜻을 같이한다고 했다. 새무얼 본이 그해 인도에서 연 전시를 평가한 어느 비평가는 "이 사진들은 거친 스크랩북 안에 접혀 들어가서는 안 되고, 장식용 액자로 만들어 응접실에 걸려야 한다"[135]라고 했다. 여기에서 분명한 것은 새무얼 본은 자신의 아름다운 사진이 심미적으로 감상하는 대상으로서 찬사를 받기 바랐다는 사실이다. 그런데 그가 찍은 북인도의 풍경이 당대에 박수갈채를 받은 것은 회화적으로 탁월하고 기술적으로 수준이 높아서가 아니다. 그것은 대영제국 내에서 비교적 알려지지 않은 곳을 열정적으로 다니면서 찍은 것들이어서 특별히 그러하였다.[136] 빅토리아 시대의 다른 상업 사진가들과 마찬가지로 새무얼 본은 자신의 지리적 모험과 발견을 자신의 사진 여행에 투입시켰다. 결과적으로 그의 사진은 북인도의 지리에 대해 구체적인 시각적 지식을 갖고자 하는 사람들과 단순히 자신의 응접실을 인도 사진으로 장식하려는 사람들에게 찬사를 받았고, 이윽고 수집 대상이 되었다. 따라서 새무얼 본의 사진은 사적으로 깊은 사색의 대상이 되기도 했지만, 공적으로도 과학적인 것을 추구하는 지식인 모임에서 주관하는 사진적 예술을 추구하는 국내외 전시회에 걸리기도 했다. 그러한 전시회에는 제임스 채프

15. 새무얼 본, 카시미르 스리나가르의 달 수로 경관, 1866

먼 같은 탐험가들이 찍은 사진들과 함께 전시되었다.

　새무얼 본은 어떻게 하면 심미적으로 아름다울 수 있는지에 대해 확실한 생각을 가진 사람이었을 뿐만 아니라 기술적으로도 뛰어난 사진가였다. 그의 '카시미르 스리나가르의 달 수로 경관'(View on Dal Canal, Srinagar, Kashmir, 사진 15)은 그 스스로 멋진 그림이 되는 이미지를 구성하는 데 반드시 필요하다고 간주한 많은 요소들을 포함한다. 이를 구체적으로 설명하자면, 물이 풍부하고, 그 위로 반영이 생기며, 숲으로 둘러싸인 강기슭이 뒷부분에 자리 잡고, 앞부분은 나뭇잎으로 가득하며, 빛이 들어와 밝은 부분과 어두운 부분이 잘 어우러져 훌륭한 이미지를 만들어 낸다. 여기에 어떤 사람이 조심스럽게 포즈를 취하며 그 이미지를 바라보는 것도 있다. 새무얼 본이 따른 멋진 그림을 만드는 전통에 대해 윌리엄 길핀(William Gilpin) 같은 비평가가 논한 바 있는데, 길핀은 입문서를 통해 18세기 후반에 형성된 전통으로 자연을 어떻게 멋지게 재현할 것인지에 대해 기술하였다. 그러한 사진 만들기는 풍경화가이자 판화가인 토머스 대니얼(Thomas Daniel)과 윌리엄 대니얼(William Daniel)이 따르기도 했다. 이들은 1786년부터 1793년 사이에 인도에서 작업을 했는데, 카메라 옵스큐라를 광범위하게 사용하였다.[137] 따라서 1860년대까지의 인도 여행 사진가는 멋진 광경을 찾으려는 영국-인도 여행자이자 예술가인 선배들이 잘 다져놓은 길을 따라갈 수 있었다. 새무얼 본은 1864년에 카시미르로 여행을 떠났다. 여기에서 그는 기존의 멋진 인도에 관한 도상술에 하나의 사진적 주해를 더했다.[138] 그런데 자연의 장면을 충실하게 포착하는 데 부여된 사진에 대한 권위가 풍경의 미적 특질을 확인하고 성격을 전환시키는 차원에서 그림과 판화보다 훨씬 더 큰 힘을 가져다주었다.

그럼에도 새무얼 본이 스스로 인정하였다시피 카메라는 인도의 영국인에게 분명히 전혀 새로운 것은 아니었다. 1859년 존 머레이는 서북 주의 여러 광경을 잇달아 촬영한 바 있고,[139] 그로부터 2년 후 대장 멜빌 클라크(Melville Clarke)는 심라에서 라다크(Ladakh)와 카시미르로의 여행 중에 찍은 사진을 연이어 내기도 했다.[140] 멜빌 클라크의 사진은 1862년에 몇 줄의 글이 있는 책으로 출판되긴 했는데, 그의 사진적 '관점'은 새무얼 본의 사진만큼 기술적으로 세련되지는 못했다. 하지만 그의 사진들이 새무얼 본의 사진과 아주 비슷한 대상에 집중한 것은 분명하다. 심라에서 찍은 '멋진 히말라야의 요양원'이라는 클라크의 사진과 여행 중에 카시미르의 지형을 보여 주거나 그림이 될 만한 장면을 찍은 그의 사진들은 3년 뒤 새무얼 본이 찍은 사진들과 잘 어우러지게 되었다.[141] 새무얼 본과 클라크는 카시미르 주의 주도인 스리나가르(Srinagar)에서 대대로 이어지는 그림 같은 경관이 주는 매력에 흠뻑 빠졌다. 그들을 매료시킨 대표적인 풍광으로는 샬리마르 정원(Shalimar Garden)과 여러 모양의 다리를 들 수 있는데, 특히 후자는 그들에게 지나간 옛 런던을 떠올리게 해주었다.[142] 클라크는 사진들을 무갈제국 건축의 위업을 증명하기 위한 자료로 사용하였는데, '현재 카시미르의 무너져 내려앉는 황량한 모습'[143]과 대조시켜 보여 주었다. 그리고 "저렇게나 고급스럽지만 잘못 통치한 지역이 한때 영국의 손 안에 들어왔다가 지금은 그 안에 남아 있지 않다는 사실"을[144] 심히 개탄하였다. 사실, 새무얼 본이 영국이 카시미르를 통치해야 한다고 보게 된 것은 카시미르가 좋은 사진을 찍기에 알맞은 지형이기 때문이기도 했다.

새무얼 본은 처음 인도에 왔을 때 아름다운 풍광의 잠재성에 적잖이 실망했다. 1863년 심라에 처음 도착한 후 그는 "이 지역에는 호수도 없고, 강도 없고, 무슨 냇물 같은 것도 없는 데다가 건축적으로 흥미를 끌 만한 것이나 소박한 다리 하나 없고, 담쟁이 넝쿨로 둘러싸인 폐허 유적 하나도 없다"[145]고 불평을 토로했다. 그랬기 때문에 그가 1866년 카시미르를 방문했을 때 수많은 아름다운 풍광을 보면서 그토록 기뻐했던 것이다. 게다가 그곳에서는 자신의 사진에 자주 출몰하여 괴롭히던 바람, 추위, 먼지 같은 것들로부터 벗어난 화창한 날씨를 만나기까지 했다. 새무얼 본이 카시미르를 사진을 위한 완벽한 곳이라고 느낀 후 "그곳에서 영국의 언덕과 계곡, 초록 대지, 공원, 초원 등을 억지로 떠올린 것"[146]은 결코 우연이 아니었다. 사실, 새무얼 본에게 인도의 아름다운 풍광을 찾는 일은 영국 사람들의 이상적 광경을 다른 환경에서 찾는 일과 상응하는 일이었다. 그는 1864년 어떤 글에서 "인도의 풍경은 영국의 풍경과는 결코 비견할 만한 것이 되지 못한다. 그 이유는 인도에서 사진이 영국에서만큼 좋게 나오지 않는다는 것 때문이 아니라 풍경 자체가 아름답지 않거나 카메라에 잘 어울리지 않기 때문이다"[147]라고 했다. 새무얼 본은 '전체적으로 볼 때, 영국만큼 사진에 잘 어울리거나 더 좋은 풍경은 세계 어디에서도 찾아볼 수 없다'고 생각한 사람이었다. 그는 사진가의 이상에 대해 이렇게 말했다. "만약 어떤 사진가가 영국의 풍광을 이 격렬한 하늘 아래로 가져올 수만 있다면, 어떤 사진인들 못 찍겠는가!"[148]

사실 새무얼 본이 한 일은 빅토리아 시대의 많은 여행 사진가들이 그랬던 것처럼 변형 프로젝트를 실행하는 것일 뿐이었다. '영국적 장면'이라는 심미적 윤곽을 다른 외국의 환경에 부과시킴으로써 그는 잠재적으로 적대적인 풍경을 익숙하게 하고 길들이는 일을 하였던 것이다. 사실, 그가 충실하게 드러낸다고 한 실재는 실제로 그 자신의 문화가 만들어 내는 것 가운데 하나였던 것이다.

새무얼 본에게 사진을 한다는 것은 매우 높은 엄격성을 추구해 나가는 일이었다.[149] 히말라야와 카시미르 지역에서 행한 그의 사진 원정은 용맹한 탐험가나 군사령관의 열정으로 조직하고 실천에 옮기는 것이었다. 그는 거친 환경과 날씨 속에서 사진 장비를 작동하기 위해 분투하였을 뿐만 아니라 많은 짐꾼들을 동원해 준비물과 보급품을 날라야 했다. 새무얼 본은 1866년에 카시미르로 9개월간의 원정을 떠났다. 그는 42명의 짐꾼과 6명으로 구성된 직원들과 6대의 '멋진 차'를 가지고 갔다. 이 가운데 '멋진 차'에 대해 새무얼 본은 자신이 피료에 지쳐 쓰러졌을 때 스스로 전혀 멋지지 않았으나 그런 그를 옮겨다준 차 덕분에 그리 되었다는 사실을 독자들에게 꼭 말해 주고 싶어 하였다.[150] 새무얼 본의 원정 규모가 대단했다는 것은 분명한 사실이다. 사진 장비 하나만으로도 스무 대의 짐차를 꽉 채웠는데,『영국사진저널』에서 새무얼 본의 업적을 기린 글에서처럼 "황량한 카시미르 혹은 더 멀리 히말라야 산맥 지역에서는 어둠이 떨어지면 약국 하나도 없어서"[151] 만일의 모든 경우를 대비한 음식, 약품 등으로 꽉 찼던 것이다.

새무얼 본이 주로 사용한 습판 콜로디온 과정은 코팅, 감광, 노출을 거쳐 즉각 유리판에 현상하는 단계를 수반했다. 이러한 과정은 그로 하여금 높이와 너비가 각각 3m가 넘는 거대한 피라미드 모양의 암실 텐트를 치고 옮기기를 반복하게 했다. 여기에다 새무얼 본은 자신의 원정대 장비에 텐트, 침구, 놀이용품, 책, 가구 그리고 충분한 양의 헤네시 브랜디 등을 반드시 포함시켰다. 그는 사람들에게 사치품도 가지고 갈 수 있을 만큼 충분히 가져가야 한다고 설명했는데, "어떤 때는 몇 달 동안 단 한 사람의 유럽인도 보지 못한 채 외롭게 멀리 떨어진 곳에서 지내곤 했다. 아무 말도 할 수 없었고, 아무 말도 들을 수 없었다. 오로지 들리는 것이라곤 야만인들의 말인 힌두스타니밖에 없었다."[152]

그러한 원정을 수행하는 것이 상당한 조직과 장비를 필요로 하는 일이었음에도 원정대 짐 가운데 다른 어떤 것보다 더 많은 부분을 차지한 것은 새무얼 본의 문화적 짐이었다. 자신이 만나는 사람들에게 노골적인 경멸을 퍼부었으며, 자신이 의존하며 살아온 그 사람들의 노동과 자원에 대해 그는 너무나 아무렇지 않게 여겼다. 그는 스스로 '작은 군대'라고 부른 그 원정대의 대원들이 일을 태만히 하거나 '반항'의 기미가 조금이라도 보일 듯하면 가까이에 있는 몽둥이를 가차 없이 휘둘렀다.[153] 뿐만 아니라, 그는 자신이 절대적으로 의존했던 짐꾼과 가이드들을 무엇보다도 멋진 그림이 되는 소재로 사진에 넣거나 사물의 크기를 보여 주는 잣대로 넣었을 뿐 각자 자신의 권리를 지닌 한 개인으로서 등장시키지는 않았다.

전반적으로 새무얼 본이 자기 사진 안에 지역 주민을 포함시킨 것은 그가 가진 미학적 성격에 그들이 전적으로 협조해 줄 때뿐이었다. 예를 들어 보면, 그가 초기인 1864년 카시미르를 방문하였을 때 — 당시 그는 상당수 하인들의 도움을 받았고, 언제든 처분할 수 있는 배를 가지고 있었다 — 목가적인 환경은 참으로 사진을 찍기 좋았는데, 다음과 같은 것 때문에 그 장면이 망가져 버렸다는 것이다.

그들을 사진 안에 집어넣으려고 했을 때 원주민의 완고함이 문제였다. 말로나 행동을 통해 아무리 보여 줘도 그들을 편안하게, 자연스러운 자세로 서게 하거나 앉게 할 수 없었다. 그들이 사진에 생명력을 불어넣는다고 생각하는 것은 팔을 부지깽이같이 딱딱하게 밑으로 내리고 꼿꼿하게 서서 마치 자기 목을 베라는 듯한 자세로 자신의 턱을 추켜올리는 것뿐이었다.[154]

비록 새무얼 본이 주로 사람을 최소한으로 줄인 풍경 사진의 미학에 빠져 있었다지만, 인도의 토착 주민에 대해 관심을 갖지 않은 것은 아니었다. 특히 그들의 모습이 뭔가 미적인 매력을 갖고 있고 앉은 자세를 취하도록 할 수만 있다면 사진을 찍기도 했다. 예를 들어, 카시미르에 있는 동안 그는 '힌두 여인들'에 대해 특별한 관심과 동경을 가졌는데, 그는 그 여인네들을 "무슬림 여인들보다 피부가 더 희었다"라고 말

16. 새무얼 본, 카시미르 여인들, 1866

했다. 새무얼 본은 자신의 독자에게 다음과 같이 말했다. "그것은 당신이 자신들을 제대로 본다는 사실을 그들이 깨닫지 못하고 그들을 우연히 마주쳤을 때만 가능할 뿐이다."[155] 결국, 그는 스리나가르 주재 영국 행정 책임자에게 사진을 찍고자 하니 '얼굴이 반반한 무희들'을 불러 모아 달라고 하는 부탁을 하는 수밖에 없었다(사진 16).[156] 새무얼 본은 그렇게 강제적 방법을 사용했음에도 — 혹은 그런 방법을 사용했기 때문에 — 그가 찍은 사진에서 '편안하고 자연스러운 자세'의 여성을 찾을 수 없을 정도로 천편일률적인 구성을 드러내는 사진밖에 얻어내지 못했다. 어쨌든 새무얼 본이 사진의 대상으로서 그 여성들에 대해 가졌던 매력과 식민주의의 권력을 사용하여 그들을 카메라 앞에 세웠다는 것은 식민지의 이국풍을 광범위하게 성적 대상으로 상상화하여 통용시켰다는 징후를 보여 주는 것이다. 여기에서 '무희'라는 사람들은 오랫동안 영국 사람들에 의해 고급 창녀로 인식되었고, 그래서 매혹과 경멸을 동시에 받은 사람들이었다. 그 여인들은 사진가에게 대중적 대상이었는데, 사진가는 전통의상을 입거나 춤을 추는 그 모습을 사진에 담음으로써 성적으로 야릇한 동양 여성의 판에 박힌 이미지를 더욱 강화하였다. 그러한 이미지는 특히 북아프리카와 중동에서 식민지 하렘을 외설스럽고 포르노적인 모습으로 찍은 일련의 유럽인 사진가들에 의해 쉽게 드러난다.[157] 이는 그림, 문학, 건축 등을 통해 나타난 기존의 동양에 대한 도상술 위에[158] 몸을 거의 다 드러낸 '동양'의 여성을 여러 장신구로 치장하여 배경을 꾸민 스튜디오 안으로 불러들여 모델로 삼아 사진을 찍음으로써 사진 스스로 '동양'을 발명하여 추가한 것이다. 이러한 사진적 상상은 동양과 성(性) 사이에 연계된 기존의 조합을 이용한 것인데, 사실적 근거로서 지금까지의 어떤 경우보다 더 큰 규모로 더 분명하게 보여 주는 것이었다. 여기에다 '하렘의 즐길 만한 것들'(Favourites of the Harem)이라는 제목을 단 사진으로 자극을 준 국제적 사진 상사이자 뉴스 대행사인 언더우드 앤 언더우드(Underwood and Underwood)는 이들을 상품화하여 20세기 안으로 성공리에 들어가게 되었다.[159]

비록 그런 많은 사진들은 스튜디오 세트 안에서 만들어진 것이지만, 그렇다고 해서 그 사진들이 풍경과 무관한 것은 결코 아니었다. 실제로 열대 식물을 드러내는 장면이 이국적 여인의 이미지를 위한 배경으로 자주 사용되었던 것이다. 때로는 스튜디오 안에 배경을 그려놓고 화분 같은 것으로 꾸미기도 하고, 실외의 적당한 곳에서 촬영하기도 했다. 1870년대와 1880년대 실론에서 초상 사진 작업을 한 스킨사(W. H. L. Skeen & Co.) 소속 상업 사진가들이 찍은 사진들 가운데는 무성한 열대의 숲을 배경으로 여성들을 찍은 것이 많다.[160]

새무얼 본이 북인도 풍경을 노골적으로 에로틱하게 찍지는 않았지만, 백인 남성의 인내력에 정복된 덧없는 아름다움으로 투사한 것은 사실이었다. 그가 히말라야 지역으로 가장 힘 있게 진군한 것은 1866년의 세번째와 마지막 원정이었는데, 그는 진군을 시작하면서 "쿨루(Kulu)를 거쳐 베아스(Beas) 강의 깊은 계곡을 탐험하려 한다. 스피티(Spiti)라는 티베트 국경에 자리 잡은 거친 황야 지역까지 침투해 갈 작정이다. 그러고서는 갠지스 강의 수원인 치니(Chini)와 바수파(Basupa) 계곡까지 들어갈 계획이다"[161]라고 말했다. 그가 비록 자신의 원정 목적을 "순전히 사진에만 둘 뿐 과학적 탐험에는 아무런 의도를 두지 않는다"라고[162] 독자들에게 분명히 밝혔지만, 그가 세운 지리학적 공적과 그것을 기술한 언어를 통해 볼 때 영웅적인 탐험을 수행한 것은 분명한 사실이다. 그것은 그림이 되는 장면을 포착하려 헤매다가 우연히 확보한 것이라고는 도저히 말할 수 없는 것들이었고, 이미 새무얼 본이 갖춘 심미적 관점과 직접 관계되는 제국주의적 주장을 실행에 옮긴 것이었을 뿐이다.

사실, 시작할 때부터 새무얼 본의 원정은 알려지지 않은 지리를 정밀 조사하려는 의도를 갖고 있었다. 그는 1863년 10월에 행한 10주 동안의 첫 원정에 대해 기술하면서 어떻게 히말라야의 '내부'를 탐험하여 "어떤 종류의 아름다움과 웅장함이 그 안에 숨겨져 있는지를 보려 하는지"[163]에 대해 기술한 바 있다. 따라서 그가 히말라야 서부 지역의 주민과 풍경을 사진으로 재현하는 것은 반드시 시각적 정보 수집의 기획과 관련 있는 일부로 보여져야 했다. 다시 말하면 그것은 제국주의의 관점으로 공간과 사람을 조사한 하나의 수단이었던 것이다. 이에 대한 좋은 예를 필립 헨리 에저튼(Philip Henry Egerton)의 경우에서 찾아볼 수 있는데, 그는 『스피티를 거쳐 중화 티베트 국경까지의 여정에 관한 저널』(*Journal of a Tour through Spiti, to the frontier of Chinese Tibet*)이라는 화보를 곁들인 글에서 사진의 사용에 대해 다음과 같이 말했다.

> 히말라야 산악 지역은 이전에는 관광객, 지질학자, 식물학자 그리고 스포츠맨들이 매료당한 곳이었는데 요즘은 매일 정말 많은 사람들이 그 대단한 숲과 정글에 큰 관심을 보인다. 그 지역이 개간되어 차 재배에 활용된다면 많은 우리나라 사람들에게 엄청난 양은 아닐지라도 만만찮은 부를 가져다줄 수 있을 것이고, 그리 되면 좋은 날씨에 쾌적하고 즐거운 일을 하면서 살 수 있지 않을까 싶다.[164]

캉그라(Kangra)의 부(副)행정지사였던 에저튼은 1863년에 [영국 지배 아래 있던 캉그라 디스트릭트(district)에 속한] 스피티 지역을 통과해 중화 티베트 국경까지 가는 루트를 개척했다. 그 길은 영국령 인도 영토를 따라 수행된 교역 루트의 몫을 확대하려는 의도였다. 특히, 그는 영국령 인도 영토를 야르쿤드(Yarkund)와 중화 티베트 지역으로 바로 연결시키려는 새로운 루트를 염두에 두었는데, 그로써 카시미르의 왕이 독점하는 모(毛)와 숄 교역을 훼방하려 했다. 그래서 '아마도 지금까지 정확하게 알려진 바 없는 그 지역과 그곳에 사는 사람들'에 대한 사진을 찍는 것이 에저튼 원정대의 중요한 사명의 일부였다. 이를 통해 그는 "중앙아시아의 중심부에 공산품을 가져오고, 종국에는 그 방대한 지역에 사는 야만족에게 문명을 확장시키며, 나아가 유럽의 생산자와 수출

업자 그리고 그들이 생산한 공산품을 이 지역으로 옮기는 자들에게 이익을 주고자 하였다."[165] 따라서 에저튼의 사진 활용은 공식적인 제국주의 사명에 잘 조율된 것이었다.[166]

새무얼 본과 마찬가지로 에저튼 또한 '화려하게' 여행을 떠났다. 사실 그가 사적으로 준비한 것에는 '스위스-코티지 텐트'와 사진 장비가 포함되었는데, 그것들을 다 나르는 데는 32명의 인력이 필요할 정도였다. 여기에다 그는 엄청나게 많은 상품들을 지역 명사들에게 줄 선물로 가져가기까지 했다. 또 그는 하인, 통역관, 가이드는 물론이고 경사 1명과 특임경찰 4명을 대동하기도 했다. 에저튼의 원정대는 여정을 함께한 모라비아선교회 선교사이자 티베트 연구가인 하이드(Heyde) 씨와 그의 하인들을 포함하여 모두 70명이 넘는 규모였다.[167] 그렇게 큰 규모의 원성대와 함께했으면서도 에저튼과 새무얼 본은 자신들을 미지의 야만인들이 사는 영역으로 들어가는 고독한 개척자라고 생각했다. 그래서 첫 번째 원정 이후 사진에 필요한 화학 약품이 다 떨어졌을 때 새무얼 본은 주저하지 않고 집으로 향했는데, "문명과 영국사회로의 복귀를 간절히 바랐을 뿐이었다."[168]

분명히 새무얼 본은 에저튼처럼 공식 원정에 참여한 것은 아니었다. 그렇지만 새무얼 본에게 예술적 동기가 있었다고 해서 제국주의적 이데올로기나 그 영향으로부터 자유로울 수는 없었다. 이것이 의미하는 바는 제국주의의 정치적 맥락이 정치적이지 않은 순수한 문화적·심미적인 영역을 절충시켰다는 사실이다. 제국주의의 맥락이 실제로 상상력의 주요 원천이었을 때 더욱 그러하였다. 새무얼 본의 원정에 담긴 식민주의적 야망이 에저튼의 야망보다 더 적었을지는 모르겠지만, 사진을 찍은 그 행위 안에 들어 있었던 것은 분명한 사실이다.

새무얼 본의 원정은 지식과 권력체계에 따른 더 넓은 관계에 의존하였다. 그것 없이는 짐꾼이나 보급품 등을 전혀 확보하지 못했을 뿐더러 심지어 그의 원정을 계획하지도, 실행에 옮기지도 못하였을 것이다. 뿐만 아니라, 1866년에 행한 히말라야 원정길에 새무얼 본은 몇 년 전에 에저튼이 다녀왔던 바로 그 길과 똑같은 길로 다녀왔는데, 그는 에저튼이 1864년에 출간한 『스피티를 거쳐 중화 티베트 국경까지의 여정에 관한 저널』에 사용하기 위해 제작한 대(大)삼각대조사(Great Trigonometric Survey) 지도에 철저히 의존하였다.[169] 새무얼 본은 에저튼의 루트였던 베아스 강으로부터 1846년 이래로 영국의 지배권 아래 들어온 쿨루 디스트릭트의 수도인 술탄푸르(Sultanpoor)에 이르는 계곡을 따라갔다. 자신보다 먼저 그 길을 간 에저튼과 마찬가지로 그 또한 로탕 고개(Rotang Pass)를 넘어가지 않고 그 대신에 함타 고개(Hamta Pass)를 넘어 스피티 디스트릭트 안으로 들어갔다. 그리고 그는 함타 고개에서 사진을 찍었는데(사진 17), 그 가운데 한 장의 사진이 그의 『스피티를 거쳐 중화 티베트 국경까지의 여정에 관한 저널』에 실렸다.[170] 그 사진은 치밀하게 구성되고 조사된 루트를 따라 수행한 탐험의 일부였고, 그 일부를 하나의 지리학적 기록으로 남기려는 의도로 찍은 것이었다. 에저튼은 주변 경관을 포착하는 일에도 관심을 갖긴 하였으나 7월의 궂은 날씨와 다시 돌아오는 길의 9월의 날씨 때문에 좋은 경관을 잡을 수 있었던 고갯마루에서 사진을 찍지 못하였다.

한편 새무얼 본은 그 지역에 들어갔을 때 에저튼보다는 참을성 있게 작업하였다. 그가 처음 고개 안으로 들어갔을 때 산 전체가 구름에 둘러싸였음에도 그는 고개 아래 지역에 캠프를 치고 다음날 이틀 만에 돌아왔다. 그리고 돌아오는 길에 다섯 장의 사진을 찍었는데 그 가운데

17. 필립 헨리 에저튼, '함디 고개', 『스피티를 거쳐 중화 티베트 국경까지의 여정에 관한 저널』

18. 새무얼 본, '쿨루와 스피티 사이에 놓인 고도 14,300피트의 함타 고개', 1866

한 장이 '쿨루와 스피티 사이에 놓인 고도 14,300피트의 함타 고개'이다(사진 18).[171] 새무얼 본이 에저튼보다는 아름다운 보통의 광경에 대해 훨씬 많은 관심을 가진 것은 사실이지만, 제목에 담긴 자세한 사항을 보면 그의 사진이 에저튼의 사진보다 훨씬 더 지리학적 자료로서 가치 있는 사진이라는 위치 설정을 하게 한다. 사진만 보면 그 두 사진을 구분하기는 대단히 어렵다. 새무얼 본은 문자 그대로 에저튼이 갔던 루트를 따라간 것이 사실이다. 에저튼은 1863년 9월 같은 루트로 스피티로부터 돌아올 때 길을 보수하라는 명령을 하달했고, 그 후 '협곡을 건너는 좋은 길'[172] 하나가 생겨났다. 그 길이 바로 새무얼 본이 3년 뒤에 이용한 길이었다.

새무얼 본은 함타 고개를 건너가면서 그 이전에 에저튼이 그랬듯이[173] 쉬그리(Shigri) 빙하를 탐험했고, 그곳을 사진에 담아 빙하가 갖는 지질학적 의미에 대해 숙고하였다. 새무얼 본은 이 탐험에서 유명한 자연사학자 라이언 플레이페어(Lyon Playfair) 박사의 동생인 캘커타의 조지 랜킨 플레이페어(George Rankin Playfair) 박사와 동행했다. 조지 플레이페어는 열정적인 식물학자이자 지질학자였는데, 그의 깊은 지식 덕분에 새무얼 본은 탐험에 많은 관심을 갖게 되었으며, 그의 사진 촬영에도 상당한 영향을 끼쳤다. 예를 들어, 새무얼 본은 쉬그리 빙하의 암석들을 '빙하 이동론의 근거'[174]로 간주했고, 그런 과학적 지식을 바탕으로 사진 찍었다. 새무얼 본과 플레이페어가 스피티 강의 수로를 따라 형성된 암석과 마주쳤을 때, 새무얼 본은 "이렇게 희한한 현상을 한두 장의 사진에 담기 위해 일단 멈춰 섰고 플레이페어 박사는 화석을 찾기 위해 안간힘을 썼다"[175]고 기록했다. 따라서 새무얼 본은 적어도 일부일지라도 과학적 호기심에 영향을 받은 것이 사실이다.

에저튼이 새무얼 본보다 3년 먼저 여행했을 때 일반적으로 빙하 지역에 대해 관심을 가졌지만, 그 관심은 어디까지나 그것이 어떻게 제국주의적 사명과 연계될 수 있는가에 관한 것이었다. 그런 의미에서 에저튼의 카메라 타깃이 된 쉬그리 빙하는 지질학적 연구 차원에서였다고 말할 수 없다. 그 이유는 카메라가 조사 수행을 위해 따라간 그 길에 '매우 위험한 요소'가 있었음을 보여 주었고, 그 때문에 정상적인 길을 유지할 수 없게 되었기 때문이다.[176] 사실 에저튼이 스피티 지역의 사진을 찍은 이유는 지형이 상업적이고 정치적인 차원에서의 전망을 보여 주었기 때문이다. 그래서 그는 나중에 라호르로 보내 전시한 바 있는 지질학적 표본, 동물학적 견본, 공산품 등을 모으는 방식과 동일하게 '경관'을 모았던 것이다. 결국 에저튼에게 풍경이 주는 매력은 항상 그것의 미래와 개선될 전망에 있었을 뿐이다. 예를 들면 함타 고개를 올라가는 도중에 그는 "아름답지만 (아무 짝에도 쓸모없는) 소나무 숲길을 걷는다"[177]고 소회를 적었다. 새무얼 본이 풍경에 대해 찬사를 보낸 것은 그 정도의 공리주의 차원에서는 아니었지만, 포착하고 싶은 경관에 항상 풍경을 합치시키려는 의도로 카메라를 맞추는 데 전혀 거리끼지 않았다. 예를 들면, 그의 마지막 히말라야 원정 중 사진 한 장의 전경으로 쓰기 위한 맞춤 장면을 마련하기 위해 '자작나무 숲을 톱으로 베어 버리고'[178] 공간을 확보한 적도 있었다. 뿐만 아니라, 그는 히말라야 풍경을 상품화하기 위해 사진을 이용하기도 했다. 새무얼 본에게 사진은 무엇보다도 매우 상업적인 행위였으므로 그의 사진을 예술적인 것으로 높게 평가할 수 없을뿐더러 그의 사진을 창의적인 노력을 향해 싸워 나가는 예술가의 작품으로 다루는 것은 그의 사진이 갖는 상업적 사업의 결과로서의 중요성을 지나치게 소홀히 하는 것이다.[179] 실제로 새무얼 본은 1862년부터 1869년 사이에 엄청난 성공을 거둔 사진 사업을 운영하였는데, 인도를 떠난 이후에도 아주 오랫동안 사진을 제작하고 꾸준히 그것들을 팔았다. 영국으로 완전히 귀국한 이후 새무얼 본은 사진 사업에서 완전히 손을 떼고, 자신의 처남[혹은 자형이나 동서]와 함께 면화 사업을 하였다.[180]

새무얼 본이 히말라야 풍경을 상품화한 것은 카메라가 갖는 대상화라는 성격 덕분이었다. 멋진 미학을 북인도에 절묘하게 적용하여 그 지역을 사진의 형태 안에 틀을 맞추고, 조직하고, 확보할 수 있었다. 그의 거장다운 시선은 '로기(Rogi) 근처 신작로에서 몇 컷'(사진 19) 같은 이미지 안에 녹아들어가 있다. 그는 이 사진에서 어두운 산비탈 면 이미지를 대각선으로 둘로 조심스럽게 나누었는데, 톤과 심도를 단계적으로 처리하여 마치 언덕의 지평선이 산의 배경 안으로 물러나는 듯이 처리하였다. 멀리 떨어져 있는 인물은 조심스럽게 실루엣으로 처리되어 풍경에 극적인 스케일의 느낌을 주고, 그리하여 눈이 구도 안으로 이끌리게 만든다. 또한 바로 앞에 있는 전경은 모두 없애버림으로써 사진가나 관찰자의 위치를 거의 하늘에 떠 있게 만든 효과를 내면서 시각에 관한 절대적인 이해, 즉 자연을 자연스럽게 보는 것이라는 하나의 좋은 관점을 만들어 냈다. 이러한 이미지는 직선 원근법의 확실한 것들을 통해 공간을 조직하는 수단으로서의 풍경에 대한 생각의 중요성을 재확인시켜 주었는데, 그러한 것을 통해 그것으로부터 떨어져 있는 어느 개인 관찰자에 의해 전용될 수 있게 되었다.[181]

새무얼 본이 낯선 북인도의 지형을 자신의 뛰어난 기술과 풍경에 대한 관점을 통해 낯익게 만들었다 하더라도 그는 때때로 히말라야의 장면이 너무나 방대하여 자신의 사진 틀 안에 만족스럽게 담아낼 수

19. 새무얼 본, 로기 근처 신작로에서 몇 컷, 1866

없음을 알게 되었고, 그래서 그 산들의 장엄한 위엄을 포착하기에 카메라의 능력이 못 미친다는 사실을 매우 안타까워하였다.[182] 그가 계속해서 카메라로 산을 정복하려 했다는 것은 산 경관에 대한 관심 증가 그리고 산악 등반의 위치 상승과 매우 밀접한 관계가 있다. 산악 지역은 18세기 이후 영국 관광객으로부터 그림이 되는 풍경을 생산해 낼 수 있는 중요한 원천으로 간주되어 왔는데,[183] 19세기 후반에 접어들면서 산악 풍경에 대한 취향이 극적으로 크게 일어났고, 그것은 산악 등반으로 이어졌다. 제4장에서 언급하겠지만, 산은 영국 사람들이 민족과 제국을 위해 '마음껏 활개를 치고', '정복하는 데' 있어서 자연 장애물이라는 인식이 갈수록 높아져 갔다.[184] 이러한 생각은 특히 유럽과 제국의

20. 새무얼 본, 해발 18,600피트의 마니룽 고개, 1866.

변경에 위치한 히말라야 같은 곳에 적용되었는데, 히말라야는 영국령 인도와 러시아 그리고 중국의 경계로서 전략적으로는 물론이고 상징적으로도 매우 중요한 의미를 띠고 있었다.[185]

새무얼 본이 찍은 '해발 18,600피트의 마니룽 고개(Manirung Pass)'(사진 20)는 이미 몇 주 전부터 세번째 등반에 참여한 새무얼 본자신으로 하여금 육체적 강인함과 조직력 그리고 사진 차원의 기술력을 마음껏 발휘하도록 하였다. 보급품을 날라다주고 길 안내를 해주기위해 데리고 간 짐꾼들과 마니 마을 사람들의 간청에도 아랑곳하지 않고 그는 그 엄청난 높이의 마니룽 고개를 넘기로 결정하였다. 새무얼본은 1870년 『영국사진저널』에 실린 글에서 그 장면을 다음과 같이 극적으로 묘사했다.

텐트를 다 걷어내고, 모든 것이 질서정연한 가운데 우리는 아주 위험한 원정을 계속했다. 대원은 80명이 넘었다. 모두가 서서히 산 정상 쪽을 향해 발을 옮겼다. 밀가루를 담은 작은 짐들을 진 염소와 양도 데리고 갔다.[186]

해발 17,000피트 지점에 캠프가 세워진 후 다음날은 온 종일 날씨가 좋아지기만 기다렸다. 새무얼 본은 다음날 아침 일찍 출발한 후 고갯마루에 일행 중 가장 먼저 당도하며 이 광경을 사진으로 축하했는데, 그 사진은 후에 그의 업적으로 남았다.

나는 셀 수 없이 많은 산봉우리들 맨 꼭대기에 서 있는 것 같았다. 내 눈은 이 산맥에서 저 산맥으로, 이 봉우리에서 저 봉우리로 옮겨 다녔다. 그 모든 것들은 영원의 겨울이 주는 적막을 둘러 입고 있었다. 난 마치 거대한 남극해나 북극해 한가운데에 있는 외로운 섬 하나에 서 있는 것 같았다. …… 모든 것이 고요와 평온에 잠겼다. …… 그 눈부신 빛에 고통스럽기까지 한 휘황찬란한 순수한 눈 ……[187]

새무얼 본이 도착한 후 3시간이 지나고 나서야 모든 장비와 함께 짐꾼들이 도착했고, 그제야 그는 사진 촬영 준비를 시작했다. 다시 한 번 이미지는 매우 조심스럽고 기술적으로 뛰어나게 구성되었다. 새무얼 본은 짐꾼 몇 사람이 아직 당도하지 않은 상태로 7초 내지 8초의 노출 시간 동안 움직이지 않은 채 일렬로 세워 촬영했다. 이미지가 깊고 거대한 규모의 느낌을 갖도록 하기 위해서였다. 그러한 비율로 만든 구성은 인간이 이루어 낸 성취를 찬양하고자 함이었다. 새무얼 본에게 가장 중요한 것은 그 자신이 그러한 엄청나게 험한 환경을 헤쳐 나가 그렇게 높은 곳에 도달했다는 사실이었다. 그가 항상 해발고도를 자신의 사진 안에 기입한 것은 이 때문인데, 그곳은 그 이전에 아무도 서 본 적이 없는 곳이고, 누구도 사진을 찍어 본 적이 없는 곳이다. 그는 그 후 닐라 고개(Neela Pass)를 넘을 때 이런 말을 남겼다. "사진의 열정이 이곳보다 더 멀리 갈 수는 없다."[188]

새무얼 본에게 그러한 업적을 달성하는 데 필요한 물리적 고통과 인간적 노력은 '근대 예술인이 노력하고 공부할 때'[189] 필요한 것이었다. 그렇지만 '어떤 거대한 남극해나 북극해'로 재현한 그의 산악 사진은 존 러스킨(John Ruskin)에게는 경건함의 느낌마저 들게 했을 정도다. 러스킨은 산이 갖는 자연의 에너지를 다음과 같은 유명한 문구로 찬양했다.

나무가 열매를 맺게 하고, 씨앗이 땅에 떨어져 몇 갑절로 다시 태어나게 하는 법과 같이 무한한 감사로 꽉 차 있음을 알아야 한다. …… 우리는 바다로부터 두려움과 숭고함이라는 생각을 번갈아가면서 갖는다. 바다의 파도는 모든 은혜를 주지만 모든 걸 삼켜버리는 두려운 존재이기도 하다. 그렇지만 푸른 산이 내뿜는 저 고요의 파장은 영원한 자비의 적막 안에서 하늘을 향해 들어 올려진다.[190]

러스킨이 고산의 장면을 칭송하고 산을 자연의 은혜로운 운동으로 그려 내야 한다고 주장한 것은 당시 대영제국 전역의 여러 높은 산들을 돌아다니면서 정복을 감행해 내던 근육질의 영국 산악인들이 갖던 관점에 역행한 것이다.[191] 러스킨은 풍경을 기독교화와 영국 제국주의의 문명화 추구에 이상적으로 더 잘 맞아떨어지는 도덕적 틀의 일부로 보는 것이 제대로 된 관점이라는 사실을 옹호하였다. 따라서 새무얼 본이 히말라야의 일부에 대해 경건함이라는 태도를 적용한 것은 비록 매우 근육질적으로 원정을 감행했다는 사실과는 대조적이지만, 그 자신이 자연과 제국주의 풍경에 대해 이해하는 것과 전적으로 일치한 것이었다.

새무얼 본은 북인도 히말라야의 풍경을 철저하게 어떤 관점에 맞춰 시각적으로 이해하려 한 시도를 통해 자신의 사진을 탐험과 지형 조사 같은 제국주의적 행위와 철저하게 병행시켰다. 인도에 관한 다른 상업적 사진가들, 예를 들어 사진회사 존슨 앤 호프먼(Johnson & Hoffman)사 소속의 테오도어 호프먼(Theodore Hoffman) 같은 이는 사진을 지리적 탐험 프로젝트 안으로 훨씬 더 직접적으로 적용시켰다. 예를 들어 1891년 호프먼은 시킴(Sikkim) 법원의 영국인 주재의사(Resident) 화이트(C. White) 씨를 시킴 지역 히말라야 원정에 데리고 갔다. 이 원정에서 호프먼은 자신이 찍은 몇 장의 사진들과 스케치 지도 그리고 몇몇 글을 1892년 자신이 회원으로 있던 왕립지리학회에 기증하였다.[192] 왕립지리학회는 그의 작품을 다음과 같이 평가하였다.

그의 연작에 나타나는 모든 경관은 단순히 그림이 되는 사진의 표본이 아니라 지리적 관점에서 볼 때 지형에 대해 우리가 좀더 정확하게 사고하게 해주는 것들입니다. 시킴 지역에 대한 그의 사진은 말이나 글로 표현할 수 없는 엄청난 산의 모습을 담아 낸 것들입니다.[193]

바로 이런 이유 때문에 새무얼 본이나 호프먼 같은 상업 사진가들의 풍경 경관은 왕립지리학회 같은 과학 연구 기관에 소장되지 않았다.

그러한 기관은 사진을 등반가에게 중요한 것으로 기대했고, 그래서 사진들을 『알파인 저널』(Alpine Journal) 같은 곳에 수록했던 것이다.

새무얼 본의 풍경 사진이 응접실 벽은 물론이고 예술과 과학을 모토로 내건 전시장들에도 걸렸다는 사실을 통해 우리는 사람들이 그의 사진을 멋진 경관으로 보았을 뿐 아니라 과학적 탐험이 요구하는 지리적 지식의 방식으로도 받아들였음을 알 수 있다. 새무얼 본의 풍경은 그 어떤 산악 지역도 멋진 미학의 틀 안에서 구성될 수 있는 재현일 수 있다손 치더라도 인도 사진에 대한 그의 명성과 그가 사진과 함께 읽도록 『영국사진저널』에 남긴 몇몇 글 그리고 사진의 제목까지 모두 한데 모여 특히 북인도를 재현한 당대 사진가로서 그의 위치를 정하게 된다. 뿐만 아니라, 새무얼 본은 적대적으로 보일 가능성이 큰 북인도를 당시의 전통적 심미안을 동원해 익숙하게 만들었고, 나아가 관찰자로 하여금 그것에 대해 상상으로 통제할 수 있도록 해주었다. 새무얼 본은 철저한 심미적 틀을 통해 인도의 지형을 제국 풍경의 한 이미지를 구성하도록 전용하고 사육시켰다. 그리고 그 풍경은 아무런 도전도 받지 않은 채 도취되었다.

새무얼 본의 풍경 사진의 미학은 결코 독특한 것은 아니었다. 사실 그가 인도에서 그렇게 풍경 사진을 찍었을 때, 또 다른 상업 사진가였던 존 톰슨(John Thomson)은 같은 방식의 기술을 동원해 중국의 풍경을 사로잡고 있었다.

존 톰슨의 여행

앞에서 이미 언급했듯이, 존 톰슨(1837~1921)은 19세기의 가장 뛰어난 여행 사진가들 가운데 한 사람으로 이미 지리학자이자 탐험가로서 널리 알려져 있었다. 톰슨에게 사진이란 그가 접한 풍경과 사람들을 정확하게 기록하는 수단이었다. 예를 들어, 그의 사진집 『사진으로 보는 중국과 중국인』은 큰 사진들과 상세한 글을 한데 묶어 펴낸 선구자적 작품인데, 그 책에서 그는 다음과 같이 말했다.

나는 그 나라의 정확한 인상을 전달하기 위해 중국과 중국 사람들에 대한 사진 연작을 보여 주고자 온 나라를 다녔고, 제국의 여러 다른 지역에 널리 퍼져 있는 예술품, 속담, 풍속 등을 찾아다녔다. 나는 카메라를 방랑의 동반자로 삼았다. 내가 다닌 곳의 모든 장면과 내가 접촉한 모든 부류의 인종들을 충실하게 재생해 준 카메라에 큰 빚을 졌다.[194]

톰슨은 자신이 사진으로 중국의 풍경과 사람들을 완벽하게 객관적으로 잡아냈다고 주장하였다. 그렇지만 인도에서의 새무얼 본과 마찬가지로 톰슨이 재현한 중국 또한 심미적으로 그리고 문화적 관습에 따라 매우 조심스럽게 틀이 짜여진 것이었는데, 결국 인종 유형에서부터 풍경에 이르기까지 모두 제국주의 이데올로기에 의해 조정된 것일 뿐이었다. 뒤의 5장에서 톰슨이 사진으로 어떻게 인종의 '유형'에 대해 관심을 가졌는지 생각해 보기로 하겠다. 여기에서는 그가 풍경 경관을 어떻게 만들었는지에 대해 살펴보고자 한다.

톰슨이 카메라를 메고 중국으로 떠났을 때는 영국이 다른 유럽 열강과 함께 제2차 아편전쟁(1856~1860) 이후 중국에 대해 교역 요구를 강하게 주장할 무렵이었다. 그래서 중국에 관한 책에서 그는 서구 문명의 '빛'이 반드시 확대되어야 한다고 간주하고 나아가 강하게 추진해야 한다고 했다. 그것은 교역과 기독교가 동양의 '암흑' 속으로 들어가야 하는 것을 의미했다.

톰슨은 자신이 찍은 사진들과 그에 곁들여 적은 글들을 정리하여 『사진으로 보는 중국과 중국인』에 차례대로 냈는데, 사진이 들어 있는 여행기의 형태로 출간하기 위해서였다. (1868년부터 1872년 사이에 자신의 스튜디오가 있던) 영국 식민지 홍콩을 필두로 하여 그는 자신의 독자들을 무려 4,000마일이 넘는 머나먼 중국 여행으로 인도하였다. 그 안에는 주요 도시나 강은 물론이고 다양한 인종도 실려 있었는데, 대미를 만리장성으로 장식하였다. 새무얼 본 같은 다른 상업 사진가와 마찬가지로 그 또한 아름다운 미학의 한도 내에서 작업하였다. 그리고 그는 미지의 풍경을 탐험하여 카메라로 담아내야 한다는 낭만에 자극받기도 했다. 예를 들어, 1871년 초에 톰슨은 양쯔 강의 상류 유역을 탐험한 후 찍은 일련의 사진들과 글을 묶어 자기 경험을 이야기했다.[195] '미-탄 협곡, 양쯔 상류'('The Mi-Tan Gorge, Upper Yangtsze', 사진 21)라는 제목의 작품에서 그는 강과 가파른 절벽 수로를 회화적 효과로 극적으로 살렸다. 그가 말한 대로 보는 이로 하여금 '멀리 퀘이-초우-푸(Kwei-chow-fu)까지 침투하듯 흘러 들어가는 양쯔 상류 협곡의 기묘한 경관을'[196] 여행하도록 초대하였다. 톰슨은 온 힘을 다해 협곡의 아름다운 모습을 잡아내려 하였는데, 그 모습을 '양쯔 상류의 전체 경치 가운데 가장 웅장한 장관 중 하나'라고 추켜세웠다. 그런데 그의 사진은 강의 지리와 기선 교통의 적합성에 대해 탐험하여 그것을 기록으로 남기는 용도로 계획된 것이기도 했다. 그는 미-탄 협곡에 '기선 운항의 가장 큰 장애물'인 칭-탄(Tsing-Tan) 급류가 있었기 때문에 사진으로 찍었던 것이다. 톰슨은 급류의 위치를 매우 치밀하게 사진으로 기록하였는데, 마

21. 존 톰슨, 미-탄 협곡, 양쯔 상류, 1873~1874

을 바로 아래 그리고 '우리 배가 출항할 곳' 바로 위에 위치한다고 적시하면서 급류가 매우 빠르긴 하지만 충분히 잘 제작된 기선이라면 '과학적 기술로 당당하게' 항해할 만하다고 예측하기까지 했다.[197]

그는 자신이 탐험하여 남긴 글과 연계하여 번호를 매긴 사진들로 강과 기선을 떠우는 데 예상되는 장애물을 기록하였는데, 장애물로는 수로 안에 있는 바위와 충적토 퇴적물 그리고 몇몇 구획의 급류 등을 포함시켰다. 그리하여 그는 기선이 정박할 수 있을 만큼 깊은 몇몇 장소를 제시하였다. 나아가 그는 특히 교역과 석탄 확보에 적합한 곳에 세울 '합법적인' 외국인 거주지까지 제시하였다. 이러한 방식으로 그는 제국주의적 시각에 따라 강의 지도를 제작하는 데 사진을 활용했다. 실제로 몇 년 뒤에 그는 경위의(經緯儀) 같은 측정 기기와 카메라를 조합하면 풍경 측정을 훨씬 더 정교하게 할 수 있고 지도를 훨씬 더 신속하게 제작할 수 있을 것이라는 사실도 제시하였다.[198]

여행을 하면서 톰슨은 중국 지도 제작을 위해 합류한 지리학자와 지질학자를 따라갔다. 그 좋은 예가 1866~1867년에 비크모어(A. S. Bickmore)와 시캉(Si-Kiang) 코스를 따라 한 탐험이다. 지리학자인 로드릭 머치슨 경은 그 탐험에 대해 교역의 잠재성이라는 관점에서 볼 때 향후 큰 희망을 보게 해준 것이라고 높이 평가했다.[199] 또 당시 유력한 과학 지식인 가운데 한 사람이던 아서 코튼(Arthur Cotton) 장군도 이 탐험을 높이 평가하면서 앞으로 더 깊숙한 곳까지 탐험해야 한다며 그를 지지했다.[200] 왕립지리학회의 열렬한 회원이던 톰슨은 그러한 학계의 요청에 적극적으로 응대했다. 실제로 그는 자신이 수행한 양쯔 상류의 급류와 협곡에 대한 지리적 탐험 결과를 1874년 영국과학진보학회에 보고하였는데, 물론 탐험의 근거로 자신이 찍은 사진을 활용하였다.[201]

톰슨이 상업 사진과 과학적 관찰을 조합한 것은 개인적 차원에서 미학과 과학 그리고 상업적 여행과 과학적 탐험을 연계시켰다는 사실을 보여 주는 것이다. 한 열성적인 비평가는 『사진으로 보는 중국과 중국인』에 대해 『영국사진저널』에 다음과 같은 글을 실은 바 있다.

예술가이자 사진가이고, 지리학자이면서 일반 과학의 업적을 이룬 사람 …… 그 가운데 단연 사진가로 우리에게 잘 알려진 그 사람이 카메라를 메고 아무도 가보지 않은 땅에 침투해 들어갔다가 우리에게 돌아왔다. 그가 남긴 여정에 대한 글 덕분에 우리는 이동의 삶에 대해 아주 흥미롭게 익숙해질 것이다.[202]

톰슨은 카메라를 들고 탐험한 것에 대해 당시 사진적이면서 지리적인 언론을 통해 비평가들로부터 극찬을 받았다. 그렇지만 『사진으로 보는 중국과 중국인』같이 공을 들인 작품은 제작하기에 너무 비용이 많이 들었다. 실제로 1876년에 책 광고로 무려 12파운드를 지출했는데도[203] 부수는 1,000권을 넘지 못했던 것 같다.[204] 이 때문에 『사진으로 보는 중국과 중국인』은 비교적 제한된 숫자의 사람들밖에 읽을 수 없었다. 어쨌든 톰슨이 찍은 많은 사진들은 목판화나 판화 혹은 가격이 덜 나가는 망판(網版) 인쇄물로 재생되었다. 그러한 것으로는 『인도차이나와 중국 사이의 말라카 해협』(The Straits of Malacca, Indo-China and China, 1875)과 『카메라를 들고 중국을 훑다』(Through China with a Camera, 1898) 그리고 로버트 브라운(Robert Brown)의 대중판 시리즈물인 『세계의 여러 나라들』(The Countries of the World, 1876~1881)을 들 수 있다.[205] 또한 톰슨의 사진은 자신의 스튜디오와는 별개로 여러 종류의 전시를 통해 많이 팔려나갔기 때문에 훨씬 폭넓은 관객을 확보할 수 있었다. 좋은 예로 1873년 영국과학진보학회 대회에서 그리고 사진협회(Photographic Society) 전시에서 그의 작품이 큰 호응을 받았다. 톰슨의 사진은 과학적 자료로서뿐만 아니라 예술적 풍광으로도 인정받았다. 그의 제안이 받아들여져 1875년 8월 『사진으로 보는 중국과 중국인』이 중국의 풍광을 담은 네 장의 사진과 함께 왕립지리학회 컬렉션의 일부로서 파리 국제지리학대회(International Geographical Congress)에서 전시되었다. 그는 2급 메달을 수여받았다.[206]

톰슨의 사진은 그보다 약 15년 정도 앞선 커크와 리빙스턴의 잠베지 강 원정 사진들보다 훨씬 더 넓은 경관을 확보하였다. 하지만 그의 양쯔 강 사진 역시 그들과 비슷한 실용적인 관심으로 찍은 것이다.

사진에 번호를 달고 원정 이야기와 함께 묶어 놓은 참신한 방식 또한 윌리엄 앨런(William Allen)의 『그림 같은 니제르 강 경관』(*Picturesque Views on the River Niger*, 1840) 같은 초기 저술로부터 나온 것이다.[207] 그렇지만 그런 탐험가들과는 달리 톰슨은 사진을 생업 수단으로 삼았고, 시장의 경쟁 안에서 활동하였다. 그는 언제나 아주 뛰어나게 명료한 이미지를 생산해 내기 위하여 콜로디온 과정을 거쳤고, 그래서인지 그의 사진은 새무얼 본 같은 상업 사진가들의 사진처럼 미학적 위엄을 갖추게 되었다. 결국 톰슨의 사진은 회화의 미학적 관습과 사업적 태도가 실용성과 정확성이라는 수사학을 통해 만들어지게 되었는데, 이는 지리적 탐구의 한 형태와 결합한 것이다. 그의 사진은 텍스트와 함께 제시되었기 때문에 필연적으로 대영제국의 풍경을 확장시키는 데 강력한 주장이 되었다.

예를 들어, 톰슨의 양쯔 강 사진은 우선적으로 교역용 기선을 불러들이기 위한 것인데, 그것은 그 스스로가 주장하였듯이 훨씬 뛰어난 제국주의적 진보를 열어 보여주는 것이다. '양쯔 강의 은(銀) 섬'이라는 제목을 단 멋진 삽화에 대해 그는 다음과 같은 말을 덧붙였다.

> 당국에 압력을 가해 그들로 하여금 교역을 위해 내륙 지역을 개방하도록 유인해야 하고, 외국 상인과 상품에 대해 기존의 호수, 강, 수로 등 모든 주요 도로를 무제한으로 사용할 수 있도록 해야 한다. …… 그리하여 교역의 확장과 함께 종국에 가서는 기존의 도로들이 철도와 전보를 위해 채비를 갖추어야 한다.[208]

톰슨은 '우리의 강한 충격과 불굴의 의지로' 중국은 19세기가 끝나기 전에 "그 존재 자체가 끈질기게 무시당하는 고도의 문명의 울타리 안에 처박히게 될 것이다"[209]라고 예상했다.

톰슨이 외국과의 조약을 맺은 이후 새로 개항한 항구 풍경에 크게 주목한 것도 이런 맥락에서였다. 그 가운데 특히 영국 거류 지구에 집중했는데, 이는 중국이 갖지 못한 유럽 문명을 과시하려는 의도 때문이었다. 예를 들어 그가 찍은 상하이는 1842년 난징조약 이후 개항한 도시인데, 이에 대해 그는 다음과 같이 주장했다.

중국인은 상하이의 외국인 거류 지구에서 자신들이 찾고 있던 모든 것을 발견하게 될 것이다. 그곳에는 학교도 있고, 휘황찬란한 교역도 있으며, 기선들도 줄지어 있고, 외국 지역 정부도 있다. 그곳 주민들은 부유하였고, 그 거리와 주거지 상태를 남쪽의 성곽으로 둘러싸인 도시와 비교해 보면 의미 있는 대조를 볼 수 있다.[210]

1869년에 톰슨은 그런 상하이의 건강한 풍경 중 하나인 영국 조계 앞에 있던 '분드' 지역을 사진 안에 담으려 했다(사진 23). 어쨌든 그는 "그때 이후로 아주 인상적인 건물들이 들어서고, 전면의 유휴지에 공원을 배치함으로써 *그곳이 아주 멋지게 개선되었다*"[211]는 사실을 보여 주고 싶었던 것이다. 그러한 개선을 보여 주는 근거로 3년 뒤에 찍은 또 다른 사진도 있다.[212] 톰슨은 자기 사진들을 사용하여 상하이의 외국 조계 방문객의 상상을 통해 '우리 영국의 위대한 항구들 가운데 하나'로 옮겨다 준다고 보고하였다.

멋과 세련미 …… 즐비한 배, 꽉 찬 부두, 창고들 그리고 하역장, 암석

제방, 우아한 빌딩 숲 라인, 거리를 다니는 차가 내뿜는 끊임없는 소음, 붐비지만 당구대 같이 부드러운 도로들, 강을 휘감는 잘 가꾸어진 공원 ......[213]

바로 이 '문명'의 섬에 관한 심상의 지리학은 톰슨에 의해 그 외부와 확연하게 대조되었다.

그렇지만 누구든 그 꿈을 떨쳐 버리기 위해서는 외국 조계 밖으로까지 몰고가야만 하고, 그래서 그 원주민이 사는 한가운데 도시를 건설하는 고도의 문명을 받아들이기 위한 길을 닦기 위해 뒤에서 압력을 가하는 것처럼 함께 모여 사는 원주민 주거지를 새롭게 찾아야만 한다.[214]

따라서 톰슨의 작업 가운데 '풍경'이라는 것은 결국 제국이 기획한 한 가지 형태였다. 풍경은 타 인종이 세운 업적을 상징적으로 표현한 것이 되었다. 그래서 외국 조계는 도덕적인 어두운 풍경을 대체하는 빛의 신호였다. 이와 유사하게 톰슨이 찍은 영국령 홍콩에 대한 사진은 민간 건축물에 초점을 맞추었다. 그가 사진과 함께 남긴 말에 의하면, 도시의 성장과 식목 사업 같은 훌륭한 식민주의 풍경 안에서 그 진보가 어떻게 건강과 부를 개선시키고 원주민의 도덕을 향상시키는지에 대해 주목했다. 특히 이 가운데 후자가 두드러졌는데, 좋은 예로 '범죄가 감소하였다는 것이다.[215] 그는 말하기를, "한때 유럽인의 무덤이라 말했던 것들은 이제 제국 도시 빅토리아와 함께 그 빛나는 공공 건물들, 공원, 항구, 공장, 전신전보, 줄지은 기선들로 인해 동양 문명의 새로운

22. 존 톰슨, '양쯔 강의 은 섬', 『사진으로 보는 중국과 중국인』(1873~4)

23. 존 톰슨, '1869년의 상하이 분드', 『사진으로 보는 중국과 중국인』(1873~4)

시대를 탄생시키는 곳으로 분명히 인정받을 것이다."[216]

톰슨은 당시 오리엔탈리즘이라는 담론 안에서 중국을 후진적인 동방 혹은 동양이자 발전된 문명의 서양과 격리되어 있는 특징을 갖는 곳으로 일반화시키는 작업을 진행하고 있었다.[217] 사실 상업 사진, 특히 근동에 관한 것은 19세기 후반의 동방에 대한 유럽인의 생각을 전환시켰다.[218] 톰슨의 작업은 유럽의 박물관, 협회, 갤러리 등에 소장된 동방에 대한 지식의 아카이브에 통합되었다. 톰슨은 그러한 이해관계에 충실했기 때문에 중국인의 주거지와 건축물, 특히 기념비적이거나 종교적인 성격의 건축물들을 사진으로 찍기도 했다.[219] 비록 그러한 사진들은 어느 정도 토착 건축물을 칭송하는 차원으로 찍기도 했다지만, 그 사진들은 거의 흘러간 과거의 영화 혹은 근본주의적 성격의 중국을 재현하기 위한 것이었다. 좋은 예로, 톰슨은 만리장성을 사진으로 찍기도 했다. 그들이 가진 극적인 성격을 보여 주고 싶어서이기도 했지만, 그것 말고도 중국인이 보통 말하는 외부 세계와 외부인들을 명백하게 싫어하는 감정, 즉 '중국인의 민족적 특성'을 표현하고 싶어서이기도 했다.[220]

톰슨이 여행을 통해 서양과 동양의 차이와 경계를 사진으로 찍고자 한 생각은 중국에 국한된 것만은 아니었다. 1878년 가을, 그는 키프러스 섬을 탐험할 좋은 기회를 얻었다. 당시 키프러스는 불과 몇 달 전에 영국이 점령하였다. 그는 1879년에 『카메라를 들고 키프러스를 훑다』(Through Cyprus with the Camera)라는 두 권으로 된 책을 냈다.[221] 톰슨은 이 책이 영국 식민 통치 전야의 "키프러스의 현 상황에 대한 더 이상 이론의 여지가 없는 근거"의 결과라고 주장했다. 각각의 사진에 관찰 기록을 함께 붙여 놓은 그의 사진들은 '비참하게 파괴된' 한 나라의 '지형'과 '자원'에 대한 '충실한 재생'이었다. 톰슨은 주장하기를 비록 그 상황이 지금은 가난하고 형편없는 상황이지만 키프러스는 결코 끝장나지 않았으며, 그의 사진들은 '영국 지배를 통해 폐허를 딛고 일어난 곳'[222]이 될 것이라면서 위대한 식민주의적 예견을 하기에 좋은 근거라고 하였다.

톰슨이 찍은 키프러스 풍경 사진은 식민 지배에 의한 미래의 진보를 예견한 것이었다. '라르나카 해변'(The Sea Shore, Larnaca, 사진 24)은 식민 지배의 진보적 시각을 잘 보여 주는 예이다. 실제 크기를 측정하기 위해 한 사람이 서 있는 모습이 들어간 이 사진은 라르나카 쪽을 향한 해안선을 따라 올려 찍은 것이다. 톰슨은 가까이에 있는 작은 소금 연못 하나를 '말라리아가 득실거리는 늪'일 뿐이라고 했는데, 이 늪은 그곳 주민의 건강을 위해 그리고 향후 도시를 확장하기 위한 땅으로 개간되어야 했다고 역설했다.[223] 톰슨은 습지의 물을 다 빼내 건조시키고 나서 숲을 복구하고[224] 항구를 재건함으로써[225] 고대 그리스의 건축물과 고딕 교회를 복구해야 한다고 했다. 그는 투르크인이 그것들을 파괴했다고 믿었다.

파마고스타(Famagosta)의 (지금은 모스크인) 성(聖)카트린느 성당(Katherine's Church)의 전면 사진(사진 25)은 톰슨이 찍은 많은 키프러스 도시 풍경의 경관을 전형적으로 나타낸 것이다. 이 사진에서 그는 '고딕 건축의 웅장한 견본'을 '비참하게 잘려나간' 투르크의 발전과 대조적으로 드러내고 있다.

왼쪽에 있는 탑은 투르크인이 지은 것으로, 우리에게 저 장엄한 옛 성당 전체가 모스크로 변했다는 사실을 보여 준다. 성당의 그림자 아래에는 잡동사니로 뒤섞인 근대판 돼지우리 같은 것들이 생겨나기까지 했다. 왼쪽에는 그런 장소의 건축물 가운데 가장 인상적인 견본 중 하나가 서 있다. 그것은 카페인데, 옛 고딕 아치 위에 얹혀 있고, 깃대가 하나 붙어 있다. 이곳 예언자[이슬람의 창시자인 무함마드(Muhammad)] 사당에서 그를 숭배하는 자들이 서로 만나 몇 시간 동안 앉아서 후카(hookah: 이슬람 사회의 전통 담배)를 피워대며 조용히 커피를 마신다. 그들은 오래전부터 이미 소통의 주제를 고갈시켜 버렸기 때문에 오로지 조용히 있을 뿐이다.[226]

투르크인의 습속에 대한 해석에서 볼 수 있듯이 톰슨은 파마고스타가 쇠퇴한 것은 투르크인 때문이라고 생각했다. 그리고 그는 영국 지배 아래 '새로운 도시가 일어설 것'[227]이라고 예견했다. 그는 최근에 찍은 파마고스타의 폐허가 된 한 옛 성당의 사진을 통해 그 안에 감춰진 고대의 영광을 다시 드러내기도 했다. 이 성당 또한 나중에 모스크로 바뀌었는데, 그곳은 '기사들과 십자군들 그리고 베네치아의 귀족들이 안장되어 있는 무덤 위에서 무슬림이 숭배 행위를 하는'[228] 곳이었다. 톰슨은 키프러스의 다른 곳, 예를 들어 니코시아(Nicosia)에서 이와 비슷하게 옛 고딕 스타일과 투르크 식을 비교해 후자를 심하게 폄하하기도 했다.[229] 그의 발전 지향적인 시선은 쓰레기는 모두 쓸어버리고, 도로는 다 뜯어고치고, 도시 공간은 모두 청결하게 만들며, '동양의 폐허가 된 도시에서 뿜어져 나오는 독특한 악취'는 모두 없애 버리기를 바랐던 것이다.

톰슨에게 결정적으로 중요한 것은 한쪽으로는 동방 투르크 제국의 전제주의와 실정이 있고, 다른 쪽으로는 영국의 식민 감독 아래에

24. 존 톰슨, '라르나카 해변', 『카메라를 들고 키프러스를 훑다』(1879)

25. 존 톰슨, 파마고스타에 있는 '성(聖)카트린느 성당(지금은 모스크로 변함) 전면', 『카메라를 들고 키프러스를 훑다』(1879)

서 유럽적 키프러스의 가능성이 향상되는 그 두 가지 사이에서 나타나는 차이였다. 바로 이러한 동방과 서방의 대립이 사진에 시각적으로 그려졌고, 사진에 딸린 글을 통해서도 영국이 키프러스를 통치해야 하는 권리와 의무를 주장하였다. 많은 상업 풍경 사진과 마찬가지로 톰슨의 작업 또한 영국의 사상, 문화 그리고 문명이 향상되면서 활개치는 모습을 기록하는 데 대한 폭넓은 관심에 의해 추동되었을 뿐만 아니라 식민화 운동의 일부로서 식민 통치의 훨씬 명백한 형태에 관한 정당화와 시각적 지침을 확립시키는 것이기도 했다. 톰슨의 믿음이 미치는 범주와 자신의 사진에 대한 해석을 조건 짓는 영국의 식민 지배에 대한 옹호는 그가 쓴 문서 텍스트와 함께 면밀하게 독해해야만 제대로 이루어질 수 있다. 더군다나 이러한 독해는 다른 누군가에 의해 분명하게 입증되는 것이 아니다. 특히 그러한 사진이 사진의 텍스트나 캡션 너머에 존재하였기 때문에 그러하였다. 결국 과학 공간과 예술 공간에서 각각 톰슨의 사진들을 전시하였다는 사실은 그의 사진을 또 하나의 다른 해석으로까지 범주를 끌어올리는 경지를 개척한 것이다. 이는 아주 단순하게 말하자면, 사진의 아름다움 안에서 과학적 기록이나 실천이 이루어졌기 때문인데, 그 안에서 제국주의에 대한 집착이 반드시 우선적으로 고려되었던 것은 아니다.

그림 같은 여행과 제국 풍경

새무얼 본과 존 톰슨의 작업은 빅토리아 시대 중기에 세계 전역을 돌아다니면서 작업한 상업 여행 사진의 전형이다. 우리는 이와 비슷한 경우를 오스트레일리아의 상업 사진가 존 윌리엄 린트(John William Lindt, 1945~1926)의 작업에서 볼 수 있다. 그는 1876년부터 1894년까지 멜버른에 있는 스튜디오를 거점으로 작업을 하였는데, 1885년 동남부 뉴기니에 영국의 보호령이 선언된 직후 뉴기니 원정을 떠난 피터 스크래칠리(Peter Scratchley) 경의 공식 사진가로 활동했다. 린트는 일정 부분 톰슨의 『사진으로 보는 중국과 중국인』에 감화 받아 '예술가 관점으로 본 그리고 자연에서 바로 찍은 사진으로 여행 책'을 내기로 결심했다. 그리하여 오토타이프(autotype) 방식으로 새롭게 재생한 사진을 가지고 『그림 같은 뉴기니』를 냈다.[230] 린트는 런던에서 톰슨을 만난 적이 있는데, 그 또한 톰슨과 마찬가지로 왕립지리학회의 회원이었다. 린트는 자신의 사진이 지리적 탐험에 기여하는 것이라고 하면서 '예술적 사진'이라는 것은 "고향에 있는 친구들에게 외국 땅과 그곳에 사는 사람들이 정말로 어떻게 생겼는지를 보여 주는 정통이면서 제대로 된 수단"[231]이라고 주상하였다. 그의 사진 '캠프 부근에서, 랄로키 강'(Near the Camp, Laloki River, 사진 26)은 이 원정 중에 찍은 사진 가운데 하나인데, 자연 풍경 안에 배치된 원주민 집단에 초점을 맞춘 것이다. 다른 사진들은 캠프들이나 원정 대원 그리고 열대의 동식물과 풍경을 기록한 것들이다. 여기에다 그는 가옥이나 사회 의례, 원주민의 외형 등과 같은 인류학적 대상에도 관심을 보였다. 사실, 그는 장면 구성에 매우 뛰어났는데, 민족지적 관심사와 그림 같은 장면을 혼합하는 데 정통하였다. 그리하여 그는 그림 풍경을 배경으로 하여 자기 자신을 1870년대의 원주민이 들어 있는 스튜디오 인물 사진으로 만들어 상당한 명성을 떨쳤다. 이와 비슷한 차원에서 그는 풍경과 원주민이라는 그림 같은 그 두 요소를 강조하기 위해 '캠프 부근에서, 랄로키 강'을 조심스럽게 구성하기도 했다. 그는 나중에 텍스트에서 랄로키 강 주변에 사는 사람들의 근면성과 천재성을 높이 평가하기는 했지만, 사진을 찍을 당시에는 '게으르고 아주 더러운 족속'이라고 했다.[232] 그는 원주민의 미적 매력을 이용하는 데 거리낌이 없었는데, 그림 같은 경관을 만들어 내기 위해 필요에 따라 집어넣기도 했고 빼기도 했다. 사실, 이보다 조금 멀리서 찍은 사진에는 사람이라곤 아무도 들어 있지 않은 것도 있다.[233] 이 두 장면은 멜버른의 국내 관객과 더 넓은 식민 세계 너머를 위해 찍은 것이다. 새무얼 본과 톰슨이 했던 것처럼 사진 네거티브 위에 자신의 이름이나 번호를 새겨 넣는 대신 린트는 'LINDT, MELBOURNE, COPYRIGHT'라는 흰색 서명을 장면 위에 명기해 두었다. 그 풍경에 대해 자기 소유임을 말뚝 박음으로써 자신의 재산이자 저작권으로서의 장면을 표시해 두는 행위였다.

전체적으로『그림 같은 뉴기니』기획은 린트가 빅토리아 여왕에게 헌사한 것인데, 이는 식민주의를 광고하는 고전적 작품으로 부각되었다.[234] 사실, 그는 톰슨과 마찬가지로 자신의 사진을 식민 지배의 혜택 안에서 기록을 통해 자기 확신의 근거로서 만들어 낸 것이다. 예를 들어, 선교 임무를 띤 그의 사진은 '심지어는 야만적인 뉴기니 안에서도 축복받은 하느님 말씀이 야만과 식인의 암흑을 점차 어떻게 쫓아내는지'를 시각적으로 보여 주는 근거였다.[235] 린트에게 사진이란 그곳의 풍경과 원주민을 식민주의의 발전과 문명의 질서에 개방하는 데 필수적인 수단이었다.

새무얼 본과 톰슨의 작업과 마찬가지로 린트의 작품 또한 풍경 사진이 지형 조사나 지도 제작처럼 외부의 관점과 시각적 식민화의 도구로서 자주 재현된 사실을 보여 준다. 그의 사진은 원주민에 대한 이미지를 만들 뿐만 아니라 일정한 거리에서 공간을 조직하고 관점을 만드는 하나의 이성적 방식으로 풍경의 아름다움을 다른 어떤 성격으로 전

26. 존 윌리엄 린트, '캠프 부근에서, 랄로키 강', 「그림 같은 뉴기니」(1887)

환시키는 데 이바지했다. 그런 방식으로 사진을 만들어 내는 사람들에 의해 형성된 맥락에서 볼 때 새무얼 본, 톰슨, 린트 같은 사진가들이 찍은 풍경 사진은 우리에게 미지의 공간을 익숙한 장면으로 번역해 준 것이고, 멀리 떨어진 이국 땅을 제국의 눈앞에 여는 것이었다. 그렇지만 궁극적으로 볼 때 제국의 기호로서 그 같은 사진의 효과는 유통과 다양한 공간에서의 수용 여부에 달려 있었다. 이는 다름 아닌 액자에 들어가 응접실 벽에 장식되는 것이나 미술관에 전시되는 것부터 과학 학회나 정부 부처에서 발행하는 책에 이르기까지 다양하게 활용되는 것을 의미한다.

물론 사진은 외국 풍경을 그리는 데 사용되는 유일한 매체였다. 사실, 앞에서도 이미 말했듯이 사진은 여행 글에서부터 지도 제작 같은 다른 형식의 재현과 그에 따른 관습과 함께 사용된 경우가 많았다. 그렇지만 사진이 '예술-과학'으로 인식되었다는 사실에서 볼 수 있듯이 '손으로 만드는 과학'의 역할을 세계의 여러 곳을 심미적으로 만드는 기획과 통합시키는 일을 하였다. 1860년에 한 열정적 사진가가 한 말을 한 번 들어 보자.

> 지칠 줄 모르는 우리 국민은 나일을 거슬러 오르고, 잠베지를 추적하고, 갠지스, 양쯔, 미시시피를 배로 훑으며, 알프스·안데스·히말라야를 오르고 있다. 그것은 사실 인간이 살 수 있는 지구상의 모든 지역의 아름답고 그림 같은 장면을 찾아 헤매고 돌아다니는 것이다.[236]

"사진은 발생 초기부터 가장 많은 대상을 포착한다는 의미를 지녔다. 하지만 그림은 그러한 제국적 시선을 애초부터 가진 적이 없었다"[237]고 수전 손택이 지적했듯이, 지구 탐험 같은 사업에는 특히 사진이 잘 맞아떨어졌다. 사실, '태양의 연필'인 카메라는 세계의 모든 신비한 것들을 팽창하는 제국적 시선에 들춰내는 운명을 지녔던 것 같다.

3장 _ 작전의 예술

1850년대부터 군사 저널과 사진 저널 쪽에서 특별한 요구가 빗발쳤다. 즉, 사진을 군사 목적에 적용시키라는 것이었다. 왜냐하면 작전에서 사진의 역할은 바로 '과학의 시녀'[238]가 갖는 전반적인 과학 기능이 논리적으로 확장되는 것이라고 예측되었기 때문이다. 1854년에 『예술 저널』(*Art Journal*)은 당시 발발한 지 얼마 되지 않은 크리미아 전쟁에서 군사 기술 작전과 사진의 공동 작업 가능성에 대해 보고한 바 있다.[239] 같은 해에 영국과학진보학회는 육군과 해군이 군사적 목적으로 사용할 수 있도록 고안된 특별 제작된 카메라에 대한 세부 사항을 들은 바 있다. 거기에는 한 사람이 쉽게 작동할 수 있도록 하기 위해 제작한, 커다란 한 쌍의 바퀴 위에 놓인 '육군 야전 카메라'도 포함되었다.[240]

작전에 사진을 적용시키려는 열망은 부분적으로 빅토리아 시대에 제국의 팽창을 꿈꾸면서 전쟁의 위치가 갈수록 중요해진 사실에 기인한 것이다. 실제로 빅토리아 제국은 정기적으로 군사력을 과시함으로써 유지된 것이 사실이다. 유일하게 크리미아 전쟁을 제외하고 빅토리아 여왕 통치기에 벌어진 군사 정복은 모두 전적으로 비유럽인을 상대로 벌인 싸움이었다. 아프가니스탄과 인도에서 참전한 예비군 육군 소령 찰스 콜웰(Charles Callwell)은 나중에 '작은 전쟁들'이라고 이름 붙인 이 전쟁들을 '대영제국 팽창의 유산'으로서 "멀리 떨어진 곳에 발자국을 남기려는 문명의 선구자를 괴롭힌 싸움들"이라고 기술했다. 콜웰은 이 용어를 특별히 "잘 훈련된 병사들이 야만족이나 반(半)문명화된 종족들을 상대로 벌이는 원정"[241]이라고 덧붙였다. 그러한 '작은 전쟁들'의 영웅과 악당들은 빅토리아 시대 문화적 형태의 모든 방식에 흥미진진한 소재를 제공해 주었다. 이는 대중 문학과 예술에서부터 왕립 육해군 시합(Royal naval and Military Tournament) 같은 여러 사건에서 벌어진 것을 다시 웅장하게 재연하는 데 이르기까지 모든 경우에 해당되었다.[242] 빅토리아 시대에 군사적이고 상무적인 것이 전례 없는 위치를 구가하게 된 것은 이러한 것들이 활발하게 전개되면서부터였다.[243]

1867년부터 1868년 사이에 벌어진 아비시니아 작전은 사진이 아주 중요한 역할을 맡았던 그 웅장한 빅토리아 시대의 여러 '작은 전쟁들' 가운데 하나였다. 바로 이 기념비적인 전쟁은 표면적으로는 고작 유럽인 몇 명을 구출해 내기 위해 감행된 것이었다. 그 안에는 아비시니아의 황제 테오도르[Theodore, 테워드로스(Tewodros) 2세]에 의해 수감된 영국 영사도 포함되었다. 이 전쟁은 일련의 외교적 오해가 꼬리를 물면서 발생하였다.[244] 콜웰 소령이 이 전쟁을 '작은 전쟁' 가운데 3급이라 매긴 것도 그런 맥락에서였다. 이것을 제외한 두 전쟁은 "하나는 모욕적으로 싹쓸이하거나 보복하는 것이고, 또 하나는 위험한 적을 전복시켜 버리는 것"[245]이다. 영국과 인도에서 징발한 1만 3천 명의 군사력으로 치른 이 전쟁은 아니슬리 해변(Annesley Bay)에서 테오도르가 구축한 막달라(Magdala) 고원 거점까지 약 400마일에 달하는 범위를 원정하는 것이었는데, 그 결과 인질은 구출되었지만 도시 전체가 잿더미로 변했다. 영국군이 도착하기 전에 테오도르 황제는 군인들을 따라온 언론과 군대에 내몰려 빅토리아 여왕이 몇 년 전 선물로 준 권총으로 자살하였다.

이 극적인 구출 작전은 영국에서 이전에는 찾아볼 수 없던 여론의 지지를 받았다. 『스탠다드 앤 파이어니어』(Standard and Pioneer)의 헨티(G. A. Henty), 『데일리 텔레그라프』(Daily Telegraph)의 비스카운트 아데어(Viscount Adare), 『일러스트레이티드 런던 뉴스』(Illustrated London News)의 심슨, 『뉴욕 헤럴드』(New York Herald)의 스탠리(H. M. Stanley) 같은 주요 신문 기자들을 위해 많은 자료들이 널리 배포되었기에 그 작전은 애초부터 보고되지 않은 채 조용히 전개될 수 없었다. 뿐만 아니라, 헨티와 스탠리는 이 작전에 대해 책 한 권 분량의 기록을 만들어 냈다.[246] 작전에 대한 대중 매체의 '공연'이 활발하게 전개되면서 —실제로 『타임스』(The Times) 특파원 오스틴(C. Austin) 박사가 이렇게 언급한 바도 있다[247]— 해외에서 군대가 하는 역할에 대해 언론과 영국의 여론이 조성되고 사람들의 관심이 나날이 커져 갔다. 언론의 관심과 군사 기획 그리고 작전에 소요된 경비 —나중에 계산한 바로는 900만 파운드에 달했다— 에 대한 상세한 정보에 따르면 이 작전은 매우 효과적인 수단이었던 것으로 판명되었다. 이에 대해 디즈레일리(Disraeli)는 "이로 인해 영국의 여론이 멀리 떨어져 있는 곳에서의 제국의 승부에 집중할 수 있었고, 결국 국내의 여러 위기에 대한 관심을 그쪽으로 돌릴 수 있었다"고 평가하였다.[248]

이러한 방식으로 대규모 투자를 한 것은 사진을 통해 작전을 공식적으로 기록하는 것 뒤에 감춰진 매우 중요한 동기 유발의 힘이었다. 그리하여 채탐(Chatham)에 있던 왕립 공병대장의 제안에 따라 엄청나게 큰 두 개의 세트로 구성된 사진 저장고와 설비(실제로는 그 가운데 하나만 사용되는 것이었다)가 영국으로부터 수송되었다. 그리고 그 설비는 사진가 가운데 책임자인 존 해롤드(John Harrold) 병장이 조수 일곱 명을 두고 야전에서 감독하였다. 그들에게는 여러 가지 임무가 있었지만, 왕립 공병대가 원정 부대의 여러 장면과 장교들 초상 그리고 풍경 경관을 기록하기 위하여 카메라를 사용한 것이 주목할 만하다. 사진이 모두 몇 장이나 찍혔는지에 대해서는 정확하게 알려져 있지 않지만 풍경 경관, 캠프 장면, 스케치와 초상 사진을 포함하여 78장의 시리즈가 앨범으로 제작되었고, 1869년 국가 전쟁성(省) 장관에 의해 왕립지리학회로부터 외무국에 정부와 과학 관련 여러 기관에 가치 있는 다양한 사진들이 보내졌다.[249] 여러 장교들이 그린 그림 외에도 많은 사진들이 공식 기록인 『아비시니아 작전기』(Record of the Expedition to Abyssinia)의 기초 자료로 사용되었다.[250]

이러한 맥락에서 아비시니아의 왕립 공병대에 의해 제작된 사진들은 전제 군주를 몰아내기 위해 혹독한 지리적 조건을 극복한 위대한 제국 군대의 관점으로 바라본 작전의 공식 기록을 형성하였다. 런던이나 봄베이에 있는 스튜디오에서 어렵지 않게 작업해 냈을 그 사진들을 면밀히 연구하여 드라마의 주인공이 등장하게 되는데, 내피어(Napier) 장군과 그의 휘하 장교들이 지도를 검토하는 사진(사진 27)과 눈에 확 띄는 옥중 사슬을 찬 채 구출된 유럽인의 사진이 그 좋은 예이다.[251]

이 작전에서의 사진 촬영은 대영제국의 군사 담론에서 사진술을 더욱 폭넓게 위치시키고자 사용한 아주 유용한 수단이었다는 사실을

27. 왕립 공병대, 내피어 장군과 그의 휘하 장교들, 1868

강조하고 싶다. 그렇지만 우리는 아비시니아 작전에서 사진에 부여된 정확한 역할을 검토하기 전에 좀더 일반적인 관계에서 사진과 군사 사이의 관계를 먼저 고려해 보는 것이 필요하다.

사진 안에 다양한 방식으로 나타난 제국의 군사 담론은 상업 사진의 실제이자 수사학 가운데 하나였다. 상업 사진가 새무얼 본은 1863년에 인도에서 귀국한 후 얼마 되지 않아 아래와 같이 냉정하게 군사적 관계에서 카메라의 힘을 기술한 바 있다.

칼로타입의 초창기 때부터 신비스러운 방과 놋쇠 입구가 달린 그 신기한 삼각대는 이 나라의 원주민에게 그들을 정복한 사람들이 무시무시한 대포뿐만 아니라 다른 기구들도 발명한 사람이었음을 가르쳐주는 것이었다. 그런데 그 신기한 삼각대는 외형이 비록 이상하게

생겼지만, 소음도 연기도 나지 않은 채 그 목표를 달성해 주는 것이 었다.[252]

새무얼 본이 카메라를 총에 비유한 것은 그 둘이 외형적으로 비슷하게 생겨서만은 아니고 식민 권력의 실천 안에서 둘 다 무기였다는 사실 때문이다. 내가 이미 지적하였듯이, 북인도에서 새무얼 본의 사진 원정은 작은 규모의 작전이 오만한 방식으로 행해진 것이었다.

상업 사진가들은 대영제국 곳곳에서 영국군의 활동들을 기록하기도 했다. 사실 새무얼 본과 셰퍼드의 회사는 벤저민 심슨(Benjamin Simpson)이라는 회사 소속 사진가 한 사람을 1878~1879년에 벌어진 2차 영-아프간 전쟁을 기록하기 위해 보내기도 했다. 새무얼 본과 셰퍼드는 영국군 사령관 로버츠 경(Lord Roberts)의 부인인 로버츠 여사에게 쿠룸(Koorum) 계곡 주변의 풍경 경관으로 만든 앨범 하나를 선물로 주기도 했다. 그 전쟁은[253] 또 다른 전문 사진가인 존 버크(John Burke)에 의해 더욱 광범위하게 촬영되었다. 버크는 인도 정부가 공식 '사진 예술가'로 초청한 사람이었기 때문에 아프가니스탄을 침공하는 임무를 담당한 페샤와르 계곡 야전군(Peshawar Valley Field Force)에 배속되었다. 나중에 고용 조건 때문에 논란이 생기긴 했으나 버크는 극적인 풍경 그리고 영국군과 상급 지휘관들을 담은 뛰어난 사진들을 많이 생산해 냈다.[254]

많은 측면에서 2차 영-아프간 전쟁과 아비시니아 작전을 담은 사진들은 10년 정도 전에 이미 확립된 전쟁 묘사에 관한 몇 가지 관습을 따르는 것이었다. 질서 정연한 캠프 경관, 장교와 장군을 찍은 공식 초상, 풍경 경관 등이 바로 크리미아 전쟁(1854~1855) 중에 전문 사진가

로저 펜턴이 찍은 초창기 사진의 흔적이다.[255] 맨체스터 출판사의 협찬을 받은 윌리엄 애그뉴(William Agnew), 빅토리아 여왕과 앨버트 왕자(Prince Albert)의 공식 후원을 받은 펜턴의 전쟁 기록은 아무런 희망 없이 전개된 작전에 대해 불쾌한 부분을 제거해 버린 시각을 제공해 주었다. 그 전쟁에서 영국군은 대부분 병 또는 영양실조로 죽거나 동사하였다. 펜턴의 사진은 윌리엄 하워드 러셀(William Howard Russel)이 『타임스』에 게재한 냉혹한 사실주의의 논평과는 전혀 거리가 멀었다. 러셀은 그 글로 심한 논란을 촉발시켜 결국 애버딘 경(Lord Aberdeen) 정부가 1855년 2월에 사임하게 되었다. 결국 사진이라는 것이 정확하다고 주장하지만 이 경우를 보더라도 사진은 다른 매체보다 전쟁을 사실적으로 보여 주지 못했고, 나아가 전쟁에 대한 공식적 '진실'을 알리는 강력한 수단에 불과했을 뿐이었다.

게다가 당시 사진은 노출 시간이 길고, 장비 부피가 너무 커서 그 실질적인 필요성은 사건이 벌어진 뒤를 기록하는 것에 국한될 수밖에 없었다. 하지만 그 때문에 반드시 필요한 전쟁의 폭력을 그리는 데 사진가의 능력이 미치지 못한 것은 아니었다. 사실 전쟁이 안고 있는 더욱 충격적인 측면은 상업 사진가를 위한 대중적인 타깃에서 나왔다. 전문 사진가인 펠리스 베아토(Felice Beato) 같은 이는 1858년의 '반란'(the Mutiny) 장면들을 기록하기 위해 급히 인도로 갔다. 그가 러크나우(Lucknow)의 세쿤드라 바그(Secundra Bagh)의 잔해를 기록한 사진은 사람에 대한 것이든 건물에 대한 것이든 모두 영국군의 공격을 받은 지 몇 개월 지난 뒤의 모습이다. 결국 그것은 빅토리아 시대의 예술과 문학 안에서 당시 사람들이 갖던 '반란'에 매료된 영합이었을 뿐이다.[256]

따라서 일반적으로 말하는 정확성이나 즉각성이라는 성격으로 인해 사진은 특히 성공한 작전에 대해 효과적인 근거로 작용하였다. 사실 크리미아 전쟁은 군사 조직에 지대한 영향을 끼쳤다. 그뿐만 아니라 해외 분쟁에 대한 영국 국내의 태도에 대해 시각 매체와 인쇄 매체에 강력한 영향을 준 전쟁이기도 하였다. 아비시니아 작전은 군대는 물론이고 디즈레일리 정부의 성패가 달려 있었기 때문에 여러 다양한 매체를 통해 우호적으로 표현하도록 준비하는 것이야말로 사활을 건 중요한 일이었다.

사진에 관한 한 상업 활동은 차치하더라도 영국 군대는 자체적으로 대영제국 전역에 사진을 퍼뜨리는 데 중요한 역할을 담당하였다. 사진이 발명된 1839년 이래 처음으로 사진을 집어 든 사람은 군의관과 장교들이었다. 좋은 예로, 존 매코시(John McCosh) 장군은 제31벵갈 보병사단에서 의사로 복무하던 1850년대부터 폭스 탤벗이 막 개발한 칼로타입으로 사진을 찍기 시작했다. 인도에서 군복무를 하는 동안 매코시는 여러 소재에 따라 상당히 많은 사진을 찍었는데, 그 가운데 많은 부분이 특정 작전에 대한 것이었다. 예를 들어 매코시는 2차 시크 전쟁(1848~1849) 때 동인도회사 군대에서 복무하면서 제2여단의 장교와 사령관들의 초상을 찍었다. 그리고 그는 벵갈 포병대의 제5포대에 근무할 때는 자신이 참전한 2차 미얀마 전쟁(1852)에서 많은 사진을 찍었는데, 그 가운데는 랑군의 탑, 궁전 그리고 포획된 대포 등도 포함되어 있다.[257]

비록 매코시가 자신에게 사진은 일종의 취미라고 말하긴 했지만, 그는 『인도에서 근무하는 장교들에게 주는 충고』(Advice to Officers in India, 1856)를 통해 다음과 같은 의미 있는 충고를 한 적이 있다.

모든 전문 외과 의사의 조수는 자기 자신을 외과의 모든 분야에서 사진 전문가로 만든다. …… 인도에서 복무하는 동안 그는 사람과 동물, 건축, 풍경 등을 재현하는 사진들을 충실하게 모아놓을 것이고, 그 사진들은 어떤 박물관에서도 환영받고 의미 있는 기여를 할 것이다.[258]

이런 기본적인 감정은 인도 자체를 하나의 '살아 있는 박물관'으로 간주하는 태도를 갖게 하는 요인이었다.[259] 사실 매코시가 지형, 민족지, 여행에 대해 폭넓은 관심을 가졌고, 동료 장교들이나 민족지적 '유형', 건축, 풍경 등에 대해 사진을 찍는 것은 그가 영국 군대 내에서 담당하는 의무와 별개로 생각할 수는 없다. 영국 군대란 다름 아닌 강력한 세국의 이익을 수호하는 기능을 맡은 잘 조직된 군사 기구였지만, 다른 한편으로는 특히 작전에 의해 학문적 관찰, 분류, 기술이 근대 유럽의 제국주의와 서로 밀접하게 연계된 조직이기도 했다. 후자의 관점은 늦어도 18세기 후반에 감행된 프랑스의 이집트 침략까지 거슬러 올라갈 수 있다. 매코시의 작품은 절충적인 데다가 그를 이은 군인 작가들인 비그스(T. Biggs) 대위, 길(R. Gill) 소령, 트라이프(L. Tripe) 대위 등에 비해 정교하지는 못했지만, 오리엔탈리즘 전통에 젖은 재현이라는 평과 밀접하게 연계되었다. 이러한 사진은 석판화로 제작한 그의 초기 작품인 『앗삼의 지형』(Topography of Assam)에서도 보이고,[260] 성(性), 인종, 민족 등으로 분류된 전면 프로필 '유형' 사진에서도 보인다. 매코시가 지형학적 그리고 민족지적 분류에 관심을 가지고 표현한 것은 이미 그 이전에 수많은 선례가 있었던 것으로, 이전에 찍었던 동북 벵갈 지역의 산간 부족에 관한 작품에서도 이미 나타난 바 있는 것들이었다.[261]

이러한 군인 사진가들의 작품이 더 넓은 제국적 관심의 틀 안에서 만들어진 것은 1860년 매코시의 사진전이 왕립지리학회에서 열렸다는 사실에서 명백하게 드러난다. 그 사진전에서 매코시는 영국이 동북 벵갈과 중국 사이에 놓인 지역을 식민화해야 한다고 강력하게 주장했다.[262] 매코시가 자신의 사진을 전시하고 영국이 아시아를 식민화하는 기획을 조장하는 장소로 왕립지리학회를 선택했다는 것은 군사와 식민 학문 그리고 사진 실행이라는 세 가지 행위가 서로 밀접하게 구축되었다는 사실을 보여 주는 좋은 근거이다. 이는 분명히 매코시 같은 개인으로 인하여 카메라가 영국의 군대와 관련한 업무, 특히 작전에서의 기술로서 점차 막중한 공식적인 위치를 차지하게 되었다.

사진과 군사: 왕립 공병

군(軍)에서 사진을 선뜻 받아들이는 환경을 조성한 것은 왕립 공병대였다. 그 좋은 예로 공병대장인 애브니(William de Wiveleslie Abney, RE. 1843~1921)는 사진에 대해 많은 글을 썼고, 폭넓은 강의를 했으며, 그의 연구와 그가 발명한 것으로 인하여 군 안팎에서 상당한 칭송을 받았다.[263] 애브니 같은 인물의 노력 덕분에 왕립 공병대는 자신들이 맡은 민간이나 군사의 다양한 임무에 신속하게 사진을 적용시킬 수 있었다.[264] 사진은 전기에서 전보에 이르기까지 당시의 여러 실용 기술 가운데 하나였는데, 이들 '과학 병사'에 의해 영국과 대영제국의 군사를 위해 사진이 쓰이게 된 것이다.[265] 1850년대 들어 사진 장비는 인도에서 복무하는 왕립 공병대의 각 단위에 보내졌다. 또 동인도회사의 공병대원들은 공공 사업 프로젝트를 사진으로 기록하는 임무도 맡았다. 1885년부터는 아디스콤브(Addiscombe)에 있는 동인도회사 군사관학교의 사관후

보생 교과 과정에도 포함되었다. 나아가 왕립 공병대는 1850년대 초부터 사우스 켄싱턴 박물관(South Kensington Museum)의 톰슨(Charles Thurston Thomson)에게 사진 강의를 받기도 했다. 1856년에는 사진화학부(School of Photography and Chemistry)가 세워졌고, 그 뒤를 이어 채탐(Chatham)의 왕립 공병학교(Royal Engineers' Establishment)에서는 훈련 과정에 사진 강의가 포함되기도 했다. 이 왕립 공병학교는 1850년부터 국내와 해외 전역에서 복무하는 공병대를 충원하기 위한 교육과 훈련을 시작했다.[266] 1862년에는 동인도회사의 공병대와 왕립 공병대를 통합하면서 사진에 대한 관심은 이전보다 훨씬 더 조직적이고 공적으로 군사적인 은혜를 입었다.

1860년에 접어들 때까지 왕립 공병대는 진정 지구적 규모로 카메라를 휘두르고 다녔다. 그래서 그해 공병대장인 도넬리(John Donnelly)는 런던에 있는 연합서비스협회(United Service Institute)에서 군사 용도로 사진을 어떻게 적용할 것인가에 대한 강의를 할 때 소아시아, 파나마, 인도, 싱가포르, 중국, 러시아 등지에서 복무 중인 공병들이 찍은 사진들을 보여 주었다.[267] 그는 그러한 시각 자료를 사용함으로써 "한 나라의 사진은 그 나라에 대한 가장 진실하고 정확한 개념을 잡을 수 있게 해주고, 그 사진들은 전쟁터에서 빽빽하게 적은 그 어떠한 글보다 훨씬 정확한 개념을 가져다준다"라고 주장했다.[268] 그래서 그는 사진이 지도와 계획을 재생하고 작전 진행을 보여 주는 차원에서 유용하게 사용되는 것은 말할 것도 없고, '어떤 장소에 대한 완벽한 개념'을 가져다 준다고 주장하기도 했던 것이다. 이는 사진이 어떤 지역에서 훗날 전쟁이 발발할 경우 잠재력이 될지도 모르는 그 지역 지리에 대한 전략적 지식을 제공하였음을 의미한다.

1863년에는 전쟁성(省)의 부(副)화학관이자 울위치(Woolwich)에 있던 왕립군사보관소(Royal Military Repository)의 사진가이던 스필러(John Spiller)가 『영국사진저널』에 보고하기를, '현장의 나날들'이라는 이름의 포병대 장교들이 군사 지역이던 울위치 커먼(Woolwich Common)에서 사진 장비를 실은 사진차를 끌고와 "사진이 한 나라의 지리적·군사적 형상이 어떠한지를 기록하기 위한 수단으로서 얼마나 가치 있는지에 대한 근거를"[269] 보여 주기도 했다고 했다. 보고 사진이 지리적 지식을 기록하는 데 유용한 수단임을 군에서 인정했다는 사실은 아비시니아 작전에서 사진을 적극적으로 채용하는 데 박차를 가했다. 이에 대해 다시 돌아가 논해 보기로 하자.

현장에서의 사진

현장에서 왕립 공병대가 사진을 사용한 것은 아비시니아 작전 동안 그리고 그 이후 여러 사진 저널과 과학 저널에서 뜨거운 관심을 받았다. 그 저널들을 다룬 기사는 신문 지상에서 더 일반적인 여론을 불러 모았는데, 그 자리에서 아비시니아 작전은 근대 전쟁에 과학을 적용한 것이라고 공통적으로 찬사를 받았다. 예를 들어, 1870년에 『네이처』(*Nature*) 지에 실린 한 기고문의 필자는 영국의 전쟁성(省)은 프랑스 다음으로 가장 발전한 '예술-과학' 사진을 군사 목적에 적용시켰다고 주장했다. 그는 바로 이러한 이유 때문에 최근의 아비시니아 작전이 "근대에 이룩한 공병대의 가장 빛나는 업적 가운데 하나"[270]라고 주장했다. 1868년 또 한 사람의 논평가에 따르면 아비시니아에서 왕립 공병 사진가가 한 노동은 "행정 부서들이 아주 순탄하게 잘 돌아가도록 만든 중요한 톱니바퀴의 한 부분"[271]이었다. 사실, 사진은 일종의 '현장 인쇄기'

로 가장 광범위하게 사용되었는데 그것은 여러 길과 정찰 활동에 대해
스케치하고, 계획을 짜며, 아주 정확하고 신속하게 지도를 다시 제작하
고 편찬하는 일을 하였다. 이러한 일을 하는 동안 사진은 작전에 있어
서 문자 그대로 공병의 일부가 되었다.

　왕립 공병들은 막달라로 가는 길에서 "모든 중요하고 흥미로운 것
은 죄다 사진으로 찍어 두기도 했다."[272] 내피어 장군과 그의 지휘관들
이 지도를 살펴보는 모습을 담은 사진(사진 27) 같은 장면에서 잘 나타
나듯 매우 신중하게 잘 짜인 작전이라는 모습을 보여 주는 사진을 자
주 제공해 주었다. 그 작전은 왕립 공병대 내피어 장군의 총 지휘 아래
확실하게 계획이 짜였고 기술적으로 정확하게 실행에 옮겨진 것이었다.
그 전쟁을 기록한 역사들은 하나의 거대한 구조 프로젝트에 대한 기
록 같은 것으로 읽힌다. 공병대의 업적은 당연히 인도인 군인의 노동에
힘입어 그 업적을 달성했는데, 그 안에는 아니슬리 만(灣) 부두를 축조
하고, 줄라(Zoola)에 해안 기지를 세웠으며, 다리 8개를 포함한 총길이
10.5마일의 내륙 철도를 놓은 것 외에도 수많은 도로와 우물 등이 포함
되었다. 순전히 아비시니아 작전의 규모를 말해 주는 기착지와 주요 캠
프가 극적으로 파노라마 사진으로 촬영되었다. 줄라에 자리 잡은 주둔
지의 파노라마 사진(사진 28)은 원정의 성공 여부가 달려 있는 철도에서
부터 기지 장비를 쌓아놓은 무더기에 이르기까지 광범위한 기술 관련
조직을 보여 준다. 이러한 전경은 영국 공병대와 군대가 가진 힘으로 훈
련된 풍경에 대한 하나의 거대하면서 모든 것을 압도하는 경관을 제공
해 준다.

　작전의 파노라마 경관은 전혀 새로울 것이 없었다. 사진이라는 것
자체가 1840년대 이래로 파노라마를 만들어오고 있었다. 로저 펜튼은

28. 왕립 공병대, 줄라 주둔지, 1868

29. 왕립 공병대, 발루치 여단, 1868

1854~1855년까지의 크리미아 전쟁 기간 동안 발라클라바(Balaclava)
와 세바스토폴(Sebastopol) 고원의 파노라마 사진을 만들었다. 존 로버
트 존슨(John Robert Johnson)의 판토스코프(1862) 같은 특수 카메라
가 그러한 용도로 개발된 것이다. 왕립 공병대는 전통적 방식에 따라 파
노라마를 찍었다. 즉, 개인이 경관을 중첩시키면서 연속적으로 찍는 방
법이다.[273] 그런데 그러한 파노라마는 평형 삼각대 위에 카메라가 평평
하게 유지된 상태에서 모두 동일한 노출을 유지시켜야 하고 정확한 거
리를 지키면서 각각의 장면 순서를 바꾸면서 찍어야 하기 때문에 구성
하기가 쉽지 않았다. 그리고 각 부분은 서로 다른 판에서 준비하고 노
출하고 현상하는 작업을 차례대로 따로 해야 하기 때문에 전체 경관이
보이는 것과 동일하게 나타나지는 못했다. 이러한 현상은 〈사진 28〉에
서 볼 수 있는데, 그 사진에는 심지어 어떤 사람이 두 번이나 나오기도
한다.

그러한 파노라마는 작전의 범주와 질서를 고국의 시민에게 보여
주고자 기획한 것이다. 그리고 현장에서도 마찬가지로, 그러한 기술의
세련성은 상징적 용도와 실제적 용도를 함께 가지고 있었다. 인도 국무
장관인 스태퍼드 노스코트 경(Sir Stafford Northcote)이 주장하기를 공
병 기술, 특히 바닷물을 담수로 전환시키는 장비 같은 것은 "우리로 하
여금 우리의 숙련된 기술과 힘에 대한 개념을 원주민 우두머리나 그 대
표들에게 각인시켜 줄 수 있는 것이었다"[274]라고 했다. 사실, 많은 사람
들은 작전이 거의 '공병 전쟁'이라고 인식하였는데, 이는 '갈수록 더욱
과학의 문제가 되어 가는 전쟁'[275]을 통해 더욱 큰 규모로 진행되는 당
시의 현상을 보여 주는 한 예이다. 작전의 정확성은 질서라는 의미로 기
재되기도 했는데 질서란 '발루치 여단'(Balooch Regiment, 사진 29) 같은

제국 부대의 사진이 널리 퍼지면서 형성된 개념이었다. 이런 사진에서는 원정 부대가 풍경을 완전히 지배하거나 아니면 그 안에서 사람은 아무도 보이지 않는다. 캠프의 하얀색 텐트가 질서정연하게 줄지어 있는 것은 제27봄베이원주민보병대의 군인들이 도열하는 장면으로 덧붙여진다. 이같이 사람과 텐트가 격자 모양으로 줄지어 선 모습과 그것이 상징하는 잘 훈련되고 조직된 힘은 거칠고 황량한 아비시니아의 풍경에 비해 시각적으로 질서정연한 것처럼 보이게 해준다.

이전과 이후의 작전에 따라 나선 상업 사진가들과는 달리 왕립 공병 사진가들은 명예로운 예술가로서의 대접을 전혀 받지 못했다. 뿐만 아니라 개인적으로 찍은 사진들도 인정을 받지 못했다. 그들의 작업은 주체적 연속 연구로서보다는 하나의 집합적 기록물로서 받아들여졌다. 어찌 되었든 간에 그들은 전문 사진가와 화가의 어떤 공통점을 가지고 있었던 것은 사실인데, 이는 그들이 여전히 전쟁을 하나의 숭고하고 규율에 따라 추구하는 것으로 재현하는 어떤 미적 특질이 갖는 제약 사항들 안에서 주로 사진을 실행하였다는 것을 의미한다.

사진을 찍기 위해 적절한 소재를 고르는 것은 단지 지휘관 장교의 명령에 따라 업무를 수행하는 사진가 개인에게 해당하는 문제만은 아니었다. 10중대를 통솔하는 프리처드(H. B. Pritchard) 소령은 "사진가들에게 명령을 내렸고, 카메라로 포착할 만한 흥미로운 소재를 확보하기 위해 무진장 애썼다."[276] 내피어 장군은 친히 나서서 사진가에게 죽은 테오도르 왕의 사진을 찍으라고 한 것으로 알려졌다. 지연되는 바람에 그의 지시는 실행에 옮겨지지 못했고, 이에 실망한 한 평론가는 "우리가 패배시킨 그 의지의 전사가 가진 특질인 이마의 표시와 여러 선들을 여기 영국에서 우리가 진정 열심히 그 초상을 통해 들여다보았어야 했는데!"[277]라고 했다.

그런데 군사 사진가들이 아름다운 소재를 담는 일에 일절 흥미를 보이지 않은 것은 결코 아니었다. 이는 아비시니아 작전에 참여한 사진가의 경우에서 잘 나타난다. 출발 단계에서 왕립 공병에게 사진 훈련을 시키는 일은 전적으로 기술적 전문 지식에 관련되는 것만은 아니었다. 윌리엄 애브니는 원래 군사교육 학부에서 사용하기 위해 출판한 후 상당한 영향력을 갖게 된 한 사진 개론서에서 "좋은 사진가가 되기 위해서는 …… 예술적인 심성과 과학적인 심성 모두를 가지고 사진을 대해야 한다"[278]라고 지적한 바 있다. 이런 이유로 애브니는 군사 사진가란 사진의 기술적 측면들을 배우는 것은 물론이고, 자신과 함께 공동으로 『실버 인쇄의 예술과 실행』(*The Art and Practice of Silver Printing*, 1881)을 출간한 바 있는 로빈슨(H. P. Robinson)의 『사진의 회화적 영향』(*Pictorial Effect of Photography*) 같은 입문서도 반드시 공부해야 한다고 했다. 그렇지만 지휘관들이 미학적으로 바라던 바는 그들이 사진의 기술적 한계에 대해 충분히 이해하고 난 뒤 나온 것은 아니었다. 어떤 비평가가 논평하기를 지휘관들이 사진에 대해 아는 바가 없어서 아비시니아에서 덜 쓸모 있는 사진들이 나오게 되었다고 개탄한 바도 있다.

때로는 짐을 끄는 노새를 멈추게 해야 할 필요가 있었고, 비가 추적추적 내리는 중에 가야 하는 긴 행군에서 박스 포장을 열어야 했으니 이는 꼭대기가 안개로 자욱한 산이나 다른 것을 사진으로 담으려 했을 것이기 때문이다. 그 이유를 간단하게 말하면 지휘관이 그 광경 전체가 멋진 사진을 만들어 낼 수도 있다고 말했기 때문이다.[279]

왕립 공병 사진가들은 장교들의 미적 취향을 감당해야 했던 것은 물론이고 험난한 환경 조건과 싸워야 했는데, 그곳은 온도가 매우 높고, 물이 수시로 부족했으며, 먼지가 너무나 많아 사진 촬영이 극도로 어려운 곳이었다. 그럼에도 살아남은 이미지들은 기술적으로 높은 수준과 미적 일관성이 있는 것들로, 전문 사진가들이 찍은 결과물과 비교해도 전혀 손색이 없는 것들이었다. 그들이 찍은 사진들과 사진 공병 조장인 해롤드 병장은 작전이 끝난 후 영국에서 예의 찬사를 받았다. 1868년 12월, 런던사진협회 대회에서 프리처드는 사진가들을 "그 나라의 자연에 대한 분명한 개념을 제공해 주고, 감옥에 갇혀 있던 사람들을 풀어 주기 위해 군대가 행군하는 동안 겪은 갖은 고난을 우리 눈앞에 보여 주고, 테오도르 왕이 얼마나 강고하게 장악하였는지에 대한 진짜 모습을 우리에게 가져다 준' 공로에 대해 찬사를 보냈다.[280]

작전 장면을 기록하는 데 사진을 적용한 것은 그 기능이 지도와 현장 스케치를 다시 제작하는 데 필요한 기술과 같을 정도로 중요했기 때문이다. 프리처드가 기술한 바와 같이, 아비시니아 작전에서 찍은 사진은 완전히 명료한 상태로 '그 나라의 자연'을 드러내 주었다. 분명히 말하지만, 사진은 단순히 기록의 일부나 작전에 대한 멋진 증거 그 이상의 것을 재현해 준다. 즉, 사진은 지리과학의 담론의 일부로 이해되어야 했다.

과학과 전쟁

아비시니아 작전은 군사 원정만이 아니라 대규모 과학 사업이기도 했다. 작전에는 주요 신문의 통신원뿐만 아니라 인도지질탐험회(Geological Survey of India), 동물학회(Zoological Society), 대영박물관

(British Museum), 왕립지리학회 등을 포함한 주요 과학 연구 기관들이 파송한 공식 대표단이 대거 참여하였다. 원정은 특히 왕립지리학회에게 중요했는데, 회장인 로드릭 머치슨 경은 막강한 영향력을 행사하여 그 원정이 철저한 계획에 따라 수행되고 완벽하게 마무리되었다는 사실을 널리 확인시켰다. 머치슨에게 아비시니아 작전은 진보와 지리과학의 제국적 유용성을 증명하는 완벽한 수단이었다. 그러한 관점은 왕립지리학회에서 널리 통용되었다. 이 학회는 회원, 간부, 위원회가 빅토리아 시대의 육군과 해군의 상층부 출신으로 구성되었는데, 그 시대 단일 집단으로는 최대 규모의 기관이었다는 사실이 의미심장하였다.[281]

빅토리아 시대의 많은 지리학자와 군인들에게 전쟁과 지리학은 동전의 앞면과 뒷면이었다. 지리학적 지식이 군사 작전에 큰 영향을 끼쳤듯이 전쟁과 그 전략 기획 또한 지리과학에 상당한 영향력을 남겼다. 그래서 전쟁성(省)의 지형국 국장인 윌슨(Charles W. Wilson) 소령 같은 군사 전문가들은 '군사과학의 한 분야로서 지리학 연구'를 해야 한다고 주장했다. 그리고 마찬가지로 '우리 해외 영토와 식민지에 있는 장교들에게 …… 지리학 연구에 몰두하도록' 좀더 큰 격려가 주어져야 한다고도 했다.[282]

윌슨은 '아는 것이 힘'이고 세계 대부분의 나라는 모두 잠재적으로 '전쟁의 극장'이기 때문에 제국 정부가 해외 영토에 대한 지리적 정보를 가능한 한 많이 확보해야 한다고 보았던 것이다. 그는 "잘 알려지지 않은, 문명화되지 않은 혹은 일부만 문명화된 종족들이 사는 곳에서 우리가 가진 수많은 해외 영토와 식민지의 경계 너머에 있는" 경우에는 더욱더 그러하다고 주장했다.[283]

그래서 왕립지리학회의 도서관과 지도 보관실은 군사 정보에 관한 매우 중요한 보고로 널리 인식되었다.[284] 이와 관련하여 1874년에 어느 비평가는 다음과 같은 글을 남겼다.

여왕 폐하의 군대와 민간 공무원들은 왕립지리학회의 지도 보관실의 가치를 매우 높게 평가한다. 싸움이 일어나자마자——아샨티(Ashanti), 아비시니아, 앗친(Atchin)에서——정부의 각 부처는 사빌 거리(Savile Row)로 돌진해 지구상에서 흥미진진한 사건이 발생한 곳과 관련된 모든 문제를 붙잡았다.[285]

왕립지리학회는 원정 준비가 시작되자마자 아비시니아에 관한 정보를 확보하고 책을 편찬하기 시작했다. 그리고 아비시니아와 관련된 책과 사진들을 수집하여 지도 보관실과 도서관 장서에 소장하였으며, 그 모든 자료들을 전쟁성의 각 부처가 사용할 수 있도록 하였다.[286] 그리고 군의료대가 지역의 기후와 질병에 관한 정보를 책으로 편찬하는 동안 지형부의 쿠크(A. C. Cooke) 중령은 헨리 제임스(Henry James) 경의 지휘 아래 탐험 현장에 관한 지리적 정보를 축적하였다. 쿠크는 왕립지리학회의 여러 자료, 즉 여행 화보집, 자연사 도감, 지도 등을 활용하여 「아비시니아의 길」(Routes in Abyssinia)이라는 지형과 잠재적 원정로에 대한 보고서를 편찬하였다.[287] 그러자 그에 대한 답례로 지형부는 소장하고 있던 문헌 정보와 석판 사진(lithography)을 포함한 다양한 사진을 재생하여 왕립지리학회에 보내 주었다.[288]

해군과 육군의 장교들은 1832~1833년의 니제르 군사 원정[289]과 1853~1856년의 크리미아 전쟁[290]을 비롯한 여러 해외 군사 원정과 작전이 벌어지는 동안 오랫동안 '경관'을 생산해 냈다. 그러한 '경관'은 전략적 위치를 나타내는 지역에서 지도 및 사진과 함께 만들어졌다. 그리고 아비시니아의 비슷한 경관들이 작전 개시 전에 일종의 사진 정찰로 제공되었다. 전쟁성 지형국의 제임스 퍼거슨(James Ferguson)은 '경관'을 12장의 석판 사진으로 연달아 제작했고, 그것들은 아비시니아를 개괄하는 지도 한 장과 정보를 제공하는 글과 함께 출판되었다.[291] 그 경관들은 이전에 유럽인 탐험가들이 찍은 사진들을 재생한 것이었는데, 그 안에는 발렌시아 경(Lord Valentia, 1802~1806)을 위해 찍은 헨리 솔트(Henry Salt)의 사진들과 르페브르(Lefevre, 1839~1843) 중위가 지휘한 프랑스 정부의 과학위원회(Scientific Commission)에 의해 제작된 사진들이 들어 있었다. 이 가운데 '이파트 산록에 있는 아달 사막과 아와디 계곡의 경관'(View of the Valley of Aouadi and of the Desert of Adal at the Foot of the Mountains of Ifat)은 후자에서 재생한 사진들이었다(사진 30). 사진에 따라붙은 텍스트에 의하면 이 사진은 "아프리카의 대평원 경관을 재현한 것으로, 아비시니아 고원 쪽에서 바라본 것이다." 르페브르 중위는 여기에 지리에 관한 해설과 장면에 대한 설명을 달아 놓기도 했다. 이 사진들은 회화적 양식으로 찍은 것이었는데, 탐험가가 남긴 텍스트와 한 장의 개괄 지도와 함께 아비시니아의 종교 건축물, 지형, 식물군상, 놀이, 기후 등에 대한 정보를 제공해 주는 용도로 사용되었다.[292] 전략적 중요성을 나타내는 자료로서 그 경관들은 군사로가 어떻게 가능할 것인지에 대한 지식과 아비시니아에서 일어날 수 있는 군사적 반대의 잠재성 같은 것도 제공해 주었다. 그 사진들은 군사와 지리에 관련된 기관들 내부에서 유통되었기 때문에 같이 따라붙은 지도와 여행자의 글과 함께 아비시니아 작전에 전략적 지식을 제공해 주는 중요한 자료로 간주되었다.

30. 작자 미상, '이파트 산록에 있는 아달 사막과 아와디 계곡의 경관', J. 퍼거슨, 『아비시니아 경관』(1867)

그러한 경관들을 군사 작전을 위한 전략 정보 제공 차원으로 사용함으로써 사진을 군사적 목적으로 사용하는 일을 더욱 장려하였다. 이에 관한 좋은 예는 1858~1859년에 헨리 제임스와 로드릭 머치슨이 조례 조사부(Ordinance Survey)에서 사진 활용을 촉구한 경우에서도 알 수 있다.[293] 이는 또 프랜시스 갤튼과 로버트 갤튼(Robert Galton)에게 자극을 주어 1865년에 군대 지휘관들이 산악 지형을 이해할 수 있도록 사진들을 휴대하여 일종의 입체 망원경 같은 지도로 사용하도록 체제를 바꾸게 하기도 했다.[294] 그래서 윌슨(Charles W. Wilson) 소령은 전쟁성의 지형국(1869~1877)을 개선하고 전쟁성에 정보과를 신설하면서 자신이 그 책임자로 앉아 전략적 지식의 한 형태로서 사진 사용을 장려하는 일을 맡았다. 실제로 1870년에는 국가 전쟁성 장관(Secretary of State for War)으로서 윌슨은 지형국이 '식민지와 해외 영토에 관한 사진'을 지도와 함께 수집하도록 권장하는 일을 성공리에 수행하였다.[295] 그가 그렇게 권장한 것은 지형국이 왕립 공병대가 아비시니아 작전으로 부터 찍어온 사진들을 가지고 공식 앨범을 제작한 사업과 연계되었다는 사실에 대해선 의심의 여지가 없다. 전쟁성은 그 사진들로 제작한 앨범을 정부 요로와 군사 기관 및 과학 연구 기관에 배포함으로써 군사와 지리과학이 상호 밀접한 관계를 맺고 있다는 사실뿐만 아니라 전쟁이 벌어지는 현장을 재현하는 일에서 사진이 얼마나 중요한 역할을 하는지를 더욱 인정해 주었다.

왕립지리학회는 군사 작전 계획을 수립하는 유일한 지식인 단체는 아니었다. 아시아협회(Asiatic Society)와 봄베이의 정부 기록 보관소가 소장한 자료 또한 군사 업무를 담당하는 여러 부처가 사용할 수 있었다. 그렇지만 아비시니아 작전은 왕립지리학회와 전쟁성이 공식적으로나 비공식적으로 매우 밀접하게 연계되어 수행된 성격이 상당히 짙다. 그러한 과학 기관들은 군사 작전의 계획을 수립하는 데 밀접하게 개입되었을 뿐만 아니라 그것을 실행하는 데도 깊이 연루되었다. 로드릭 머치슨 경은 자신이 학회의 첫 회장을 맡은 1844~1845년 이래로 아비시니아 탐험을 강력히 추진하였는데,[296] "과학에 정통한 사람들 몇몇을 군대와 함께 아비시니아에 보내야 한다는 뜻을 여왕 폐하 정부에 ……" 신속하게 전달하였다.[297]

크리미아 전쟁 때는 이와 비슷한 요청이 묵살되었지만, 이 경우에는 정부의 이해관계가 고려되었다. 그래서 당시 왕립지리학회의 사무국장이던 클레멘츠 마컴(Clements Markham)이 인도 사무소에서 '원정 담당 지리학자'라는 공식 직함을 맡기 위해 한동안 학회 사무를 맡지 않고 그곳으로 떠나는 것이 허락되었다. 이때 그와 함께 공식적 임무를 띠고 출장 간 과학자로는 동물학자, 고고학자 그리고 골동품 전문가가 각 한 명씩 있었다. 이들 공식 과학자가 맡은 업무는 군대가 수행하는 일과 밀접하게 연결되었다. 공식 지리학자로서의 업무 안에서 마컴은 아비시니아의 기후, 지형, 식물상, 지질 등에 관한 지리학적 보고서를 편찬하였을 뿐만 아니라 원정에 관한 기록을 만들어 내기도 했다.[298]

마컴은 돌격대가 막달라에 쳐들어갈 때 따라갔고, 알려진 바에 의하면 테오도르 황제의 시신을 처음 본 사람 가운데 한 명이었다.[299] 따라서 그는 원정에서 과학적 지식을 찾는 일뿐만 아니라 군사적 승리를 위해 열정적인 임무를 수행하였다. 뿐만 아니라 그의 지리 조사는 군사 원정을 구성하는 주요 부분의 하나로서 그 자체가 정복의 한 형태였는데, 과학 지식은 부상으로 받은 것이나 다름없었다.

아비시니아 작전은 과학자들로 구성된 군대를 대동함으로써 나폴레옹이 1798년에 이집트를 침공하면서 시작된 유럽의 제국주의 군사 행위 안에서 이루어진 전통을 지속적으로 이어나갔다. 나폴레옹의 그 유명한 침공은 주로 자신이 세운 이집트 연구소(Institute d'Egypte)에서 충당한 많은 학자들을 참전시켰는데, 그들의 전문 지식과 실천 기술은 정치적 용도로 널리 사용되었다. 그 결과로 1809년부터 1828년 사이에 『이집트지(誌)』(Description de l'Egypte)라는 제목의 23권의 책으로 출간되었다. 그것은 이집트에 대해 글로 전유한 방대한 백과사전이었는데, 오리엔탈리즘 담론으로 유럽과 근동의 근대적 지배관계의 맥락을 세운 것이다. 이와 유사한 차원에서 아비시니아 작전은 지도에서부터 사진에 이르기까지 다양한 여러 형태의 텍스트에 의존했고, 또 그런 텍스트를 만들어 냈다. 여기에서 다양한 텍스트는 유럽인이 비유럽인의 장소와 사람들에 대해 설정한 관계를 '텍스트적 태도'를 통해 실제 드러난 것을 포착한 것이라고 주장하는 것들이다.[300]

아비시니아 경관

아비시니아 작전은 빅토리아 시대의 많은 제국 군사 작전에 공통적으로 나타나듯 신성 십자군 분위기를 채택함으로써 도덕적 재기를 꾀했다. 스스로를 무자비한 어떤 아프리카의 한 황제로부터 유럽인 인질들을 구하기 위한 '사명' 혹은 '순례'라고 표현했다(실제로 일련의 선교사들이 포함되기도 했다).[301] 그렇지만 보통의 경우와는 달리 아비시니아의 경우 적(敵)은 기독교인이었다. 실제로 아비시니아는 오랫동안 유럽인에게 매력적으로 다가왔다. 특히 프레스터 존[Prester John: 중세 시기 유럽에 아시아·아프리카 등 동방에 그리스도교 왕국을 건설하였다는 중세 유럽의 전설적인 왕. 15~16세기에 이르자 그의 존재를 확인하려는 움직임이 같은 기독교인이 있는 에티오피아(즉, 아비시니아)에서 일어났다. 이러한 일련의 탐색 작업은 유럽인의 아프리카 탐험의 원동력이 되었고, 지금도 여전히 에티오피아는 '프레스터 존의 나라'라고 불리기도 한다]이라는 잃어버린 고대 기독교 왕에 관한 신화를 통해 그렇다. 원정을 재현하는 사진에서 볼 수 있는 참가자들은 아비시니아의 기독교 유산에 상당한 관심을 보였는데, '앗디게라트 교회'(Addigerat Church, 사진 31) 같은 많은 사진들이 그 좋은 근거다. 또한 사진가들은 테오도르의 기독교적 용품들, 즉 성경책이나 십자가 같은 것들을 사진으로 찍기도 했다.

그렇지만 아비시니아에 그러한 방식으로 기독교 문화가 존재했다고 하는 것은 아프리카와 아프리카인이 역사와 문명을 갖지 못하였다는 당시 유럽인 사이에 존재하던 지배적인 이미지와 갈등을 일으키지 않은 것은 아니었다. 많은 유럽인 학자들에게 그러한 모순은 심각한 문제를 야기하지 않았는데, 그러한 용품들은 오래전에 사라져버린 외국 문명의 유물로 치부해 버리면 될 뿐이었다. 마컴은 이를 아비시니아의

31. 왕립 공병대, 앗디게라트 교회, 1868

'현존하는 야만성'이라고 부르면서 그것을 그리스도 왕국으로부터 격리되어 있었던 데다가 외부의 '문명화 영향' 때문에 이루어진 결과라고 규정하였다.[302] 그래서 그는 아길라(Agila) 부근에 있는 폐허가 된 교회의 석조 건축물 하나를 "현재 아비시니아에 사는 사람들이 건축할 수 있는 그 어떤 것보다 훨씬 뛰어난 것으로, 분명히 외부 장인들이 세운 작품일 것이다"라고 주장했다.[303] 마컴은 폐허가 된 교회의 지층 평면도를 본인이 직접 그렸다. 아비시니아는 이집트 같은 유럽 제국주의 군사 원정가들과 학자들이 향했던 다른 목적지와 마찬가지로 아주 먼 유럽의 과거와 연계되어 상정되는 가운데 그 가치가 매겨졌다.[304] 마찬가지로 유명한 아비시니아 탐험가인 베키(Beke) 박사 또한 아비시니아 건축은 고대 외부의 영향을 크게 받은 것이라고 강조했다.[305] 결국 왕립 공병대가 찍은 교회와 성경 필사본들은 지금은 쇠퇴해 버린 기독교 문명의 유적으로 귀결되었다. 비록 원정대 학자들이 그 문명은 새롭게 세워졌을 가능성이 있다고 주장하기도 했지만, 그 기독교 관련 물건들은 보통 제 자리를 벗어나 야만인들의 손에 있었던 것으로 표현되었다. 그래서 영국인은 막달라를 약탈하여 가져온 물건들을 군대 비용을 만들기 위해 경매로 팔 때, 테오도르의 종교적 소장품들과 그의 막달라 왕립 재산을 다른 것으로 도용해 버리는 일을 거리낌 없이 자행하였다. 테오도르가 소장하던 종교 서적과 필사본 소장품들은 리처드 홈스(Richard Holmes) 박사가 확보하여 대영박물관으로 옮겨졌고, 테오도르의 국새와 개인적으로 쓰던 작은 상자는 마컴이 테오도르의 궁에서 '발견하였고' 그 이후 왕립지리학회로 옮겨져 오늘에 이른다.[306]

아비시니아를 단순히 영국의 민족적 그리고 제국적 위엄과 기독교인의 의무와 문명을 드러내는 데 필요한 하나의 독특한 배경으로 투사하는 작업은 다른 사진들에서도 잘 나타난다. 세나페(Senafé)에 주둔한 아비시니아 원정 캠프를 찍은 파노라마 사진은 기복이 심한 암석 평원 위에 세워진 많은 흰색 텐트들과 여러 열의 장비들을 찍은 사진들로 묶여 있음을 보여준다(사진 32). 사진가는 다른 파노라마 사진을 비롯한 많은 경관 사진에서처럼 고도가 높은 지점을 택해 주변 장면 모두를 조망했다. 그런데 관찰자가 사진을 찍은 지점이 매우 높았음에도 풍경 장면은 불쑥 튀어나온 거대한 바위산들로 끝난다. 장면은 매우 넓은 폭과 불쑥 솟은 지평선으로 인해 극장 화면이나 채색된 배경의 가공적 성격을 띤다. 우리는 그들이 장엄한 파노라마 쇼를 통해 이국적인 장면들과 군사적 행동을 같이 보여주면서 사람들에게 매력적으로 다가선다는 사실을 생각해보면 시각 즐기기의 기술이 얼마나 큰 반향을 일으

32. 왕립 공병대, 세나페 캠프, 1868

키는지를 쉽게 알아차릴 수 있는데, 그러한 파노라마 쇼는 유럽 각국의 수도에서 반복해서 보여지기 시작했음을 보면 더욱 그렇다.[307] 그러한 파노라마를 제작하는 업무를 맡은 왕립 공병대와 전쟁성에서 그것들을 분배하고 보여 주는 일을 담당한 지형국은 장엄한 관점 만들기라는 오랜 전통을 충실히 따르고 있었다. 실제로 왕립지리학회의 지형국에서 전시된 아비시니아의 파노라마 사진들은 '테오도르의 죽음'을 나타내는 거대한 입체 모형과 과학적으로 동등한 것으로 간주되었을 것이다. 그 전시는 1868년 왕립기능대학(Royal Polytechnic)에서 하루에 두 차례 전시되어 많은 관람객을 불러들였다.[308]

그들이 상향 앵글을 택해 보이는 곳을 모두 컷 안에 집어넣는 방식으로 사진을 찍는 것은 이러한 사진들과 다른 형태로 제작한 파노라마적 장관 사이에 어떤 연계가 이루어졌음을 보여 주는 것이기도 하고, 또 다른 형식의 지도 조사를 보여 주는 것이기도 했다. 1850년대 중반 이후 유럽에서는 사진을 지형 탐사와 지도 제작 수단의 하나로 사용하는 것, 특히 프랑스 공병대 대장인 에메 로세다(Aime Laussedat)의 실험에 대한 연구가 활발히 이루어졌다. 그렇지만 1870년대까지는 장비가 너무 비싸고 커서 대중적으로 널리 사용하는 것은 엄두도 내지 못할 정도였는데, 특히 군사 작전에서 그러하였다. 어쨌든 왕립 공병대는 한동안 과학적 방식의 풍경 조사로서 사진을 옹호하였다. 1860년 공병대장이자 채탐의 사진화학부 교관이었던 헨리 쇼(Henry Schaw)는 다음과 같이 지적하였다.

다른 여러 나라의 경계를 측정하는 데서 그 나라의 빼어난 자연 형상을 찍은 사진은 그 형상이 사진의 경계선에 나타나든지 아니면 그 장면 안의 어떤 특정 지점에 나타나든지 간에 그 선이 나타내는 지점들을 매우 확실하게 고정시키는 경향이 있다.[309]

이와 같은 지적에 화답하는 차원에서 사진은 이미 왕립 공병대에서 채택하여 세계의 다양한 지역에서 조사 임무를 맡아 왔다. 그 가운데 획기적인 것은 북아메리카국경조사위원회(North American Boundary Commission Survey, 1858~1862)가 미국과 새로운 영국 식민지인 영국령 콜롬비아 사이에 위도 49도 선을 따라 그은 경계를 들 수 있을 것이다. 1859년에 첫 공병 사진가가 탈영하고 난 뒤 새무얼 앤더슨(Samuel Anderson) 중위를 필두로 공병 사진가 두 사람이 다시 영국에서 파견되었다. 앤더슨은 1867년 채탐의 사진학부에서 부교관이었는데, 아비시니아의 왕립 공병대 제10중대의 사진 장비를 조직하는 데 핵심적인 역할을 하였다.

그 위원회는 외무성에 제출하는 보고서의 일부로 사진을 포함시켰는데, 그 사진들은 1863년 초에 외무장관에게 81장의 사진을 한 묶음으로 하여 공식적으로 제출되었다.[310] 주둔지, 관측 캠프, 경계 표시 그리고 숲 사이로 낸 도로 등은 양쪽 세력이 마주 보는 장애물을 나타내기도 하면서 군대가 앞으로 나아가고 있음을 보여 주기도 하는 것이었다. 그렇지만 사진가들은 어려운 조건에서 활동하였고, 게다가 무겁고 큰 장비는 현장 작전에 잘 맞지 않기도 했다. 하지만 난관이 많았음에도 그들이 계속해서 강행하였다는 사실을 통해 우리는 사진이 조사를 기념하는 하나의 편리한 수단으로서만 사용된 것이 아니었음을 알 수 있다. 사실 사진은 그 자체가 시각 조사 기술의 하나였다. 이러한 식민지 영토의 '경관'으로 구성된 지도를 제공하기 위해 왕립 공병대 사진가들은 천문학, 박물학, 식물학, 지질학 등의 전문가들을 포함한 여러 관찰자로 구성된 팀과 함께 작업하였다. 그들이 찍은 사진은 결과물로 나오는 과학 텍스트나 조사 지도와 같이 풍경이나 '인도의 부족들'에 대해 조사해서 확보한 과학적 지식을 더욱 발전시키고자 하는 것이었다.[311] 말하자면 아비시니아 작전 때까지 왕립 공병대는 자신들이 수행한 작업을 통해 사진을 활용하는 방식을 이미 충분히 경험하였던 것이다.

또 풍경을 바라보기 위해 사진을 사용하는 행위는 '경관'을 그림이나 지도처럼 보는 전통과 연계되기도 했다. 특히 연필 스케치나 수채화로 그린 '풍경 경관'은 군사나 탐험에서 지형 정찰 조사의 한 형태로 오랫동안 사용되었다.[312] 사진이 등장하기 전에도 회화적 '경관'은 이미 조사의 한 형태로서 지도와 연계되어 사용되었다. 예를 들어, 앨런(W. Allen)의 『니제르 강의 그림 같은 경관』(1840)은 '한 작은 언덕 정상에 올라 그린' 그림들로 이루어진 세 부의 파노라마 경관을 가지고 있는데, 모두 아래 지대를 내려다보면서 그린 지도 같은 것이었다.[313] 마찬가지로 아비시니아에서는 지도의 경관을 편리하게 제공해 주기 위하여 스케치와 수채화가 사용되었다. '외흐/웨흐 주둔지에서 지형을 조사히

33. R. 배그르, '와흐/웨흐 주둔지에서 지형을 조사하는 장교들', 1867. 수채화 스케치를 사진으로 찍은 것임

는 장교들'이라는 그림(사진 33)은 봄베이 육군의 배그르(R. Baigre) 소령이 1867년 11월 전진 정찰 업무 수행 중에 그린 많은 수채화 가운데 하나다. 이 그림은 지형을 조사하는 장교들의 모습을 보여 줄 뿐만 아니라 '음용수'가 있는 지역 같은 자원이나 도로와 관련된 관찰과 관련된 다양한 주석도 제시해 준다. 정찰대는 해안에서 아비시니아 고원으로 올라가는 지형에서 부대에 유리한 길을 확보하는 임무를 맡았고, 배그르가 그린 경관은 확실하게 군사 정찰 자료의 하나로 사용될 의도를 지녔다. 다른 정찰대 스케치 지도와 같이 이러한 그림들은 사진으로 재생되어 현장 지휘관들에게 널리 배포되었고, 일부 선택받은 가정에 제공되기도 했다. 그래서 배그르의 '디마, 테쿤다 고개의 세번째 정지 장(場)'(*Deema, 3rd Halting Ground up the Tekoonda Pass*)이라는 수채화를 찍은 사진은 지질, 숲, 수자원 등에 관한 글이 거꾸로 뒤집혀 나오

는데, 이 사진은 작전 도중 내피어 장군이 "경애하는 빅토리아 여왕 폐하에게 바쳤다."[314] 배그르의 이 사진 또한 『사진으로 보는 런던 뉴스』(*Illustrated London News*)와 공식 기록인 『아비시니아 원정기』(*Record of the Expedition to Abyssinia*)에 판각으로 출판되어 더욱 많은 독자들과 만나게 되었다.

　이러한 '경관들'은 원정에 대한 또 다른 여러 조사들과도 연계되었다. 지리학자 클레멘츠 마컴도 전진 정찰 조사단의 일원이었는데, 그의 조사는 아비시니아의 기상, 지질, 식물, 풍경 등에 관한 자세한 정보를 제공해 주었고 그곳의 전략적 자원, 특히 수자원과 군사 행렬에 대한 정보도 제공하였다. 결국 마컴의 작업은 왕립 공병대의 작업, 특히 인도삼각대조사단(Indian Trigonometric Survey)의 조사 작업과 밀접하게 연결되었다. 카터(Carter) 중위, 더믈러(Dummler) 중위, 홀디치(Holdich) 중위 같은 조사단 장교들과 조수들은 막달라로 가는 아샹기(Ashangi)까지의 길을 양쪽에서 15마일을 추가로 확장 조사를 했으며, 위도와 경도를 재기 위해 천체 관측까지 했다.

　사진은 원정을 벌이는 동안 정찰의 수단으로 널리 사용되지는 않은 것으로 보이는데, 적어도 수채화나 스케치만큼은 아니었다. 사진 위에 글로 주석을 단 아비시니아 고원의 파노라마 사진은 현재 남아 있지 않지만, 작전의 주요 사건들이 벌어진 후에 찍힌 것 같다. 결국 그 사진은 과거에 일어난 일의 풍경을 재현한 것이다.[315] 사진은 명백한 직접성에도 불구하고 군사적 사건을 일어난 모습 그대로 포착하는 용도로 사용되지는 않았다. 따라서 아로기(Arogee)에서의 군사 행동과 막달라 점령 같은 군사 행동을 이미지로 만든 것은 모두 스케치 형태뿐이었다.[316] 그 이유는 노출 시간이 길고 장비의 부피가 커서이기도 했지만, 10중대 사진가들의 이동이 통제되고 사진가들이 사진 심미학 관습 규칙에 고착되어서이기도 했다.

그렇지만 사진은 아비시니아에서 사용한 이후 조사 프로젝트에서 더욱 활발히 사용되었다. 예를 들어, 해롤드 병장은 캘커타에 있던 조사단장 사무실에서 조수가 되었는데, 그는 그곳에서 인도조사단의 부단장인 제임스 워터하우스(James Waterhouse)와 함께 일했다. 제임스 워터하우스는 사진 분과를 맡았는데, 사진을 조사 기술의 하나로 바로 적용하는 데 상당한 영향력을 발휘하였다.[317] 아비시니아 작전에 대해 한 평론가는 미래에는 정찰할 때 스케치, 지도와 함께 입체 사진을 찍기 위한 작은 카메라를 가져가야 할 것이라고 말한 바 있다.

> 만약 작은 입체 사진이 척도에 따라 그린 지도에 부착된다면 누구든 그 지역의 제대로 된 성격을 바로 이해할 수 있을 것이다. 산, 계곡, 고지대, 저지대, 강, 호수 등이 한눈에 들어올 것이고 그 위치가 단번에 이해될 것이다.[318]

게다가 사진이 아비시니아에서 지형을 조사하기 위한 도구로 직접 사용되지는 않았다 하더라도 경관 기록용으로 적용한 것은 지리를 포괄적으로 기록하기 위해 시도한 것 같은 행위의 일부였다.

사진이 객관적 기록이라고 주장하지만, 영국의 전쟁성이 발간한 아비시니아 작전의 사진 앨범은 특히 그곳의 분쟁에 관해 매우 선택적인 이미지를 제시해 준다. 그 전체적 풍경 경관, 예를 들어 세나페 캠프의 아비시니아 원정대에 관한 파노라마 사진(사진 32를 보라) 같은 것은 영국 군대의 병력과 황량한 풍경에만 초점을 맞추었기 때문에 아비시니아의 원주민은 사진에서 찾아볼 수 없다. 몇몇 사진이 세나페 시내와 몇몇 원주민의 모습을 보여 주긴 하지만 그런 사진들은 공식 앨범에 포함되지 않았다.[319] 사실 공식 앨범으로 재생된 사진 장면은 대부분 사람들이 하는 일은 전혀 포함하지 않은 그야말로 황량한 풍경만 보여 준다. 다만, 정복 사업을 하는 영국 군대의 병력에 대한 것은 예외적으로 들어 있다. 예외적으로 몇 장의 사진이 마을을 보여 주는데, 그마저도 초점은 주민이 아닌 건물에 맞춰져 있다.[320] 사진이나 스케치에 주민이 나타난다면, 멋진 자세를 취하거나 크기를 나타내는 척도 용도였을 뿐이다.[321]

그렇지만 제국 군대의 안전과 후생은 그들이 반드시 지나가야 할 여러 지역에 사는 많은 주민의 적극적 지지에 크게 달려 있었다. 그래서 지역 통치자, 예컨대 티그라이(Tigrai)의 통치자인 라스 캇사이(Ras Kassai) 같은 이와 협상하기 위해 상당한 노력을 기울였고, 결국 그 덕분에 군대가 안전하게 통과하고 보급품을 확보할 수 있었다.[322] 몇 장의 사진은 몇몇 유명한 개인, 즉 테오도어의 아들, 갈라스(Gallas)의 여왕, 캇사이 왕자의 재상과 그 신하들을 포함하고 있긴 하지만 실질적으로 아비시니아의 원주민은 사진 기록에서 존재하지 않는다. 왕립 공병대가 북아메리카에서 수행한 조사 작업과는 대조적으로 그리고 유일한 예외인 '아비시니아의 악사'(Abyssinian Fiddler)를 제외하고는 분명한 '민족지적' 의도를 가지고 찍은 사진은 없다.[323] 대부분 아비시니아의 사진은 한편으로는 영국 병력에 대해 초점을 맞추었고, 다른 한편으로는 텅 빈 아비시니아의 지리에 초점을 맞추었다. 이러한 사실은 마컴 같은 과학자는 물론이고 작전에 관한 여러 공식 역사가 생산해 낸 많은 보고서에서도 동일하게 나타난다. 그 안에서 원주민은 군사 작전에 도움이 되거나 방해되는 관계 속에서만 표현될 뿐이다. 결국 아비시니아 작전은 자연에 대해 벌인 전쟁을 집단적으로 표현한 것이었다.

수루 고개(Sooroo Pass)를 통과하여 아비시니아 고원 안쪽까지 올라가는 원정 산악로를 뚫는 '악마의 계단'이라는 매우 위험한 작업이 있었다. '악마의 계단'은 어느 한 비공인 정찰대원에 의해 천연색 스케치로 그려졌는데, 처음 그려질 때 이 지역을 지나는 도로를 건설하는 임무 책임자였던 현장 공병 조수인 조프(Jopp) 중위가 '악마의 계단, 수루 고개'(Devil's Staircase, Sooroo Pass, 사진 34)라고 이름 지은 것으로 알려져 있다. 이 공사는 여간 단순한 일이 아니었다. 이 공사에 대해 마컴은 공병과 폭파병 두 중대와 '벨루치 출신 군인'(Beloochees) 2개 중대(제27봄베이원주민보병대)가 경사면을 만들고 바위들 위로 진입로를 낸 폭 10피트짜리의 도로를 뚫는 데 석 달이 걸렸다고 밝혔다.[324] 첫 정찰을 하던(스케치는 이때 그려졌다) 1867년 11월에는 지나갈 수 없던 암벽 부분이 3개월 만에 원정 부대와 장비가 충분히 지나갈 수 있을 만큼 넓게 트인 길로 바뀌었다. 왕립 공병대가 가져간 엄청난 크기의 장비는 1867년 12월까지는 아비시니아에 도착하지 못했는데, 이 탄탄대로가 뚫림으로써 이 장면을 기록할 수 있는 위치를 확보하게 되었다(사진 35). 사진은 하향 앵글로 잡아 많은 사람들이 바위에 둘러싸여 마치 난쟁이들이 점점이 박힌 것 같이 표현되었는데, 지리적 장애와 군사 병력이 대치하는 모습 안에서 원정대가 앞으로 전진하는 광경을 잡아 낸 것 같다. 하지만 실제적으로 이 사진이 보여 주는 것은 후방 광경으로, 그들에 의해 이미 조사가 완료되고 길들여진 땅을 보여 주는 것이다.

이는 부분적으로는 사진의 기술적 한계이기도 했다. 사진은 다른 재현 수단과는 달리 바로 그 현장에서 찍힐 수밖에 없다는 사실을 말

34. 작자 미상, '악마의 계단, 수루 고개', 클레어 윌킨스(H. St. Clair Wilkins)의 『아비시니아에서의 정찰』 (1870)에 수록
35. 왕립 공병대, '악마의 계단(수루)', 1868

해 준다. 사진과는 달리 그림을 그리는 사람들은 상상으로 그림을 그려 낼 수도 있었는데, 집을 떠나지 않고도 작업을 수행할 수 있었다. 좋은 예로 토머스 배인즈는 아비시니아에 한 번도 가본 적이 없었는데, '아비 시니아 아니슬리 해변으로부터 협곡을 오르는 부대'(*Troops ascending a ravine from Annesley Bay in Abyssinia*)(1868)라는 인상적인 그림을 그렸다. 이 그림은 당시 존재하던 지리적 상상력을 동원하여 작업한 것 으로, 적대적 풍경을 오르는 부대를 거대한 스케일로 그린 것이다.[325]

제국 군대가 맞닥뜨린 자연의 위험을 재현하는 것은 의미 있는 일 이었다. 그 이유는 '문명화되지 않은' 주민이 사는 미지의 땅과 벌이는

그러한 작은 전쟁들이 공통적으로 자연에 대해 싸우는 전쟁으로 구축되었기 때문이다. 실제로 찰스 콜웰 소령은 나중에 "작은 전쟁들은 적군과 싸우는 것보다는 자연과 싸우는 경우가 종종 있다"[326]라고 말하기도 했다. 그러한 경관은 당시 아비시니아 작전을 재현하는 장면과 전적으로 맞아떨어졌다. 그래서 윌슨(Charles W. Wilson) 소령은 원정에 대하여 "뜨거운 홍해 해변에 내려서 그곳으로부터 아비시니아의 그 높은 고원에 올라가고, 그 뒤로 엄청나게 거대한 협곡 너머 막달라 성으로 둘러싸여 접근이 불가능한 바위산까지 진군해야 하는 것"[327]이라고 묘사했다. 마찬가지로 그 일은 테오도르 황제를 상대로 벌인 싸움만큼이나 아비시니아의 기후와 지형을 상대로 싸우는 전쟁이라고 표현되기도 했다. 그래서 아비시니아 작전에 대해 화보를 곁들인 기사를 많이 펴낸 『사진으로 보는 런던 뉴스』는 이에 대해 다음과 같이 기술하기도 했다. "열기와 추위 …… 지루한 오르막, 위험한 내리막, 높은 산과 고개들, 깊은 계곡 …… 이러한 것들은 우리의 용맹한 병사들이 매일 겪어야 하는 전쟁에서 마주치는 적이다."[328]

왕립 공병대가 찍은 사진은 나중에 『사진으로 보는 런던 뉴스』에도 판화의 원판으로 실렸다. 그 사진들은 한편으로는 잘 조직된 군대 병력을 재현하고, 또 다른 한편으로는 텅 빈 풍경을 재현하였지만, 자연계를 굴복시키는 기술 가운데 하나로서의 군사 작전을 재현한 것이기도 하다. 사진이란 이러한 정복 과정을 통합하는 것이었는데, 그것은 익숙하지 않은 풍경을 이해할 수 있는 방식으로 생산해 냈기 때문이다.

아비시니아 작전은 왕립 공병대에게는 의미 있는 정당한 행위라는 기능을 부여해주는 것이었다. 작전을 통해 공병대는 자신들이 가진 과학적 기술을 보여 주었고, '민간' 행위가 곧 '군사' 의무와 불일치하는 것이 아니라는 사실을 증명하였다. 이러한 맥락에서 남성적 신뢰도와 군사적 신뢰도가 공동 운명에 달려 있었다. 그런데 그러한 지적이고 과학적인 행위가 왕립 공병대 같은 군인들을 육체적으로 유약하게 만들지도 모른다는 지적이 있었다. 하지만 그러한 지적에 대해 조지 트레블리안(George Trevelyan) 경은 왕립 공병대가 축구나 크리켓 경기에서 거둔 성공을 보면 그러한 이론은 일축해야 할 것이라고 하였다.[329] 나아가 로버트 내피어 경이 모두를 더 큰 팀 스포츠로 조직함으로써 '과학적 병사'의 위치를 훨씬 높일 수 있었다. 이로써 내피어는 영웅이 되었고, 그리하여 런던의 하이드파크에 멋진 조망을 가진 동상의 모습으로 영원히 죽지 않는 위엄 있는 귀족이 되었다.

내피어 장군은 왕립지리학회의 명예 회원이 되기도 했는데, 이에 대해 로드릭 머치슨 경은 그를 1868년 "과학인 중의 과학인으로서 특히 지리학에 정통한 분으로 영광스러운 업적을 거둔 뛰어난 장군"이라고 열렬히 칭송하였다.[330] 머치슨의 기쁨은 과학계의 여러 사람이 널리 공유하는 것이었는데, 그 이유는 아비시니아에서의 군사적 성공은 영국 지리학이 거둔 승리이기도 하다는 것이 당시에 널리 인정되었기 때문이다. 막달라가 함락됐다는 뉴스를 접하자마자 베를린지리학회(Berlin Geographical Society)의 회장과 위원회는 왕립지리학회에 전보를 보내 '영국이 거둔 용맹함과 지리과학의 은혜'에 대해 축하했다.[331] 과학 연구 기관들은 그러한 활동을 통해 많은 이득을 보았는데, 그것은 전쟁이 더욱더 '과학적'이 되었고, 과학이 군사 작전의 정신을 흡수하였기 때문이다.

왕립지리학회 같은 과학 연구 기관에게 아비시니아 작전은 제국 군사 당국의 권위로 행사하는 과학의 실질적 유용성과 지리 지식의 생산 안에서 군사 원정이 차지하는 중요성이라는 두 가지를 펼칠 수 있는 엄청난 기회를 제공해 주었다. 1868년 5월 막달라 폭풍이 일어난 지 6주 정도 지난 후, 머치슨은 대회에 모인 왕립지리학회 회원들에게 의기양양하게 다음과 같이 말했다.

> 언제 유럽이 어느 미지의 열대 지역 안에 과학적으로 잘 조직된 군대를 투입하여 그 군대에게 첩첩산중 알프스의 그 엄청난 장면에서 행했던 것처럼 수백 마일을 넘어 진격하라고 몰아붙였던가? 그리고 언제 우리 시민을 부당하게 감옥에 가둬 우리에게 모욕을 준 유능하지만 부도덕한 독재자인 그 암흑의 왕을 처단하라고 하였던가? 이는 우리가 전 세계에게 읽어 준 진정으로 멋진 도덕적 교훈이다. 아비시니아 작전은 과학적 자료를 축적하는 좋은 기회가 되었을 뿐만 아니라 더욱 위대한 정치적 결과를 획득한, 그래서 다른 많은 작전들보다 훨씬 축복 받는 후대의 결과를 잉태한 가치 있는 역사의 한 페이지로 분명히 기록될 것이다. 다른 많은 작전들은 엄청나게 많은 피를 흘렸지만 인류의 지식에 보탬이 되는 것이 거의 없었지 않은가?[332]

도덕적이고 과학적인 근거 위에서 도모하는 합리화는 의심의 여지 없이 더욱 용이해졌다. 그 이유는 그러한 합리화가 아프리카에서 벌어진 작전이었고, 인류의 적인 자연 세계와 싸워 이기는 것으로 자리매김 되었기 때문이다. 이러한 이유 때문에 머치슨도 존 러스킨처럼 유럽에서 벌어진 전쟁들보다 '작은 전쟁들'을 더 쉽게 승인하였던 것이다.[333]

19세기 동안 아프리카에서 벌어진 많은 '작은 전쟁들' 가운데 하나로서 아비시니아 작전은 영국으로 하여금 아프리카를 식민화하는 데

추후 중요한 역할을 할 것으로 기대되었다. 사실, 식민화의 영향을 더욱 항구적으로 남길 수 있는 형태가 무엇일지에 대해서는 왕립지리학회 같은 기관에서 연구하고 논의하였다.[334] 탐험가인 새무얼 베이커(Samuel Baker)는 합병 옹호론자였는데, 그는 아비시니아의 북부와 서부는 '세계에서 가장 뛰어난 품질을 가진 면화를 생산하는 곳 가운데 하나이기' 때문이라고 했다. 반면에 존 크로퍼드(John Crawfurd)는 베이커의 의견에 반박하였다. 그 이유는 "아비시니아 원주민은 야만인이고, 야만인이 면화를 생산한 적은 없기" 때문이라고 했다. 이러한 노골적인 정치 이론화는 보통 왕립지리학회에 의해 약화되었다. 이에 대해 당시 인도 국무장관이던 스태퍼드 노스코트는 여러 차례 반복해서 말하기를 원정의 공식 목표는 그냥 단순하게 테오도르에게 잡혀 있는 인질들을 구출하는 것일 뿐 "다른 어떤 결과를 일부러 도출해 내려 하지는 않을 것"이라고 말했다.[335] 사실, 영국은 아비시니아 작전으로 직접 차지한 영토는 없었다. 그리고 이 원정은 그 유명한 유럽 열강이 벌인 아프리카 영토 '쟁탈전'(1876~1912) 이전에 벌어졌다.[336] 그렇지만 당시 지리학 담론에 의하면 1860년대 후반 영국이 보여 준 아프리카에서의 제국의 영향력은 매우 강력하게 추진되었는데, '뛰어난 도덕적 교훈'이라는 가르침을 통해 그리고 자체적으로 영토를 획득한 행위보다 더 '좋은 과학적 자료' 축적을 통해 이행되었기 때문이다.

그러고 나서 아비시니아 작전은 영국의 대중 그리고 군사계와 과학계에 미지의 지역으로 침투시키는 모험적 탐험을 재현하였던 것이다. 바로 이러한 맥락에서 그것이 갖는 중요한 의미는 19세기 후반의 상황에서 이해되는 것으로, 작전 기술 안에서 사진과 과학의 위치를 통해 그 작선이 무엇을 드러내느냐에 달려 있는 것이다. 왕립 공병대는 하나의 통제된 기술로서의 사진을 사용하여 기술적 전쟁의 형태들과 사진을 계속적으로 연계시키는 것을 미리 보여 주는 중이었다. 이러한 사실은 1890년에 윌리엄 엘러튼 프라이(William Ellerton Fry)가 마쇼날란드(Mashonaland) 점령을 찍은 사진에서 잘 나타난다. 정보 요원이자 기상 관측원이면서 1890년에 마쇼날란드 개척단(Mashonaland Pioneer Column)에서 프레드릭 셀루스(Frederick Selous)의 조수였던 프라이는 공식 사진가로서 제국 원정대를 찍은 앨범을 만들어 냈다.[337] 여기에서 '점령'(occupation)이라는 용어는 준군사 작전을 기술하는 표현이다. 약 200명가량 되는 '개척자'들은 거대한 토지를 받고 금을 자유롭게 차지할 수 있다는 보상 정책에 현혹되어 새롭게 조직된 영국 남아프리카중대에서 차출된 500명의 치안병 그리고 수백 명의 아프리카인과 함께 마쇼날란드로 가는 길을 내기 위해 북으로 진격하였다. 프라이의 사진은 개척단의 지휘관들과 장교들을 보여 주면서 원정대의 강력한 힘을 과시한다.[338] 캠프의 모습을 찍은 사진들은 알려지지 않은 풍경 속에서 질서 정연하게 배열된 주둔군을 찍었는데, 이는 아비시니아의 사진을 연상시킨다.[339] 반면에 이와는 대조적으로 길을 뚫는 일에 동원된 거대한 규모의 아프리카인 노동 병력은 아무런 관심을 받지 못하였다. 프라이가 찍은 사진들 가운데 군대가 그 지역에서 심야 전기를 생산해 내는 커다란 증기 전기 시설을 찍은 것도 있다(사진 36). 전기는 풍경을 드러내고, 식민 주둔군이 숨어 있는 적군을 발견하는 데 사용하는 일종의 무기였다. 다음 장에서 다루겠지만, 카메라와 전쟁 무기의 연계는 식민 변경에서 사냥 행위를 통해 특정한 표현으로 나타나기도 했다.

아비시니아 작전은 '과학적' 사업의 하나로서 사진이 제국의 군사적 재현에 관한 유럽의 기존 전통에 얼마나 잘 맞아떨어지는지를 보여

36. '맥클러트시의 전기'. 『마쇼날랜드 점령』(1890)

준다. 기존의 전통에서는 과학 텍스트가 문화 침탈에 중요한 형태였다. 왜냐하면 지리학자 마컴이 밝혔듯, "원정대와 함께한 과학자들은 빈손으로 돌아온 적이 결코 없었기 때문이다."[340] 분명히 말하건대, 현장을 차지하기 위한 수단으로 포병대는 어떤 카메라보다 훨씬 효과적이었다. 하지만 흔히 말하는 직접적이고 정확한 시각 기록으로서의 사진 또한 아비시니아 지리를 정복하였고, 풍경을 시각적으로 남긴 유산을 부상으로 집에 가지고 돌아오기도 했다.

앞에서 말했듯이, 전쟁에 대한 증거로서의 사진의 힘은 아비시니아 작전 이전부터 이미 인정되었다. 15년 전 크리미아 전쟁을 찍은 로저 펜튼의 사진처럼, 아비시니아 작전에서 왕립 공병대의 사진들이 보여 주는 군사력에 관한 선택적이고 관습적으로 형상화하는 상상은 일부 사진 행위가 갖는 원래의 성격을 의식적으로 통제하는 것에서 나온 결과였다. 처음에는 왕립 공병대를 제외하고 원정대를 따라간 사진가는 아무도 없었다. 그렇다면 바로 이런 단일한 시각에서 군사 작전을 사진으로 재현하는 행위는 당연히 통제되어야 하는 것이었는데, 개인 사진의 구성이라는 차원에서도 그러하였고, 전쟁성의 공식 기록으로 그 사진들을 모두 통합시켜야 한다는 점에서도 그러하였다. 그리고 점차 휴대할 수 있어 일반 병사들도 카메라를 사용할 수 있게 되면서 전쟁 사진을 만들고 사용하는 것에 대한 공식적인 통제는 갈수록 복잡한 일이 되었다. 1899~1902년의 남아프리카 전쟁 때까지 일련의 사진 이미지들은 식민 전쟁의 '실재'와는 다른 경관을 보여 주고 있었는데, 특히 일반 병사들이 찍은 사진이 그러하였다.[341]

4장 _ 카메라와 함께하는 사냥

20세기 서구사회에서 사진을 찍는 행위는 '장전'(loading), '조준' (aiming), '격발'(shooting)로 이루어진다. 수전 손택은 그러한 카메라를 '순화된 총'[342]이라고 기술하였다. 하지만 이러한 순화 과정이 제대로 이루어진 것은 19세기 후반부터였다. 바로 빅토리아 시대의 사냥이라는 행위와 언어 안에서 일어났다. 1850년대 후반부터 탐험가, 군인, 행정가 그리고 전문 사냥꾼은 카메라를 가지고 다녔다. 자신들이 죽인 동물을 사진으로 찍기 위해서였다. 그 사진은 자신들의 사냥 업적을 증거로 남기고 과학 자료로 사용하기 위한 것이었다. 이러한 사진 기록은 출판물, 공식 기록, 사적 앨범 등의 형태로 풍부하게 축적되었지만, 그 어떤 경우에도 식민 사냥이라는 의례 안에서의 사진의 위치는 거의 고려되지 않았다. 나는 사냥에 대한 빅토리아 시대의 담론 안에서 카메라와 총의 유사성의 원인을 규명해 보려는 탐구를 하고자 한다. 따라서 사냥에 관한 초기의 정의보다 더 넓은 차원에서의 여러 관련 행위들에 대해 다룰 수밖에 없다. 관련 행위 안에는 자연사를 비롯하여 탐험, 산악 등반 그리고 보존 등이 포함될 것이다.

식민지 사냥꾼은 빅토리아 시대와 에드워드 시대의 제국 풍경에서 가장 두드러진 인물들 가운데 하나였다. 흔히 자신이 잡은 희생물 옆에 총을 들고 서 있거나 짐승의 가죽 또는 상아 그리고 원정에서 획득한 다른 전리품 등을 놓고 그 둘레에 선 자세를 취한 사냥꾼은 요즘 같은 시대의 눈으로 보면 전형적인 식민주의의 인물이다. 사람들은 가장 유명한 큰 짐승 사냥꾼을 아직까지 기억한다. 그는 영웅적 모험가, 용맹한 탐험가, 뛰어난 자연학자 그리고 아마도 아이러니하게 생각되겠지만 보존의 선구자 등과 같이 다양하게 기억되고 있다.[343] 그렇지만 사냥은 그 것을 직업으로 삼은 사람에게만 해당되는 일은 아니었다. 행정가, 군인, 거주민, 여행자 할 것 없이 많은 영국의 식민주의자들은 야생 동물을 쫓거나 잡아 죽이는 일에 참여하였다. 놀이의 일환으로서나 과학적 목적으로서였다. 이때는 사적으로 국가적 차원에서 수집하기 위해 동물학적 '견본'을 확보하는 일이 크게 장려되었다. 그렇게 된 데는 빅토리아 여왕 재임기의 전반부에 크게 붐이 일어나 대중적으로 자리 잡은 자연사 덕분도 있었다. 사람들은 당시 널리 자리 잡은 자연신학에 대한 확고한 믿음에 고무되었고, 그리하여 합리적인 놀이이면서 과학적인 교육에 필요한 현미경부터 자연사 서적에 이르기까지 많은 용품들이 쏟아져 나왔는데, 이때 소위 '자연사의 전성기'가 이루어졌다고 기술된다.[344] 사냥꾼은 쏟아지는 대중 문학 작품에 의해 크게 고무되었고, 남성다운 모험가이자 유럽의 영웅으로 이미지가 그려졌다.

빅토리아 시대와 에드워드 시대의 사냥꾼들이 취한 다양한 관심과 행동들은 분명히 유럽 제국주의와 인간, 동물 그리고 환경 간의 관계라는 좀더 넓은 맥락 안에서 고려해야 한다.[345] 해리엇 리트보(Harriet

Ritvo)가 주장하듯, 야생 동물을 사냥하고 수집하여 보여 주는 것은 제국 이데올로기와 아주 밀접하게 관계되어 있다.[346] 사냥, 보존 그리고 영국 제국주의에 대해 중요한 연구를 한 바 있는 존 매켄지(John MacKenzie)는 자신의 연구를 통해 유럽인의 사냥 기술과 풍조가 어떻게 제국주의 활동에 내포되어 있는지를 보여 준다.[347] 다른 역사학자들도 이러한 접근에 동조하면서 사냥은 해외 식민문화 안에서 매우 의미 있는 역할을 담당하였다고 주장한다.[348]

심지어는 사진이 발달하기 전에도 사냥꾼들은 자신들의 경험을 기록하기 위하여 시각 기술을 동원했다. 그 좋은 예로, 1835년부터 1837년까지 남아프리카에서 활동한 초창기 사냥꾼이자 가장 유명한 사냥꾼 가운데 한 사람인 윌리엄 콘월리스 해리스 선장을 들 수 있는데, 그는 자신의 사냥 장면과 원주민 그리고 동물들의 모습을 자세하게 그려 넣어 아주 유명해진『남아프리카에서의 야생 스포츠』(The Wild Sports of Southern Africa)를 냈다.[349] 해리스가 그린 동물 그림은 자연사적인 풍경으로, 사람은 보이지 않는다. 그의 또 다른 책『남아프리카에서의 놀이와 야생 동물 도감』(Portraits of the Game and Wild Animals of Southern Africa, 1840)은 전문가들의 큰 관심을 받았다.[350] 그런데 어떤 비평가가 말하기를, 화가들의 그림은 특징만 포착해서 그리기 때문에 믿을 수 없는 창작물이어서 자연을 있는 그대로 묘사하는 사진으로 대체될 수 있을 것이라고 했다. 하지만 스케치패드는 매우 보편적이고 실용적이어서 동식물상을 표현하는 데 여전히 지속적인 역할을 담당했다.

그렇지만 사냥이 사진으로 기념하기에 아주 적당한 행위가 되면서 바로 사진이라는 목적을 위해 사냥이 시작되었다. 그 좋은 예로 1870년대 초에 아마추어 사진가이던 후퍼(W. W. Hooper)와 웨스턴(V. S. G.

Western)이 그들이 찍은 사진 12장을 연작으로 묶어 『호랑이 사냥』 (Tiger Shooting)이라는 제목으로 책을 출판하여 시중에 판매하자는 제 안을 받았던 사실을 들 수 있다. 그들의 사진은 치밀한 연출을 통해 보 는 사람에게 호랑이 사냥의 주요 사건을 다시 보여 주었다. 사진에는 식 민 사냥꾼이 처음 캠프에 도착한 것부터 호랑이를 추적하여 쏴 죽인 후 가죽을 벗긴 장면까지 모두 들어 있다.[351] '잡힌 놈'('Bagged')이라는 제목의 사진(사진 37)은 식민 사냥꾼이 큰 바위 꼭대기에 서서 자신의 희생물을 마지막으로 죽이는 장면을 재현한 것이다. 앞으로 논하겠지 만, 사람들은 이러한 사진을 통해 순간을 바로 포착해 내는 것을 자연 을 포착하는 것과 같은 것으로 상상하였다. 사실, 윌로비 월리스 후퍼 (Willoughby Wallace Hooper, 1837~1912)는 1850년대 후반부터 1880년 대까지 수행한 인도에서의 다양한 군사 경험 기간 중에 정밀한 순간 포 착 사진을 위해 온갖 열정을 기울였다.[352] 예를 들어, 1880년대 언젠가 그는 영국군의 소총부대가 버마의 반군을 처형하기 위해 발포 명령을 내린 바로 그 순간에 정확하게 카메라 셔터를 눌러 사진으로 포착한 혐 의로 군법회의에 회부될 뻔했다. 후퍼가 그렇게 함으로써 절차가 연기 되었고, 그 때문에 사형수들에게 불필요한 고통을 가져다주었다고 생 각했기 때문이다. 물론 후퍼의 경우는 의심의 여지없이 극단적인 상황 이다. 그렇지만 이를 통해 우리는 총을 발사한다는 것과 카메라 셔터를 누른다는 것이 밀접하게 연결되었다는 사실 그리고 육안으로는 볼 수 없는 순간을 카메라는 잡아낼 수 있다는 점에서 초창기의 사진술에 대 해 사람들이 매료당했다는 사실을 알 수 있다. 특히, 그 사실은 롤랑 바 르트가 '보기 위한 시계'라고 부른 카메라를 작동하는 것을 보여 주면 서 사진이 '있어 왔던' 존재에 대한 확인 차원에서의 죽음과 아주 밀접

37. 후퍼(W. W. Hooper)와 웨스턴(V. S. G. Western), '잡힌 놈', 『호랑이 사냥』(1870)

한 관계를 가지고 있음을 제시해 준다.[353]

후퍼와 웨스턴의 사진 연작 『호랑이 사냥』은 당시 크게 유행하던 놀이 회화에 영향을 받은 것도 사실이다. 사냥하는 장면과 잡은 동물을 보여 주는 이미지는 유럽에 오랫동안 확립되어 내려온 예술 전통의 일환이었는데, 랜드시어 경(Sir Edwin Landseer, 1820~1873)에 의하면 영국의 놀이 회화에 대한 화풍은 빅토리아 시대에 최고의 전성기를 구가하였다. 랜드시어는 영국 왕실의 후원으로 작품이 대량 생산되면서 당대의 가장 유명한 예술가 중 한 사람이 되었다.[354] 그의 「언덕과 호수에서의 왕실 스포츠」(*Royal Sports on Hill and Loch*)는 스코틀랜드 고원에서 스포츠 레크리에이션을 하는 장면을 그렸는데, 그 안에 그려진

38. '총을 쏜 직후의 각하 내외', 랄라 딘 다얄사(社)의 『니잠령(領)을 방문한 인도 총독 커즌 경 각하의 기념사진』

사냥 장면은 빅토리아 시대에 널리 퍼진 '인간이 주도하여 자연 세계를 길들이고 개선시켜야 한다'는 믿음을 강하게 떠올려주고 나아가 좀더 일반적으로 말하자면 빅토리아 문화 안에서 이러한 '왕의 놀이'가 갖는 의미를 반영해 준다.[355]

자연 세계를 지배하는 높은 사람들이 하는 그와 같은 방식의 도상술(iconography)은 공식적인 놀이 여행에 대한 기록의 의무를 부여받은 사진에서 나타난다. 그 좋은 예로 '총을 쏜 직후의 각하 내외'('Their Excellencies Just After Shooting', 사진 38)는 인도 총독으로 부임한 커즌 경(Lord Curzon, 1899~1905)이 1902년에 하이드라바드 니잠(Nizam)을 방문한 기념으로 상업 사진회사인 딘 다얄사(Din Dayal & Sons)가 낸 공식 기념 앨범 안에 포함된 호랑이 사냥 사진 연작 가운데 하나다.[356]

당시 영국의 통치권과 철도가 확장되면서 대규모로 조직화된 시카르 (shikar:호랑이 사냥)는 인도의 토착 군주들이 대영제국 여왕의 대표를 접대하는 중요한 방식이 되었다.[357]

세기가 바뀌면서 사진은 인도에서 이러한 놀이 여행 의례에서 없어서는 안 될 부분이 되었다. 1902년까지 딘 다얄(Din Dayal, 1844~1910)은 시컨드라바드(Secundrabad)와 봄베이에 스튜디오를 차려 활동한 잘나가는 상업 사진가였다. 총독 노스브룩 경(Lord Northbrook, 1872~1876)과 총독 더퍼린 경(Lord Dufferin, 1884~1888) 정부의 사진가이자 1884년 이래 하이드라바드 니잠의 공식 사진가로 활동하였던 그는 자신이 모신 군주들의 통치권을 기념하는 사진을 매우 잘 찍은 사진가로 유명하였다.

커즌 경이 행한 사냥 업적을 기리는 중요한 개인적 기념물이 그런 사진들이었다. 실제로 그의 앨범에 수록되어 있는 이 사진에는 "2미터가 넘는 호랑이를 머리에 총알을 관통시켜 사살하다"라는 주석을 달아 놓았다. 사진이 갖는 입증에 대한 권리는—이는 대개 회화에서 파생되었다—인간의 자연 지배에 관한 관습의 도상술 안에서 활용되었다. 고꾸라진 호랑이 머리 옆에 사진가와 가장 가까운 위치에서 총을 잡은 채로 선 커즌의 자세는 전통적으로 승리를 거둔 사냥꾼과 지주가 관습적으로 취하는 것이었다. 그의 자신에 찬 자세는 당시 인도에 대해 가진 영국의 지배 권위를 상징하는 것이기도 하다. 그때는 대영제국의 최고 전성기였다. 랜드시어 자신은 식민 사냥을 통해 의례적으로 행한 인간과 제국의 권력 행사를 사진으로 재현하는 충격적인 사진을 통해 크게 감동받았을 것이다. 랜드시어의 사진이 보여 주듯 풍경과 동물을 재산으로 주장하는 인간, 특히 군주에 관한 도상술은 아주 잘 확립

되었다. 이 사진에서 몰이꾼들과 하인들은 뒤쪽 나무 그늘 안으로 물러가 있고, 커즌은 자신이 호랑이를 잡았음을 주장하는 자세를 통해 일종의 사회 위계가 구체화된다. 그렇지만 하이드라바드 니잠의 공식 사진가로서 딘 다얄─이 사진에서 커즌의 왼쪽에 또렷하게 나타난 사람─이 찍은 커즌의 공식 방문 기념 앨범은 니잠의 그 지역에 대한 커즌의 통치권을 보장해 주는 것을 재현하는 것이기도 하다. 기념 앨범 안에 들어 있는 많은 사진은 총독 부부의 공식 시카르 앞에 놓인 엄청난 자원들을 분명하게 보여 준다.[358] 사실, 영국인이 시카르와의 상징적 연계를 전유한 것은 인도의 군주들로부터 나온 것이었다. 뿐만 아니라 그것은 단지 부분적인 전용이었을 뿐인데, 그 상징이 영국과 인도의 군주에 의해 공유되었기 때문이다. 실제로 1899년 커즌 경의 첫 인도 여행에서 다얄은 커즌이 쏜 첫번째 호랑이를 사진으로 찍었는데, 그 사진에는 총독과 팔리오르(Gwalior)의 왕인 마하라자 신디아(Maharaja Sindhia)가 죽은 호랑이 위에 각각 한 발을 올린 모습으로 나온다.[359]

호랑이는 오랫동안 인도는 물론이고 영국에서도 힘의 상징으로 간주되었다. 특히 호랑이는 마이소르의 티푸 술탄과 관련하여 그 중요성을 환기시켜 주었다. 티푸 술탄은 자신의 가구나 의복은 물론 무기 등에도 호랑이를 문양으로 마음껏 넣어 사용하였다. 1799년 티푸가 영국에게 패하여 죽임을 당한 후, 영국인을 물어 죽이는 호랑이 모양의 기계 모델 하나는 19세기 런던에서 아주 유명한 전시물이 되었다. 이 모델은 원래 1880년 리든홀 가(Leadenhall Street)의 동인도회사 동양 보관실에 소장되어 있던 것이었는데, 사우스 켄싱턴 박물관(South Kensington Museum)으로 이관되어 오늘에 이른다.[360] 이 모델은 1792년 영국군의 장군이자 티푸 술탄 최대의 적인 헥터 먼로 경(Sir

Hector Munro)의 아들이 호랑이에게 물려 죽은 실제 사건을 기념하기 위해 디자인되어 심한 논쟁을 불러일으켰다. 영국군은 호랑이를 포획하여 런던에서 전시하였는데, 이는 영국이 티푸를 물리치고 마이소르국의 수도인 세링가파탐(Seringapatam)을 차지한 것을 기념하는 것이었다. 마이소르 전쟁 이후 호랑이는 영국의 제국주의적 상상에 의해 '동양적' 흉포함과 아무 이유 없는 폭력의 의미를 지닌 것으로 확고하게 등치되었다.[361] 호랑이를 통제하거나 죽이는 것과 인도와 인도인을 정복하는 것 사이의 연계는 19세기 내내 영국인에게 매우 강력하게 남았다.[362] 커즌은 이러한 연계에 대하여 모르고 있지 않았다. 그는 마이소르 원정에서 챙긴 전리품, 특히 티푸의 왕관과 호랑이 머리를 달아 놓은 금으로 된 발 받침대로 정부 청사를 장식하였다.[363]

제국 건설과 자연사

동물 상징은 빅토리아 시대 사냥이 주는 여러 가지 매혹 가운데 하나일 뿐이었다. 커즌 같은 사람에게 사냥은 자연 세계를 이해하는 특정한 한 가지 방식의 구현이었으며, 자연과학과 제국의 확장 안에서 행한 아주 넓은 관심 중의 일부였다. 그런 배경 안에서 그만이 독특한 것은 아니었다. 아프리카에서의 초기 행정지사들, 예를 들어 프레드릭 잭슨(Frederick Jackson), 해리 존스턴(Harry Johnston), 로버트 코린든(Robert Corindon) 같은 이들은 모두 공통적으로 식민 정부 안에서의 자연사에 대해 많은 관심을 가졌다. 마찬가지로 신드 수석행정지사(1850~1859)이자 봄베이 총독(1862~1866)이었고 나중에 케이프 콜로니(Cape Colony) 총독이 된 헨리 바틀 에드워드 프레리 경(Sir Henry Bartle Edward Frere)은 열정적인 지리학자로, 훗날의 커즌과 마찬가지로 왕립지리학회 회장이 되었다.[364] 샘 알렉산더(Sam Alexander)의 1880년 사진 앨범 『남아프리카 사진 장면』(Photographic Scenery of South Africa)의 표지화는 남아프리카의 자연 '장면'에 둘러싸인 바틀 프레리 경의 비네트 사진을 보여주는데, 이 사진 앨범은 그에게 바친 것이었다.[365](사진 39)

프레리는 사진에 관심이 많은 사람이었다. 그는 1859년부터 1862년까지 벵갈사진협회(Bengal Photographic Society)의 후원자였는데, 총독위원회의 위원이면서 캐닝 경(Lord Canning)의 비선 고문이었다. 그가 인도와 남아프리카에서 제국 사업을 하는 동안 확보한 여러 장의 사진은 그가 가진 폭넓은 자연 세계의 지리학에 대한 관심의 일부였다.[366] 그의 사진은 남아프리카의 동식물군에 깔끔하게 둘러싸여 있는데, 거기에는 줄루족 전사 한 사람 그리고 상아와 번호가 매겨진 양모 더미로 대표되는 주요 식민지 생산물이 그려져 있다. 이 사진은 〈사진 5〉에 나타난 바와 같이 영국을 위해 펼쳐진 자연 세계의 산물들과 함께 그려진 브리타니아 여신을 주제로 하여 변형시킨 이미지이다(사진 5를 보라). 실제로 그러한 일을 한 중심 인물은 자신이 대표하고 있는 식민 권력으로 자연 세계에 대한 식민 행정 당국자인 바틀 프레리 경이었다. 100장의 사진 '경관'과 서문으로 구성된 알렉산더의 책은 바틀 프레리가 '많은 훌륭한 업적을 남긴' 그 나라를 '그 정당한 빛으로' 밝히려는 시도였다.[367] 유럽인의 정착과 농업 그리고 산업에 의해 새로운 질서로 재편되기 시작한 자연 세계를 찍은 사진들이 울창한 밀림 안에서 뒤엉킨 원주민이 사는, 아직 길들여지지 않은 자연을 찍은 사진들과 나란히 놓여 있다.[368] 간단히 말하면 그 사진 앨범은 영국 식민주의의 성공담을 들려주는 것이면서 식민 행정 당국의 점진적 개선, '공공 기관', 바

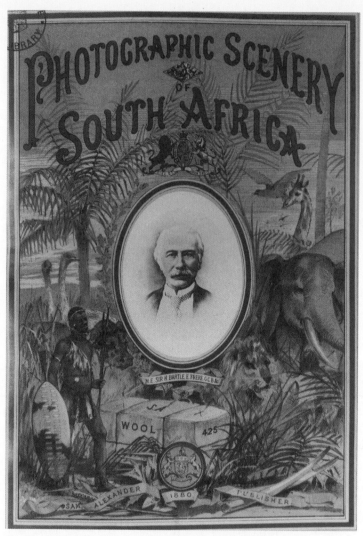

39. 바틀 프레리 사진을 담고 있는 샘 알렉산더의 『남아프리카 사진 장면』 책 표지

틀 프레리 같은 '걸출한 인물'이 하는 일을 통해 잡을 수 있는 기회에 대한 이야기이다.

빅토리아 시대 과학을 빛낸 많은 주요 인물들은 사냥을 통해 성인이 되고, 과학자들 모임의 일원이 되었다. 예를 들어, 프랜시스 갤튼은 자신의 아버지가 죽은 1844년에 유산을 물려받은 후 영국에서 몇 년 동안 스포츠를 즐기며 살았는데, 1850년에 아버지가 참여했던 것보다 훨씬 큰 규모의 아프리카 원정에 참여하게 되었다.[369] 갤튼은 그동안 익힌 사냥 실력을 실제로 활용하였는데, 단지 식량 조달을 위해서가 아니라 '나마쿠아'(Namaqua)라는 부족의 추장을 만나게 되었을 때와 같은 식민주의적 조우의 상징적 의례 차원에서였다. 추장은 그때 여우 사냥용 복장으로 황소를 타고 있었다.[370] 갤튼의 동료였던 찰스 앤더슨(Charles Anderson)은 그보다 훨씬 열정적인 사냥꾼이자 수집가였다. 그는 1856년에 갤튼과 함께 이 원정을 수행하고 이어 나그미(Nagmi) 호수를 여행하여 기록을 남겼는데, 그 안에 독일 미술가인 조제프 볼프(Joseph Wolf)가 찍은 사냥과 야생에 관한 극적인 석판 사진들이 들어 있다.[371]

갤튼은 사냥을 여행자, 군인 그리고 탐험가에게 반드시 필요한 예술로 간주했다. 사냥은 실제로는 물론이고 스포츠 차원에서도 그의 유명한 책 『여행의 예술』(Art of Travel)에서 중심 역할을 차지한다.[372] 이 책은 1855년에 처음 출간되었는데, 향후 몇 년 동안 여행자와 사냥꾼들에게 매우 큰 인기를 누렸다. 1893년이 되면서 큰 짐승 사냥꾼 브라이든(H. A. Bryden)은 사냥을 '남아프리카를 개발'하고자 하는 사람들에게 무한한 가치를 지닌 것이라고 주장했다.[373]

데이비드 리빙스턴 같은 탐험가들은 분명히 사냥술을 배워야 했다. 그것은 동행하는 원정대의 식량을 조달하기 위해서이기도 했고, 자기 방어를 위해서이기도 했다. 리빙스턴에게 스포츠는 주요 관심사가 아니었지만, 1844년부터 1851년까지 남부 아프리카에서 사냥을 한 윌리엄 코튼 오스웰(William Cotton Oswell) 같은 전문 사냥꾼과 함께 널리 여행을 하기도 했다. 리빙스턴 같은 탐험가들과 연계되어 있던 오스웰 같은 사냥꾼들은 자신의 명성을 높일 수 있었는데, 갤튼 같은 사람들에 의해 과학 지식에 공헌을 남긴 사람들이라는 찬사를 받기도 했다.[374] 원정대장 제임스 포사이스(James Forsyth)의 책『중부 인도의 고원』(*The Highlands of Central India*, 1871) 같은 사냥에 대한 기록은 지리학, 자연사, 인류학의 기록과 동일한 것으로 자주 인식되곤 했다.[375] 반대로, 세튼-카(H. W. Seton-Karr)와 힐튼 심슨(M. W. Hilton Simpson) 같이 자신들이 찍은 사진 덕분에 인류학자로서 명성을 얻은 사람들이 있었는데, 그들 또한 열렬한 스포츠 애호가였다.[376] 이러한 많은 과학적 사냥꾼들은 지식과 동시에 맹수를 쫓는 사람들이었다. 그들이 강의 근원지를 찾든지 아니면 아주 희귀한 사냥감을 찾든지 간에 그에 대한 지식은 항상 제국 확장의 언어와 정치에 자주 연계될 수밖에 없었다.

큰 짐승 사냥꾼과 탐험가들이 달성한 업적은 1880년대와 1890년대 아프리카에서 대영제국의 확장과 깊이 연계되었는데, 그 가운데 가장 잘 알려진 사람은 아마 프레드릭 코트니 셀루스(Frederick Courteney Selous)일 것이다. 셀루스는 아프리카에서 사냥과 대영제국 건설을 위해 20년가량을 보냈다(1972~1992). 그리고 책과 강연을 통해 자신의 경험을 널리 대중화하였다.[377] 좋은 예로, 그가 쓴『동남아프리카에서의 여행과 모험』(*Travel and Adventure in South-East Africa*)을 통해 그는 자연사 견본을 위해 자신이 행한 6년 동안의 사냥이 1890년 마쇼날란드 개척단의 길을 확보하는 데 무한한 가치를 제공해 주었다는 점을 보여 준다. 실제로 셀루스는 1893년에 "마쇼날란드를 실질적으로 차지하는 데서 나름의 역할을 할 수 있게 해준 것은"[378] 몇 년에 걸쳐 쌓은 여행과 사냥의 경험이었다고 밝힌 바 있다.

천시 휴 스티건드(Chauncey Hugh Stigand)와 데니스 라이엘(Denis Lyell) 같은 다른 자연사 사냥꾼들과 마찬가지로 셀루스 또한 사냥이라는 자연사 놀이 안에서 돌아다니게 되면 단순한 총잡이 이상으로 격상된다고 주장했다.[379] 사실, 사냥꾼들은 짐승을 죽이는 일에 대해 과학 표본을 수집하기 위한 학문적 행위라고 주장하면서 정당화했다. 셀루스는 자연사박물관을 위해 광범위하게 표본을 수집했고, 사우스 켄싱턴의 자연사박물관에 세워져 있는 그의 동상이 보여 주듯 그가 행한 과학적 사업은 널리 인정받았다. 그는 대중에게서 찬사를 받았을 뿐만 아니라 왕립지리학회 같은 과학 연구 기관으로부터도 크게 인정을 받았다. 학회에서 그는 원정에서 거둔 결과에 대해 여러 차례 강연하였고, 자연사, 동물학, 지형학에 대한 관찰에 대해 찬사를 받았다. 셀루스가 왕립지리학회를 과학적 신뢰를 주는 원천으로 활용한 데 대한 보답으로 학회는 그에게 1880년대와 1890년대에 걸쳐 여러 차례 장려금과 메달을 수여하였다.[380] 그가 받은 것 가운데 대표적인 것으로는 1880년대에 행한 마쇼날란드와 마타벨렐란드(Matabeleland) 원정 그리고 1890년대에 영국-남아프리카중대 개척단이 행한 마쇼날란드 원정에 대해 수여한 최고 권위의 창립자 메달이 있다.

셀루스 같은 사람들에게 사냥이란 결정적으로 국가적 성격을 상징화시키는 것이었다. 그래서 그는 "마쇼날란드를 원정하고 그것을 차지하면서 모험과 진취성을 사랑하고 부추기는 일을 할 수밖에 없게 되고, 나아가 우리의 국가 정신을 젊고 활기차게 유지하도록 해준다"[381]라고 주장하였다. 이러한 정서는 빅토리아 시대 사회에 널리 퍼졌고, 그리하여 사냥꾼과 모험가는 사회 안에서 제국의 중추를 이루는 진취적이고 선구적인 백인의 유형을 대변하였다.[382] 셀루스는 자신의 후원자였던 세실 로즈(Cecil Rhodes)가 그랬던 것처럼 앵글로색슨 백인종의 아프리카 식민화는 정당한 것이라는 인종적 우월성을 사용하였다. 또한 그는 앵글로색슨 인종의 내재적 성격을 동원하여 남아프리카 회사의 로벤굴라(Lobengula)가 이끈 마타벨레[은데벨레(Ndebele)]에 대한 1893년 전쟁을 정당화하는 데 사용하기까지 하였다.[383]

셀루스는 열성적인 사진가는 아니었지만 그의 사진이 들어간 책과 환등기 슬라이드를 이용한 대중 강의를 통해 사진이 제국의 발전을 보여 주는 중요한 시각적 증거의 힘을 가지고 있다는 사실을 이해하고 있었음을 알 수 있다. 예를 들어, 윌리엄 엘러튼 프라이가 1890년 마쇼날란드 개척단의 공식 사진가이자 정보 요원, 기상 관측가 그리고 셀루스의 조교로 고용된 것은 셀루스의 입김이 강하게 작용했기 때문이다. 프라이가 『마쇼날란드 합병』(1890)이라는 책을 내면서 어떤 사진을 사용할지 결정하는 데 있어서 어떤 역할을 하였는지는 분명하지 않다.[384] 하지만 프라이가 분명히 총에 맞아 죽은 짐승 사진을 포함시킨 것은 분명한 사실이다.[385] 나아가 이 책은 사냥이 어떻게 개척을 구성하는 일부로 나타나는지를 보여 주기도 한다.

많은 사냥꾼들에게 사진은 그들이 하는 사냥과 탐험의 성과를 강연이나 책 그리고 전시로 보여 주는 편리한 수단이었다. 1893년 2월 왕립지리학회에서 셀루스가 하는 강연을 보조하기 위한 사진전이 열렸는데, 거기에 윌리엄 엘러튼 프라이가 찍은 많은 사진들과 '동물학적 표본'이 포함된 것은 이런 맥락에서였다.[386] 사진은 사냥꾼들이 사적으로 수집한 것 가운데 일부이기도 했다. 그 좋은 예로 또 한 사람의 유명한 큰 짐승 사냥꾼이자 자연사학자인 천시 휴 스티건드 소령을 들 수 있는 데,[387] 그의 개인 소장품 가운데에는 작은 담배통도 있고, 사자 발톱과 총알 그리고 상아 한 쌍을 잡고 서 있는 이름을 알 수 없는 아프리카 하인 한 사람이 나오는 사진도 있다(사진 40). 당시 나일 상류 주의 총독이던 스티건드 소령은 남부 수단의 딘카(Dinka)와의 전쟁에서 전사한 1919년까지 군인, 사냥꾼, 식민 행정가, 지리학자로 상당한 명성을 떨쳤는데, 특히 중부와 동부 아프리카에서는 그의 명성이 자자했다. 그는 총을 다루는 능숙한 기술과 그 지역 언어와 자연사에 대한 해박한 지식 덕분에 당시 사람들 눈에는 열대 지역에서 대영제국의 대표적이고도 이상적인 개척자로 비쳤다. 그의 죽음을 다룬 한 기사는 그를 "많은 자주적인 영국인 가운데 한 사람으로, 그 덕분에 아직 야만 상태에 있는 머나먼 지역이 치명적인 매혹으로 다가오게 되었는데, 그는 문명과 정착이 전혀 알려지지 않은 그 지역에서 최선을 다해 복무한 사람"이라고 기술했다.[388]

사냥과 자연사 그리고 군사적 활동에서 스티건드가 보여 준 종합적 능력 덕분에 그는 스스로 '야만의 나라들'이라고 이름 붙인 그 지역에서 특별한 성과를 거둘 수 있었다. 그는 이에 대해 『야만의 나라들에서의 순찰과 정찰』(Scouting and Reconnaissance in Savage Countries, 1907)이라는 책에서 아주 잘 표현한 바 있다. 이 책은 이 분야에 대해 그가 집필한 연작 가운데 하나다. '순찰병'을 위한 교본용으로 기획된 이 책은 군사 작전의 '전술'과 '전략'에 대한 지시 사항을 제공해 주는데, 짐승과 야만인 모두에 대한 '추적'과 '접근' 그리고 '표식하기' 등을

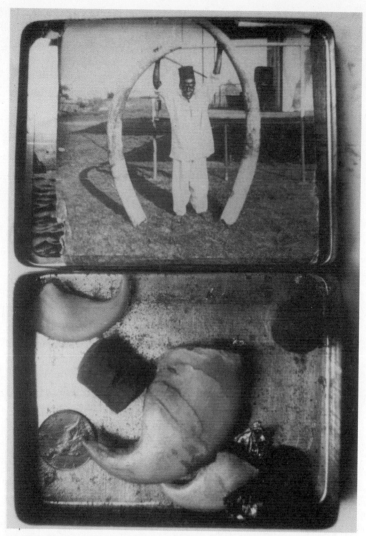

40. 사냥에 대한 개인 기억으로서의 사진들, C. H. 스티건드, 왕립지리학회 아카이브

포함하고 있다.[389] 군사 작전과 사냥 사이에 존재하는 지속성은 그가 쓴 또 하나의 책 『아프리카에서의 코끼리 사냥』(Hunting the Elephant in Africa, 1913)에서 계속되는데, '아프리카 사람에게 접근하기'라는 제목이 붙은 장(章)은 여러 인간 적들에 대해 벌인 전쟁에 대한 회고를 다루었다.[390] 그는 아프리카 사람들에 대한 군사 작전을 큰 짐승 사냥과 같이 놀이의 한 형태로 평가하였는데, "보통 아프리카 전쟁에서 …… 아흔아홉 번은 어찌할 도리 없이 지루하기 짝이 없고, 백 번째 정도 가야만 흥미진진할 정도가 되는지'라고 기술하였다.[391] 뿐만 아니라 그는 '야만인'에 대한 군사 작전이나 큰 짐승 사냥 모두를 '문명화된' 적을 상대로 '진짜' 전쟁을 치러야 하는 영국군에 유용한 대비가 될 것이라고 생각했다.[392]

스티건드의 책에서는 스포츠가 과학석임과 동시에 군사석인 정당성을 부여받았다. 그가 데니스 라이엘과 공동으로 집필한 사냥 입문서 『중부 아프리카의 놀이와 그 자취』(Central African Game and Its Spoor, 1906)는 관찰, 추적 그리고 사격을 위한 입문서로 기획된 것이다. 스티건드가 기술하였듯, "스포츠는 단순히 죽이는 것에 달려 있는 것이 아니라 대상 가운데 좋은 표본을 선택하여 가방에 넣어오기 위해 필요한 인내와 기술에 달려 있다."[393] 이러한 수사는 사냥꾼의 지위를 높이기 위해 고안된 것임은 두말할 필요도 없다. 스티건드의 또 다른 책 『코끼리 사냥하기』(Hunting the Elephant)의 서문을 쓴 테오도어 루스벨트(Theodore Roosevelt)는 큰 짐승 사냥꾼을 '야생의 원주민과 짐승에 대해 이해하고 있는 사람'이라고 칭찬하면서 스티건드 같은 사람들은 모험적 사냥꾼일 뿐만 아니라 '뛰어난 현존 자연학자'라고 했다.[394]

사냥의 전리품은 그것이 발톱이든 총알이든 혹은 사진이든 간에 남자다운 정체성을 나타내는 표식으로 작용했고, 나아가 빅토리아 시대 남성성의 낭만적인 이상을 구체화시켰다. 남성성이란 백인의 독립적이고 용맹스러우며 육체적으로 강건하고 정직한 성격을 말하는 것이다. 이러한 가정은 스티건드가 수단에서 일할 때 집필하였지만 발간되지 못한 『한 아프리카 사냥꾼의 로맨스』(*An African Hunter's Romance*)라는 책에서 분명하게 세워진다. 이 책은 실제로 일어난 사건과 배경을 섞어 만든 플롯을 바탕으로 쓴 소설로, 한 커다란 백인 사냥꾼이 거둔 대담한 성과를 중심으로 하여 주변 이야기를 짜 맞춘 것인데, 여성의 미덕을 수호하거나 여성 학대에 대해 보복하는 것이 뚜렷이 드러난다.[395] 이 이야기는 단순한 상상은 아니었는데, 당시 사냥은 전반적으로 여성이 하기에는 적합지 않은 행위로 그 성격이 규정되었기 때문이다. 영국에서 18세기 후반부터 여성은 점점 여우 사냥에서 배제되었다. 시골에서 가장 주된 여가 활동이던 여우 사냥은 어느새 전적으로 남성들만의 사교 행위가 되었고, 용맹과 기사도의 남성성을 추켜세우는 것은 여성스러움을 바로잡는 것으로 인식되었다.[396] 결국 제국의 주변에서 큰 짐승을 사냥하는 행위가 성장하고 그것이 남성이 하는 일로 나타나는 현상은 빅토리아 시대 후기에 여성 참정 운동가 같은 특정 여성 집단이 점차 눈에 띄는 것에 대한 반응의 하나로 나타난 것일 수 있다.[397]

많은 사냥꾼들은 '절대 자유의 야외 활동'을 근대 산업사회인 영국으로부터의 도피로서뿐만 아니라 여성으로부터 혹은 어느 아프리카 사냥꾼이 말했듯 "가정에서 '그녀'를 기억하는 것으로부터의 도피"로 칭송했다.[398] 널리 알려진 많은 사냥꾼들은 가정 안에 가둬두려는 관습을 깨려는 여성들의 시도에 강하게 반발하고 나섰다. 아프리카 야생에 푹 빠진 원정대장 라드너(E. Lardner) 같은 이는 여성 참정권자들을 반대하는 목소리를 높였다.[399] 사냥꾼이자 군인이면서 자연과학자인 메이너츠하겐(Richard Meinertzhagen)도 마찬가지로 여성 참정권자에 대해 반대하는 목소리를 냈고, 여성 회원에 대한 뜨거운 논쟁 끝에 왕립지리학회를 탈퇴하기까지 했다.[400]

그렇지만 당시 인도 총독 커즌 경의 간담을 서늘케 한 바 있는 '전문 여성 세계 여행자들'은 자신들이 하는 일을 그냥 보여 주는 것이었을 뿐이다. 여성들은 여행을 통해 자신들의 능력을 실천에 옮겨 보고 제대로 된 지식을 만들어 내고 있었다.[401] 여성 여행자들은 분명히 기존의 남성들이 주도하여 만들어 놓은 그리고 제국 여행기 신화에 한편으로는 익숙한 상태로 다른 한편으로는 그에 도전하는 방식으로 원정을 수행하고 그 경험을 풀어냈다.[402] 좋은 예로 『서아프리카 여행』(*Travels in West Africa*, 1897)이라는 책을 쓴 메리 킹슬리(Mary Kingsley)는 그 책에서 전혀 영웅적이지 않은 자세로 "나는 중앙아프리카에서 행하는 큰 짐승 사냥의 아주 중요한 표본들을 아주 가까이에서 보았는데, 물론 뱀의 경우는 그렇지 못했지만, 한 번도 그로부터 도망치지 않은 경우는 없었다"라고 말했다.[403]

그녀가 큰 짐승 사냥을 접하면서 자신이 겁을 낸 것에 대해 자랑스러워한 것은 아마 스스로 탐험의 남성적 전통에 대해 가진 반발감 때문이었거나 남성 영웅상에 대해 패러디하고 싶은 마음 때문이었다고 해석할 수 있을 것이다.[404] 그녀는 여성의 몸으로 산을 오르고, 낚시를 하고, 사진을 찍긴 했지만, 큰 짐승 사냥에는 아무런 흥미를 갖지 않았다. 그렇지만 당시 많은 여성들은 사냥 원정에 참여하였다. 마거릿 로더(Margaret Loder) 여사는 남편인 레지널드 로더(Reginald B. Loder)가 수행한 1910~1911년과 1912~1913년의 영국-동아프리카 사파리에 따라가 남편 곁에서 사냥을 하거나 사진 찍는 일을 하였다.[405] 로더의 사파리는 뉴랜드의 여행사인 탈튼사(Tarlton & Company)에 의해 조직되었는데, 백인 전문 사냥꾼들의 안내를 받으며 상당히 호사스럽게 수행되었다.

이보다 더 놀랄 만한 예는 1908년 소말릴란드(Somaliland)에서 수행된 사촌지간인 아그네스 허버트와 시실리 허버트가 조직하여 수행한 사적 사냥 원정단에서 볼 수 있다.[406] 아그네스 허버트는 자신이 남긴 여행기를 통해 두 명의 여성이 어떤 남성들보다도 잘 그런 모험을 수행할 수 있었다는 사실을 강조했다. 실제로 그녀들은 한 라이벌 업체의 영국인 남성들이 조직한 여행과 경쟁을 했는데, 남성들이 그들에게 배려하고 양보하였으나 줄기차게 거부했다.[407] 심지어 아그네스 허버트는 여행기에서 "군인이면서 큰 짐승 사냥꾼인 상대방 조직의 대장을 여성 혐오주의자"[408]라고까지 평가했다. 아그네스는 활발한 경쟁 정신을 강조하였지만 스스로 너무 급진적으로 보이는 것을 원하지는 않았는데, 어떤 곳에서는 스스로를 "마치 여성 참정권주의자들같이 말한다"[409]고 꾸짖기도 했다. 또 다른 곳에서 아그네스는 멧돼지 암컷(수컷은 성장하고 나면 어금니가 분명히 또렷하게 보이기 때문에 이는 암컷임에 분명하다) 한 마리를 사냥한 후 은근히 경고를 내렸는데, "사고라는 것은 항상 남자들에게 고유한 어떤 자질들을 여자들이 하려 할 때 발생하는 것이다"[410]라고 했다.

그들이 여성으로서 상대 남성과 장난기 어린 경쟁을 즐긴 것은 사실이지만, 그 두 여성이 사냥에 대해 당시 남성들과 급진적으로 다른 태도를 지녔다는 것을 보여 줄 근거는 없다. 아그네스는 사냥에 대해 정직하고 온화한 태도를 지녔다. 아그네스는 첫 사냥 여행을 떠나면서 다음과 같이 말했다. "우리는 처음으로 서로에게 이렇게 말했다. '밖으로 나가 뭔가를 잡아오자'".[411] 아그네스는 자신이 쓴 많은 모험기에서 상대적으로 겸손한 태도를 가진 개척자인 셀루스 같은 사람이 쌓은 글의 관습을 따라가고 있었다. 남성이든 여성이든 할 것 없이 누구나 이런 스타일의 글을 쓰긴 했지만, 아그네스와 시실리 두 여성은 가정을 향해 기울어 있었다. 언젠가 아그네스가 사자에 의해 죽을 뻔했는데, 시실리가 총으로 어떻게 자신을 구해주었는지에 대해 회상한 바 있다. 그녀는 기절 직전에 "당구치는 방에 두면 좋을 거야"[412]라고 했다. 아그네스는 사냥에 대한 자신의 사랑에 대해 쓴 글에서 남성들이 일반적으로 쓰지 않는 스타일로 다음과 같이 묘사한 바 있다.

난 보통 내가 성공의 물세례를 받게 되기를 소망하였다. 그리고 내가 쏘지 않았는데, 야수가 죽어 널브러져 있는 모습을 눈으로 보았다. 너무나 잔인하다. …… 난 짐승 각각의 완벽한 표본을 갖게 되자마자 실제로 짐승을 죽이는 것이 싫어지기 시작했다. 그러고는 줄곧 더 위험한 게임이면서 더 점잖은 스포츠를 좋아했다. 내 생각에 만약 내가 다시 간다면 거의 대부분의 경우 짐승을 향해 총 쏘는 것을 거부할 수 있을 것이다. 그리고 바라보고 사진 찍는 것으로 만족해할 것이다.[413]

사진은 아그네스와 시실리가 수행한 원정에서 매우 중요한 부분을 차지했는데, 총을 쏘는 것과 마찬가지로 스포츠의 하나로 간주되었다. 아그네스 허버트가 총을 쏘는 대신 사진에 대해 흥미를 가진 것은 결코 독특한 경우는 아니었는데, 앞으로 보여 주겠지만 많은 사람들이 총 대신 카메라를 들겠다는 의사를 피력한 바 있다. 이러한 일은 사실 같은 해 영국령 동아프리카에서 원정을 수행하는 동안 총을 쏘는 것이 아니라 사진을 찍기 위해 코뿔소 무리에 가능한 한 가까이 다가가려는 시도를 한 스티건드 같은 유명한 사냥꾼들의 경우에서도 마찬가지였다.[414] 뿐만 아니라 아그네스와 시실리는 살아 있는 동물들의 사진을 보여 주기도 했지만,[415] 그녀들이 보여 주는 것은 대부분 죽은 동물이나 가죽, 박제된 머리 '표본'의 사진이었다. 가끔 잔인하다는 느낌을 갖긴 하지만, 그들이 열여덟 번 이상의 놀이에서 수집한 전리품들은 자신들이 말한 그대로 라이벌이 수집한 것들보다 훨씬 인상적이었다.[416]

그녀들은 전리품 수집에 열을 올린 것 외에도 상대방 남성들이 가진 인종 편견 또한 마찬가지로 가지고 있었다. 그래서 그녀들에게 아프리카인은 자연에서 살아야 할 '야만인'이었다. 아그네스가 피력하였듯이, "야생에서 사는 야만인은 존경할 그 이상의 대상이고, 나아가 그들은 당신들을 아덴(Aden)으로 몰아붙이거나 버베라(Berbera)에서 당신들의 짐을 탈취해 가버린 야만인보다 훨씬 가치 있는 피조물이다."[417]

아그네스와 시실리가 독립적인 여성 사냥꾼이었다는 사실과 아프리카 사람들에 대한 태도 그리고 사냥에 대해 그들이 행한 총 또는 카메라의 행위 모두 그 접근 방식이 분명히 일반적이지는 않았지만, 그렇다고 해서 그녀들이 당시의 남성 상대방들과 유의미하게 다른 입장을 견지한 것은 아니었다. 그녀들이 비록 큰 짐승 사냥은 오로지 남성에 의해서만 가능하다는 전제에 대해 도전하긴 했지만, 그렇다고 그녀들이 사냥에 대해 다른 대안을 제시한 것은 아니었다.

사진, 박제술 그리고 야생

앞에서 말했듯이 면밀한 관찰, 분류 그리고 기록은 오랫동안 박물가와 사냥꾼 모두에게 필수적인 기술로 인식되었다. 윌리엄 콘월리스 해리스 (William Cornwallis Harris) 대장은 1835년부터 1837년까지의 기간 동안 남부 아프리카에서 발견된 네발짐승 사냥감 모든 종(種) 가운데 완벽한 두개골 두 개에 사자, 콰가얼룩말, 얼룩말, 타조 등의 가죽과 기린 꼬리 그리고 코끼리와 하마의 이빨 등을 확보하였을 뿐만 아니라 "키가 큰 기린에서부터 작은 영양까지 스포츠맨들이 흥미로워하는 모든 동물들을 정교하게" 그린 그림을 확보하였다고 주장하였다.[418] 그 이후로 사냥꾼들은 수집하고 그림으로 그리는 전통을 계속 유지하였다. 화가 존 에버렛 밀레이(John Everett Millais) 경의 아들인 존 기유 밀레이 (John Guille Millais, 1865~1931)는 1893년부터 1898년까지 아프리카에서 널리 사냥 활동을 하였다. 그는 자신의 친구인 셀루스의 자연사와 수집에 대한 열정을 함께 나누었을 뿐 아니라 그가 가진 시각 묘사에 대한 좋은 기술을 아주 잘 활용하였다. 동물들과 그것들을 잡는 사냥 장면을 아주 상세하게 그림과 스케치로 남겼는데, 그 가운데 많은 그림이 판화로 널리 재생되었다.[419] 이러한 여러 예가 보여 주듯, 실제적으로 여러 유형의 동물들과 그들과 조우하는 사람들의 장면을 포착하고, 관찰하고, 기록으로 남기는 것은 사진이 담당하기 전에 앞서서 행해진 일이었다.

그렇지만 사진은 동식물군의 표본을 분류하고 보여 주는 데 완전히 새로운 합리적 기반이 되는 무언가를 보여 주었다. 그것은 전체로서 그리고 가장 작은 상세함으로서 자연을 포착해 내는 것이었다. 사진은 해외 원정에서 사용되던 초창기부터 동물들을 그 표적으로 삼았다. 앞에서 논했듯이 데이비드 리빙스턴은 잠베지 원정(1858~1864)에서 사진을 사용했는데, 그것은 중남부 아프리카의 동물상을 포함한 여러 자원을 과학적으로 기록하는 일의 일환이었다. 리빙스턴이 런던으로 보낸 사진 중에서 탐험가의 총에 맞아 죽은 하마 사진이 한 장 있는데, 그 짐승은 오웬(Owen) 교수의 자연사 연구를 위해 사살당한 것이 분명하다.[420] 같은 시기에 제임스 채프먼(James Chapman)이 남아프리카 내륙 지역에서 행한 사냥과 교역 원정 때(1859~1863) 사진 장비를 가져갔다.[421] 토머스 배인즈와 함께 잠베지 강 원정을 할 때(1860~1863) 채프먼이 찍은 사진들에는 총을 쏘아 잡은 짐승들과 사냥하는 자신들의 모습을 담은 것이 많다.[422] 이 사진들은 1867년 파리국제전(Paris International Exhibition)에 전시된 채프먼의 사진 약 140장 안에 들어 있었다. 그 가운데 일부는 조지 그레이(George Grey) 경을 통해 왕립지리학회로 보내졌는데 자신의 작업이 더 널리 인정받았으면 하는 마음에서였다.[423]

이후 몇십 년간 사진은 사냥의 전리품을 이미지로 기록하는 데 더욱 널리 사용되었다. 1870년대와 1880년대에 걸쳐 동아프리카와 남아프리카를 사냥하고 원정을 다닌 도내이(Guy C. Dawnay) 같은 이에게 사냥 전리품을 찍은 사진 이미지는 식민지 모험을 증명해 주는 개인 사진 앨범의 중요한 부분을 차지하였다.[424] 열정적인 사냥꾼이자 탐험가이며 1879년 영-줄루 전쟁 때 정보 요원으로 활동했던 도내이의 사냥 사랑은 1888년 2월 동아프리카에서 다친 버팔로에게 죽임을 당하면서 결국 운명적인 것이 되었다. 사냥꾼들은 자신이 쏴 죽인 짐승과 함께 사진만 찍은 것은 아니었다. 도내이의 사진 '세타이트와 로얀으로부터, 1876년 동북부 아프리카'(From the Settite & Royan R. s., N. E. Afr. 1876, 사진 41)는 이젤 위에 세워 보존된 아홉 마리의 사자 머리를 보여 준다. 이 사진은 잘린 목들을 불안하게 배치한 모습을 보여 주는데, 마치 살아 있는 야생 짐승처럼 보존되어 있다. 죽은 짐승의 현재적인 이미지 같은 이 구성은 일부 사물에 생기를 불어넣는 정물화 전통을 받아 그린 것이기도 하지만 사진이 고유하게 생기를 불어 넣는 방식, 즉 사진에서 대상이나 순간은 두 번 다시 존재하지 않는다는 특성으로부터 그 힘을 가져온 것이기도 하다. 이런 방식으로 인해 사진은 박제와 아주 밀접하게 연계되었다. 즉, 죽은 짐승의 잔존물을 산 존재의 환영으로 생산해 내는 재현이다.

박제사들은 특히 '호기심 창고'를 충족시키기 위해 18세기 이후부터는 박제하는 기술을 사용하기 시작했는데, 수적으로 엄청나게 늘고 크게 대중화된 것은 1850년대 이후의 일이었다. 이는 자연사에 대한 관심이 늘고 대중적으로 유행하면서 나타난 현상이었다. 사진과 마찬가지로 박제 또한 예술과 과학의 이중 딱지를 함께 가졌다. 중요한 사실은 둘 다 삶의 지난 순간을 재현하는 지표 부호로서 사용된 것인데, 이는 롤랑 바르트가 사진을 '죽은 사물의 산 이미지'[425]라고 기술한 것을 생산해 낸다는 것이다. 이 두 가지 실천 행위는 기술적으로나 가상과의 연계라는 점에서 아주 유사한 기술이어서 아주 면밀한 검토가 따라야 할 것이다.

초기의 사진가들은 야생을 살아 있는 듯한 자세로 잡아두기 위하여 박제를 사용하였다. 1850년대 초반, 사진가 르웰린(J. D. Llewellyn)은 사슴, 오소리, 수달, 토끼, 꿩 등을 마치 야생에서 전혀 알아차리지 못한 채 잡힌 것 같은 자세로 박제를 했다. 마치 카메라가 가진 기술적 한계를 극복하기 위해 사진가가 박제술을 끌어내듯, 박제사는 전시에 제대로 된 자연주의 모델을 제공하기 위해 사진가를 끌어냈다. 유명한 박제사이자 스포츠 책 저자인 로울랜드 워드(Rowland Ward, 1848~1912)는

41. '세타이트와 로안으로부터, 1876년 동북부 아프리카'

그의 유명한 책 『스포츠맨 핸드북』(Sportsman's Handbook, 1882)에서 스포츠맨이라면 원정 갈 때 반드시 카메라를 가지고 가야 한다고 주장했다. 그 이유는 "그 생생한 주위 환경 속에서 동물을 찍을 수 있으며, 흥미진진하고 매우 교훈적인 주석의 핵심을 제공해 줄 수 있기 때문"이라고 했다. 나아가 "정글이나 숲 속에 살아 있는 야생 동물의 사진은 …… 우리가 갖는 개념에 최고의 표본을 제공해 준다"라고 주장했다. 즉, 그 사진들이 박제사가 목표로 삼는 동물들의 모습을 그들의 서식지 안에서 살아 있는 것 같은 형태로 재탄생시켜 주기 때문이라고 했다. 워드는 이 목표를 달성하기 위해 트위디(W. G. Tweedy)가 디자인하고 머리(Murray)와 히스(Heath)가 스포츠맨과 여행자들을 대상으로 '동물이나 어떤 대상의 동작에 대한 즉각적인 사진'[426]을 찍기 위해 맞춤으로 제작한 '비사랍'(Visarap) 카메라를 사용하도록 권고하였다. 워드 자신도 바로 그런 의도로 '박물가용' 카메라를 스스로 개발하여 사용하였다.

　　로울랜드 워드의 사냥 전리품 보존에 관한 안내는 많은 사냥꾼들과 박제사들이 지침으로 삼아 따랐다. 특히 박제사들은 더욱 자연스러운 동물 형태를 모델로 만들기 위한 수단으로 사진을 사용하는 일이 갈수록 잦아졌다. 실제로, 1911년이 되어서야 워드는 다음과 같이 선언할 수 있었다.

　　박제사는 즉각적인 사진의 도움 없이는 지금과 같은 발전 단계에 결코 도달할 수 없었을 것이다. …… 즉각적인 성격의 카메라를 발명하기 전에 나는 '동물원'에 가야만 했는데, 가죽을 만족스럽게 전시장에 올려 놓기 전에 그곳에서 동물을 박제해 모델로 삼아야 했다.[427]

워드는 전리품과 표본의 '예술적 짜 맞춤'이라는 자신의 생각을 사진을 이용하면서 더욱 발전시켰는데, 이로써 전리품 표본은 '채워 넣어지는 것'이라기보다는 가죽이 보존되고, 사지 뼈와 두개골을 다시 붙여 워드가 고안해 낸 물질을 가지고 제작한 모델 위에 다시 올려진 것으로 발전되었다. 제스처, 버릇 등을 더욱 자세하게 묘사하는 데 성공함으로써 나중에 '워드식 박제술'로 알려지게 된 바로 이 박제술로 워드는 1886년 인도 및 식민지 전시를 포함한 여러 다양한 국제 및 식민지 전시에서 대단한 찬사를 받았다. 어떤 비평가는 『피가로』(*Figaro*) 지에서 워드의 1874년 '맥카르트 사자'(MaCarte Lion)라는 이름의 박제는 웅크린 채 무섭게 으르렁거리면서 적을 노려보는 자세를 취하고 있는데, 총 맞아 죽은 사자의 모습이 정말 대단하여 '또 다른 랜드시어(E. Landseer)의 모든 예술적 힘'을 가진 '모델 제작의 대성공'이라고 평했다.[428] 여기에서 특별히 흥미로운 것은 워드가 사진을 사용한 방식인데, 사진은 이미 그 자체가 '실재'를 심미적으로 승화시킨다. 그가 동물의 제스처와 표현을 자연에 맞게 모델로 제작하였다는 자신의 주장의 근거로 사진을 사용하였다는 사실이다. 그렇지만 경우에 따라 말린 풀과 실크로 제작한 이파리들을 갖춘 거대한 포유류 동물에서부터 로울랜드 워드의 코뿔소 머리가 달린 찬장같이 이 시기 대부분의 박제가 보여주듯, 박제는 그것이 다루고자 하는 환상으로서 그렇게까지 정확하지는 못하였다. 워드 같은 박제사들이 사냥꾼의 사진으로 동물의 모델을 삼았던 것과 마찬가지로, 도내이 같은 사냥꾼들은 살아 있는 야생 동물을 보는 순간처럼 사자 머리를 다시 제작한 것을 사진으로 찍었다. 도내이의 사자 사진은 워드의 '맥카르트 사자'의 모습과 아주 닮아 있는 것이 사실이다.[429]

도내이의 동물 머리로 구성한 사진과 사람 얼굴을 찍은 다른 사진 (예를 들어 사진 63을 보라) 사이의 시각적 유사성 또한 당시 관객이 그냥 지나치지는 않았을 것이다. 사실, 한편으로는 인간을 시각적으로 재현하는 것과 다른 한편으로 동물을 시각적으로 재현하는 것 사이에 연계성이 폭넓게 존재했다. 예를 들어, 랜드시어는 자신의 유명한 낭만적인 스포츠 그림 안에서 동물에게 인간적인 느낌을 부여해 준 일이 자주 있었다. 박제술 현장에서 헤르만 플루케트(Hermann Ploucquet)의 옷을 입힌 박제 새끼 고양이와 토끼는 사람들이 하는 몸짓으로 전시되었는데, 1851년 대영박람회(Great Exhibition)에서 엄청난 호응을 받으면서 동물들을 사람 모습처럼 만들어 진열하는 것의 수요가 폭발적으로 늘어나는 데 크게 기여하였다. 좀더 과학적인 수준에서 보면, 찰스 다윈은 「인간과 동물에서 감정의 표현」(*The Expression of the Emotions in Man and Animals*, 1872)에 대한 연구를 하기 위해 인간의 얼굴 표현과 몸 제스처 사진을 이용하였다. 이때 살아 있는 동물들이 공포에서 분노에 이르기까지 여러 감정을 어떠한 인상으로 표현하는지를 비교하고 재현하기 위하여 기욤 뒤셴(Guillaume Duchenne) 박사가 찍은 얼굴 표현에 대한 과학적 사진과 오스카 레일랜더(Oscar Rejlander)가 그린 초상화를 다른 그림과 함께 이용하기도 했다.[430] 도내이의 사진과 박제사들이 재현하는 예술 또한 살아 있는 동물들의 태도와 자연적 존재를 마치 시각 안에서 순간적으로 고정시킨 것과 같은 방식으로 잡아내려는 시도였다.

사진술과 박제술의 연계 역시 일정 부분 박물가이자 큰 짐승 사냥꾼인 프레드릭 셀루스 같은 사람의 행동에서 유래한 것이다. 셀루스는 자신의 강연에 사진을 활용할 줄 아는 사람임과 동시에 동물의 동작을 살아 있는 것처럼 만들기 위하여 실제로 잡은 희생물의 가죽과 뿔 그리고 속을 채워 만든 몸을 무대 위에 올린 사람이었다. 실제로 1840년대부터 전리품 수집은 화보집과 더불어 사냥꾼들로 하여금 상당한 이득을 확보하게 하는 데 꼭 필요한 일이었다. 당시 매우 유명했던 『어느 사냥꾼 삶의 5년』(*Five Years of a Hunter's Life*)[431]의 저자인 루얼린 고든 커밍(Roualeyn Gordon Cumming)은 1849년 영국으로 돌아올 때 남부 아프리카에서 약 30톤에 달하는 전리품을 가져왔다. 이 전리품들은 하이드파크코너(Hyde Park Corner)에 있는 성(聖)조지미술관에서 1850년부터 1852년까지 약 2년 동안 전시되었고, 그 가운데 많은 작품은 1851년의 대영박람회에서도 선보였다. 동물 표본과 사진이 통합적으로 배열되어 전시되었다. 1855년 커밍이 '사자 사냥꾼 귀국하다'라는 제목으로 런던에 다시 모습을 드러냈을 때 그가 보여 준 것은 동물 박제뿐만이 아니었고, 아프리카의 장면을 담은 30여 개의 축소 모형도 있었다.[432] 그리고 그의 사냥 용품은 스코틀랜드의 포트아우구스투스(Fort Augustus)의 대중 박물관에 설치되었고, 그가 죽기 1년 전인 1866년 미국 박물관(American Museum)에 전시되기 위해 유명한 기획자 바넘(Barnum)에게 팔렸다.[433] 사냥 전리품은 살아 있는 동물 표본 그리고 이국적인 사람들과 함께[434] 19세기 후반의 활발한 대중 문화 전시의 중요한 일부를 이루었다.[435] 뿐만 아니라, 1890년의 스탠리와 아프리카 전시(Stanley and Africa Exhibition) 같은 많은 전시는 전시물을 '전리품' 스타일로 만들어 전시했는데, 거기에는 각 식민지에서 온 자연물, 가공품 그리고 사진이 배치되었다. 하지만 자체의 가치로서보다는 그것들을 가지고 온 유럽인 탐험가, 행정가, 수집가 등을 찬양하는 전리품으로서 진시되었다.[436]

자연사 수집에서는 큰 짐승의 부활에 의해서도 이와 유사한 메시지가 전달될 수 있다. 셀루스 같은 사냥꾼은 주로 특정 동물을 사냥했는데, 그것들을 잡은 후 그 가죽을 구경시키기 위해 대영박물관 같은 곳에서 실제와 같은 모습을 한 전시로 부활시켰다.[437] 1907년 큰 짐승 사냥꾼이자 사진가인 카를 쉴링스(Carl Schillings)는 유럽인 사냥꾼에 의해 얻게 되는 기쁨에 대해 논평한 적이 있다. 그는 "고국에 있는 여러 박물관을 돌아다니며 관람할 때, 이전에 멀리 떨어진 곳에서 관찰하고 죽인 야생의 동물들에게 부여한 새 생명 때문에 스스로 깨어나게 되었다"라고 했다.[438] 그래서 박물관 공간은 많은 사냥꾼들에게 식민지 변경이 복제된 공간이었다. 심지어 자연사박물관은 그 자체가 사냥터가 될 수 있기까지 했다. 셀루스의 친구인 브라이든(H. A. Bryden)은 1890년대에 '총과 카메라'를 들고 남부 아프리카를 여행하는 동안 케이프타운 박물관에 전시된 '몇몇 자연 표본들'을 찍었는데, 그가 찍은 사진에는 1880년에 마쇼날란드에서 셀루스가 쏴 잡은 흰 코뿔소 머리 사진도 포함되어 있다.[439] 브라이든의 사냥 책에 재생된 동물 사진은 거의 모두 박제된 것이었다는 사실은 의미심장하다. 박제된 동물들은 사진의 이상적인 목표가 되었는데, 그것은 분명히 정통적이지만 전적으로 온순한 성격의 재창조였다.

많은 자연사박물관의 동물 전시는 제국주의의 메시지를 전달하기 위해 배치되기도 했다. 사냥꾼 찰스 빅터 알렉산더 필(Charles Victor Alexander Peel, 1869~1931)은 멀리 소말릴란드와 아우터헤브리디스(Outer Hebrides)까지 사냥을 다녔는데,[440] 1906년에 옥스퍼드에서 자신이 잡은 '큰 짐승 전리품'으로 전시를 하고, 자연사박물관과 인류학박물관'을 세우기도 했다. 이는 '세계에는 많은 인구로 북적거리는 좁은 영국 외에도 다른 나라들이 있다는 사실을 자연사의 멋진 물건들을 가지고' 보여 주기 위해서였다. 그 박물관이 이러한 형태로 지속된 것은 고작 15년밖에 되지 않았고 그 후로는 엑시터(Exeter)에 있는 왕립 앨버트 기념박물관(Royal Albert Memorial Museum)의 자연사 컬렉션으로 자리를 옮겼지만, 사냥과 자연사 전리품을 같이 진열함으로써 제국주의 정서를 진작하려는 마음을 합쳐 시도한 행위였다. 프레드릭 셀루스는 1906년 7월 박물관 개장 연설을 통해 "모험을 사랑하고, 이동생활을 사랑하고, 사냥을 사랑하는 것은 영어를 사용하는 민족에게 선조들이 내려준 본능인데, 이는 우리의 멋진 제국이 이미 세워진 덕분이었다"라고 되풀이하며 말했다. 필은 자신의 박물관을 수백 종의 동물을 돌아보며 여행할 수 있도록 배치했는데, 자신의 여행을 통해 수집한 사냥 전리품들을 자연스러운 모습으로 전시했다. 필은 큰 짐승 사냥이 "남성을 가장 남성답게 만들어 가는 모든 능력을 연마시키는 것"이라고 주장하면서 자신이 모은 전리품이 젊은이들을 고무하여 밖으로 나가 '제국을 위해 훌륭하게 복무하였으면 한다'[441]라고 희망했다.

존 헨리 패터슨(John Henry Patterson) 대령의 유명한 여행 책 『차보의 식인 짐승』(The Man-Eaters of Tsavo)도 이와 비슷한 메시지를 전했다. 이 책의 저자인 공병 패터슨은 영국령 동아프리카의 우간다 철도를 공사하는 도중 인도인과 아프리카인 노동자들을 잡아먹은 사자들을 사냥하는 1898년의 모험에 대해 회고하였다.[442] 흥미로운 것은 패터슨의 책 표지가 도내이의 1876년 사진과 거의 일치하는, 사자 머리들을 찍은 사진으로 되어 있다는 사실이다. 패터슨의 사진은 백인 사냥꾼의 영웅주의와 영국령 아프리카로의 식민지 확대를 추동하는 역할을 입증하는 자료인 셈이다.

19세기 말이 되면서 박제 동물을 찍은 사진은 개인적으로 만든 앨범과 사냥 책에 쓰였는데, 죽은 짐승을 찍은 사진과 거의 비슷하게 사용되었고 그 가치 또한 마찬가지였다. 그러한 박제 동물 사진은 사냥꾼을 위한 입문서에도 사용되었는데, "이로써 사냥꾼은 길 가는 도중에 맞닥뜨린 어떤 동물도 한눈에 알아볼 수 있게 된다."[443] 로울랜드 워드의 스포츠맨을 위한 입문서인 『스포츠맨 핸드북』(1911) 또한 사냥꾼에게 '치명적인 한 방'을 보여 주기 위해 보존된 동물 사진을 사용하였다.[444]

박제사와 사진가는 이러한 자연의 생산이라는 순환 과정 안에서 자연을 재발명하면서 서로 상대방의 코드와 관습을 받아들였다. 그렇지만 앞에서 논했듯이 사냥의 언어와 이미지는 반드시 동물과 관련되는 것만은 아니었다. 실제로 등반이나 탐험 같은 다른 스포츠 행위들도 사냥의 여러 형태와 마찬가지로 읽히고 경험되었다.

산과 고개를 사냥하기

헤리퍼드 브루크 조지(Hereford Brooke George)는 1861년부터 알파인 클럽(Alpine Club)의 회원이자 편집자로, 『알파인 저널』의 창간호부터 3호까지 냈다. 그는 1865년 9월에는 카메라를 들고 빙하를 걷는 알프스 등반대를 따라갔는데, 자신의 책 『오버란트와 그 빙하: 얼음도끼와 카메라와 함께하는 탐험』(*The Oberland and its Glaciers: Explored and Illustrated with Ice-Axe and Camera*, 1866)에서 "영국에서 처음으로 자고새들이 희생물이 되던 그때, 우리 카메라는 그린델발트(Grindelwald) 빙하 산록에서 사냥의 희생물들을 카메라로 잡아내기 시작했다"[445]라고 말했다. 조지의 책을 장식하는 그 사진들은 책 표지(사진 42)의 예에서 볼 수 있듯 마치 등반자의 망원경으로 보는 것 같은 빙하의 모습을 우리에게 제공해 준다. 조지는 어니스트 에드워즈(Ernest Edwards)가 찍은 28장의 연작 사진을 등반에 대해 과학적으로 해설한 책 안에 포함시킴으로써 '독자들의 눈앞에 빙하 현상'을 나타내 주고 '빙하와 여러 부속물의 자연을 가능한 한 완벽하게 보여 주려' 했던 것이다.[446]

산은 18세기 후반 자연과학자들에게 적당한 지형이었다. 당시 집대성된 자연사와 지구 탐험에 대한 추동은 호레이스 베네딕트 드 소쉬르(Horace Benedict de Saussure) 같은 유럽인으로 하여금 산에 대한 식물학적·지리학적·지질학적 연구를 착수하도록 고무시켰다.[447] 그렇지만 산과 등반이 전례 없는 대중성을 확보한 것은 19세기 중엽 때였는데, 특히 앨버트 스미스(Albert Smith)의 장대한 파노라마와 즐길거리를 통해서였다.

스미스의 몽블랑 등정(1852~1858)을 담은 런던 쇼는 스틸 사진, 이동 영상, 노래와 이야기로 구성되었는데, 굉장한 인기를 끌었고 빅토리아 시대 중산층 사이에 등반 열풍이 불었다. 그리하여 제국을 접하는 하나의 양식으로 알파인 클럽이 조직되기까지 했다.[448] 등반이 제국을 접하는 탐험과 모험의 수사로 조직되었기 때문에 산은 더 이상 낭만적 숭앙을 요구하는 숭고한 풍경으로 간주되지 않았다. 그 대신 유럽과 그 너머 먼 곳에 있는 산은 강건하고 남성다운 영국 남성들에 의해 '정복해야 할 자연 세계의 정점'이 되었다. 조지의 1866년 기록은 과학 원정에 대해 사냥 여행이나 군사 작전이 지닌 모든 종류의 영향을 끼쳤다. 그리하여 카메라는 반드시 지참해야 할 무기가 되었다. 그는 "카메라와 그에 필요한 수행원들이 사실상 본부를 구성했고, 미리 결정된 작전 계획에 따라 이동하였으며, 등반대의 다른 요소들이 움직이는 것은 그

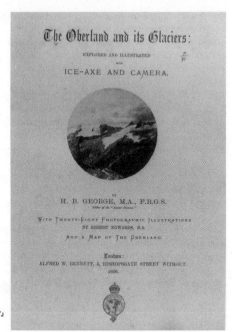

42. H. B. 조지, 『오버란트와 그 빙하』
의 표지와 제목(1866)

에 따라 조정되었다"라고 말했다.[449] 지참해 간 베른 오버란트(Bernese Oberlant) 지도는 등반대가 택한 길뿐만 아니라 '카메라의 이동' 또한 보여 준다. 조지는 카메라를 첫번째 탐험 도구로 간주하였다. 그는 이러한 관점을 탐험가들에게 상당한 영향력을 끼친 『여행자를 위한 정보』(*Hints to Travellers*)라는 입문서에서 사진에 관한 몇 편의 글을 통해 강력히 지지하였다.[450]

조지가 풍경 사진에 대해 기술한 글을 통해 사냥과 전쟁의 수사를 개척한 것은 그에게만 특별한 것은 아니었다. 앞에서 논했듯이, 새무얼 본을 비롯한 상업 사진가들도 사진 원정에 대해 그와 유사한 수사를 사용했기 때문이다. 실제로 새무얼 본은 사냥을 비유적으로 표현하지도 않았다. 그는 1866년 카시미르 여행 때 춤바(Chumba)의 왕이 조직한 거주민 표범 사냥단에 가입했는데, 그때 "카메라는 총에게 자리를 내줘야 했다"[451]라고 기술한 바 있다.

풍경 사진을 '필드 스포츠'에 비유하는 더욱 일반화된 경향은 사진계에도 있었다. 1867년 파리박람회의 영국 분과에서 한 사진 비평가는 "필드 스포츠는 필연적으로 영국적인 것이고, 야외 사진 또한 같은 맥락으로 본다"[452]라고 말했다. 이와 비슷하게 1868년에 『영국사진저널』은 '사진의 계절'이 다가왔고, 그 독자들은 이제 "우리나라의 산과 계곡 그리고 성(城)과 오두막집에서 펼칠 여름 작전을 준비하면서 자연의 아름다움을 담아내려 할 것이다"[453]라고도 했다. 사진가가 사용하는 이러한 수사법은 일부 다른 시각 행위로부터 물려받은 것이다. 1792년 윌리엄 길핀(William Gilpin)은 그림 같은 자연을 좇는 여행자가 즐기는 전율을 짐승을 추적하는 스포츠맨의 그것과 비교한 바 있다.

추적하는 기쁨은 누구에게나 있다. …… 자연의 깊숙한 모든 곳을 따라가는 것, 자연이 인간을 공기처럼 스쳐지나갈 때 갑자기 알아차리는 것, 감추어진 곳의 미로를 추적해 가는 것, 계곡이나 강이 닿는 곳을 구불구불 따라가는 것 같은 데서 즐거움을 느끼는 인간의 취향보다 스포츠맨이 작은 짐승을 쫓아가는 것이 더 큰 즐거움을 준다고 할 수 있겠는가?[454]

사냥과 여성으로 의인화된 자연을 쫓고 사로잡는 것 사이에 만들어진 이러한 오래된 연계는 빅토리아 시대의 사진 행위 안에서 더욱 강화되었다. 거기에서는 자연이라는 미녀가 카메라 작동을 통해 과학적으로 정밀하게 영구적으로 보존될 수 있었다. 그렇지만 그러한 언어의 사용 또한 낭만적인 여행자와 예술가들이 자연 세계의 식민화를 향해 느낀 양면적 감정을 표현하는 하나의 수단이기도 했다. 린다 노클린 (Linda Nochlin)은 오리엔탈리즘적 회화에 대해 다음과 같이 평가했다.

그림과 같이 아름다움은 19세기 내내 특별히 찾기 힘든 야생의 한 형태로 추구의 대상이 되었다. 이를 위하여 사람들은 점차 숙련된 트래킹을 요구하기 시작하였는데, 이는 연약한 희생물, 즉 멸종 위기에 처한 종(種)이 깊숙한 오지로 사라져 버렸기 때문이다. 바로 이러한 19세기 현상 안에서 아름다움이라는 개념은 '파괴'라는 현실에 전제를 둔 것이다.[455]

찾아보기 힘든 아름다움을 쫓아다니는 낭만은 새무얼 본의 히말라야 원정과 조지의 알프스 모험에 분명하게 들어 있다. 그런데 두 경우 모두 그러한 풍경에 대해 자신들이 끼친 영향에 대한 관심은 전혀 보이지 않았다.

조지는 자신의 이야기 『오버란트와 그 빙하』에서 사냥과 등반의 비교를 계속 이어갔다. 그는 그 둘 모두를 영국의 스포츠 가운데 가장 위대한 챔피언이라 했다. 산을 오른다는 것은 살아 있는 생명체를 해치지 않고 유용한 지식을 가져다줄 뿐만 아니라 '자아'와 '창조주'에 대한 지식을 갖게 해준다는 속성까지 추가되기 때문에 조지는 "등반가는 그 누구보다 훨씬 완벽한 형태의 야망가인데, 여우 사냥꾼은 죽음을 앞두고 열성을 다해야 인정받기 때문이다"[456]라고 했다. 그는 또 이런 종류의 사진 탐험에 따르는 어려움과 위험성을 강조하기도 했다. 예를 들어,

'사라진 빙하 구혈' 사진을 확보하기 위해 "빙하 안을 도려내 길을 내야 했다. 이때 카메라와 사진가는 사진가의 코트 뒷자락으로 서로 붙들어 묶었다. 영원히 빙하 속으로 사라져버릴까 두려워서였다."[457] 결국 조지에게 사진이나 사냥은 모두 많은 좋은 점을 가지고 있는 것이었는데, '자연의 신비'를 보고 느끼게 해주는 육체의 단련이나 정신력 훈련이 그 안에 포함되었다.[458] 조지는 "만약에 여우를 사냥하는 일이 엄청난 시간과 노력이 드는 일이 아니라면, 아무도 여우가 사는 덤불에 대해 관심을 갖지 않을 것처럼" 산 정상을 정복하는 일을 즐기는 것은 "길고 힘든 여정을 통해 산을 올라 이루어내는 것"일 때 더욱 위대해질 것이라고 역설했다. 그에게 그러한 강한 의지적 행위는 민족과 제국의 위대한 정신에 반드시 필요한 요소였다.

> 등반 정신은 무엇인가를 추구하는 다른 모든 행위와 마찬가지로 근본적으로 지구를 탐험하고 그것을 굴복시키는 지칠 줄 모르는 에너지의 한 형태이자 그 자체로서 사랑 행위의 한 형태이다. 그것이 영국을 세계에서 가장 위대한 식민 지배자로 만들었고, 영국인 한 사람 한 사람을 모든 대륙의 거칠고 험한 오지로 침투해 들어가게 하였다.[459]

비록 조지가 오른 것은 알프스였지만, 그의 '등반 정신'은 진정 전 지구적 차원의 것이었다.

정복이라는 용어를 사용한 점이나 산악 탐험이 제국 차원에서 중요하다는 것을 높이 평가했다는 점에서 조지만이 독특한 것은 아니었다. 1899년 지리학자 핼포드 매킨더에 의해 멀리 떨어진 산을 공략하는 흥미로운 일 가운데 케냐 산(Mount Kenya) 등반대가 조직되었다. 19세기 후반 매킨더가 '신지리학'의 중심 인물로 부상하면서 세계 지도에서 빈 공간으로 남은 주요 지역들 대부분이 탐사되어 색으로 칠해졌다. 나아가 매킨더 같은 사람들을 통해 지리학은 신사도를 갖춘 여행자와 탐험가의 세계로부터 근대적인 대학의 과목으로 점차 옮겨가게 되었다. 그럼에도 지리학자들 사이에서는 조지가 '지칠 줄 모르는 에너지'라 부른 그것을 전시해야 한다는 생각이 1899년에 아주 강력한 힘을 발휘하였고, 그리하여 당시 옥스퍼드 지리학과 조교수이던 매킨더에 의해 영국령 동아프리카의 최고봉인 케냐 산에 대한 등정이 결행된 것이다. 지리학자이면서 동시에 옥스퍼드의 장교 후보생이던 매킨더는 그 과정에 깊숙하게 관여된 조지의 작업에 대해 잘 알게 된 것으로 보인다. 그는 지리학계 안에서 등반 원정이 지속적으로 기반을 잡아야 하는 중요성을 확실하게 알고 있었다.

매킨더의 케냐 산 등정은 당시 왕립지리학회 회장이던 클레멘츠 마컴과 같은 전통적인 지리학자들에게 자신의 가치를 보여 주기 위해 기획한 의도가 컸다. '더 이상 단순한 안락의자 지리학자가 되어서는 안 된다'[460]는 그의 야망은 옥스퍼드 대학의 조교수직을 받는 데 왕립지리학회가 지속적인 도움을 주었으면 하는 기대로부터 상당한 영향을 받은 것 또한 분명한 사실이다. 왕립지리학회는 200파운드의 재정 지원을 비롯해서 훈련 및 장비 그리고 '매킨더의 등정'이라는 공식 타이틀을 지원해주었다. 등정 비용은 부피가 커져 1,200파운드 정도까지 늘어났는데, 매킨더와 그의 가장 중요한 대원이자 등반대 사진가인 캠벨 하우스버그(Campbell Hausburg)에 의해 충당되었다. 수많은 난관에도 매킨더는 100명이 넘는 원정대를 동원했고, 여름 휴가를 조금 더 연장한 정도의 기간 안에 목표를 달성하였다. 1899년 9월 13일 정오, 매킨더는 이탈리아계 스위스인 가이드 세자르 올리에르(César Ollier)와 짐꾼 조세프 브로슈렐(Joseph Brocherel)과 함께 케냐 산 정상에 올랐다. 그리고 산 정상 가까이에 있는 편평한 곳으로 등반하여 "정상에서 세자르, 조세프와 함께 코닥으로 한 방 찍었다."[461] (사진 43)

매킨더가 자신의 코닥 카메라에 대해 언급한 것은 1899년까지 사진이 대중 레저 행위였고, 많은 아마추어 애호가들이 가지고 있었다는 사실을 확인해 주는 것이다. 그렇지만 사진이 이 원정에서 중심적이면서 공식적인 위치를 차지한 것은 사실이다. 실제로 컬러 사진과 흑백 사진을 사용한 첫 과학 등정이었기 때문에 이 등정에는 상당한 관심이 집중되었다. 컬러 사진은 아이브스(Ives) 과정을 사용하도록 만들어졌는데, 그에 관하여 매킨더와 하우스버그가 강의를 들었고 왕립지리학회의 공식 사진 강사인 존 톰슨으로부터 상당한 도움을 받았다. 사진은 매킨더가 왕립지리학회에서 강연을 한 1900년 1월 원정 업적을 보여 주는 데서도 중요한 역할을 했다.[462] 대영박물관(자연사)의 보울더 샤프(Bowlder Sharpe) 박사는 매킨더의 시각 공연에 대해 찬사를 보냈는데, 그에게 보낸 편지에서 다음과 같이 썼다. "전 지금껏 지난 토요일 왕립지리학회에서 한 당신의 강연보다 더 좋은 강의를 들어 본 적이 없습니다. 더 좋은 공연도 본 적이 없습니다."[463]

이와 비슷한 시기에 토머스 홀디치(Thomas Holdich) 경도 매킨더를 "동아프리카 주요 산들 가운데 하나를 최초로 오른 사람"임과 동시에 "과학적 지리학자 …… 자연의 원정에 필요한 과학적 요구 사항들을 해결하기 위한 모든 부분에 잘 무장되어 있는 사람"[464]이라고 치켜세웠다. 매킨더의 원정은 실제로 지식을 습득하기 위한 모든 종류의 준비로

43. 핼포드 매킨더, 정상에서, 1899

철저히 무장되어 있었는데, 카메라와 총이 그 안에 포함된 것은 지극히 당연한 일이다. 영국으로 돌아왔을 때 그는 대단히 많은 과학 자료를 가지고 왔는데 그 안에는 상세한 지도, 길 탐사, 기상 관찰, 표고 관찰, 암석 표본, 포유류, 새, 식물, 곤충 등 채집 그리고 많은 양의 사진 등이 있었다.

매킨더가 자신의 코닥 카메라를 가지고 정상과 산의 동쪽 면을 찍었을 때, 하우스버그는 전 지역을 모두 연달아 찍었다.[465] 하우스버그가 찍은 '계곡 너머 케냐 산'('View of Kenya across Valley', 사진 44)을 비롯한 케냐 산 경관들은 결과적으로 산 전체를 시각적으로 조사한 것이었다. 다른 사진도 마찬가지로 원정의 과학적 목표와 일치했는데, 마사이(Masai)족과 키쿠루(Kikuru)족, 식물과 동물 등을 찍은 사진이 포함되어 있다. 예를 들어, 하우스버그의 사진 '캠번과 고산 식물'('Alpine vegetation with Camburn', 사진 45)에는 등반대의 공식 박제사인 클라우드 캠번(Claude F. Camburn)의 모습이 나오는데, 그는 동물 표본을 보존하는 일뿐만 아니라 사냥꾼을 위해 동물을 확인하고 총에 맞은 동물을 확인하는 등의 일을 하였다.[466] 원정대 유럽인 대원들은 식물을 카메라에 담고 수집하는 일도 하였고, 동물들에게 총을 쏘고 사진을 찍기도 하였다.[467] 실제로 매킨더는 사냥과 사진을 찍는 두 가지 행위를 연결시켜 하우스버그를 치켜세울 때 "가치를 따질 수 없을 정도로 사격 솜씨가 좋고, 사진 찍는 것 또한 그 정도로 완성도가 높다"[468]라고 했다. 사실, 등반대는 짐꾼들 덕에 엄청난 양의 동물학적 표본과 식물학적 표본을 수집하였다.[469] 일반적으로는 과학적 목적을 위한 것이라고 말하지만, 동물 사냥은 분명히 스포츠의 일환이었으며 수많은 '전리품' 스타일의 사진들이 그것을 잘 보여 주고 있다. 하우스버그가 손에 총을 들

44. 캠벨 하우스버그, 계곡 너머 케냐 산, 1899

45. 캠벨 하우스버그, 캠번과 고산 식물, 1899

46. 핼포드 매킨더, 코뿔소를 탄 하우스버그, 1899

47. 핼포드 매킨더, 하우스버그와 가젤, 1899

고 그가 쏴서 잡은 코뿔소 위에 앉은 모습을 담은 사진(사진 46)도 있고, 죽은 가젤 옆에 모자를 쓰고 앉아 있는 모습의 사진(사진 47)도 있다. 이 사진들을 자연사의 표본이라고 말하기는 어렵고, 제국의 사냥꾼-탐험가의 전리품을 찍은 사진임이 분명하다.

매킨더가 원정을 간 같은 지역에서 영국의 사냥 여행단이 조직되기도 했다. 사냥 여행단에는 해군 제독 로버트 헤이스팅스 해리스 (Robert Hastings Harris) 경이 포함되어 있었고,[470] 에드워드 노스 벅스턴(Edward North Buxton)도 있었다. 벅스턴은 케냐 산 가까이에서 사자를 사냥하고 사진 찍는 일에 바쁜 시간을 보내면서 오랫동안 고대해왔던 산 전체를 훑어볼 기회를 가졌다. 그리고 그 지형에 대해 다음과 같은 에로틱한 말을 남겼다.

아프리카의 산 가운데 여왕인 이 산이 베일을 벗고 그 매혹을 남김없이 드러낸 것은 이번이 거의 유일하다. 난 그 산을 등정한 매킨더 씨가 얼음으로 꽉 찬 동굴들을 덮은 차가운 벽을 뚫고 들어가는 데 성공했는지 어쨌는지 궁금하다.[471]

매킨더의 원정은 케냐 산의 동식물은 물론이고 전체 지형을 과학이라는 무기를 통해 시각 안에 잡아두었다. 정상에 도달하기 이틀 전에 매킨더는 자신의 일기에 "케냐 산이 이렇게 아름답구나. 우아하면서 엄하지도 않고. 나에게는 여자의 차가운 아름다움으로 다가온다"[472]라고 적었다. 매킨더는 오락용 사냥 여행단이 아닌 과학용 공식 원정대를 이끌었지만, 그 또한 벅스턴과 마찬가지로 케냐 산의 지형과 동물들을 사진에 잡아두는 데 애썼다. 산에 부여된 '여성적' 성격은 산의 매혹을

'벗기는' 데 그리고 그가 말한 바 '고산의 비밀을 드러내는 데' 필요한 남성의 권력을 강화시켰다.[473]

결국 매킨더는 조지 같은 제국의 남성들이 반드시 추구해야 할 것으로 등반과 탐험을 옹호했을 뿐 아니라 자연을 정복하는 데 사용되는 도구로서의 사진을 장려한 사람들을 따라가고 있었던 것이다. 케냐산 정상에 도착하여 사진 형태로 남긴 것은 그것이 오로지 아주 상세한 그리고 정복을 통해 확보한 정보였을 뿐임을 보여 준다. 사진을 찍는 것은 산과 그 주변 지역을 지도 제작 차원에서 조사하는 행위에 수반되는 일이었다. 즉, 지질학적·식물학적·동물학적 표본들을 재현의 차원에서 수집하여 축적하는 일이었다. 그 지역의 기상 특징을 기록하는 것과 토착 원주민을 관찰하여 자료를 수집하는 것도 포함되었다. 간단히 말하자면, 사진은 정복에서 챙긴 전리품만을 의미하는 것은 아니다. 실제로 산 정상에 도착하자마자 매킨더는 꼭대기에서 화강암 돌덩어리 하나를 챙겨 가져왔다. 이 돌덩어리가 지질학적 표본으로서보다는 산을 정복한 전리품으로서 의미가 있다는 사실은 그 후에 자신의 첫 등정을 기념하기 위해 좌대 위에 보관한 사실을 보면 분명히 알 수 있다 (사진 48). 그래서 지질학적 차원의 박제 안에서 이루어지는 다른 행위들과 마찬가지로 케냐 산에서 찍은 사진들은 산에 대한 하나의 완성된 그림, 수집 그리고 자연사적 전리품의 전유를 구성하는 일부가 되었다. 무엇보다 작전의 최우선 목표는 정상 등극이었다. 매킨더는 1899년 9월 19일 자신의 기록에서 다음과 같이 밝혔다. "우리는 한때 처참하게 실패할 것 같아 보였지만 극복하고 승리를 거머쥐었다. 이제 우리는 모든 것을 채우고 고국으로 돌아간다."[474]

매킨더는 '매킨더 계곡' 같이 풍경의 형상과 농물에 자신의 이름을

48. '핼포드 존 매킨더의 케냐 산 정상 등극 기념 정상에서 채취한 바위, 1899년 9월 13일'

남김으로써 동아프리카에 과학적인 자국을 남겼다.[475] 매킨더가 케냐 산의 지형적 형상에 대해 이름을 지은 것 가운데 하나가 톰슨봉(Point Thomson)이다. 이는 원정에서 사진 작업으로 공헌한 존 톰슨을 기리는 차원에서 지은 것이다.[476] 케냐 산의 지리가 카메라에 잡혔듯이 사진은 풍경을 고스란히 새겨 두었다. 이러한 관찰, 이름 짓기 그리고 수집 과정은 그곳의 땅, 사람, 동식물을 영국의 과학이 짜놓은 틀 안에 병합시키려는 시도임을 보여 준다.

카메라 사냥

초창기에 살아 있는 야생 동물을 찍는 가장 쉬운 방식은 아마 가장 용감하지 않은 방식이겠지만 런던동물원에서 찍는 것이었다. 수많은 상업 사진가들이 이 길을 따랐다. 그곳에 가서 입체 사진을 찍은 사람으로는 1865년 프랭크 아에스(Frank Haes)를 들 수 있다.[477] 그의 연작 사진 작업은 1872년 프레드릭 요크(Frederick York)가 따라 하기도 했다.[478] 그러한 사진들은 동물원 당국을 비롯하여 자연사와 관련되어 여러 곳으로부터 나오는 관심에 대한 화답이었다. 사진술이 발전함에 따라 노출에 필요한 시간이 줄어들었고, 이에 사진가와 박물가들은 동물 이미지를 기록하기 위해 자신들이 실험하고자 하는 바를 사진으로 정교하게 작업하였다.[479] 1870년대 후반에 진행 중이던 에드워드 머이브리지(Eadweard Muybridge)의 사진을 통한 동물 연구는 1870년대에 특히 널리 알려졌다.[480]

동물원에 잡혀 있는 동물이나 박물관에 전시된 박제 동물을 찍는 것과 달리 야생 상태에 있는 동물을 사진으로 찍는 것은 1880년대와 1890년대에 이룬 기술적 발전 덕분에 더욱 쉬워졌다. 그 가운데 특히 롤 필름의 사용, 카메라 휴대성의 증가, 노출 시간의 감소, 망원렌즈의 발전이 두드러졌다. 당시 카메라, 망원렌즈, 망원경 등의 광고가 런던에 기반을 둔 달마이어(Dallmeyer) 같은 회사에서 나왔다는 사실은 이러한 기술이 자연사 분야나 등반 등을 할 때 활용하도록 고무되었음을 보여 준다(사진 49). 달마이어(T. R. Dallmeyer)는 망원렌즈의 개척자로서, 특히 박물가들에게 망원렌즈를 사용하도록 강력하게 권장하면서 '박물가용 카메라'를 개발하기도 했다.[481] 왕립지리학회의 『여행자를 위한 정보』 같은 안내서는 사진이나 자연사 같은 모든 종류의 탐사 행위에 대한 지침을 담고 있었기 때문에 카메라나 망원경 등의 광고를 신기에 아주 이상적인 출판물이었다.[482] 뿐만 아니라 그러한 사진 기술의 발전은 자연의 움직임을 잡아내는 데 매료된 당시의 분위기에 추동되곤 했다. 1880년대에 프랑스의 생리학자 에티엔 쥘 마레(Etienne Jules Marey, 1830~1904)는 자연의 움직임을 그래픽 형태로 잡아내고 싶어서 사진가로 진로를 바꿨다. 마레는 1882년에 날아가는 갈매기를 포착하기 위해 '사진 총'을 개발했는데, 그 사진기는 1/720초의 속도로까지 찍을 수 있었다.[483] 아마도 마레는 '시간 사진'에 있어서 가장 뛰어난 실험

자일 것이다. 뿐만 아니라 그는 작업을 해나가는 과정에서 일광 장전을 하는 필름과 릴 필름 영화 카메라를 처음 개발한 사람이다(1886). 그는 자신과 함께 작업한 머이브리지와는 달리 하나의 시각에서 하나의 판 위에서 움직임을 잡아내는 작업을 하였다. 그는 1880년대 중반에 동시에 3대의 카메라로 위, 옆 그리고 앞의 세 방향에서 갈매기가 날아다니는 모습을 찍는 실험을 하였다.[484] 마레가 총의 몸체 안에 자신이 개발한 고속 노출 카메라를 앉히는 방식을 택한 것이 특히 흥미롭다. 그러한 사진술의 발전은 주로 폭약의 발전을 통해 사냥총과 실탄의 개선에 따라 이루어진 결과이다(1893).

머이브리지는 동물의 움직임을 사진으로 연구하려 했는데, 움직임을 포착하려는 이러한 시도 역시 탄도학이 사진술과 관련되어 있기 때문에서였다. 이 둘의 연계는 사진의 역사만큼이나 길다. 1850년대 영국인 호레이쇼 로스(Horatio Ross)가 했던 실험부터 프랑스인 엉잘베르(Enjalbert)의 실험까지 이어진다. 이 가운데 1882년 엉잘베르의 10장짜리 스파이 카메라는 권총과 아주 비슷한데, 특히 방아쇠를 당겨 찍는 체계를 갖추고 있었다. 사냥과 사진술 사이의 더욱 밀접한 유사성은 '샷'(shot)과 '스냅샷'(snap shot)에서 두드러지는데, 이는 큰 짐승 사냥을 하는 사람이나 사진가가 하는 행위와 수사에서만 표현되는 것이 아니라[485] 카메라를 포식하는 무기로 디자인하고 광고하는 속에서도 드러났으며, 심지어는 큰 짐승 사냥꾼에 의해 카메라가 디자인되기도 했다.[486]

또 사진으로 야생 짐승을 포착하는 것은 자연사에 대한 폭넓은 관심이 생기면서 더욱 장려되었다. 세기가 바뀔 무렵 셀루스(F. C. Selous), 브라이든(H. A. Bryden), 존스턴(Harry Johnston) 경 같은 저명한 '전문가들'이 기고하여 출간한 『세계의 살아 있는 동물』(The Living Animals *of the World*) 같은 대중적인 자연사 책은 박물가와 스포츠맨들이 수집한 엄청나게 많은 사진으로 전 지구의 동물상을 드러냈다.[487] 그러한 출판물에 자극을 받고, 카메라가 갈수록 휴대하기 편해지고, 망원렌즈가 발전하면서 '자연 사진'은 갈수록 대중적이 되었으며, 그 결과 다양한 안내서와 입문서를 찍어냈다.[488] 아마추어 박물가와 사진가를 겨냥한 것이 많지만, 그러한 안내서는 더 많은 사람들이 '야생'에 대해 매력을 느끼게 만들었다. 좋은 예로, 리처드 키어튼이 쓴 유명한 책 『집에서의 야생: 야생을 어떻게 공부하고 사진을 찍을 것인가』(1898)는 그의 형제인 체리 키어튼(Cherry Kearton)이 찍은 사진들을 담고 있는데, 사진들에는 '큰 나무를 오르다', '높은 울타리 위에 있는 새 둥지를 찍는 법' 같은 캡션이 붙어 있다. 그 사진들은 집에서 '야생'에 대해 작업하는 용감한 사진가의 모습을 보여 준다.[489] 이어서 체리 키어튼은 자신의 카메라를 들고 '야생', 특히 동아프리카의 모습을 찍는 지구 탐험을 하기 시작했다.[490] 실제로 바야흐로 카메라로 하는 사냥이 자신의 것이 되었는데, 그것은 이역만리 진정한 야생이라고 생각하는 곳에서의 일이었다.

카메라로 하는 사냥을 옹호하는 많은 사람들은 총으로 하는 사냥보다 스포츠맨 정신을 훨씬 잘 보여 준다고 하였다. 1902년 영국에서 카메라 사냥의 최고 권위자인 에드워드 노스 벅스턴은 그것에 대해 다음과 같이 기술했다.

> 흥미진진한 결과를 결코 배신하지 않는 현장 조사 …… 그것은 더위를 비롯한 다른 고통을 이겨내려는 엄청난 인내와 끈기, 동물들의 습관에 대한 지식을 필요로 한다. 한마디로 말하면, 방아쇠가 달린 쇠로 만든 단순한 대롱보다는 훨씬 뛰어난 스포츠맨십이 필요하다. 그

리고 야생을 성공적으로 사진에 담았을 때 그것이야말로 훨씬 높은 수준의 성취다. 전리품이 얼마나 인상적이든 간에 단순한 스포츠 영역에서 볼 때도 그렇다.[491]

벅스턴이 보통의 사냥보다 카메라 사냥을 한 수 위라고 치켜세우는 것은 그가 보존운동을 한다는 사실과 일맥상통한다. 외지 사냥과 등반 모험 취미를 가진 부유한 영국인인 벅스턴은 1903년에 제국동물보존협회(Society for the Preservation of the Fauna of the Empire) 설립에 관여한 중추적 인물이었다. 존스턴이나 셀루스 같은 부유한 박물가이자 사냥꾼들과 커즌 같은 귀족 혹은 식민 행정가들이 모여 만든 이 막강한 모임은 영국의 식민지 내에서 사냥과 동물 교역에 대한 정보를 창출해 내고, 보호구역을 마련하거나 사냥의 규칙을 제정하는 네 큰 영향력을 행사하였다.[492]

벅스턴은 1880년대 후반 로키 산맥에서 사냥 여행을 할 때 처음으로 카메라를 사용했는데, 그리 많은 성공을 거두진 못했다.[493] 1899년 그는 영국령 동아프리카와 수단으로 사냥 여행을 떠났는데, 그 여행은 '캠프에서 캠프로 돌아다니면서 사냥과 사진, 여행을 함께하는 것'이었다. 일정 부분 그는 이런 여행의 경험을 통해 20세기 초 영국에서 확립된 보존운동의 중심 인물이 되었다. 그는 수단 여행에서 신형 '달마이어의 박물가용 카메라'(사진 49)를 사용해 망원 사진을 찍었는데, "총이 아닌 또 다른 무기"를 사용했다고 말했다.[494] 그에게 카메라는 여전히 하나의 '무기'임이 분명했고, 모든 '표본'을 다 죽인 후에 반드시 "카메라 앵글을 가까이 들이대는 일에 전력을 다해야 했다."[495]

그렇지만 벅스턴은 자신의 책에 살아 있는 동물 사진을 다수 포함

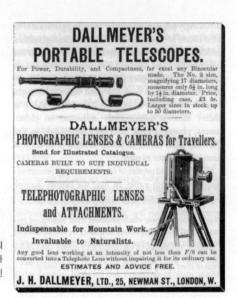

49. '여행객을 위한 달마이어사(社)의 휴대용 망원경, 카메라 렌즈 그리고 카메라. 콜스(편), 『여행자들에게 주는 힌트: 과학적인 것과 일반적인 것』(1901)

시켰다. 사냥 보존을 다룬 부분에서 독자들의 동물 사랑의 감정에 호소하기 위해 '암컷 워터벅 한 마리'('A Doe Water-Buck')라는 사진이나 '출발 지점에서'('At the Point of Departure')라는 제목의 사슴 무리 사진 같은 전인미답의 깨끗한 자연 세계를 찍은 그림 같은 사진들을 전략적으로 실었다.[496] 하지만 '카메라로 접근하기'에 대한 그의 설명은 총 쏘기와 사진 찍기 모두 모험을 통해 약탈을 추구하는 것으로 그리면서, 둘 사이에 존재하는 지속성을 강화시키는 역할을 했다.[497] 야생 파괴 효과의 잠재성에 대해 관심을 가진 것은 사실이지만, 그렇다고 해서 사냥을 반대하는 사람은 분명히 아니었다. 실제로 그는 '그 누구도 정당한 스포츠에 대해 간섭할 수 없다'는 생각을 가진 '보수적 스포츠맨'이라는 사실을 분명하게 드러냈다.[498]

벅스턴은 카메라 사냥 옹호론자로서 많은 사람들로부터 찬사를 받았다. 해리 존스턴은 그를 다음과 같이 평했다.

벅스턴은 속물적인 대중 앞에 당당하게 서는 용기를 가졌다는 평판
을 듣는 스포츠맨이자 품격 있는 남자에게 최고의 스포츠는 카메라
로 (망원렌즈를 쓰든 쓰지 않든 간에) 스냅 사진을 찍는 것이라는 사
실을 선언한 사람이다. 그는 그것이 코끼리, 코뿔소, 영양, 얼룩말, 기
타 아무 죄 없고 예쁜 짐승들이나 희귀한 야수와 새들의 몸 안에 납
을 처박아 죽이는 것보다 훨씬 낫다고 한 사람이다.[499]

존스턴은 비록 동물을 죽이는 일에 대해 박물관이나 과학 용도
로 합리화시키긴 했으나, "유럽과 미국의 사냥꾼들이 자행하는 자연
파괴를 노골적으로 비난했는데, 그것을 여전히 20세기 문명에 남긴 가
장 큰 오점 중의 하나"[500]라고 말했다. 존스턴은 쉴링스(C. G. Schilings)
의 책 『섬광 그리고 총과 함께』(*With Flashlight and Rifle*, 1906)의 서문
에서 "카메라 사냥은 벅스턴과 쉴링스가 개척한 발자취를 따라 '미래
의 스포츠맨십'을 대표했다"라고 썼다.[501] 1890년대 후반 독일령 동아프
리카에서 사냥을 한 쉴링스는 특히 머지않아 영원히 사라져 버릴 것 같
은 사냥감을 찍는 일에 전력을 다했다. 1903년에는 사진 장비(특히 야
간 사진을 위해 마그네슘 섬광 기술)를 실험해 본 후 독일의 박물관과 동
물원에 기증하기 위해 죽은 동물과 산 동물 모두를 표본으로 수집하고
그것을 카메라에 담기 위한 대규모 원정을 떠났다. 비축물과 사진 장비
를 옮길 170명의 짐꾼과 자신이 직접 고용한 박제사[윌리엄 오르가이츠
(William Orgeich)], 외과 의사, 경호원들까지 대동한 여행이었다. 쉴링
스는 황소 같은 살아 있는 미끼를 사용하여 철망 덫을 놓아 사자, 표범,

하이에나 같은 맹수들이 사냥하는 모습을 사진으로 담았다. 그는 그러한 동물들을 잡기도 하였는데, 주로 총을 쏘아 잡았으나 가까이에 금속 덫을 설치하여 잡기도 했다. 낮에는 움직이는 동물 목표물을 따라다니면서 '사진 찍는 총'처럼 카메라를 작동하였다.[502] 쉴링스는 자신의 사진과 표본-사냥 원정을 '문명의 비극 위에 새로운 빛'을 비추는 시도라고 하였는데, 이는 아프리카에서 큰 짐승 사냥감이 파괴되는 것을 저지하기 위해서이며, 또한 영국 정부에 의해 그려진 보호선을 수호하기 위해서라고 했다. 그의 작업은 영국의 보존운동과 관련된 사회 안에서 상당한 영향력을 행사하였고, 동물 사진에 지속적인 영향을 끼쳤다.[503]

카메라 사냥에 헌신한 또 한 사람의 열정적인 자연 사진가로는 아서 레드클리프 더그모어(Arthur Redclyffe Dugmore)가 있다.[504] 더그모어는 1908년 영국령 동아프리카에 4개월간 원정을 갔고, 이어 아프리카에서 몇 차례 더 원정을 했다.[505] 첫 원정을 하고 난 후 그는 카메라 사냥을 해야 하는 이유를 "의심의 여지없이 훨씬 흥미진진하고, 어려움 측면에서 보면 총으로 하는 사냥은 대부분의 경우 소년들이나 하는 스포츠에 지나지 않는다"[506]라고 강력하게 주장했다. 그는 카메라 사냥은 총으로 하는 사냥에 비해 훨씬 큰 흥분을 가져다주고, 고도의 기술을 필요로 하며, 더 위험하다. 왜냐하면 카메라 사냥꾼은 야생 동물과 아주 가까이에서 대개 보호장치도 없이 훨씬 무겁고 거추장스러운 사진 장비를 갖추고 마주해야 하기 때문이라고 했다. 뿐만 아니라 "이 멋진 스포츠는 깨끗하고, 건전하며, 길짐승과 새를 자연 상태에서 볼 수 있고, 고유한 권리인 시골에서 살기 때문이다"[507]라고도 했다.

사실적 사진을 찍는 것과 표본을 수집하는 것은 지식을 위한 과학적 추구이자 궁극적으로는 동물계의 보호라고 이해되었다. 많은 비평가들이 존스턴과 벅스턴 그리고 다른 사람들의 뒤를 이어 카메라 사냥이 남성다운 스포츠라고 확실하게 주장했다. 마리우스 맥스웰(Marius Maxwell)이 쓴 『적도 아프리카에서 카메라를 들고 큰 짐승에 따라붙기』(*Stalking Big Game with a Camera in Equatorial Africa*, 1925) 서문에서 영국 자연사박물관장인 시드니 하머(Sydney Harmor) 경은 "카메라 스포츠는 결코 쉬운 일이 아니다. 그에 헌신하고자 하는 사람은 반드시 목숨을 걸어야 하고, 큰 짐승을 사냥하는 보통 사냥꾼들이 보여 주는 것에 비해 결코 뒤지지 않는 모험 정신에 자신의 목표를 걸어야 한다"[508]라고 썼다. 또 마찬가지로 몇 년 뒤에는 버틀러(A. L. Butler)가 카메라 사냥에 대해 "동물들을 총으로 쏴 죽이는 것보다 사진으로 잡아두는 것이 훨씬 어렵고, 특히 가까운 거리에서 찍은 사진은 대단한 냉정함과 진정으로 노련한 산림 기술을 보여 주는 근거가 된다"고 말하기도 했다.[509] 보존에 관한 새로운 생각의 맥락에서 보면 이러한 주장은 스포츠맨다운 행위에 대한 규정을 재정의하려는 시도로 해석될 수 있다.

카메라 사냥꾼들은 사진을 전리품으로 취하는 사람들이었기 때문에 사진의 품질과 진성에 많은 강조를 두었다. 쉴링스는 자신이 찍은 사진들이 "직접 현장에서 기록한 정통 사진이고, 인간의 눈이 한 번도 보지 못한 비밀을 벗겨낸다. …… 진정으로 완전한 자유 상태에 있는 야생 동물을 처음으로 보여준다"[510]고 주장하면서 사진의 정확도를 강조했다. 쉴링스는 이미지를 변환하거나 '다시 손보는' 모든 시도에 대해 비판적 자세를 취하면서 자신의 사진은 '자연에 대해 진실하고', 아프리카 야생에 대해 절대적으로 신뢰할 만한 '자연-기록'이라고 주장했다.[511] 더그모어 또한 마찬가지로 자신이 찍은 사진의 진성을 강조하는 데 열렬하였는데, 자신의 사진들은 '속임수'나 '다시 손보기'가 전혀 없다고 했다.[512] 이러한 주장은 몇몇 열정적인 사냥꾼들이 사진 사냥이라는 전리품의 가치에 대해 반론을 제기하는 상황에서 강조해야 할 중요한 사실이 되었다. 예를 들어, 데니스 라이엘은 사진 사냥이 스포츠맨적이라는 주장에 대해 회의적이었는데, 특히 망원렌즈 사용에 대해 그러하였다. 그는 "나는 망원렌즈를 사용하는 사진가들이 보여 주는 용기를 매도할 생각은 전혀 없다. 하지만 사진에 대해 아무것도 모르는 사람들 사이에 널리 퍼져 있는 잘못된 생각 하나를 지우고 싶을 뿐이다"라고 했다. 라이엘은 '공격 사진'만이 '진실하다'고 했다. 특히 공격하는 동물을 정면에서 찍은 사진이 그런데, 동물이 부상당하지 않았다면 사람을 공격하는 경우가 거의 없는 법이라고 주장했다. 그는 또 총을 가지고 부상당한 동물을 쫓는 것이 부상당하지 않은 동물을 찍는 것보다 훨씬 위험하다고도 했다.[513]

다른 카메라 사냥꾼과 공통적으로 더그모어도 카메라로 동물을 사냥하는 것이란 무장하지 않은 채 동물에게 가까이 접근하는 것을 의미한다고 했다. 그렇지만 벅스턴이나 쉴링스와 마찬가지로 그 또한 자신의 사진은 총을 휴대하고 찍은 것이라고 확실하게 말했다. 실제로, 총과 카메라를 들고 있는 더그모어의 사진 한 장이 보여 주듯(사진 50), 그 둘은 서로 바꿔 쓸 수 있는 것이었다. 더그모어는 동물 살상을 거부하였지만 영국령 동아프리카에 있는 동안 결과적으로 총으로 동물을 쏘게 되는 극적인 상황에 처한 경우가 있었다. 한 장의 사진은 '사진가와 그 동료들을 향해 공격하는 실제 상황에서 코뿔소를 15야드 이내의 거리에서 찍은 모습'을 보여 준다(사진 51). 더그모어는 "노출이 제대로 잡히자마자 돌진하는 야수를 향해 한 방을 쏘았다"라고 덧붙였다. 그는 이때의 코뿔소 사진 사냥을 다음과 같이 기술했다. "그 녀석이 다가오자 그냥 놔둬도 좋을 만큼 가까운 순간이 왔을 때 셔터를 눌렀다. 그리고 내 동료는 애초에 약속한 바대로 셔터가 떨어지는 소리를 듣자마자 방아쇠를 당겼다."[514] 이런 일은 사진 사냥꾼들에게 자주 벌어지는 일이었다. 칼 쉴링스 또한 이와 비슷하게 코뿔소와 맞닥뜨린 일이 있었는데, 그때도 카메라와 총이 거의 동시에 발사되었다.[515] 카메라와 총을 함께 든 더그모어의 자세는[516] 카메라 사냥꾼 마리우스 맥스웰이 죽은 코끼리와 함께 카메라를 든 자세와 같은 것으로(사진 52), 이는 카메라 사냥꾼의 모호한 위치를 제대로 보여 준다. 그들은 야생의 살아 있는 자연을 카메라에 담으려는 시도 안에서 동물을 사냥하고 사살하는 경험을 사진으로 잡아내고 재창조해 낸 것이다.

쉴링스와 더그모어에 고무되어 맥스웰은 1911년에 동아프리카를 향해 떠났고, 돌아온 후 1921년에 또다시 그곳으로 향했다. 그는 여행 목적을 "큰 짐승 사냥에서 일어나는 사건들을 사진으로 기록하기 위해 …… 총 대신 카메라로 정확한 한 방을 확보하기 위해"[517]라고 했다. 비록 맥스웰이 극한 경우에만 총을 사용할 것이라고 선언했다지만, '사냥꾼이 코끼리를 보는 것과 정확하게 똑같아서' 야생에서 코끼리를 찍는다는 것은 코끼리를 카메라와 총 모두를 사용하여 한 방 쏘는 것이 된다.[518] 그의 사진 '희생물'은 코끼리 무리에게 다가가서 그 가운데 가장 큰 수컷을 향해 총을 쏘는 행위를 재창조하는 일련의 사진들 가운데 맨 마지막 사진이다.[519] 카메라를 팔에 매고 죽은 코끼리에 기대 선 맥스웰의 모습을 보여 주는 이 이미지는 카메라를 총으로, 사진술을 약탈 추구 행위로 탈바꿈시키는 충격적인 맥락으로 압축될 수 있다.

카메라 사냥 안에 내포된 모순은 1920년대 야생 사진가 체리 키어튼이 자신의 책 『세계를 돌며 야생 사진을 찍다』(*Photographing Wild*

50. 아서 레드클리프 더그모어, '저자와 그의 카메라', 『야생 아프리카에서 카메라와 함께하는 모험』 (1910)

51. 아서 레드클리프 더그모어, '사진가와 그 동료들을 향해 공격하는 실제 상황의 코뿔소를 15야드 이내의 거리에서 찍은 모습', 『야생 아프리카에서 카메라와 함께하는 모험』(1910)

52. M. 맥스웰, '희생물', 『카메라를 들고 큰 짐승에 따라붙기』(1925)

Life Across the World)에서 분명하게 보여 주었다. 키어튼은 큰 짐승 사냥에 의한 '야생 동물의 고의적 파괴'를 혐오하였을 뿐만 아니라 '총으로 자기들의 모델을 살상하는 죄를 저지른'[520] 사진 사냥꾼들의 행위 또한 혐오했다. 비록 그가 죄를 저지른 자의 이름을 일일이 거론하지는 않았지만, 쉴링스와 더그모어가 부상당한 동물 사진을 찍은 것은 사실이었다.[521] 키어튼에 의하면 문제는 폭력이었다.

> 어떤 유형의 사진 원정 혹은 사파리에서 나타나는 그것을 말함이다. 그것은 자연사를 위해서라고 가장하여 큰 짐승 사냥꾼들이 보여 주듯 큰 야생 동물의 목숨을 앗아가는 일이 아주 많다. 그들은 표본을 수집한다는 단 하나의 노골적인 생각만 가진 사람이다.[522]

카메라 사냥꾼 한 세대가 저지른 악행은 그들 자신에게로 돌아왔다. 19세기 후반과 20세기의 개인 카메라 사냥꾼의 행위와 1920년대와 1930년대 아프리카의 영국 식민지에서 대규모로 이루어진 전문적 사파리 간의 대조는 야생 동물에 대한 유럽인의 태도가 폭넓게 바뀐

것을 알리는 신호탄으로 해석되기도 한다. 그것은 마구잡이 살육에서 계몽적 보호로 이동하는 것이었다. 그렇지만 사진 사냥 행위가 잔인함이나 살상으로부터 면죄부를 받을 수는 없었다. 나아가 사진 사파리가 단순한 사진 촬영 여행보다 훨씬 규모가 커지면서 그들은 여전히 아프리카 사람들을 몰이꾼, 안내자, 짐꾼 등의 용도로 거느리고 다녔다. 비록 카메라가 총을 대체했다지만, '총을 든 사람들'이 단순하게 '카메라를 든 사람'으로 바뀌었을 뿐이다.[523] 이와 함께 총 사용 규정, 사냥 규정, 행정 정책, 사냥 보호구역 등이 토착 아프리카 사냥꾼을 '밀렵꾼'으로 바꾸어 버렸다. 조직화된 사진 사냥은 사실 지배라는 의미에서의 이동을 나타내는 것이다. 그것은 자연 세계에 대한 폭력을 찬양하는 것으로부터 부드럽지만 여전히 강력한 자연에 대한 지배로 옮겨가는 것이었다. 물론 그 이동은 제국주의적 경영과 관리를 통해 이루어졌다. 이러한 이동은 어쩔 수 없이 아프리카 자체를 식민지로 전환하는 더 넓은 의미로 연결되었다. 그것은 탐험과 정복의 시대에서 정주(定住)와 행정의 시대로의 이동이었다.

큰 짐승 사냥꾼들과 박물가들이 사냥꾼의 '천국'이자 '에덴동산'으로 인식한 동아프리카는[524] 카메라 사냥의 발전을 위한 전형적인 영역이었다. 식민 통치와 우간다 철도에 의해 빗장이 열린 영국령 동아프리카는 유럽과 미국의 자연사박물관 대리로 일하는 수집가들과 부유한 여행자를 위한 첫번째 사냥터가 되었다.[525] 영국인이 동아프리카를 그렇게 설계한 장본인이었다고 할지라도 그들은 단순히 카메라 사냥꾼이기만 한 것은 아니었다. 미국인 박제사이자 박물가인 칼 애킬리(Carl Akeley)는 미국 자연사박물관을 위한 세 차례의 동아프리카 방문(1905년, 1909년, 1921년) 동안 그러한 개념과 기술을 폭넓게 사용하였다. 그는 사진과 동물 가죽을 수집하여 박물관에 죽은 동물을 다시 창조해 냈다. 그러고서 자신을 '사라져 가는 아프리카의 야생을 기록하고 조각하는 사람'이라고 했다. 영국의 보존주의자들이 그랬던 것처럼 애킬리는 특히 카메라로 사냥할 것을 권고했다. "게임이 끝난 후에도 다음날 동물들이 살아서 뛰어놀 수 있기 때문이며, 나아가 그 어떤 진정한 스포츠 개념에 비추어 보더라도 …… 카메라 사냥은 총으로 하는 사냥에 비해 두 배의 인력을 데리고 간다."[526] 카메라 사냥이 유럽과 미국의 박물가들이 모두 공통적으로 하는 일이라는 사실은 사진의 기술과 언어가 단순한 영국 제국주의 담론의 일부가 아니라 유럽과 미국 백인의 영원한 지배로서 자연의 비전을 보호하고 창조하기 위해 더욱 넓은 운동 안에서 연계되었음을 보여 준다.[527]

그렇지만 카메라가 그 일부를 이루는 보존 담론은 동아프리카에서의 식민 지배 정치에 깊게 연루되었는데, 그것은 아프리카인을 자신들의 전통적 사냥터로부터 쫓아내 버렸고, '보호구역'이라는 새로운 공간을 만들어 그들을 통제하였다. 총으로 하든 카메라로 하든 간에 사냥은 백인의 전유물이었다. 데니스 라이엘은 이를 '연역적 추론'에 대한 남성들의 또 다른 태도라는 맥락으로 설명하면서 덧붙여 "그래서 원주민은 항상 백인에 비해 열등한 존재가 되는 것이다"라고 했다. 라이엘이 주장하기를 연역적 추론이라는 권력 없는 자연에 대한 지방 지식은 과학적 관찰을 열망할 수 없었던 것이다.[528] 스티건드와 라이엘 같은 사람에게 아프리카 사람은 결코 '스포츠맨'이 될 수 없었는데, 그들은 다만 고기를 좋아하거나 살해 욕구 때문에 사냥했다.[529] 그래서 아프리카 사람들은 동물들을 추적하는 데는 유용하지만 유럽 사람들과 비교해 볼 때 '스포츠 본능'이 전혀 없었다.[530]

이러한 태도는 백인과 흑인, 문명과 야만, 인간과 동물 사이에 상상의 경계를 유지하는 데 일조했다. 스티건드 같은 영국인에게는 아프리카 전체 제국이 하나의 동물 경영 기획으로 인식될 수 있었다. 1902년 큰 사냥감 보존과 카메라 사냥을 주창한 벅스턴은 "우리는 보호구역을 세우고 있는데, 그 안에서 모든 종류의 야생 짐승들이 서로 싸우게 내버려둔다. 저런 방식을 인간의 어떤 종에게도 범위를 넓혀 적용할 수는 없을까? 그 안에서 자기들끼리 다스리게 두면 결국 강한 자만 살아남지 않겠는가?"[531]라고 말했다.

인종 진화의 과학적 이론과 '생존을 위한 투쟁'의 저변에 깔린 믿음은 아프리카 사람들을 인간 종자보다는 동물 조상에 가까운 존재로 특징짓게 하였다. 심지어 스티건스 같은 사냥꾼들은 아프리카 사람을 동물과 같다고 직접적으로 규정하였다. 그가 '원주민 정책'은 반드시 특정 지역과 부족의 세부 사항에 맞추어 재단되어야 한다고 주장했을 때 그의 전반적 견해는 "많은 원주민은 반드시 인간으로서보다는 동물로서 다루어져야 한다는 것이다. 친절하게는 하되 그들을 우리와 같은 기반 위에 두려는 그 어떤 시도도 해서는 안 된다"[532]라고 했다. 실제로 그는 흑인 중 (더 잘 양육된, 더 열심히 일하는, 더 잘 조직된 그리고 머리가 더 좋은) '최고의 부족'을 선정해 커다란 보호구역 안에 두어 백인의 감독 아래에서 서서히 문명화시켜야 한다고 주장하는 극단적 식민 경영론과 우생학을 옹호하기도 했다. 반면 '게으르고 쓸모없는' 부족은 보호국 상태에서 노동을 제공하도록 강제해야 하고, "특히 백인의 주거지와 플랜테이션 경작 같은 것을 위해 노동해야 했다."[533]

카메라를 든 사냥 또한 마찬가지로 식민주의 방식의 관점과 공존을 계속했다. 예를 들어, 영국령 동아프리카에서 20세기 초 첫 20년 동안 경찰과 군인으로 복무한 윌리엄 포란(William Foran) 소령 같은 사람이 행한 사냥, 개척, 사진 촬영 같은 행위들에서 분명하게 나타난다. 열정적인 아마추어 사진가였던 포란은 스티건드의 절친한 친구였는데, '군사준비학교'도 같이 다녔고 동아프리카에서도 같이 복무하였다.[534] 포란은 스티건드가 가진 식민 야망도 공유했다. 자신의 책 『죽일 것이냐 죽을 것이냐: 한 아마추어 사냥꾼의 횡설수설 회상』(*Kill or be Killed: The Rambling Reminiscences of an Amateur Hunter*, 1933)에서 포란은 20세기 초반 영국령 동아프리카에서 사냥과 개척을 하면서 보낸 시간을 회고했다. 책 제목이 시사하듯, 그는 사냥을 자연스러운 전쟁에 대한 표현으로 간주했다. 그는 자신의 책을 "내가 사람에게든 짐승에게든 아프리카에서 처음으로 총을 쏜 지, 다시 말해 내가 모든 생물체 사이에 벌어진 영원한 전쟁에 뛰어들기 시작한 지 34년이 지났다"라는 문장으로 시작했다. 스티건드처럼 포란도 자신의 사냥과 군사 작전을 상호 협력하는 것으로 그리고 궁극적으로는 식민 질서를 세우는 것과 동일한 과정의 일부로 인식하였다. 포란 또한 사진술을 군사 작전에서 쓰이는 유용한 무기의 하나로 파악하였다. 그는 1933년에 이렇게 썼다. "사냥을 시작하고 나서 6년 동안 대부분 나는 총을 스포츠의 일환으로 사용하였다. 그 후 나는 전적으로 카메라에만 매달렸다."[535] 그가 사진을 선호한 것은 보존의 한 형태로 사진을 사용해야 한다는 간곡한 호소의 결과로서가 아니라 단순히 사진이 좀더 스포츠적이라서 그리한 것이다. 그의 말을 빌리면, "모험은 피를 보는 것이면서 남성적인 것을 의미하지만, 마찬가지로 아주 온순하고 쉽게 구하는 것이기도 하다. …… 칼 G. 쉴링스, A. 레드클리프 더그모어, 체리 키어튼은 총을 카메라로 대체하는 데 참신함을 도입한 사람들이다."[536]

포란이 카메라를 들긴 했지만, 희생물의 생명을 앗는 사냥은 여전히 남아 있었다. 다른 많은 카메라 사냥꾼들과 마찬가지로 그는 총과 카메라를 동시에 사용하였다. 즉, 동물들은 카메라로 찍힌 직후 몇 초 만에 총에 맞아 죽었다.[537] 이러한 사실은 초기의 보존주의자들 가운데 사냥을 반대하는 사람이 없었다는 사실을 기억한다면 전혀 모순적이지 않은데, 보존주의자들은 그저 정당한 '스포츠맨'에게 사냥감에 대한 접근을 제한하는 일을 옹호했을 뿐이기 때문이다.[538] 카메라 사냥은 바로 이러한 사냥 스포츠맨십의 새로운 코드 안에서 깔끔하게 맞아떨어졌는데, 지지자들은 일관되게 카메라 사냥의 기술과 남자다움을 강조하였다. 원주민은 바로 이 보존주의자들이 세운 새로운 사냥 코드에서 철저히 배제되었음은 두말할 필요도 없는 일이다. 실제로 많은 사냥꾼, 군인, 개척자들에게 '야만인'은 자신들이 정복하고 통제해야 할 야생의 한 형태로 이해되었다. 어쨌거나 자연 세계 안에 묶인 식민화된 사람들에 대한 재현은 '야생'과 '야만'의 공간을 '문명화된' 그리고 식민화된 공간으로부터 멀리 떨어지게 함으로써 이루어졌다. 그 경계는 문화의 차이에 대한 개념을 나타내는 것이었는데, 결국 사진이 인종의 '유형들'을 잡아내고 범주화하는 여러 방법 가운데 중심적인 위치를 차지하게 되어 버렸다. 이에 대해서는 다음 장에서 자세히 논하도록 하자.

5장 _ '원주민 사진 찍기'

『예술 저널』에 실린 한 비평에 따르면, 1854년 런던에서 사진협회가 개최한 첫 전시를 관람한 사람들은 일련의 초상 사진에 큰 감동을 받았다고 한다. 그러한 초상에는 헤니먼(Henneman)이 찍은 '줄루 껌둥이'('Zule Kaffirs')와 휴 다이아몬드(Hugh Diamond) 박사의 '미친 놈'('the insane')이 들어 있다.[539] 사람의 몸을 시각적으로 파악할 수 있는 사진의 능력 덕분에 초상 사진은 빅토리아 시대에 대중을 바라보는 영국인의 관점을 보여 주는 가장 강력한 매체 가운데 하나였다. 그것은 국내나 국외 할 것 없이 자신들과 다른 사람들의 얼굴을 대면하면서 상상으로 보는 것이었다. 상업 사진가들은 특히 세계 전역의 이국적인, 그러면서 전혀 알려지지 않은 사람들의 초상 사진에 배고픈 시장의 문을 두드렸다. 여전히 아름다운 풍경이 중심이긴 했지만, 더욱 많은 상업 사진이 민족지와 인류학의 담론과 밀접하게 연결되었다. 그러한 움직임은 식민지가 확장됨에 따라 여러 다른 인종들이 유럽인의 눈에 드러나게 된 상황에 놓여 있었기 때문에 생긴 일이었다.[540] 원주민보호협회

(Aborigines Protection Society, 1837)와 런던민족협회 같은 단체가 세워지면서 인류학적 탐구가 체계화되었고, 이어 정확하고 신뢰할 만한 인류학적 정보를 확보하는 데 대한 관심이 갈수록 늘어났다.

이러한 많은 움직임 그리고 그 안에서 사진의 위치는 원주민이 '문명'의 공습 이전에 사라져 버리고 있었고, 그러한 족속들과 문화는 그들이 영원히 사라져 버리기 전에 긴급하게 기록되어야 한다는 믿음 때문에 생긴 것이다.[54] 사진 찍는 행위를 규정하는 이러한 '구조의 동기'는 태즈메이니아(Tasmania)의 원주민 가운데 남아 있는 사람들에 대한 기록에서 가장 좋은 근거를 찾을 수 있을 것이다. 태즈메이니아 원주민은 19세기 영국의 정주가 시작된 이래 발생한 새로운 질병 때문에 인구가 급격히 감소하였다. 그때 살아남은 사람 수가 열너댓밖에 되지 않았는데, 그들은 자신들이 갇혔던 호바트(Hobart) 감옥 근처의 오이스터 코브(Oyster Cove)에 살고 있었고, 태즈메이니아의 프랜시스 닉슨(Francis Nixon) 주교가 1858년에 그들을 사진으로 찍었다. 닉슨의 사진은 1862년 런던에서 열린 국제전(International Exhibition)에 전시되었다. 그 후 전문 사진가인 찰스 울리(Charles Woolley)가 태즈메이니아의 입장에서 살아남은 태즈메이니아 사람들의 사진을 찍어 전시하라는 위임을 받아 촬영한 후 1866년 멜버른에서 열린 식민지간전(Intercolonial Exhibition)에서 사진을 전시했다. 울리의 트루카니니 사진(사진 53)은 울리가 1866년 자신의 호바트 스튜디오에서 찍은 5명의 태즈메이니아 원주민 사진 15장 가운데 전시용으로 고른 5장 가운데 하나이다. 울리가 찍은 사진이 전반적으로 볼 때는 태즈메이니아 원주민의 모습을, 특정하게 볼 때는 트루카니니의 모습을 얼마나 제대로 재현했는지에 대한 논란이 있긴 해도 이 초상 사진은 『최후의 태즈메이니아 사람들』

53. C. A. 울리

(*Last Tasmanians*, 1870) 같은 책을 통해 사진이나 판화 형태로 널리 배포되었다. 이러한 전시들을 통해 사진은 멸종해 가는 인종의 상징으로 자리매김하게 되었는데, 특히 트루카니니가 1869년 마지막으로 남은 유일한 사람이 되었을 때 더욱 그러하였다. 하지만 트루카니니는 그 후 7년을 더 살았을 뿐이다.[542] '최후의 태즈메이니아 사람'에 대한 우수에 젖은 관점으로서 사진의 호소력은 트루카니니의 잊히지 않는 시선과 초상을 주변의 여백과 분리시키고 그 안에 용해시키는 효과를 주는, 당시 빅토리아 시대에 관습적으로 사용하던 기법인 비네트에 의해 더욱 높아졌다.

비록 트루카니니의 사진이 개인의 이름을 단 초상 사진이고 나아가 그의 저항적인 시선이 그를 '그 인종'의 표본의 하나로 분류하고 대상화하려는 의도를 해체하려는 시도가 될 수도 있겠지만,[543] 사라져 가는 인종을 찍는다는 것은 대상화 및 조사와 관련하여 아주 넓은 범위에서 중요성을 갖는 행위의 일부였다. 실제로 이 초상 사진은 세 가지 표준 자세(얼굴 전체, 옆모습 그리고 3/4 각도의 얼굴) 가운데 하나를 찍은 것이다. 울리는 규격화된 체계로 인종 '유형'을 찍으라는 요구를 받았고, 당국의 위임을 받아 그에 맞춰 모델의 자세를 찍은 것이다. 그러한 인류학적 탐구를 따라가는 대상화는 트루카니니의 몸은 말할 것도 없고 다른 흔적들을 사용하는 데서도 분명히 드러난다. 실제로 트루카니니의 사체는 죽은 지 2년 뒤에 파내어졌고, 그 뼈를 공개하지 않겠다는 약속이 있었음에도 그의 두개골은 1905년에 세워진 태즈메이니아 박물관에 전시물로 세워졌다.

세기가 바뀌면서 '원주민 사진 찍기'는 그 자체가 사진의 주제가 되기에 충분할 만큼 일상적인 것이 되었다(사진 54). 그럼으로써 그들은 제국주의와 만나게 되었다. 특별히 아프리카로 간 탐험가와 선교사에게 사진이라는 기계는 그곳 원주민에 대해 유럽인이 갖는 문화적 우수성을 각인시키는 그리고 심지어는 위협을 가하는 표지로 보이기까지 했다. 일반적으로 시각 장치라는 것은 거울에서부터 카메라에 이르기까지 유럽과 아프리카의 만남 안에서 적어도 부분적인 수준 이상의 영향을 끼쳤는데, 그 이유는 빛, 시선, 전망 같은 비유가 서구 기독교인의 '자아'라는 개념 속에서 갖는 중요한 의미 때문에 그렇다.[544] 탐험가 조셉 톰슨은 자신의 카메라 장비를 사용해 1878년부터 1880년까지의 동아프리카 여행에 대한 '놀랄 만한 결과'를 거두었는데, 당시 그는 자신

54. 작자 미상, '원주민 사진 찍기', 「사진으로 보는 블랜타이어 경관」 1901~5년경

의 의치를 끼웠다 뺏다 하던 평소의 수법을 썼다. 톰슨은 "카메라를 그 냥 세워두는 것만으로도 마을 전체가 하루 종일 텅 비어버린다"는 상 황을 통해 그 지역 사람들이 카메라를 보고 경악한다는 사실을 발견하 였다.[545] 톰슨은 1883년부터 그다음 해까지 케냐 산과 빅토리아 니얀자 호수(Lake Victoria Nyanza) 원정 기간 동안 민족지의 일환으로 '원주민 들'의 사진을 찍기도 했다.[546]

스스로에게 던지는 위로하는 말로, 난 턱 밑에 더덕더덕 붙은 살 덕 분에 그들을 카메라 앞에 세울 수 있었을 것이다. 그렇지만 초점을 맞추려고 하는 순간, 그들은 깜짝 놀란 나머지 숲에 있는 자기 움막 으로 날아가듯 사라져 버렸다. 그들에게 사진을 보여 주고 내가 뭘

하려는지 설명하는 것은 사태를 더욱 악화시키기만 할 뿐이었다. 그들은 나를 자신들의 이미 완성된 영혼을 빼내 가려는 주술사로 생각하였고, 그렇게 되면 자기들이 내 손아귀에 장악되는 걸로 짐작하였다. 끝내 그들은 사진을 쳐다보지도 않았다. …… 나는 상당한 필름 음화 손실을 맛보았고, 결국 시도를 포기하였다.[547]

이와 유사하게 19세기 말 사진가들은 사진이 사람의 모습을 분리시키고 그렇게 되면 '자아'를 유지할 수 없다는 믿음을 가진 남아프리카의 츠와나족을 만나기도 했다.[548]

카메라에 대한 이런 종류의 공포를 느끼는 사람들을 만난 것이 비단 아프리카에서만은 아니었다. 상업 사진가 존 톰슨(조셉과는 관계가 없다)의 1860년대 중국 여행에 대한 보고서를 보면 많은 중국인은 카메라는 풍경을 통해 볼 수 있고, 사진을 만드는 과정은 어린아이들한테서 훔친 눈이 개입되는 것이라고 믿었다.[549] 그들이 품은 카메라와 그것을 작동하는 데 대한 개략적인 의심은 전적으로 근거 없는 것은 아니었다. 사진가들이 간신히 확보한 대상들은 카메라가 어떻게 사용되는지도 모르고 그것을 어떻게 작동하는지도 모르기 때문이었다. 그래서 카메라에 대한 미신적 공포에 대해 탐험가들이 주로 하는 설명은 그 자체가 문화적 차이를 잘못 해석하는 것이고, 그들의 존재와 기술이 진짜 위협이라는 것이다. 마이클 타우시그(Michael Taussig)가 깔끔하게 정리했듯, 가장 중요한 것은 아마도 카메라에 대해 갖는 '원주민'의 반응이 '큼직한 모사 기계'에 대해 백인이 심취한 것보다는 작을 것이라는 사실에 있다.[550] 이러한 심취는 주로 카메라가 그러한 기술 장치를 휘두르는 사람들에게 주는 힘으로부터 기인하는 것이다. 상업 사진가 존 톰슨이나 탐험가 조셉 톰슨 모두 그들이 만난 사람들에게 사진 기술이 미치는 영향력을 적극 활용했다. 존 톰슨은 자신의 책 『사진으로 보는 중국과 중국인』 서문에서 이렇게 말했다.

> 그래서 나는 오히려 나를 '위험한 흙점쟁이'라고 부르는 것을 즐기는 편이었고, 내 카메라는 어둡고 신비한 기구가 되었다. 그들은 내게 어떤 자연적인 혹은 초자연적인 심화된 눈의 힘이 있어 바위와 산을 통해 보는 힘과 원주민의 영혼을 꿰뚫어보는 힘을 부여해줬고, 어떤 까만 예술로 기적 같은 그림을 만들어 내는 것이라고 생각했다. 그리고 사진에 찍힌 사람은 그 자신을 잃어버렸기 때문에 얼마 살지 못하고 죽음을 맞이할 수밖에 없다는 생각을 했다.

그렇다면 원주민의 모습을 사진으로 담으려는 사진가가 강한 저항을 받을 수밖에 없었다는 것은 전혀 놀랄 만한 일이 아닐 것이다. 실제로 존 톰슨은 중국 여행 중에 여러 번 돌팔매질을 당했고, 아주 거칠게 취급당했다. 존 톰슨이 나중에 자신이 한 여행에 대해 전체적으로 회상한 적이 있었는데, 그는 "외국의 원주민이 자기들에게 카메라를 들이대자 화를 냈고, 마치 총에라도 맞을까 봐 그러는 것처럼 눈 깜짝할 새에 사라져 버린 것을 자주 봤다"고 했다. 이러한 어려움들을 타개하기 위해 존 톰슨은 휴대 카메라를 사용할 것을 권장했는데, 그것은 "카메라가 사진 찍을 대상과 직각으로 마주보고 있으면 사용할 수 있기 때문이었다."[551]

사진을 찍어야 할 대상에 대한 아무런 지식도 없는 상태에서 이러한 사진 확보의 관심은 아마도 식민 재현의 권력이라는 야망을 위해 전유의 메타포로 사용된다. 즉, 보여 주지 않는데 보는 것이다. 티모시 미첼(Timothy Mitchell)이 말했듯, 중동에서의 유럽인의 식민주의 맥락에서 "사진가는 자신의 카메라의 눈으로 세상을 보는 것처럼 그 검은 천 아래 숨은 사람인데 …… 여행자로든 글을 쓰는 작가로든 진짜 식민 권력이든 유럽인이 소망하는 존재의 전형이다."[552] 빅토리아 시대의 사진가는 능숙한 기계 조작 능력과 크고 무거운 장비를 갖춘 사람으로, 그들 자체가 대단히 눈에 잘 띄는 사람들임에도 이렇게 일방적으로 바라보는 것은 사진을 보는 사람들이 그러한 응시를 즐기도록 다시 만들어지는 일이 자주 있었기 때문이다.

이러한 존재는 다른 종류의 과학 기술을 통해 드러나기도 했다. 프랜시스 갤튼은 1852년부터 1854년까지의 아프리카 원정 기간 중에 이런 일을 겪었다. 그는 한 아프리카 여성을 면밀하게 측정하기 위해 열과 성을 다한 적이 있었다. 원정 기록에서 그는 자신이 묵었던 주인집 하인의 여러 처 가운데 한 나마(Nama) 여성에 대하여 '호텐토트족의 비너스'라고 언급하였다. '그 여성의 성장에 완벽하게 기겁한 나머지' 갤튼은 '과학적인 남성'으로서 "그 여성의 체형에 대한 정확한 수치를 확보하고 싶어서 안달이 났다". 그렇지만 상황은 어려웠고, 갤튼은 "그 여성의 체형을 쳐다보고 있는 동안 나는 딜레마에 빠졌음을 느꼈다"라고 보고했다. 갤튼은 '그 여성'에 대하여 연속적으로 관찰함으로써 해결책을 찾았다는 데 특별히 자부심을 가졌다. 갤튼은 그 여성을 나무 아래에 세워놓고 육분의(六分儀)로 체형을 측정하였는데, 그는 '뻔뻔스럽게 줄자를 꺼내어' 거리를 측정했고, 삼각법과 로그를 이용하여 결과를 산출해 냈다.[553]

갤튼이 흑인 여성의 몸을 자신이 원하는 대상으로 여겨 푹 빠졌던 것과 유럽의 과학적 도구로 거리를 둔 채 그 차이를 이해하려고 했다는 사실은 여러 가지 이유에서 중요한 의미를 가진다. 시작 지점에서 그들은 영역과 거리를 둔 채 몸을 측량하고 파악하는 기술과 자기를 드러내지 않는 관점이 식민주의의 전망이라는 과정 속에서 어떻게 서로 교차하는지를 보여 준다. 갤튼은 그 여성의 몸을 메리 루이스 프랫(Mary Louise Pratt)이 식민주의 과학의 '땅 스캐닝'이라고 부른 것으로 대상화하고 전유했다.[554] 게다가 갤튼은 '호텐토트족의 비너스'라고 규정한 흑인 여성의 몸에 대한 관심의 '대상'을 만드는 데 있어서 '호텐토트족의 비너스'라는 인물에 대해 오랫동안 푹 빠져 있었다. 그리고 사르키 바트만(Saartije Baartman)이라는 아프리카 여성을 과학적으로 정밀하게 검사한 후 공공 전시를 열었고, 1829년에는 파리에서 옷을 벗은 '호텐토트족의 비너스' 전시를 성황리에 개최하기도 했다. 이 시기에 샌더 길먼(Sander Gilman)이 지적하듯, "흑인은 '원시적'인 성적 취향을 가졌을 뿐만 아니라 이러한 기질의 외부적 기호, 즉 원시적 생식기를 가진 존재로 널리 인식되었다."[555] 갤튼이 이 여성을 대상화한 것은 바로 이러한 아프리카 여성에 대한 병리학적 생각에 의지하는 것으로, 성(性)과 인종뿐만 아니라 젠더까지도 식민주의 담론과 합치된다는 사실을 드러내 준다. 앞으로 보게 되겠지만, 갤튼은 나중에 사진으로 인체의 육체적·정신적 상태를 파악하고, 측정하고, 분류하려 했다.

서양인이 '원주민' 여성의 몸에 매혹된 것은 이국적인 환경에서 고혹적인 자태를 보여 주는 자세로 사진을 찍는 아름다우면서 순종적인 여성을 나타내는 식민주의 사진 안에서도 나타나는데, 그런 여성의 사진은 예술과 민족지 그리고 포르노그래피의 범주가 겹치는 것이다. 그러한 사진이 북부 아프리카와 중동의 '오리엔트'를 묘사하는 데 어떻게 사용되었는지에 대해서는 앞에서 언급한 바 있다. 이와 관련하여 전라 혹은 반라의 아프리카 여성을 찍은 사진 — '호텐토트족의 비너스'라는 미명 아래 — 또한 이러한 장르의 중요한 정형이다.[556] 이러한 '식민 비너스'는 남태평양의 이국적인 파라다이스 도상술 안에서 중요한 요소가 되었다. 예를 들어 영국, 독일, 미국 등의 상업 사진가들이 즐겨 찾는 목적지인 사모아 섬 사진에는 '어느 사모아 미인'(A Samoa Belle) 같은 제목의 젊은 여성의 사진이 넘쳐나는데, 그 여성들은 대개 풍부한 과일을 배경으로 하거나, 숲속에서 노닐거나 해변, 폭포 혹은 야자수 아래에서 휴식을 취하는 자세를 하고 있다. 이러한 경관은 그들의 몸과 풍경 모두를 식민주의의 시각으로 만든 것이다.[557]

샌더 길먼이 지적하였듯이, 사진이 중요한 역할을 하는 대상화의 과정은 개인적이고 집단적인 문화가 '타자'의 다름에 반해 정상이라고 의미하는 것을 이해시키는 틀을 만드는 데 중심적인 수단이었다. 그러면 정형 만들기 안에서 '타자'는 성, 인종, 보건, 질병 등에 관해 일탈적 범주를 띠고 나아가 융합까지 하는 게 보통이다.[558] 따라서 많은 빅토리아 시대 사람들의 마음속에서 1854년 사진협회의 첫 전시회에 전시된 '줄루 껌둥이'와 '미친 놈' 사진은 빅토리아 시대 문화의 백인, 남성, 중산층이라는 규범에 대한 '타자'였을 뿐이다. 그래서 그러한 '타자들'을 구축하는 데 연루된 것은 영국과 대영제국 안의 사회적 정체성이었는데, 대개 문명화되지 않고, 백인이 아니며, 여자 같고, 어린애같이 유치한 것으로 자동 범주화된 것들이다. 앞으로 보여 주겠지만, '암흑 런던'에 존재하는 하층민과 범죄자들의 세계 또한 그와 동일한 탐험의 대상이 되고 그 후 '암흑 아프리카'의 야만 인종과 똑같은 대상화 과정을 받게 되었다. 지리학적 담론이 성과 인종의 차이에 대한 이미지에 의존하였듯이, 여성 섹슈얼리티에 대한 여러 담론들은 식민주의의 '타자'에 대한 이미지에 의존하였다. 이러한 사실은 프로이트(S. Freud)가 말한 저 유명한 심리학의 '암흑 대륙'으로서 여성 섹슈얼리티에 적절하게 제시된다.[559]

그러므로 이 장은 사진이 어떻게 하여 여행자, 과학자 그리고 식민 정부 관리들에 의해 집단적으로 이루어진 과학적 시도, 즉 '인종 유형'[560]의 이미지가 그것을 만들어 모으는 행위 안에서 반드시 필요한 하나의 요소로 채택되었는지에 대해 탐구할 생각이다. 여기에서 '유형'이라는 것은 '다게레오타입'으로부터 '칼로타입'에 이르는 사진 기술 발달의 확산을 분류하는 하나의 수단으로 사용한 바로 그 용어다. 실제로, 격리되어 버린 '사실들'이 공정한 관찰자에 의해 자동 방법의 과정을 거쳐 잡히면서 사진의 과정은 과학적 자연주의의 요건과 과정을 나타내기 위한 메타포로 사용된다.

사진의 '유형'

데이비드 리빙스턴의 잠베지 강 원정(1858~1864) 같은 초기의 제국 원정은 민족지적 자료를 확보하는 일에 신속하게 사진을 사용했다. 그래서 데이비드 리빙스턴은 동생인 찰스에게 사진 장비를 사용하도록 지시한 것이다.

> 그것은 다른 여러 부족의 특징적 표본을 확보하기 위해서다. …… 말하자면 민족지적 목적에 따른 것이다. 원주민 가운데 가장 못생긴 자는 고르지 말고, (우리 안에서와 같이) 그 인종의 특징이 될 만한 자라고 여겨지는 좀 괜찮은 급으로 고르도록 하라. …… 그리고 가

능하다면, 남자, 여자, 아이들을 함께 모으도록 하라.[561]

리빙스턴의 지시는 1858년까지 사진이 '인종'과 '유형'의 담론 안에서 활용되던 범주를 드러내 준 셈이다. 그러한 행위는 과학 관련 단체에서 하는 공식 원정에만 국한된 것은 아니었다. 동인도회사의 외과 의사이자 아마추어 사진가였던 존 매코시(John McCosh)는 인도인과 버마인 '유형'을 칼로타입으로 제작했는데, 민족적이고 인종적인 정체성에 따라 분류하였다. 이는 영국 장교들을 이름에 따라 개인적으로 초상을 제작하는 것과 확연히 대비된다.[562]

'인종'을 분류하는 수단으로서 사진의 활용은 인류를 어떻게 하면 더 정확하게 분류할 수 있는지에 대한 관심이 늘어난 현상과 밀접하게 관련되었다. 린네(Linnaeus)의 『자연의 체계』(*Syatema Naturae*, 1735)는 여러 인종을 분류학상 용어로 규정하였는데, 그 뒤를 이어 보통 두상과 피부색을 포함하는 다양한 측면의 인간 형태를 바탕으로 하여 일련의 규준이 상세하게 만들어졌다.[563] 19세기 중반에 이르기까지 인종 분류에 대한 의미 있는 개선된 기술이 이미 진척 중이었다.[564] 예를 들면, 페트러스 캠퍼(Petrus Camper)의 '안면 각도'가 1840년 아렛지우스(Aretzius)에 의해 고안된 '두개 계수'(두상의 폭에 대한 길이의 비율)를 대체했다. 더욱 중요한 것은 점차 규정화된 방법을 필요로 하면서 내재된 인종적 특성에 대한 관념 쪽으로 옮겨갔다는 사실이다. 인류학과 민족지라는 과학이 부상하면서 인간의 '유형'을 차별화하고 등급화하는 자연적 범주의 '인종' 개념이 더욱 고착되었다. 그 안에서 앵글로색슨 백인 남성은 예외 없이 지적·도덕적·육체적 발전에서 정점에 위치하였다. 심지어는 인간 기원론에 대한 서로 다른 이론이 ─ 기본적으로 인류

일원설과 인류 다원설 — '인종'에 대한 담론을 받아들이는 차원 안에서 작동하였고, 그를 통해 생물학 안에서 사회적·정치적 위계가 확고히 자리 잡았다. 그리고 이는 백인 남성이 다른 모든 인종보다 우월하다는 성격을 부여하였다. 비록 다윈의 진화론(과 그 대중화된 해석)이 창조론자들의 신앙과 인간과 동물 사이의 구별을 훼손시키기는 했지만, 그것은 분명히 진화 구조 안에서 '인종' 범주의 중요성을 강화시키기도 했다.

'인종'에 대한 언어와 이미지는 빅토리아 문화 안에서 중심적인 위치를 차지하였다. 그리고 그 안에서 인체의 차이를 재는 척도와 민족적 정체성을 묘사하는 것으로 다양하게 사용되었다. '인종'에 대한 관심이 갈수록 민족지와 인류학이라는 과학 주변에 모아지면서 모든 방식의 과학적, 특히 제국주의에 의해 수입된 과학적 관심이 널리 퍼졌다.[565] 예를 들어, 인간 적응에 대한 19세기의 논쟁은 지리학, 인류학, 생물학, 약학 안에서의 관심으로 통합되었다.[566] 1850년대 후반부터 점차 '인종'에 관한 논의가 활발해진 것은 인도(1857)와 자메이카(1865)에서 일어난 두 개의 주요 식민지 반란에 크게 영향을 받은 것이기도 하다. 그 두 반란은 대영제국 내에서 인종, 노예 그리고 식민 통제의 문제로 인한 극심한 반감 때문에 발생한 것이었다.

'유형'에 관한 사진 이미지는 개인의 과학적 기록에서부터 대량 생산되어 대중화된 명함판 초상 사진에 이르기까지 여러 형태를 띠었다. 1854년 파리에서 명함판 초상 사진을 처음으로 특허 출원한 앙드레 디스데리(André Disdéri)는 서로 다른 인간 대상을 구분짓고 그것을 묘사하기 위하여 실질적인 방식을 고안해 냈다.[567] 게다가 '유형'에 관한 모든 사진은 인체를 나타내는 표시를 통해 인간의 특징을 읽어내는 더 넓은 문화 담론에 의해서 틀이 짜여졌다. 인간 골상에 대한 이론들, 인체 모습(특히 얼굴)에 대한 '특징'을 읽어내는 것 그리고 두개골 모양으로 성격을 알아내는 골상학은 빅토리아 시대의 문자와 시각문화 안에서 특징을 읽어 내고 만들어 내는 데 중심을 차지하였다.[568] 『예술 저널』은 1854년 사진협회(Photographic Society)에 전시되었던 휴 다이아몬드 박사의 '미친 놈'이라는 초상 사진을 높이 평가하면서 다음과 같이 비평했다.

고통의 골상학은 거짓 없이 보존된다. 그리고 흥분 혹은 우울의 모든 단계 또한 확고하게 보존된다. 고도의 약학적인 증언에 의하면 이 초상 사진들은 이성의 결핍이라는 가장 처절한 인간의 고통을 연구하는 데 최고의 가치를 지닌다.[569]

사진이 인체에 관한 병리학을 '확고하게 보존할' 수 있다는 주장은 사진이 서로 다른 육체적·정신적 상태를 확인시키고 분류하는 데 대해 관심을 가진 사람들에 의해 사용되었다는 사실을 확인시켜 주었다. 그래서 골상학자인 댈러스(E. S. Dallas) 같은 사람들은 각각의 형상과 특질에 의해 분류된 다양한 두상 사진을 대규모로 수집해야 한다고 주장하였다.[570]

왕립지리학회, 영국과학진보학회, 인류학회(Anthropological Society), 런던민족협회 같은 여러 기관들은 사진이 과학적 관찰, 특히 인종의 차이에 대한 과학적 관찰을 하는 데서 더욱 체계적인 과정으로 그 역할을 담당해야 한다고 부추겼다. 이러한 단체들은 프랜시스 갤튼이 일갈하였듯이, "무식하고 야만적인 나라들을 존중하는 정보를 연구하는 곳"이었다.[571] 영국과학진보학회가 펴낸 『민족지 문답집』(*Manual of Ethnological Enquiry*, 1852)은 일찍부터 '유사성'을 기록하는 데 사진이 갖는 잠재력을 인정했다.[572] 1871년에 인류학연구소(Anthropological Institute)를 중심으로 하여 런던민족협회와 인류학회가 통합된 것은 인류학적 조사 정신을 더욱 활성화시켰는데, 그 결과 유명한 『문명화되지 않은 땅을 여행하는 사람이나 그곳에 거주하는 사람들을 위한 인류학에 관한 의문과 해설』(*Notes and Queries on Anthropology for the Use of Travellers and Residents in Uncivilized Lands*, 1874)을 펴냈다. 이 책은 정확한 인류학적 정보 수집을 촉진하고 사진 사용에 대해 설명하는 데 중심적인 역할을 하였다.[573] 영국 인류학계의 중심 인물이자 『문명화되지 않은 땅을 여행하는 사람이나 그곳에 거주하는 사람들을 위한 인류학에 관한 의문과 해설』을 펴내는 데 크게 기여한 타일러(E. B. Tylor)는 왕립지리학회가 펴낸 같은 수준의 책인 『여행자들에게 주는 힌트』에서도 사진을 사용하라고 권고했다. 그는 '단순하고 획일화된 삶'을 영위하는 부족들에 대해 다음과 같이 기술한다.

체구와 외형의 전반적인 유사성은 카리브 사람들이나 안다만 사람들을 찍은 사진에서 볼 수 있는 것처럼 아주 비슷하다. 그들의 획일성은 각기 개성화된 유럽인과 비교해 볼 때 시사해 주는 바가 많다. …… 그 결과는 이렇다. 무례한 사람들 사이에 있던 여행자는 만약 그가 형태를 판단하는 예술가적 능력 같은 것을 갖춘 사람이라면 부족 혹은 민족 전체를 잘 나타내는 집단을 골라 사진을 찍었을 것이다.[574]

따라서 문명화되지 않은 '유형'은 동질의 특징을 가진 것으로 인식되어 구체화되었음에도 그 사람들이 모든 집단, 심지어는 하나의 '민족'을 대표하기까지 했다.[575] 다윈의 용어 안에서 진화란 인종의 변이가 발전하면서 전개된 것이었기 때문에 비유럽인을 하나로 인식하는 것과 그들을 '유형'에 따라 일치시키는 것 역시 생물학적 변이의 결여가 아주 낮거나 심지어는 진화에 관한 정체된 수준을 보여 주는 것이기도 했다. 타일러가 『여행자들에게 주는 힌트』에 남긴 글은 50여 년 동안 인종 '유형'에 대한 관념이 지속적으로 유지되어 왔다는 사실과 사진이 그 '유형들'을 잡아내고 분류할 수 있는 능력을 갖고 있다고 믿는 것을 보여 주는 증거가 되었다.[576]

사진과 인체 측정

『문명화되지 않은 땅을 여행하는 사람이나 그곳에 거주하는 사람들을 위한 인류학에 관한 의문과 해설』이나 『여행자들에게 주는 힌트』는 모두 여행자에게 정교한 기술 관찰을 하도록 강권했는데, 심지어는 책 표지에 금박으로 자(尺)를 돋움새김 해놓을 정도였다. 사진을 인체 측정과 직접 연계시키는 뛰어난 시도가 이루어진 것은 바로 이러한 분위기에서였다. 1840년에 접어들면서 살아 있는 인간의 신체를 측정한다는 것은 서로 다른 연령과 인종 혹은 계급에서 평균의 차원을 결정짓고자 하는 시도가 되었다.[577] 1869년에는 런던민족협회의 사무차장이자 왕립지리학회 도서관장인 존스 램프리(Jones H. Lamprey)가 각각 2인치의 눈금자로 구성된 민족지적 사진을 위한 측정 화면을 고안해 냈다. 그리고 그것을 사용하여 벌거벗은 인간을 대상으로 만들어 전면과 측면 사진을 찍었다(사진 55).[578] 이러한 기획은 인간의 형상을 정확하게 묘사

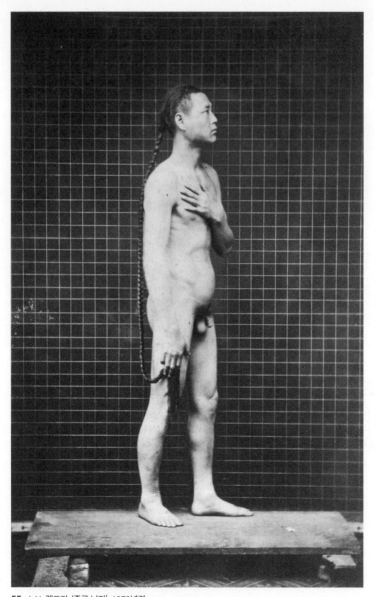

55. J. H. 램프리, '중국 남자', 1870년경

하는 것을 도와주려는 잘 정립된 회화적 고안을 적용하는 것이기도 하다.[579] 그렇지만 램프리의 방법은 독특한 '인종 유형'을 범주화하고 비교하기 위한 틀을 제공하고자 하는 의도를 가진 것이었다. 그는 그러한 사진을 통해 훌륭한 학문의 상(像)에 대한 해부학적 구조를 확인하거나, 키가 180cm가 넘는 모델과 키가 120cm밖에 되지 않는 말레이 사람을 비교할 수 있다고 주장했다.[580]

화면은 인간이라는 대상을 더 넓은 범주의 문화 환경으로부터 격리시키면서 그 몸을 규격화된, 즉 '정상화시키는' 측정용 눈금자의 눈금 안에 배치하였다.[581] 지도 제작용 수사학과 이미지의 평면성은 그것을 과학적이고 객관적인 것으로 맞추었다. 램프리는 인간이라는 대상을 이런 '가로 세로의 선' 안에 맞추어 넣는 것은 '각 집단 안에서 눈에 띄게 특이한 모든 윤곽의 특이성'을[582] 연구하고 규정할 수 있도록 해줄 것이라고 주장했다.

이러한 형태의 작업은 인체를 측정하는 과정의 일부였는데, 그것을 통해 비로소 인간의 신체 안에서 문화 차이를 파악할 수 있게 되었다. 램프리는 특히 중국인에 대한 민족지에 관심을 많이 가졌는데, 영국이 제국주의 차원에서 중국에 관심을 갖기 시작한 1860년대 초에 중국을 두루 여행하였다.[583] 그러면서 램프리는 서로 다른 인종들에 대해 측정하는 훨씬 큰 규모의 프로젝트를 기획하였다. 그는 주장하기를 "외국의 땅을 찍는 사진가가 만약 우리와 동일한 계획을 세운다면 우리 작업에 아주 큰 도움을 줄 수 있을 것이고" 그 결과 "내 포트폴리오는 다양한 인종들에 대한 견본 수집을 담고 있다"[584]고 스스로 말할 수 있다고 했다. 이에 해당하는 좋은 예로 중국, 서아프리카, 마다가스카르, 폴란드 사람들을 찍은 사진을 들 수 있다.[585] 램프리의 방식으로 찍은 사진은 칼과 프레드릭 담만(Karl and Frederick Damman)의 『인류의 다양한 인종에 관한 민족지적 사진 갤러리』(Ethnological Photographic Gallery of the Various Races of Man, 1876)의 사진들에 잘 나타난다. 이 사진집은 각 도판에 눈금자가 달려 있는 10~15장 정도의 사진이 들어가는 도판 50개로 구성되어 있다.[586]

대영제국 전체에 사용할 차원으로 인체 측정 사진을 기획한 사람이 램프리 혼자만은 아니었다. 런던민족협회의 회장이던 토머스 헨리 헉슬리(Thomas Henry Huxley)는 '대영제국 안에서 파악할 수 있는 여러 종류의 인종을 체계적으로 찍은 사진 연작'을 제작하자는 기획안을 식민성(省)에 제안하였다.[587] 그가 제안한 방법은 대상이 되는 인간을 옷을 다 벗긴 상태에서 전면과 측면에서 찍는 것이었다. 그는 카메라로부터 일정한 거리를 두고 그런 방식으로 초상을 찍었는데, 그 대상이 되는 인물은 인체 측정을 위한 표준화 자세를 취한 채 분명하게 그려져 있는 측정 눈금과 함께 사진으로 찍혔다.

식민성이 식민지의 원주민에 대한 인류학적 사진을 널리 알리기 위해 회보 발간을 처음 시작한 1869년에는 헉슬리가 구상한 체계 같은 잘 정리된 프로그램은 아직 구체화되지 않았다. 그렇게 엄격한 잣대에 인간을 종속시키려면 아주 정확한 형태로 인체를 통제해야 했다. 그리고 헉슬리의 구분에 따라 정확하게 실시된 많은 사진 작업은 남아프리카의 브레이크워터(Breakwater) 감옥에 있던 죄수와 같이 엄격하게 통제된 집단에만 국한되었다.[588] 사진가나 인류학자 모두 헉슬리의 구상을 실현시키려면 식민지 주민의 협조를 확보해야 하는데, 그것은 쉬운 일이 아니었을 뿐만 아니라 '키'와 같이 더욱 복합적인 분석 측정을 통해 확보한 신뢰할 수 있는 데이터를 공급하는 일 또한 실패하였다.[589] 현장의 사진가들은 헉슬리의 방법을 램프리의 방법만큼 널리 채택하지는 않았다. 사진을 인체 측정에 적용하려는 헉슬리의 체계적인 시도들은 사용하는 사람들에 의해 그리 큰 규모로 채택되지 않은 반면, 그의 시도는 인종의 '유형'에 관한 관념과 그것을 잡아내는 데 있어서 카메라가 갖는 유용성을 더욱 확립시켰다.

램프리와 헉슬리의 사진적 기술과 조사에 기울인 의욕은 1879년부터 1899년 동안 안다만 제도에 있는 포트블레어(Port Blair)의 죄수 유형지 특별 부감독관으로 근무한 모리스 비달 포트먼(Maurice Vidal Portman, 1861~1935) 같은 사람들의 인류학 작업에 확실한 영향을 끼쳤다. 벵갈 만에 있는 여러 섬으로 구성된 안다만 제도는 1850년대 들어 포트블레어에 죄수 유형지를 세운 뒤부터 영국 식민지에 편입되었다. 포트민은 '원주민 담당관'으로서 원주민을 문명화시키고 영국 식민주의의 영향력을 확장시키는 일을 맡아했다. 그래서 그는 필요한 경우에는 억류해서라도 섬사람들과 접촉할 수 있었을 뿐만 아니라 '안다만 하우스'를 운영하기도 했다. 안다만 하우스는 1863년에 처음으로 포트블레어 부근에 안다만 사람들의 경제적 정착생활을 위해 세워졌다. 포트먼이 추진한 섬사람들과의 소통 중 많은 부분은 영국이 시도한 지리적 탐사, 조사 그리고 정착 행위와 협조를 확인시키는 방식으로 이루어졌다.[590] 포트먼은 섬 전체에 대한 지형학적 조사를 지원해 주었을 뿐만 아니라 그 스스로 1880년대 후반부터 1890년대 초반까지 대영박물관을 위해 안다만 제도에 대한 종합적인 연구를 심도 있게 수행하기도 했다. 이러한 의욕적인 조사는 인도의무부대(Indian Medical Service)의 외과 전문의 몰스워스(W. Molesworth)의 지원을 받아 이루어졌는데, 그 결과물로 상세한 설명과 사진 그리고 통계 정보 등으로 이루어진 11권

의 책이 출간되었다.[591]

앞에서 기술한 것처럼 많은 인류학적 연구가 원주민이 다 죽어 사라지기 전에 그들을 기록해 두려는 의도로 부추겨졌다. 포트먼의 조사는 부분적으로 안다만 사람들이 멸종으로 가고 있다는 믿음이 동기가 되었다. 결과적으로 자연사박물관(Natural History Museum) 관장이던 윌리엄 플라워(William H. Flower) 같은 사람들은 흡수와 몰살로 '원시 인종'을 파멸시키기 때문에 '민족 자원을 조사하는 기관'을 통해 인류학적 자료를 수집하는 일이 무엇보다 시급한 과제라고 주장했다.[592]

안다만 사람들은 지리적으로 격리되어 있는 데다가 진화 사다리의 낮은 위치에서 '인류의 유아기'를 대표하기 때문에 특별한 의미로 인식되었다. 예를 들어, 1880년에 플라워 교수는 안다만 종족을 "발전하지 못한, 즉 원시 유아기 유형의 한 형태로 아마 이들 종족에서 아프리카 니그로(Negro)와 …… 멜라네시아인이 나왔을 것"이라고 기술했다.[593] 그런 이유에서 플라워는 포트먼이 수행하는 안다만 사람들에 대한 연구를 특별히 격려했고, 그에게 "오랫동안 그들을 감추고 있는 베일을 들춰내도록 하라"라고 채근했다.[594]

안다만 사람들에 대한 포트먼의 조사는 분명히 종합적 연구를 꾀했다. 그가 인체 측정 사진을 사용했다는 사실(사진 56)은 1869년 램프리가 채택한 것과 유사한 방법을 사용했음을 보여 준다. 포트먼의 캔버스 화면은 각각 2제곱인치 크기의 체크무늬로 그려졌는데, 이는 램프리의 줄로 그린 눈금자와 마찬가지로 그 대상을 지도의 눈금 안에 배치하는 것과 같은 행위였으니 신뢰할 만하고 비교할 수 있는 과학적 데이터를 만들어 내기 위한 것이었다. 포트먼의 인체 측정 사진은 '외부 특징의 관찰'(Observations on External Characters)에 관한 두 권의 책에

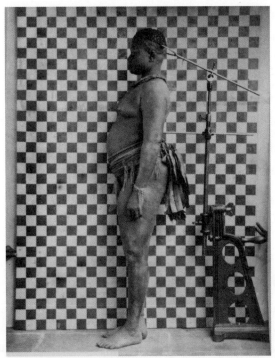

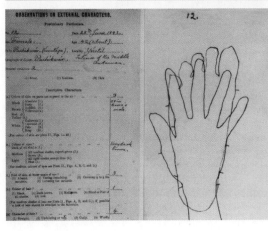

56. 모리스 비달 포트
먼, '버코. 동일한 여성
의 측면 프로필 사진'['약
40세의 타케다 부족의
여성] 1893년경
57. 모리스 비달 포트
먼, '외형 특징에 대한
관찰 기록: 제12번'['약
42세의 워이차 여성]
1893년경

수록되었다. 이 두 권의 책은 사진의 대상이 되는 사람들의 신체적 특징에 관한 상세한 정보를 제공해 주는데, 몸무게나 피부 색깔 등에서부터 귀의 길이와 맥박수 등이 포함되어 있다(사진 57).[595] 거기에다 각 개인의 손과 발을 종이에 베껴 그려 놓기도 했다. 사진을 찍거나 베낀 그림을 포함해 이렇게 세밀한 측정을 통해 얻은 방대한 정보는 그 종족을 가능한 한 완벽하게 잡아내고 보존하기 위한 것이었다. 각 개인은 연령, 성, 언어, 지역에 따라 범주화되었다. 이 중 지역은 포트먼이 개괄적·지리적으로 분류해 만든 북안다만, 남안다만 그리고 웡게(Önge) 집단부족으로 구별되었다.

사진과 그림을 통한 포트먼의 인체 측정은 대상의 기질과 성향에 대한 정보들에 의해 보완되었다. 예를 들어, '워이차'(Woicha)에 대한 '특별 관찰'은 '아주 조용하고 즐거운 성향. 지능이 꽤 높음' 같은 것이 포함된다. 더욱 의미 있는 것은 사진 자체가 손과 발을 베껴 그린 그림과 같이 각각의 몸에 관한 지능과 기질을 직접 측정하는 것으로 재현되었다는 사실이다. 포트먼이 기술하듯, "특별한 지능은 …… 항상 세련되고 보기 좋은 외형에 수반되는 것이다. 특히 코와 입이 그러하다. 마찬가지로 성질이 더러우면 성마른 기질을 가지고 있음을 보여 준다."[596] 이러한 설명은 인체 측정에 부가하여 기술한 것인데, 특히 안다만 사람들 가운데 포트먼이 선택하여 얼굴과 머리의 전면과 측면을 찍은 일련의 초상 사진에 적용되었다.[597] 이 초상 사진들에는 모두 꼬리표가 달렸는데 거기에는 이름, 종족, 지역 그리고 개인의 기질 등이 적혀 있었다. "워이첼라(Woichela). '아카주와이(Áka-Juwai)'라는 내륙 부족의 남성. 중(中)안다만. 약 31세. 조용하고 착한 성격. 매우 당차면서 유순함."[598] 같은 것이다.

사진과 캡션에서 포트먼이 제시한 안내 형식은 그 스스로가 밝힌 바대로 『문명화되지 않은 땅을 여행하는 사람이나 그곳에 거주하는 사람들을 위한 인류학에 관한 의문과 해설』에 제공되었다.[599] 이렇게 함으로써 그는 만(E. H. Man)과 같이 안다만 사람들에 대한 인류학적 사진 작업을 한 사람들을 따라갔다.[600] 포트먼은 주장하기를, 설명 텍스트를 수반하는 사진은 『문명화되지 않은 땅을 여행하는 사람이나 그곳에 거주하는 사람들을 위한 인류학에 관한 의문과 해설』에서 시작된 비교 데이터에 관한 과학적 기록을 제공해 주는 가장 만족할 만한 수단을 가져다주었다고 했다.[601] 또한 포트먼은 '유형'의 인체적 특징에 관한 상세한 정보를 제공해 줄 뿐만 아니라 시간이 흐름에 따라 안다만 여성이 어떻게 성장하는지를 사진으로 담아 두려 했다. 안다만 여성 한 사람의 신체를 찍은 이 사진(사진 56)은 여성의 몸 전체를 전면·측면에서 찍은 연작물의 일부인데, 그 안에는 여섯 살짜리 소녀에서부터 65세 정도 된 여성에 이르기까지 다양한 여성들이 있다.[602] 포트먼은 이러한 인종 파노라마 사진을 통해 서로 다른 나이의 인종 '유형'을 찍은 사진이 단일 종족 '유형'의 발전을 나타낼 수 있을 것이라는 사실을 보여 주었다.

포트먼은 인체 측정 사진과 각 개인의 얼굴을 찍었을 뿐만 아니라 사진을 이용해 안다만 사람들이 가진 다양한 종류의 제작 기술을 기록하기도 했다. 그의 조사는 작은 손도끼, 활과 화살, 밧줄, 움막 등을 만드는 연속적인 사진 이미지들을 포함하고 있다.[603] 비록 그러한 이미지들이 인체적 차이의 측정을 통해 어떤 '유형'을 구축하지는 않는다 할지라도 개인을 더 넓은 주거 환경으로부터 제거해 버리는 결과를 낳고, 그들의 일반적 성격의 전형적 모습을 보여 주는 근거로 사용되었던 것은 사실이다.[604]

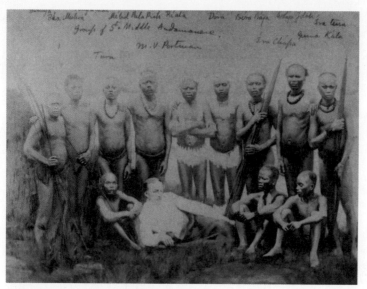

58. 모리스 비달 포트먼, '남부와 중부의 안다만 사람들', 1887

다른 이미지들은 더욱 모순적인 그림을 보여 준다. '남부와 중부의 안다만 사람들'(Group of St[South] & Middle Andamanese)이라는 대폭 수정을 가한 사진(사진 58)은 안다만 사람들에게 둘러싸인 포트먼을 보여 준다. 연극 공연단을 찍은 회상 사진 한 장에서 포트먼이 중심적 역할을 담당하고 있음을 알 수 있다. 이는 포트먼이 1888년 자신의 사진을 왕립지리학회에 보여 준 데서 자신을 안다만 사람들의 친구로 재현한 맥락과 일치한다. "외부와의 연결은 그들에게 해악을 가져다줬을 뿐이다. 이렇게 따뜻한 종족이 급속도로 멸종되고 있다는 사실에 대해 정말 개탄스럽다."[605] 포트먼의 이러한 주장에 대해 안다만 사람들은 식인종이었다는 반론이 제기되었는데, 이에 대해 그는 단순하고, 아무런 해를 끼치지 않으며, 유쾌한 사람들이라고 받아쳤다. "문명의 척도에서 낮은 단계에 있는 그들에게 문명의 해악에 대해 알려져 있는 것은 아무것도 없다."[606] 사진을 보면 E. H. 만의 사진에 나타난 것처럼 그들에게 명령하거나 지배하는 자세를 취하지 않고[607] 바닥에 기대어 앉아 그들로부터 보호받는 자세를 취한다. 포트먼의 인체 측정 사진과 달리 사진 위에 색과 텍스트를 덧씌운 이 이미지는 사진가가 직접 등장하고 있고, 측정용 스크린이 없으며, 과학적이지 않은 모습을 띤다. 오히려 인류학적 정화도에 관한 일련의 대안적 개념의 발전이라는 범주 안에서 작동하는 것처럼 보인다. 포트먼은 1896년 사진에 대한 인류학자의 글에서 『문명화되지 않은 땅을 여행하는 사람이나 그곳에 거주하는 사람들을 위한 인류학에 관한 의문과 해설』에 해놓은 충고에 주의를 기울였다. "야만인은 침입자들이 자신들을 그들과 동일한 위치에 놓을 때 훨씬 자유롭게 대답을 해준다. 즉, 침입자가 땅 위에 서면 그도 똑같이 그렇게 해야 한다."[608]

이 사진에 나타난 포트먼의 포즈와 그러한 공간적 관계가 주는 상징에 대한 인식 덕분에 그는 적어도 안다만 사람들과 동일한 위치에 자신을 놓게 된다. 비록 그가 그들을 야만인으로 본 것은 사실이지만, 사진 이미지 위에 각 개인의 이름을 기재하였다는 사실은 과학적 분류에 대한 관심 너머에 있는 개인적 신념을 보여 준다. 이 사진 속에 있는 그들은 '유형'이 아니라 개인이다.

인도 사람들

인종 유형에 관한 사진들 가운데 가장 의욕적인 것으로는 『인도 사람들』(The People of India)을 들 수 있는데, 이 작업 또한 인류학적 사진과 식민 행정을 복합적으로 연계시켰음을 보여 주는 것이다. 각 권에 수록된 사진이 무려 468장이나 되고, 모두 8권으로 되어 있는 이 방대한 작업은 1856년부터 1858년까지 인도 총독을 지낸 캐닝(Canning) 경의 개인 수집품이었는데, 1857년 이후 인도청(廳) 정치비밀부의 공식 프로젝트로 전환되어 만들어진 것이다. 실제로 1868년부터 1875년 사이에 출판된 200부 가운데 절반은 공적 용도로 확보되었다.

인도청의 존 윌리엄 케이(John William Kaye)와 J. 포브스 왓슨(J. Forbes Watson)이 편찬한 『인도 사람들』은 '인도 종족의 서로 다른 다양성을 잘 재현할 것'[609]을 목표로 삼았다. 그렇지만 『인도 사람들』에 수록된 사진들은 어떤 체계적인 형태에 따라 수집된 것은 아니었다. 많은 사진가들의 광범위한 초상 사진들을 모아놓은 것인데, 그 가운데는 윌로비 월리스 후퍼 같은 열정적인 아마추어의 사진도 있고,[610] 찰스 셰퍼드나 제임스 로버트슨(James Robertson) 같은 상업 사진가들의 사진도 있다. 따라서 원래는 아주 다양한 목적으로 찍은 사진들인데, 나중에 거대한 규모로 기술하는 조사를 위해 한데 묶이게 된 것이다. 편찬자들은 사진들이 일관되지 못함을 알고 있었고, 그래서 "이 작업으로 과학적 명성을 바라지는 않지만, 민족지적 관점에서 볼 때는 전혀 가치가 없다거나 관심을 받지 못할 만한 것은 아니다"[611]라고 밝혔다.

『인도 사람들』은 분명히 민족지적 관점으로 보인다. 존 러복(John Lubbock) 경은 자신의 책 『문명의 기원과 인간의 원시 상태』(*The Origin of Civilization and the Primitive Condition of Man*, 1870)에서 『인도 사람들』을 원용했다.[612] 뿐만 아니라 1869년에는 헉슬리(T. H. Huxley)의 발문과 함께 포브스 왓슨 박사에 의해 런던민족협회에 대여되어 전시됨으로써 많은 독자들이 사진들을 접하게 되었다.[613] 이 사진들은 전 세계에 분포된 '원시 종족'을 보여 주는 지도를 비롯한 여러 지도와 함께 전시되었는데,[614] 인도에 관한 민족지와 인류학에 관한 연속 강의를 통해 기술된 낮은 수준의 인종들을 민족지적·지리학적으로 자리매김하는 일에 도움이 되는 자료로 활용되었다.[615] 『인도 사람들』에 수록된 사진들은 1875년 8월에 영국에서 열린 국제지리학대회의 전시에서도 선보였는데, 그곳에서는 '과학적이라기보다는 아름답지만' 여전히 민족지적 가치가 상당하므로 은메달감은 되는 것으로 평가받았다.[616]

『인도 사람들』의 중요성은 식민 당국이 정한 행정 틀 안에서 그들의 정치적 협조와 관련한 인종 '유형'에 대한 지식을 구축하는 방식에 있다. 사진 중에는 배경을 아무것도 없이 비워 둔 채 찍은 개인 사진이 많다. 그리고 문화적 물품을 지닌 채 자연스러운 자세를 취한 집단 사진도 있다. 사진에는 일련번호가 매겨져 있고 이름, 부족, 종교 그리고 촬영 장소를 적은 인쇄된 꼬리표가 붙어 있다. 인종을 분류한 조건은 다르지만 부족과 인종 그리고 카스트를 혼동한 경우가 적지 않다. 어쨌든 각 사진에 따라붙은 상세한 기술 문서는 인체적 성격 그리고 그것과 연관된 도덕적 성격을 그린 지도로서의 이미지를 독해하는 특정 방식을 규정하고 있다. 예를 들어, '자트. 힌두. 델리. 192번'(사진 59)이라는 텍스트는 자트는 "멋진 군인으로서의 풍모를 지니고 있고 강건하지만 외형은 단순하다"고 적어놓았다. 그래서 골상과 젠더가 실용적인 방식으로 읽힌다. '인도 반란'[Mutiny: 1857년에 영국군 용병들의 모반으로 촉발되어 2년간 전개된 반영 봉기] 때 자트는 반군에 가담하지 않았다는 사실을 알고 있었기 때문에 "멋진, 꾸준히 훌륭한 군인을 [만드는] 남성 중의 남성다운 종족"이라고 기술된 것이다.[617] 냉정하게 볼 때 이와는 달리 팟차다(Pachada) 부족은 단일 '유형'으로 재현되었는데(사진 60), '대규모의 약탈, 살인, 강도를 일삼는' 경향이 유전적으로 이어져 내

59. '자트 힌두 델리. 192번'. J. 포브스 왓슨 & J. W. 케이, 『인도 사람들』(1868~75)

60. '후세인 팟차다. 이전에는 힌두였음. 히사르. 제180번.' J. 포브스 왓슨 & J. W. 케이, 『인도 사람들』(1868~75)

려온 것으로 규정되었다. 사진에 딸린 텍스트를 더욱 면밀히 읽어 보면 계속해서 "그의 용모는 자기 부족 가운데서도 교화되지 않은 극악무도한 자를 나타내는 지표가 될 것이다"라고 나온다. 결국 사진과 텍스트를 통해 팟차다 부족은 범죄형 부족으로 구축되었으니 그들의 선천적인 무도함은 골상을 통해 읽힌다는 것이다.[618] 이어 독자는 다음과 같은 경고를 받는다. "이들 또는 이들 같은 사람들은 서북 지방의 일반적 인구 가운데 악질 분자들이니 계속해서 지켜보기 바람."[619]

이러한 방식으로 종족의 유형이 서로 비교·대조되었고, 제국주의의 행정과 법의 구조 내에서 위치지어졌다. 그러한 사진과 그 사진이 일부를 구성하는 프로젝트는 제국주의 감시의 한 형태로 읽힐 수 있는 것이다. 즉, 그것은 제국이 종족과 장소를 총체적으로 볼 수 있도록 하기 위한 야심의 일부를 이루는 것이다.[620] 다른 형태의 식민 조사, 예를 들어 1881년에 처음 실시한 센서스도 마찬가지로 영국령 인도 제국의 '상황'을 파악하고자 하는 것이었는데, '주민'을 규정화된 틀 안에서 질서 짓는 방식을 통해서였다.[621] 이러한 방식의 조사는 오리엔탈리즘적인 지식 체계를 이루는 중심이었다. 즉 "동양을 그것에 관한 담론 안에서 분명하게 보이게 그리고 '그곳에' 있게 만드는 서구의 재현 기술"[622]인 것이다. 이러한 방식을 통해 인도는 하나의 방대한 박물관이 되고, 서구의 지식으로 여러 '유형'의 사람들을 적당한 곳에 구축시키는 하나의 장소가 된다.

아프리카 '유형' 조사하기

사진은 주로 『인도 사람들』 같은 공식 민족지 프로젝트에 사용되었지만, 제국의 개인 여행자나 문필가 혹은 행정가에 의해 사용되기도 했다. 예를 들어, 식민 당국의 행정가이자 지리학자이며 박물가인 해리 해밀턴 존스턴(Harry Hamilton Johnston, 1858~1927)은 1890년대 영국령 중앙아프리카의 행정지사로 복무하는 동안 사진을 과학 연구의 도구이자 식민지 팽창의 수단으로 광범위하게 사용하기 시작했다.[623] 그가 펴낸 화보집 『영국령 중앙아프리카』(British Central Africa, 1897)는 지적으로나 도덕적·문화적으로 수준이 낮은 '니그로 인종'에 관한 이론을 뒷받침하기 위해 그리고 영국 식민 통치 아래 발전을 이룬다는 것을 근거로 보여 주기 위해 사진을 활용하였다.[624]

아프리카에서 존스턴은 1899년부터 1901년까지 최고위 행정 당국자였는데, 우간다 보호령(Uganda Protectorate)의 특임 행정지사였다. 그 기간 동안 약 1,000장에 달하는 사진을 모았는데, 그것을 이용하여 수많은 강연과 출판을 하였다.[625] 존스턴은 자신의 집무실에서 박제사이자 사진가이던 도겟(W. D. Doggett)과 함께 우간다 보호령에 대해 식민주의의 시선으로 세밀히 조사하는 일을 착수했다. 즉 철도 노선을 연구했고, 원주민의 세금 문제를 해결하였으며, 토지 소유에 관한 정책을 만들었다. 뿐만 아니라 그들은 대영박물관을 위해 동물학적·지질학적·식물학적 표본들과 민족지에 관한 사물들을 수집하기도 했다. 그들은 또 '아프리카 남성의 특징적 유형'에 관한 민족지적 조사를 수행하기도 했다. 그들이 조사한 대상으로는 '엘곤(Elgon)과 세미키(Semiki) 숲의 키작은 유인원 같은 유형'부터 '아폴로 같은 마사이'까지 있었다.[626] 존스턴은 지역마다 다른 거주하는 집단의 '유형'과 진화의 정도에 따라 달리 배치하기 위해 사진을 활용하였다. 예를 들면, 존스턴은 우간다의 동부 지역에 거주하는 '안도로보'(Andorobo)를 '혼혈 유목민'이라고 기술하면서 그들을 '몰로(Molo) 강에서 물을 마시는 안도로보'라는 제목으

61. 해리 H. 존스턴, '물 마시는 안도로보: 몰로 강(江)', 1900년경

로 조심스럽게 물을 마시는 포즈를 취한 사진을 찍었다(사진 61). 이 사진을 찍은 것은 그들이 "인간의 상태에 도달한 지 얼마 되지 않은, 자손 대대로 내려오는 원시인의 삶의 모습을 보여 주는 놀랄 만한 장면"[627]을 근거로 제시하기 위해서였다.

존스턴의 사진 '도겟과 무암바'(사진 62)는 단순한 인류학적 행위에 관한 이미지는 아니다. 한 아프리카 남성의 상반신을 측면에서 찍은 사진으로, 당시 확립된 인체 측정 사진의 규정과 일치함을 보여 준다. 특임 행정위원회에 의해 '인종' 유형을 측정하고 사진을 찍는 일은 사실 과학적 틀 안에서 서로 다른 사람들을 파악하기 위해 기획한 것이었다. 그렇지만 이 경우에는 이름을 갖지 않는 측정 스크린이나 막대가 아닌 과학자 자신이 인체의 차이에 대한 인류학적 통계를 계산하는 과

62. 해리 H. 존스턴, '도겟과 무암바', 1900년경

정에 등장한다. 그런데 그의 존재로 인하여 그곳에 있는 인류학자는 측정 스크린과 동일한 상징적 기능을 갖게 된다. 아이러니하게도 한 '원주민 유형'을 측정하는 과정에서 도겟은 제국 과학이라는 캘리퍼의 두 날 사이에 잡힌 모습으로 재현되기도 한다. 사실, 그러한 사진술은 그 자체가 제국의 인류학자를 측정해 주는 것이면서 자신이 재현하는 그 사람들보다 우위에 있다는 것을 측정해 주는 것이기도 하다. 존스턴의 '원주민 유형'에 대한 사진들은 궁극적으로 아프리카 사람들이 비록 정도는 다르겠지만 유럽 사람들에 비해 인종적으로 열등하다는 사실을 증명해 보이려는 것이다. 그가 이 특정한 예에서 사진술을 사용한 것은 단순히 우간다는 '백인의 식민지'라는 사실을 제시해 주는 중요한 수단인 셈이다.

상업적 '유형'

상업 작가 또한 인류학적 의문과 '인종' 도상술이라는 렌즈를 통해 자신들의 대상을 보았다. 이는 특히 존 톰슨 같은 사진가의 경우 그러하였다. 톰슨은 런던민족협회 회원으로, 인종에 대한 과학적 연구에 자신의 사진을 이용하였다. 그는 1867년 캄보디아의 민족지를 런던민족협회에 보낸 보고서의 일부에서 그곳 주민의 근육 발달을 기술하고 평균 키를 측정하기 위해 사진을 이용하면서 인간을 촬영 대상으로 하는 초상 사진에 특별한 관심을 가졌다.[628] 1873~1874년 동안 수행한 그의 방대한 작업에서 나온 『사진으로 보는 중국과 중국인』은 그 후 다른 유럽 여행자들로 하여금 그의 길을 따라가게 하였는데, 둘리틀(Reverend Justus Doolitle) 목사 같은 이가 그 대표적인 예다. 둘리틀 목사의 중국인과 그 문화에 대한 이미지는 1868년에 책으로 출간되었다.[629] 또한 톰슨은 이미 잘 확립된 서로 다른 종족 재현 체계를 채택하기도 했는데, 바로 '인종 유형' 담론이다. 『사진으로 보는 중국과 중국인』에 대해 한 비평가는 "이 사진들은 예외적으로 그 가치가 높은데, 그 이유는 인간의 형태와 성격이 잘 묘사되어 있기 때문이다"[630]라고 평하기도 했다. 그 비평가는 '남성 머리, 중국인과 몽골인'(사진 63)이라는 도판을 특별히 지목하여 칭찬했다. 톰슨의 텍스트는 사진을 독해하는 특정 방식을 규정하고 있다. 톰슨에 의하면 20번 사진은 '상층 혹은 최고 교육을 받은 계급, 광둥(廣東)의 유력한 공무원 아들'[631]을 재현한 것이다. 톰슨은 주장하기를, 그는 "아주 옅은 갈색의 눈에서 온화함과 명민함이 발하는 멋지게 잘생긴 어린 친구의 얼굴을 가졌지만" 그 소년의 얼굴은,

자라서 성숙하게 되면서 점점 그 매력을 잃어간다. 눈의 부드러움은 차갑고 계산적인 표정으로 바뀌고, 그 사람들의 특이한 훈련의 결과로 용모는 심드렁한 무관심 분위기를 띠는데, 그것은 중국의 교양 있는 양반이 가진 내적 감정을 가리는 데 꼭 필요한 것이다.[632]

톰슨은 21번 사진이 '다 자란 중국인의 머리'를 재현한 것으로, 아마 20번 사진의 소년이 '나중에 저렇게 될' 것이라고 했다. 즉, '천부적으로 약삭빠르고 장사하기에 딱 좋은' 남자라는 것이다. 23번 사진은 나이 먹은 중국인 '노동자'를 재현한 것이라고 했고, 24번에 대해서는

일반적으로 중국인 짐꾼의 머리는 중국 하층 사람의 좋은 표본으로 …… 그는 대체로 온화한 성품을 가진 사람으로 자신의 이익에 민감하고, 천부적으로 중국 문명의 울타리 바깥에 사는 야만인에 대해

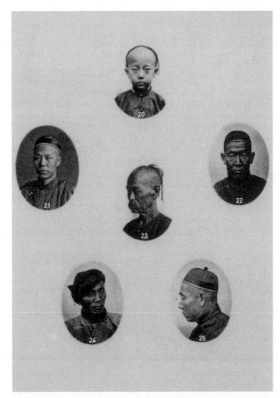

63. 존 톰슨, '남성 머리, 중국인과 몽골인', 「사진으로 보는 중국과 중국인」
(1873~4)

심한 경멸감과 자비심을 가지고 있다. 이를 통해 그가 내게 보여 준
인상을 이해할 수 있다. 나는 이를 그가 속한 계급의 한 유형으로 후
손에 전해 주고자 한다.[633]

사실, 톰슨은 인종 분류 프로젝트에 관여하고 있었기 때문에 그가
찍은 여러 사람들의 사진은 인종 '유형'에 대한 공통의 민족지적 개념
을 중심으로 하여 그 주변에서 구축된 것이다. 유형에 대해 일련번호를

매긴 그의 비네트 사진과 거기에 수반된 텍스트는 『인도 사람들』에 사용한 도상술과 수사 스타일을 떠올리게 한다. 실제로 이 두 작업 모두 1875년 파리에서 열린 국제지리학대회의 영국관의 일부에 전시된 것인데, 전시에서 이 둘은 모두 은메달을 땄다.[634] 『인도 사람들』의 저자들과 마찬가지로 톰슨은 사람들을 시각적으로 분류하였고, 그를 통해 그들의 인체적·도덕적 성격에 대한 지식을 구축하였다. 그 가운데 도덕적 성격은 영국의 교역과 서양인 여행자에게 도움이 되느냐의 관점에서 평가되는 일이 많았다.

톰슨이 22번과 25번 사진과 같이 두상을 전면·측면에서 찍어 각각 따로 사용한 것은 '순수 중국인보다 그 생김새가 더 굵은 몽골인'을 재현하려는 것이었는데, 이는 인류학적 사진술과 골상학의 관습에 영향을 받은 것이다.[635] 톰슨은 나중에 '몽골족에 대한 인종 분류를 지지하는 근거로 이 사진들을 사용했는데, "어깨가 높고 넓으며, 코가 낮고 넓으며, 턱이 각지고 돌출되며, 이빨이 길고 간격이 넓으며, 눈은 검고, 타원형 얼굴에 불균형적이고, 목이 두껍고 짧은 ……"[636]이라는 관점에서 분류하였다. 그는 나중에 사진을 더욱 체계적으로 인류학에 적용하는 것을 옹호하기도 했다. 1891년에 인종 유형을 위한 사진을 찍을 때는 "얼굴 전체와 머리의 측면을 찍는 것이 필요하다. 아니면 동일한 계보로부터 많은 유형을 나타내는 사진을 중복으로 찍어야 한다"라는 사실을 지적하기도 했다. 톰슨은 개개의 머리와 모습 전체를 찍을 때는 '측정의 근간을 부여하기 위해'[637] 측정용 막대를 사용해야 한다고도 했다. 그는 자신의 사진에 램프리가 한 것과 같은 체계적인 인체 측정 방법을 적용하지는 않았다. 톰슨은 형식적 차원에서는 조금 덜하였지만, 어쨌든 인종 분류의 형식을 추구한 것은 사실이다.

많은 상업 사진가들처럼 톰슨도 인종 '유형'의 재현을 반드시 개인의 생김새나 몸의 일부를 통해서만 한 것은 아니었다. 그는 '거리 집단'이라는 장면을 통해 특정 직업을 가진 사람들을 찍기도 했는데, 특히 주요 도시에서 촬영을 했다. 그의 '거리 집단, 키우-키앙'(사진 64)은 4개의 집단을 보여 주고 있는데, 그가 확인한 바로는 왼쪽부터 손님과 함께 있는 '국 끓이는 사람 아홍'……, 여성 고객의 편지를 대신 써주는 '대서사', '떠돌이 이발사' 그리고 마지막으로 '나무 국자'를 검사해 보는 '목공과 그의 고객'.[638] 그는 각 집단의 주요 인물과 장치에 대해 국 끓이는 사람인 아홍의 생애사로부터 이발사의 고객이 앉는 문갑 서랍에 이르기까지 대상의 자세한 사항을 제공해 주고 있다. 톰슨은 글과 사진으로 도덕적 평가를 기술하기도 했다. '대서사'는 '점쟁이이자 의사'이기도 했는데, "노회한 사기꾼으로 엄청나게 성공할 거라고 속임수를 팔아 먹는 사람"이라고 했다. 개개의 머리 사진이 얼굴 생김새를 통해 범주화하는 경향이 있다면 이러한 장면 사진은 그들 '본연'의 일과 직업의 의미를 통해 '유형'을 만드는 것이다.

　　톰슨과 그의 사진 장치를 향한 공포와 적대감 때문에 그리고 그가 사용한 습판 사진으로 인한 피할 수 없는 격식 때문에 그러한 연구는 의심할 여지없이 조심스럽게 이루어졌고, 그에 대한 참여를 이끌어 내게 된 것 같다. 톰슨은 '중국식 의사'에서부터 '고대 청동제 물건 상인'에 이르기까지 각 거리 집단에 관한 많은 사진 연구를 수행했다.[639] 그런데 '거리 집단, 키우-키앙'은 특별한 의미를 가지고 있다. 그것은 많은 집단이 한 장면 안에 들어와 조화를 이루기 때문이다. 더불어 거리 집단과 그들이 하는 장사에 대한 '유형'을 하나의 사진 안에서 축소 모형으로 잡아두려는 시도이기도 하다.

64. 존 톰슨, '거리 집단, 키우-키양', 『사진으로 보는 중국과 중국인』(1873~4)

탐험가들은 사진이 들어오기 전에도 민족지를 통해 그러한 기술을 펼쳐 보였다. 예를 들어, 윌리엄 앨런(William Allen)은 자신의 책 『니제르 강의 그림 같은 경관』(1840)에 있는 '야단법석'에 대해 기술하면서 "난 지금까지 만난 모든 주요 인물들에 대해 스케치를 해두었고, 그것들을 내가 보기에 비슷한 것들끼리 묶었다"⁶⁴⁰라고 기술하였다. 이러한 기술은 하나의 이미지 안에 서로 다른 문화적 행위들을 재현하는 것으로, 나중의 인류학적 사진에서도 찾아볼 수 있었다. 우리는 그 좋은 예를 만(E. H. Man)이 보여 주는 '사냥하고, 춤추고, 잠자고, 인사하는 안다만 사람들'(c. 1880)에서 찾을 수 있다.⁶⁴¹ 그것은 빅토리아 시대의 서사 예술 안에 나타난 사회적 유형의 전개와 매우 유사하다. 예를 들어 윌리엄 퍼스(William Firth)의 『경마가 있는 날』(*Derby Day*, 1858)과 『기차역』(*Railway Station*)은 복합적인 장면을 보여 주는데, 거기에는 인류학적으로 자세히 들여다보고 독해해야 할 의복, 얼굴, 인물, 제스처 등이 담긴 일련의 '유형'이 들어 있다.[642] 실제로 많은 현대의 예술가들과 같이 퍼스는 실제로 자기 그림 안에 있는 사회적 유형을 묘사하기 위해 사진을 활용하기도 했다.

중국의 인류학적 모습을 재현하는 수단으로 사진을 사용하려고 한 사람 중 톰슨이 유일한 사람은 아니다. 여행자이면서 지리학자인 오리엔탈리스트 델마 모건(E. Delmar Morgan)은 1870년대 중반 중국에 관해 그와 유사한 사진을 연작으로 찍었는데, 거기에는 옥외 가건물 안에 개인과 집단의 모습이 담겨 있다.[643]

이러한 중국의 '유형' 혹은 '유형적 장면'의 사진은 중국에 관한 서구의 고착된 이미지를 반영하는 깃으로 다른 여행자, 작가, 예술가, 사진가 등에 의해 널리 알려졌다.[644] 예를 들어, 톰슨이 찍은 한 중국 여성의 기형적으로 변해 버린 발을[645] 찍은 사진이나 아편을 먹는 사람들을[646] 찍은 사진은 중국이 낮은 수준의 문명에 머무르고 있다는 사실을 확인시켜 주는 것이고, 나아가 수도 없이 많은 사회악에 빠져 있는 아무런 희망이 없는 중국인에 대한 서구의 지배적 이미지를 뒷받침해 주는 근거로 작용하였다.

예를 들어, 톰슨의 '차꼬'를 찬 어떤 남자 사진(사진 65)은 『사진으로 보는 중국과 중국인』에 들어 있는데, 중국의 형벌에 관한 기술이 달려 있다. 이 이미지를 이용하여 톰슨은 당시 유럽인이 갖는 중국의 형벌과 고문에 대한 기존의 관심을 보여주는 데 기여하였는데, 이를 통해 유럽인이 중국인을 '세련된 잔인함의 도사들'이라고 보는 시각을 강화시켰다.[647] 좀더 개괄적으로 말하며, 이 이미지는 중국과 '중국 사람'이

65. 존 톰슨, '차꼬', 『사진으로 보는 중국과 중국인』(1873~4)

인식된 위치에 대한 은유를 재현하는 것이다. 즉, 문명화되지 않는 관습에 차꼬가 채워져 있고 가난과 무지에 짓눌려 있음을 보여 주려는 것이다. 이러한 이미지는 중국 안에서 영국 제국주의자들이 활개치는 데 대해 격려해 주는 역할을 하였다. 이 이미지는 톰슨의 유명한 책 『말라카 해협, 인도차이나 그리고 중국』(The Straits of Malacca, Indo-China and China, 1875)[648]의 표지로 쓰이면서 중국과 중국인에 대해 톰슨이 내린 결론에 대한 중심적 은유로 자리 잡았다. 그는 다음과 같이 말한다.

사진은 기껏 해봤자 슬픈 것이다. 여기저기서 빛줄기가 그것을 비춘다 할지라도 결국 어둠이 대지를 품게 된다. 그렇지만 이렇게 잠깐 잠깐 들어왔다가 흩어져버리는 빛 아래에서 여실히 느낄 수 있는 것은 어둠이다. 우리도 영국 안에서는 가난하거나 무지할 수도 있지만, 수

억의 중국 사람들에 비하면 가난은 그렇게 비참하지도 않고, 무지도 그렇게까지 심한 것은 아니다.[649]

톰슨은 이 책에서 중국과 중국인을 관찰했을 뿐만 아니라 전체적으로 평가할 수 있는 하나의 '그림'으로 구축한다. 그는 또한 빛과 어둠의 도상술을 적용하여 외국인 조계지와 개항장을 '빛줄기'로 그리고 그 자신과 자신의 사진을 서구 계몽의 사절로 만들었다.

톰슨이 중국의 사회악과 영국의 사회악에 대해 비교한 것 또한 주목할 만하다. 그것은 그의 작업 전체에서 '오리엔탈 유형'이 노골적으로 영국의 도시 빈민의 '유형'과 비교되었기 때문이다. 그는 북경에서 매일 장사를 나가는 과일장수 한 사람을 사진 찍었는데(사진 66), 그의 모습은 "최하층민 가운데 한 사람으로서 북경 행상의 한 유형"이었다.[650] 톰슨은 '오리엔탈' 사람들을 런던의 빈민 같은 부류로 취급하였는데, 이는 자기 자신의 경험에서 그려낸 것일 뿐만 아니라 사회를 탐사하면서 문헌과 사진을 통해 기존의 확립된 관습 위에서 그려낸 것이기도 하다. 실제로 이 책에서 톰슨의 말과 이미지는 헨리 메이휴(Henry Mayhew)의 『런던의 노동자와 런던의 빈민』(London Labour and London Poor)을 바로 떠올리게 하는데, 이 책에서 저자는 행상을 자신들만의 신체적 용모와 습관 그리고 언어를 가진 특별한 인종이라고 정의했다. 메이휴의 글과 『런던의 노동자와 런던의 빈민』 판각의 모태가 된 존 비어드(John Beard)의 다게레오타입 사진은 사회 탐사를 위해 카메라를 사용하기 시작했다는 사실을 보여 주는 것이다. 그런 과정에서 톰슨은 『런던 거리의 삶』(Street Life in London, 1878~1879)에서 자신의 유명한 '거리 유형' 사진을 찍는 데 상당한 기여를 하게 된다. 이에 관해서는 아래

66. 존 톰슨, '한 중국인 행상',
「사진으로 보는 중국과 중국인」
(1873~4)

에 상술하도록 하자.

톰슨은 스스로를 영국의 사회적 삶의 어두운 구역에 탐사의 빛을 비추기 시작한 첫번째 인물이라고 평가하지는 않았다. 사진가 에머슨(P. H. Emerson, 1856~1936)은 1880년대 중반 노퍽(Norfolk)과 서퍽(Suffolk) 거리에 대한 연이은 조사에 들어갔는데, 그 기간 동안 그는 경관과 '원주민'에 대해 사진으로 하는 연구를 수행하였다.[651] 그러한 조사를 통해 상업 사진가들은 생선장수부터 거리의 부랑아에 이르기까지 영국 내의 주민을 경관 대상으로 하는 초상 사진 시장의 문을 두드리기 시작했다. 이러한 초상 사진은 대부분 당시의 초상화법과 과학과 예술 두 분야 모두에서 묘사하는 방식의 코드에 따라 만들어졌고 읽혔다. 상업 스튜디오에서 생산해 내놓는 사진은 개인이든 기관이든 영국에서의 인간의 특성과 분류에 관한 과학적 조사를 통해 그려내는 것이기도 했다.

영국 내에서의 인종 문제

빅토리아 시대 영국에서 '인종'에 대한 이슈는 신기한 바깥 세계에서 만큼이나 국내에서도 낯선 이들에 대한 관심을 불러일으켰다. 어떤 의미에서 빅토리아 시대의 대중은 인종적으로 이국적인 사람들을 만나러 멀리까지 갈 필요가 없었는데, 그 이유는 빅토리아 시대가 인종의 '유형'을 보여 주기 충분할 정도의 기회를 제공해 주어서 영국 내에 다양한 비유럽인이 전시하듯 널리 살았기 때문이다. 그러한 상황은 영국인 자신의 인종적 기원에 대해 다시 한 번 생각해 보게 하였다. 실제로 '인종'의 이론과 이미지는 영국인을 비롯한 유럽인이 비유럽인과 함께 사는 것만큼 자기 자신들과 관련되는 문제였다. 1870년대와 1880년대 『왕립인류학회지』(*Journal of the Royal Anthropological Institute*)는 "굉장히 유럽 중심적이고 심지어는 미국 중심적이기까지 한 초점"[652]을 전시하였다. 영국 민족의 성격에 관한 기원과 유산에 대한 당대의 관심은 당시 도시 쇠퇴에 관한 관심과 더불어 카메라로 하여금 영국 안에서의 서로 다른 사회적 집단과 '인종'들에 대한 초점을 맞추도록 하는 과정이 진전되는 데 상당한 기여를 하였다.

영국 내에서 인종 '유형'을 구분하는 데 있어 사진을 이용한 가장 체계적인 시도 가운데 하나는 '대영제국 내 여러 인간의 키와 몸무게를 체계적으로 검사하여 그 관찰 결과를 수집하고, 제국 내 여러 인종의 유형을 사진으로 찍어 출판하기 위해' 1875년 영국과학진보학회가 지정한 인체 측정과 인종위원회(Anthropometric and Racial Committe)에서 한 시도였다.[653] 제국주의 차원에서 그 범주를 정했음에도 위원회는 실제로는 영국 내부로 그 범위를 국한시켰다. 위원회는 자기들이 하는 일을 '민족적으로 매우 중요하고 과학적 관심을 가지고 있는 주제를 설명하기'[654] 위해 반드시 필요한 작업으로 간주했다. 실제로 '민족적 성격'의 문제에 대한 관심이 상당히 높았던 것이 사실이었는데, 특히 '앵글로색슨'이나 '튜튼'족의 자연적 우위를 확인하려는 분위기가 팽배했다. 그들은 주장하기를 '앵글로색슨'족 혹은 '튜튼'족이 영국을 정복하였고, 그 후 켈트족을 물리치고 고대 브리튼(Briton)에 살던 다른 종족들을 변두리 섬들로 몰아낸 다음 지배 종족의 자리를 차지했다고 주장하였다. '앵글로색슨'에 대한 우월성 구축은 브리튼(Britain) 안에서의 영국인(English)의 지배적 우위를 확인한다는 차원과 제국주의 확장에 대한 인종적 정당성을 부여한다는 점에서 모두 중요한 의미를 갖는다.[655]

1880년까지 영국과학진보학회에 의해 약 2만 4천 명의 인체 관찰 자료가 쌓였지만, 그 가운데 약 400장의 사진만 취합되었다. 이는 파크 해리슨(J. Park Harrison)이 지적했듯 분명히 적절치 못한 것이었다. "하나의 단일한 체계로 찍은 많은 측면과 전면 얼굴 사진들은 위원회가 머리를 측정한 것들과 함께 인종의 특징을 규정할 수 있도록 했어야 했다."[656]

1882년에는 새롭게 설립된 '사진위원회'[657]가 '인종적 모습에 대한 명료한 규정'을 재현하고, 계급과 인종에 관한 '태도와 성향'에 대해 많은 '사회적 문제'와 작업이 관련된다는 점에서 사진의 과학적 가치에 대한 믿음을 선언했다.[658] 예를 들어, 그 작업은 '범죄자와 탈주자를 정확하게 그려내는 일'을 도울 수 있는데, "그 결과 그들을 잡아들이는 일이 허다했다는 사실에 대해서는 의심의 여지가 없다"[659]는 주장이 제기되기도 했다. 따라서 민족의 인종 '유형'을 그려내는 일은 영국의 특정한 사회 집단들을 범주화하는 일과 밀접하게 연계되어 있었다.

그 위원회의 사진 작업이 삼은 목표는 거의 순수한 인종 '유형'이 되었으면 하는 것이었다. 영국의 인구가 매우 다양하게 구성되어 있었음에도 위원회는 '원래 혹은 주류의 인종적 성격'을 구별해 낼 수 있다고 주장했다. 그래서 초기에는 사진 수집이 분명하게 지역적인 것에 초점을 맞춘 것이었는데, 영국 내에서 멀리 떨어진 변두리 지역으로부터 수집하는 것을 의미하였다. 그렇지만 그들 스스로 사진은 실제로 인종의 특징을 규정하는 데 아무런 도움이 되지 않는다는 것을 알게 되었다. 그 결과 위원회 그리고 데이비스(J. B. Davis)와 서먼(J. Thurman)의 공동 작업으로 고대인의 두개골에서부터 살아 있는 현대인의 두개골까지 모두 측정하여 A형(검은색의 장두형), B형(흰색의 단두형), C형[흰색의 아(亞)장두형]의 세 가지로 그린 『영국인 두개골』(*Crania Britannica*, 1865)을 냈다. 이 책에서는 두개골 측정과 여러 '유형적 모습'에 따라 확인된 세 가지 인종 유형에 따라 재배치되었다.[660] '그리피스 르웰린(Griffith Llewellyn), 50세 …… A형'(사진 67)은 해리슨(J. P. Harrison)이 위원회의 요청에 따라 편찬한 (각각 A, B, C의 꼬리표가 붙은) 3개의 앨범 가운데 하나에서 나온 것이다.[661] 개인의 머리를 전면과 측면에서 찍고, 틀 안에 나이, 신체 용모, 직업 그리고 지역 등에 관한 자세한 사항을 기재해 놓음으로써 그 인물을 확고하게 A형의 범주 안에 배치하였다. 전형적인 A형의 모습은 수직적이고 사각형의 이마, 직선적이고 긴 코, 두텁고 보기에 안 좋은 입술, 좁은 턱, 검은 눈동자, 아주 검은 곱슬머리 그리고 160cm 정도의 평균 키를 가졌다.

　　이와는 대조적으로 C형은 '진정한 색슨족 모습에 대한 정확한 규정'으로 간주되었는데, 주로 A형과 B형이 가지고 있는 여러 단점이 나타나지 않는 것으로 규정되었다. 그래서 C형은 신체적으로 '통통한' 것

67. J. H. 앤더슨, '그리피스 르웰린, 50세 ···A형', 1882년경

으로, A형은 '날씬하고', B형은 '골격이 크고 근육질인' 것으로 규정되었다. 비슷한 차원에서 A형의 입술은 '두텁고 보기에 안 좋은' 반면, B형은 '가늘고 똑바르며 긴' 입술이고, C형은 '보기 좋은' 입술로 인식되었다.[662] 이러한 인종 구별에는 지리학이 개입하기도 하였다. 그래서 1882년 C형에 대한 연구를 '진정한 색슨족 모습'이라고 보고할 때, 위원회는 "위에서 언급한 모든 특징을 뒷받침하는 사진들이 서섹스를 비롯한 영국의 각 지역에서 확보되었다"라고 설명했다.

사진 '그리피스 르웰린, 50세 ······ A형'이 인체 측정을 통한 '유형'의 하나로 만들어졌다고는 하지만, 대부분의 사진은 상업 사진가들로부터 수집한 명함판 사진에서 모은 것이었고, 그 때문에 당시 유행한 초상화와 상업 사진 양식에 따라 구성된 것이 사실이다. 이러한 현상은 특히 배경을 경치 있는 그림으로 하여 사람을 찍은 사진에서 잘 나타난다. 앨범 B에 나오는 요크셔의 어부들을 찍은 몇 장의 초상 사진은 순수한 인체 측정 데이터로 사용할 수 없음을 보여 준다.[663] 그러한 인물들은 빅토리아 시대의 스튜디오 사진가들에게 대중적인 사람들이었는데, 당시 폭넓게 형성된 중산층 사람들이 자신들의 일과 아름다운 경치를 이미지로 만들어 달라고 요구한 데 따라 나온 것이다.[664] 이러한 스튜디오 사진을 만들고 구입한 사람들을 통해 인물 '유형'이 확인되는 것은 단지 골상 차원에서뿐만 아니라 그들의 옷, 직업 그리고 배경 그림에 따라서이기도 했다.

그러한 사진들은 그 자체로 인체 측정에 관한 정보를 제공하지 못하지만, 영국 안에서 서로 다른 인종 유형에 관한 시각화를 허용하고 '특징'에 관한 대중적 시각 도상술의 문을 가볍게 두드린 것은 사실이다. 존 베도(John Beddoe)는 많은 영국과학진보학회의 사진들을 자신의 책 『영국의 인종』(*Races of Britain*, 1885)에서 '유형'에 대한 그림의 기초로 사용했는데[665], 이 책에서 그는 앵글로색슨족이 잉글랜드와 동(東)스코틀랜드를 정복하면서 지배 인종이 되었고 켈트족은 아일랜드, 서(西)스코틀랜드, 콘월 그리고 웨일스로 쫓겨났다는 사실을 재확인했다. 그는 자신이 측정한 골상과 피부색은 정신적이고 도덕적인 성격과 직접적으로 연계되어 있다고 주장했다. 예컨대 '교육받은 영국인'의 머리가 가장 크고 아일랜드인의 머리가 가장 작다는 것이다.[666]

이러한 주장은 영국 국민의 신체적 특징을 약 5만 3천 회 넘게 관찰한 것을 토대로 작성한 영국과학진보학회의 1883년 최종 보고서와 일치하였다.[667] 예를 들어 몸무게, 키, 힘 부문에서 잉글랜드 남성이 '정상'의 가운데를 차지한 반면 아일랜드 남성, 스코틀랜드 남성 그리고 웨일스 남성은 극단을 차지한다고 추론하였다. 사진에 나타난 것처럼 신체적 모습은 '정신적' 자질을 정확하게 보여 주는 것으로 받아들여졌다. 예를 들어, 위원회가 정한 영국 성인 남성의 키와 몸무게 순위에 의하면 '대도시 경찰'은 맨 위에 그리고 '바보와 얼간이'는 맨 아래에 위치하게 된다.[668]

대부분의 위원회 작업이 영국 안에 있는 유형에 관해 초점을 맞추었는데, 그러다 보니 필연적으로 그보다 더 넓은 '인종'과 '유형'에 관한 담론을 건드리게 되었다. 그 좋은 예로, 위원회가 서로 다른 인종과 전 세계 각 나라 민족의 평균 키의 순위를 매긴 것을 들 수 있는데, 전 세계 각 나라 민족 안에는 '콩고의 니그로'라든가 '아일랜드 사람들 — 모든 계급', '힌두', '안다만 사람들' — 등이 들어 있다.[669] 이에 대해 위원회는 이렇게 기술한다.

완전히 관찰되지 않은 일부 남양 열도에 거주하는 사람들을 제외하고는 …… 잉글랜드 전문 직업 계급이 가장 긴 목록을 갖고 있고, 앵글로색슨족이 문명화된 집단 가운데 선두에 서 있다는 사실을 알게 되는 것은 참으로 흥미로운 일이다.[670]

위원회가 수집한 사진들과 마찬가지로 통계 또한 '그들 자신을 대변하는' 것이었다. 그렇지만 사진이나 통계 둘 다 영국 남성의 신체적인 특징이나 정신적인 특징 모두가 쇠락한다는 사실에 특별한 관심을 갖는다.[671] 또 이러한 인종 적합성은 영국 내에서 사회적·인종적 특징을 사진으로 포착하려는 여러 시도들이 가장 중요하게 고려해야 할 대상이기도 했다. 그들이 복합 사진을 찍은 것은 이런 맥락에서였다.

복합 사진

영국과학진보학회 위원회에서 가장 중요한 인물은 프랜시스 갤튼 (1822~1911)이었다. 우생학 창시자로 널리 알려진 갤튼의 유전 연구는 대단히 많은 과학적 행위와 관심의 일부로서, 사진을 사용하여 인간의 '유형'을 측정하고 재현하는 것도 포함한다.

갤튼은 1865년 사진을 과학적으로 적용하는 것으로 자신의 실험을 시작했는데, 사촌 형제인 로버트 갤튼(Robert Galton)의 도움을 받아 탐험가와 군사 지휘관들을 위한 '사진으로 만든 휴대용 실체 지도'를 개발하였다.[672] 갤튼은 1877년에 영국과학진보학회 인종위원회에 관여하면서 '정신물리학 …… 정신의 과정을 물리적 측정과 물리적 법칙 아래 두는 과학'[673] 안에서 사진을 사용할 것을 제안했다. 그는 범죄자 같은 사람들에게서 볼 수 있는 정신적 특성의 여러 가지 외형을 기록하기 위해 사진을 사용해야 한다고 생각했다. 에드워드 뒤 카느(Edward du Cane)라는 교도관에게서 받은 여러 죄수 사진들을 가지고 실험한 후 갤튼은 폭력 범죄, 흉악 범죄, 성폭력 범죄를 저지른 범죄인들을 그 공통의 골상 형태에 따라 세 가지 범주로 기록하는 체계를 고안해 냈다. 그는 동일한 범죄를 저지른 범죄자들의 초상 사진 여러 장을 하나의 도판에 앉혀 특정 유형의 복합적 이미지를 만들어 낼 수 있다고 주장했다(사진 68). 그는 자신의 복합 사진 기술에 대해 자세히 설명했으며, 나아가 그다음 해에 인류학연구소에서 '범죄 유형' 복합 사진의 견본을 전시하기도 했다.[674] 여기에서 그는 복합 사진이 단독 사진보다 더 보기 좋다고 주장했다. 즉 "단독 사진에서는 특히 나쁜 사람의 불규칙성이 사라져 버리는 반면 복합 사진에서는 그들에게 깔려 있는 인간으로서의 공통점이 지배적이 된다 복합 사진은 범죄자를 재현하는 것이 아니

68. 프랜시스 갤튼, '폭력범의 초상과 초상 복합 사진', 1878년경

라 범죄를 저지를 수 있는 자를 재현한다"[675]라고 주장했다. 따라서 그의 복합 사진은 인체 측정 사진에서 볼 수 있는 것과 같이 분명한 개별 '유형'을 나타내는 것이 아니라 하나의 일반화된 '유형'을 나타내는 것일 뿐이다.[676]

갤튼의 관심은 주로 영국 자체 안에 있던 '유형들'에 대한 것이었다. 그는 '범죄자'와 '정신병자'에서 웨스트민스터 학생들과 유대인의 '유형'에 이르기까지 여러 종류의 인간 군상의 복합 사진을 계속해서 만들

어 갔다. 그는 『인간 군상과 그 발전에 대한 탐구』(*Inquiries into Human Faculty and its Development*, 1880)를 통해 자신의 사진 기술과 유전 이론을 더욱 정교하게 다듬었다. 특히 수집된 가족 사진들을 사용하여 생리적이고 심리적인 특질의 유전에 대한 연구에 적용하였다. 그렇게 초점을 맞추는 것은 1880년대 중반 이후 우생학을 민족적 의미에 관한 국내 사회 문제에 관계되는 하나의 철학으로 발전시키려는 갤튼의 관심사에 부합되었다.[677]

갤튼이 '인종' 유형에 따라 살게 만든 복합 초상을 유일하게 적용한 것이 유대인 '유형'이었다지만, 그는 복합 사진에 폭넓은 인류학적 적용을 구상하였다.[678] 그의 안다만 사람 두개골 복합 사진 실험은 두개골 측정에서 기술을 어떻게 사용할 것인지에 대한 관심을 더욱 불러일으켰다.[679] 1884년에 인류학자 타일러(E. B. Tylor)는 영국과학진보학회에서 인류학자들에게 갤튼이 사용하는 복합 사진 기술을 다음과 같이 적용하였으면 한다고 요청하였다.

> 외형적으로 균질적이어서 하나의 절대적 초상을 형성하는 이로쿼이, 아즈텍, 카리브 그리고 그 외의 많은 여러 부족 집단에 대한 연작을 시도해야 한다. 그래서 일련의 아메리카 족속들이 '갤튼화'되어야 하고 …… 인류학 안에서 받아들일 수 있도록 뚜렷해야 할 것이다.[680]

그렇지만 타일러의 이러한 요청에도 불구하고 비유럽 인종 유형의 갤튼화가 폭넓게 나타나지는 않았다.[681]

어쨌든 갤튼이 유럽과 영국의 사회 집단에 초점을 맞춘 것은 '서로 다른 인종들에 대한 상대적 가치'에 관한 일련의 전제들에 의해 담보된 것이었다.[682] 그는 『유전적 천재』(*Hereditary Genius*, 1869)에서 그러한 "천부적 능력을 …… 근대 유럽인은 다른 열등한 인종보다 훨씬 많이 갖고 있다"[683]라고 주장했다. 그는 일반적으로 볼 때 유럽인 탐험가들(유럽인 상류층의 대표 '유형')이 아프리카의 족장(이상적인 '유형'으로, 그 종족의 '천부적 능력'을 최고로 가진 대표)을 압도한다고 주장함으로써 아프리카인이 '선천적으로 열등하다'는 이론을 세웠던 것이다.[684] 이러한 방법론적 과정은 다음과 같은 두 가지를 드러낸다. 우선, 갤튼이 제국에 대한 인종적 지식을 상대적으로 어떻게 갖는지, 특히 아프리카에서 열대 기후에 대한 적응과 정치적 통제에 대해 어떻게 이해하는지를 드러낸다.[685] 다음으로 갤튼은 식민주의와의 조우를 '천부적 능력'을 측정하는 것으로 만듦으로써 아프리카 탐험가로서 1850~1852년 동안 경험한 인종적 차이와 유전의 작동에 관한 연이은 연구로부터 뭔가 영향을 받았음을 드러낸다.[686] 나중에 갤튼 스스로 자신의 남아프리카 원정에 대해 "당시에 넓혀진 생각들과 새로운 관심들을 나의 사고에 가득 채워 주었고, 그 이후 나의 삶에 지속적인 족적을 남겼다"[687]라고 감사해하였다. 그의 『여행자들에게 주는 힌트』와 『여행의 예술』은 남아프리카에 대한 영국인 탐험가로서의 전략 관점에서 쓴 책인데, 이 두 권은 상당한 규모의 연작 출판에 대한 초석을 깔아 주면서 후대의 탐험가들에게 큰 영향을 끼쳤다.

2년 동안의 남아프리카 원정에 대한 갤튼의 기록은 1860년대 초 많은 사람들이 공유한, 술 취한 야만이 깔린 혼돈스러운 풍경을 가진 장소로서의 아프리카라는 관점을 보여 주는 것이다. 그는 주로 아프리카인을 영국인에 비해 선천적으로 열등하다는 관점으로 보았다. 그렇지만 갤튼은 아프리카의 여러 집단들과 영국인 가운데 열등한 인물 유형의 신체적 외형을 넓게 비교해 보기도 했다. 그러한 예로, 그는 자신이 거주하던 인근의 호텐토트(Hottentot)족의 한 부족이 어떻게 드러나는지를 다음과 같이 기술하고 있다.

영국에서 질 나쁜 일군의 외형적인 특징들, 내가 알기로 '흉악범 얼굴'이라는 명칭으로 죄수들 사이에서 일반적으로 잘 나타나는 독특한 성격들은 광대뼈가 돌출되고, 머리 모양이 총알 같이 생겼으며, 눈꺼풀이 들떠 있고, 입술이 무거워 관능적인 데다가 복장이나 태도 등이 갑갑하다.[688]

갤튼은 오랫동안 골상과 골상학에 조예를 가졌고, 아프리카로 떠나기 전에는 골상학자로서 자문을 하기도 했다. 그의 '호텐토트족'과 '영국인 가운데 나쁜 인물'에 대한 비교는 '범죄자 유형'에 관한 복합 사진에 대한 연구 혹은 좀더 일반적으로 보면 유전에 관한 연구에 어떤 모양을 만들었다는 데 대해서는 의심의 여지가 없다. 그러한 자국 내와 바깥에서의 인물 '유형'에 대한 분명한 연계는 그의 '우생학' 안에 포함되기도 했다. 우생학이라는 학문은 1883년에 갤튼이 처음 사용한 것으로 개인, 계급, 인종 안에서의 사회적·신체적 특징이 어떻게 유전적으로 달리 나타나는지에 대한 연구를 체계화한 것이다. 비록 영국 안에서는 우생학이 주로 계급과 가족의 분류를 목표로 삼았다지만, 그것은 분명히 영국 국내를 대상으로 하는 실용 인류학의 한 형태로서 지구 내 인종 간에 서열이 존재하고 비유럽인은 유전적으로 열등하다는 전제를 심각하게 깔고 있다. 나아가 우생학을 신뢰할 만한 과학적·정치적 운동으로 만드는 갤튼의 능력은 '인종의 상태'에 대해 넓고 깊게 감지된 걱정거리들을 건드려 보는 자신의 능력에 의존하였다. 특히 중간 계층에서 널리 나타난 영국의 인종이 어디에 적합한지에 관한 관심이 사그라진 것은 국가의 사회적 평형 상태, 제국 정신의 쇠퇴 그리고 산업적이고 도시적인 존재가 갖는 어두운 면 등에 대한 두려움과 관련되어 발생한 것이었다. 그러한 분위기는 특히 영국의 위대한 거대 도시이자 대영제국의 수도인 런던 주민에 대한 관심을 크게 불러일으켰다.

런던 거리의 삶

1870년대 이후 특히 경제적으로 어렵고 사회적으로 불안한 시기에 영국에서는 중산층 사회 탐험가들이 새로운 에너지를 가지고 기존의 루트를 도시의 알려지지 않은 곳으로 돌리는 일을 착수하였다.[689] 그럼으로써 탐험가들이 떠오르는 대영제국의 멀리 떨어진 변경으로 나아가는 것과 궤를 같이해 개혁가, 박애주의자, 저널리스트 그리고 사진가가 '암흑 런던'을 탐사하기 시작했다.

　　1878년 사진가 존 톰슨은——그의 스튜디오는 런던에 자리 잡고 있었다——런던의 '간선도로와 샛길'을 탐사하기 위해 '노트와 카메라로 무장한' 저널리스트 아돌프 스미스(Adolphe Smith)와 함께 그 일에 착수하였다. 당시 그곳은 멀리 떨어진 곳으로 상상되었는데, 자신의 렌즈를 바로 그 자국 안의 대상에 가까이 들이댄 것이다.[690] 공동 연구의 결과물인 『런던 거리의 삶』(*Street Life in London*, 1878)은 '거리에 사는 사람들'과 '여전히 생존 투쟁이 독하고 치열한 뒷골목 지대'에 대해 사진과 그에 딸린 주석의 형태로 자신들이 관찰한 것을 보여 주고자 하였는데, 그 이유는 그들의 삶이 드러나지 않아서였다. 톰슨과 스미스는 자신들이 말한 바와 같이 '하층 계급'의 상황에 대해 사진의 정확성을

기하려 하였다.[691]

『런던 거리의 삶』은 출간되자마자 바로 "빅토리아 시대의 사진 책 가운데 최고의 고전들 가운데 하나이고 톰슨의 모든 책 가운데 가장 뛰어난 작품"으로 평가를 받았다.[692] 이 책에 대한 반응이 너무 좋아 1881년에는 『거리에서 일어난 일들』(Street Incidents)이라는 축약판을 찍을 정도였다.[693] 톰슨보다 나이가 몇 살 아래인 아돌프 스미스는 전문 저널리스트였는데, 실질적인 사회 개혁에 많은 관심을 가지고 있었다.[694] 그렇지만 그들의 관계와 공동 작업의 정확한 성격에 관해서는 잘 알려지지 않았다.[695] 톰슨이 극동을 광범위하게 여행하고 돌아오자마자 런던의 도시 빈민을 기록하려는 프로젝트에 착수하였다는 사실은 단순히 빅토리아 시대 사진가들의 뛰어난 범주를 보여 주는 신호이기도 하지만, 영국 국내와 제국이 재현이라는 행위를 통해 어떻게 상호 연계되었는지를 구체적으로 보여 주는 아주 좋은 예이기도 하다.

톰슨과 스미스는 그 자신들이 말했듯, "우리가 이 분야에서 처음은 아니라는 사실을 잘 알고"[696] 있었다. 스미스는 제롤드(Jerrold) 가문에 속했기 때문에[697] 영국의 저널리스트 블랜차드 제롤드(Blanchard Jerrold)와 프랑스의 미술가 귀스타브 도레(Gustave Doré)가 쓴 『런던 순례기』(London: A Pilgrimage)에 대해 결코 몰랐을 리 없다.[698] 톰슨과 스미스는 도레와 제롤드처럼 도시의 여러 공간을 확보하고 그곳에 접근하여 구체적 차원의 관찰을 수행하는 데 자신들의 능력을 십분 활용하였다.[699] 그리고 그들이 감사의 글에서 밝혔듯이 『런던 거리의 삶』은 특별히 (또 한 사람의 제롤드 가문의 일원인) 헨리 메이휴의 작업에 빚을 졌는데,[700] 이는 메이휴의 유명한 『런던의 노동자와 런던의 빈민』(London Labour and the London Poor, 1861)을 지칭하는 것임에 틀림없다. 이 책은 도시 빈민의 외형과 내면을 조사했는데, 그들을 사회적 성격과 도덕적 자질이라는 관점에서 몇 개의 집단으로 분류하였다.[701]

톰슨과 스미스는 자신들의 작업이 자선 차원에 목표를 두었다고 밝혔지만, 그렇다고 그들이 30여 년 전에 '위험한 계급'에서 터져 나올지 모를 '야만적인 사회 전복의 분출'에 대한 중간 계급의 공포에 대해 메이휴가 다루었던 것과 같은 방식으로 한 것은 아니었다. 어찌 되었든 간에 그들은 자신들이 대도시의 알려지지 않은 부분들을 최신 정보에 근거하여 더 중요하게는 실제적으로 훑어봄으로써 메이휴를 대체하였다고 주장하였다. 그들은 자신들의 접근 방식이 갖는 정확도 그리고 공책과 카메라의 전거를 통한 관찰 수단의 객관성을 강조했다. 그들이 서문에서 밝혔듯, "이러한 입증이 갖는 의심할 바 없는 정확도로 인해 우리는 런던 빈민의 진정한 유형을 보여 줄 수 있을 것이고, 그 덕분에 겉으로 드러난 개개인의 특수성을 평가절하한다거나 과장하지 못하게 될 것이다."[702] '제대로 된 유형들'을 목록으로 만들려는 그들의 시도는 『런던 거리의 삶』을 민족지적 서술 전통에 속하도록 만들었는데, 이는 영국 안에서나 제국의 변경 위에서 당대의 많은 사회적 장면들에 대해 표현하는 것을 구조화하는 작업이었다. 실재를 자료화한다고 주장함으로써 사진과 텍스트는 특정한 도시 공간을 차지하는 다양한 도시 '유형' 안에서 개인의 범주화를 만들어 냈다.

톰슨이 '거리의 삶'에 초점을 맞춘 것은 사진술이 갖는 기술적 한계에 영향을 받은 것이었는데, 작업장이나 가정의 내부를 찍은 사진은 없었다. 1880년대에 와서야 개선된 필름 기술과 마그네슘 섬광분 덕분에 어둡고 창문이 없는 주거지 내부도 쉽게 찍을 수 있게 되었다.[703] '거리의 삶'은 사회적 범주이기도 하였는데, 문화적 차이를 보고 이해하는 하나의 방식이었다. 개인은 '유형들'로 규정되었고, 그리하여 그들의 외형, 습관, 직업(혹은 직업이 없음), 도시 공간 내의 거주지(혹은 거주지가 없음)에 의거하여 특정한 '계급'과 '종족'으로 위치 지어졌다.

『런던 거리의 삶』은 문밖 사회를 탐사하는 데 사진술을 폭넓게 적용하면서 정당성을 갖춘 독자성을 주장했다. 비록 메이휴가 자신의 작업에 비어드의 다게레오타입을 원용한 경우가 있긴 했지만, 빅토리아 시대 중엽에 활동한 사진가들은 픽션이나 저널리즘과 비교해 볼 때 도시의 알려지지 않은 사람들에 대한 탐사에 대체로 어떠한 열정도 보이지 않았던 것이 사실이다. 그렇지만 잡지나 신문에 나오는 다른 이미지를 모방하여 찍은 도시 빈민에 대한 스튜디오 초상은 상당히 널리 행해졌다.[704] 예를 들어, 상업 사진가 오스카 레일랜더(Oscar G. Rejlander)는 1850년대 후반부터 1860년대에 걸쳐 '거지 아이들' 사진을 많이 생산해 냈다. 톰슨과는 달리 레일랜더는 사진을 확실하게 하나의 예술 행위와 연계시켰다.[705] 그는 아이들을 '거리의 부랑아' 모델로 고용하여 도시 빈곤의 모습을 순전하게 드러내주는 감성적인 그림을 배경으로 어두컴컴한 스튜디오 안에서 찍었다. 이러한 대중적 이미지들이 만들어 내는 이야기는 의심할 바 없이 조작이다. '자선'이라 이름 붙여진 초상사진들은 받는 행위보다 주는 행위에 주제의 초점을 맞추었다.[706]

비록 톰슨의 사진이 레일랜더나 다른 사진가들이 스튜디오 사진을 통해 나타냈던 노골적으로 감성적이고 해학적으로 주제를 삼는 방식을 회피했다고 하지만, 『런던 거리의 삶』은 도시 빈곤에 관해 관습적으로 내려온 도상술과 동일한 선상에서 만들어진 것이 사실이다. 톰슨의 '부랑자'(The Crawler)라는 제목의 사진은 어느 컴컴한 문간에 아이 하나를 데리고 지쳐 쓰러져 구걸하는 여인의 모습을 보여 주는데 이는 1860년대 초에 레일랜더가 스튜디오에서 제작한 '도시의 밤'이라는 제목의 그 유명한 초상 사진과 아주 비슷하다. 레일랜더의 '도시의 밤'은 누더기 옷을 걸친 채 컴컴한 어느 문간에서 머리를 파묻은 채 쭈그리고 앉아 있는 소년의 모습을 담고 있는 사진으로 1860년대 런던에서 몇 차례에 걸쳐 전시를 했고, 남런던사진회(South London Photographic Society)의 대표 사진으로 사용되기도 했다.[707] 『런던 거리의 삶』은 스튜디오에서 거리로 공간을 이동한 것으로 볼 수 있지만, 톰슨의 이미지는 형식적으로 구성되었고 그 가운데 많은 사진들은 보통의 스튜디오 사진의 경우처럼 의도적으로 정리된 것들이다. 『런던 거리의 삶』은 관습적 방식에 충실하여 도시 빈곤을 표현한 것이다. 이는 심미적 차원에서 만큼이나 사회적 계몽의 관점에 따라 기획되었다는 의미이다.

톰슨의 사진과 텍스트가 사실에 대한 기록이라고 주장하는 것은 도시의 특정 공간을 점유하는 다양한 도시 '유형들' 안에 있는 개인들에 대한 범주화를 자연스럽게 만들었다. 『런던 거리의 삶』은 그 책을 구매하는 중산층 고객에게 코벤트 가든(Covent Garden)의 꽃파는 소녀들로부터 세인트가일스(St. Giles)의 '부랑자'에 이르기까지 쉽게 이해할 수 있는 사회 지형을 제시해 주었다.

『런던 거리의 삶』은 기존의 도상학 위에서 도시 인물들을 묘사한 것이기도 하지만, 그와 동시에 이 작업은 분명히 어떤 종류의 유사성을 보여 주는 것이기도 하다. 즉, 한편으로는 비유럽의 야만적 '유형'과 풍경 사이에서 명백한 유사를 만들어 내기도 하였지만 또 다른 한편으로는 도시의 어두운 공간에 감춰지고 문명의 한복판에서 사라져 버린 '불행한' 도시 '유형들'의 유사를 만들어 내는 것이기도 하다. 톰슨은 '런던의 유목민들'('London Nomades', 사진 69)에 붙은 이야기를 시작하

69. 존 톰슨, '런던의 유목민들', 『런던 거리의 삶』(1878)

면서 다음과 같이 말한다.

야만 상태에서는 적도 아프리카 습지에서 살든지 포모사(Formosa)의 고산준령 속에서 살든지 간에 인간이란 항상 옮겨 다니는 존재로 땅이 주는 열매를 따 먹거나 사냥으로 생존해 나간다. 반면, 문명이 매우 발달한 곳에서는 떠돌이들이 도시생활의 끊임없는 고난 속에서 일상을 보내는 사람들에게 식량과 산업 생산물을 분배하는 자가 된다. 그래서 늘 떠돌아다니며 머무르지 않는 그들의 습관 덕에 '유목 부족'이라 이름 붙여진 사람들이 런던 안에 부지기수로 많이 있다.

사진의 대상이 된 배터시(Battersea)라는 공터에서 이동식 주택에 사는 그 사람들은 윌리엄 햄프턴(William Hampton)이 이끄는 '유목민'으로 기술되었는데, 톰슨은 그들을 '흰 피부를 가진 유형'으로 분류했다. 톰슨은 이들 햄프턴과 유목민을 '온전한 봄과 초록의 목초지를 찾아 떼로 몰려다니며 몽골 스텝 지역을 이동하면서 살아가는 유목민들'과 분명하게 비교하였다.

여기서 톰슨은 메이휴와 경쟁하고 있는데, 메이휴는 자신을 '가난한 자들이 사는 아직 발견되지 않은 곳을 여행하는 사람'[708]이라고 표현했다. 메이휴가 세계를 크게 "떠돌이와 정착자, 방랑자와 시민, 유목민과 문명인으로 나누면서 각각에 독특한 도덕적 자질을 부여한 것과 마찬가지로"[709] 톰슨은 '런던 유목민'을 '대책 없는 사람들'이면서 '삶에 대해 어떤 유의미한 계획을 따라가지 않는 사람들'[710]이라고 규정했다. 또한 그의 '유형' 분류는 신체적 외형에도 기반을 두었고, '런던 유목민'

을 몽골인 유목민과 확실히 비교하면서 단순히 문화적 특색만 언급한 것은 아니었다. 실제로 그가 '몽골인'('광대뼈가 높은 것이 몽골 인종의 광범위한 특색이다'[711]) 유목민에 대해 기술한 것은 메이휴가 유목 부족은 '광대뼈가 높고 턱이 튀어나왔다'[712]고 규정한 것과 연관이 있다.

런던의 '거리 유형' 집단을 동양의 부족과 비유함으로써 톰슨은 자신이 이전에 행한 거리의 중국인 유형, 즉 '북경 행상의 유형' 같은 범주화를 더욱 확장시켰다(사진 66을 보라). 이는 다시 메이휴가 '행상'을 하나의 독자적인 인종으로 범주화한 것을 상기시키는데, 그 인종의 도덕적 개념은 "별난 것이고 …… 많은 야만족과 동일하며 …… 그들은 영국 유목민의 일부와도 같은데, 가정이 주는 즐거움을 알지도, 챙기지도 못하는 족속들이다."[713]

'알려지지 않은' 외부 세계를 제국의 대도시 공간 위에 쓰러뜨림으로써 톰슨은 메이휴와 다른 사람들이 키워 낸 시각을 끌어냈는데, 이는 런던을 '여러 인종으로 구성된 세계와 같이 독자적인 세계로'[714] 바라보았다. 이러한 방식을 통해 메이휴와 존 비니(John Binney) 같은 사회 탐사가는 제국주의 언어를 "대도시 런던 한복판에 있는 여러 지역, 즉 미지의 땅(terra incognita)이기에 충분하고, 중부 아프리카의 차드 호수(Lake Tchad) 같은 그런 거대한 지역의 런던 사람들 일부 집단에도 적용할 수 있었다."[715] 그들이 주장하기를 '런던의 세계'는 인간 가족이 갖는 거의 모든 지리적 종(種)을 다 갖고 있다. "만약에 아라비아가 유목민을 가지고 있다면 영국의 대도시 또한 마찬가지로 그 부랑자 집단을 갖는 것이다. 만약 카리브 해의 여러 섬들이 야만인을 가지고 있다면 영국의 수도 또한 그들이 야만적이고 문명화되지 않은 만큼의 유형들을 갖는 것이다."[716]

'암흑 런던'에 대해 언론에서 본 안내서들 또한 제국의 변경과 대도시 양쪽에 나타난 '야만성'을 동일한 것으로 결부시켰는데, 제임스 그린우드(James Greenwood)의 『런던의 야생』(The Wilds of London, 1874) 같은 책이 그 대표적인 경우다. 톰슨과 스미스는 이 책에 대해 빚진 바 있다고 밝히기도 했다.[717] 톰슨의 사진과 같이 그린우드의 글 또한 그런 세계들을 쉽게 걸치고 있다. 영국 안에 있는 '암흑 런던'과 '위대한 퇴적층'에 대한 그린우드의 연구는 자신이 쓴 탐험 서적인 『다호메이 군주 딕』(Prince Dick of Dahomey, 1890)이나 문제작 『조국 안에 사는 야만인들』(The Wild Man at Home) 같은 책에 그려진 제국주의적 수사학이나 민족지적 도상학과 공유하는 바가 크다.[718]

그린우드가 『런던의 야생』에서 행한 초기 탐사 가운데 하나는 뱃사람들이 부도덕한 여자들(암호랑이)의 꾐에 빠져 다 빼앗긴 이스트 엔드(East End)의 악명 높은 '타이거 만'(Tiger Bay)에 관한 것이었다. 아서 콘캐넌(Arthur Concanen)이 그린 '타이거 만을 찾다'('A Visit to Tiger Bay')는 '암호랑이들'이 취한 선원들과 함께 질펀하게 마시고 노래하면서 그들의 돈을 강탈하는 선술집 모습을 그리고 있다(사진 70). 이 그림은 "팬터마임 시즌 극장의 '무대 뒤'와 같이 그린우드가 관찰한 '광경'을 보여 준다."[719] 그림을 자세히 들여다보면 선원들과 여자들의 골상을 알아챌 수 있다. 그린우드가 그린 '암호랑이들'은 민족지적 상상을 더욱 강화시킨다. 즉 "모두 다 하나같이 땅딸막하고, 황소 같은 목을 지녔으며, 광대뼈가 튀어나왔고, 눈이 움푹 들어갔으며, 이마가 낮으면서 들어가 있고, 입은 일자형이면서 넓고, 콧구멍이 넓고, 대체로 근육질이 발달해 있다."[720]

이러한 기술은 프랜시스 갤튼이 묘사한 아프리카 '호텐토트족'의

70. 아서 콘캐넌, '타이거 만을 찾다', 제임스 그린우드, 「런던의 야생」

외모 그리고 영국에서 '나쁜 사람들'의 '흉악범 얼굴'을 설명한 것과 아주 흡사하다. 실제로 두 경우 모두 골상학의 언어 및 콘캐넌이 그린 '나쁜 사람들'의 모습을 희화화하여 표현한 글의 부호와 밀접하게 연결되어 있다. 또한 이미지 상으로 흑인의 특징은 쉽게 눈에 띈다. 그 이유는 검은색이 매우 빈번하게 육체적으로나 정신적으로 타락하고 성적으로 과도하다는 사실을 나타내는 상징으로 사용되어 왔기 때문이다.[721] 1880년대에 영국진보과학회는 몇 가지 과학적 문제를 제기함으로써 사회 집단의 타락을 측정하고자 하였는데, 그들이 측정하려 한 것은 '검은 정도'였다. 그들은 범죄를 저지른 전체 인구 가운데 10퍼센트 넘는 인구가 검은 눈과 검은 피부를 가졌다고 하였다.[722] '타락한' 흑인과 '타락하는' 영국 여성 사이의 친밀함은 콘캐넌의 그림에서 볼 수 있듯, 그들이 영국 남성에 비해 열등하다는 하나의 가정을 강화시켰고 나아가

인종과 성(性)에 있어서 퇴보에 대한 담론을 더욱 부풀렸다.[723]

그린우드의 탐사는 자신이 사용한 인종 '유형'에 관한 언어와 '사회를 혼란시키는 비밀리에 저지르는 악행들'에 대한 수사학을 통해 비유적으로 '사진적'이었다.[724] 사실, 사진은 언론과 같은 행위 안에서 직접 관찰하고 인터뷰하여 미지의 세계를 완전하고 정확하게 드러내는 것이기 때문에 하나의 강력한 비유로서의 역할을 수행하였다. 메이휴의 『런던의 노동자와 런던의 빈민』이 '런던 대도시의 하층민들이 실제로 사는 삶에 대한 사진'[725]이라고 평가된 것은 이런 맥락에서다. 사회 탐사가 그렌빌 머리(E. C. Grenville Murray)나 작가 찰스 디킨스(Charles Dickens)도 사진을 하나의 비유로 채택하였다.[726]

톰슨은 사진을 비유적이 아닌 실제적으로 사용하였다지만, 여러 방식에서 초기 사회 탐사가들이 세워 놓은 기존의 길을 따라간 것이 사실이다. '런던 유목민'이 갖추어야 할 필수적인 성격 중 하나가 '정착하지 않고' 줄기차게 이곳저곳으로 이동하는 것이라지만, 사실 톰슨의 사진들은 런던의 남쪽과 동쪽, 특히 이스트엔드의 '거리의 삶'에 자리를 잡고 있다.[727] 『런던 순례기』의 제롤드와 도레를 비롯한 빅토리아 시대 중기의 사회 탐사가들은 런던의 이스트엔드를 가난과 악의 장소로 규정하였는데, 특히 풍요롭게 사는 웨스트엔드와 대조하여 더욱 그리하였다.[728] 뿐만 아니라 이러한 대조는 메이휴나 빈니 같은 작가들이 런던을 지구의 모델로서 그리고 '다양한 민족의 집합체'로 나타냄으로써 더욱 깊은 함축의 의미를 갖게 되었다.[729] 이렇게 독해함으로써 햄스테드(Hampstead)와 사이든햄(Sydenham)은 각각 북쪽 끝과 남쪽 끝이 되었고, 옥스퍼드 거리(Oxford Street), 홀본(Holborn) 그리고 칩사이드(Cheapside)를 따라 연결되는 선은 당시 대도시의 열기로 가득 찬 지역이라고 하던, 영원한 여름 뙤약볕 아래 불타는 곳이 되었다. 즉, 켄싱턴(Kensington)이 대낮일 때 마일엔드(Mile End)는 밤이 내려앉았다고 한다.[730] 제롤드와 도레는 아편굴 같은 타락한 곳에 대한 기술을 통해 런던의 이스트엔드를 오리엔탈화한 것이다.[731] 같은 맥락에서 이스트엔드의 여성을 '암호랑이'로 묘사한 그린우드 또한 여성을 '유형화'하여 재현하였고, 그들의 주거지인 특정 도시 공간을 고삐 풀린 오리엔탈화된 섹스가 난무하는 곳으로 재현하였던 것이다.[732] 톰슨은 중국과 런던을 탐사함으로써 이러한 상상의 과정을 강화시키고 있었는데, 그를 통해 극동은 런던의 이스트엔드로 자리매김되었다. 이들 두 장소는 모두 암흑과 위험 지역이 되었고, 탐사되어야 할 대상이면서 깊이 들여다봐야 할 '미지의 세계'가 되었다.

다중 유형

대영제국과 영국 안에서 사진가는 '원주민'을 찍는 것과 동시에 자기 문화의 초상을 재현하였다. 그 특징은 서로 다른 '인종'의 신체적 외형과 도덕적 성향에 대한 기술(記述)을 통해 만들어졌다. 전형적인 인류학적 사진을 만들어 낸다는 것은 불가능하지는 않겠지만 매우 어려울 것이었을 텐데, 그 이유는 거의 모든 사진은 인류학적 틀 안에서 분류될 수 있을 것이었기 때문이다.

　여기에서 '유형'의 재현에 대해 고려함에 있어 널리 전제되는 것이 하나 있다. 바로 신체적 외형이 바로 내적·도덕적 구조의 핵심이라는 것이다. 사진은 대상을 객관적이고 과학적인 기록으로 재현하고, 그것을 통해 인종의 범주를 훨씬 더 넓게 강화시켰다. 이러한 방식으로 정립한 사진이 기술과 '유형'에 대한 개념은 인간 분류의 프로젝트 안에서 중심 위치를 차지하게 되었다. 그렇게 되면서 카메라는 이제 단지 서로 다른 '신체적 성격'에 대한 과학적 지식을 생산하고자 하는 의도에서 조사와 측정이라는 두 가지 전략 무기 안에서 사용되는 일종의 도구일 뿐이었다. 그러면서 카메라는 이방 민족들을 관찰하고 이해할 수 있도록 만드는 기록과 분류 과정 속에서 결정적인 역할을 수행하였던 것이다.[733] 인류학 담론에서 사진 행위는 이국적인 이방 세계의 실체를 유지하기 위한 폭넓은 문화적 역할을 수행하는 범주 안에서 서로 일치하였는데, 그 안에서 이방 세계는 국내의 익숙한 세계로부터 멀리 격리되었다.[734]

　　그렇지만 앞에서도 지적했듯이 '유형'이 반드시 비유럽인을 범주화하는 것에 국한되지는 않았는데, 때로는 영국 사회 안에서 복합적인 위계를 구조화하기도 했다. 뿐만 아니라, 영국 내에서 '유형'을 재현하는 것은 영국 바깥에서 유형을 재현하는 것과 연계되었다. 그래서 해리 존스턴에 의해 구조화된 니그로 '유형'이라는 개념은 앵글로색슨과 코카서스라는 더 우월한 인종에 의해 세계가 지배된다는 생각으로 결정되었다. 그 결과 그의 책 『신세계에서의 니그로』(The Negro in the New World, 1910)에서 존스턴은 '니그로 인종'을 다른 원시 부족과 연계시켰고, 그들을 찍은 사진을 영국인으로 재현시킨 '코카서스 유형' 사진과 비교하였다.

　　예술과 과학을 망라하는 여러 담론 안에서 널리 통용되는 '유형'이 의미하는 것은 사진이 모든 종류의 방식 안에서 '유형'으로서의 의미를 지닌다는 사실이다. 신체 측정학 안에서 사진을 사용하려는 시도는 인종 유형이 인류의 차이를 비교하여 정확하게 측정하는 것이라는 개념을 토대로 하고 있다. 갤튼의 복합 사진을 통한 연구는 평균과 변수를 계산하는 거의 모든 통계 용어 안에서 하나의 유형에 대한 개념으로 발전하였다. 이와는 달리 영국진보과학회의 인종위원회가 수집한 명함판 사진에 대한 독해에서는 신체 측정에 의한 분명한 차이는 소품, 의복, 성(gender), 직업을 기준으로 제시되는 '특성'을 나타내는 기호들보다 훨씬 간파하기 어려웠다.

만약 사진이 과학적 확실성을 주장한다고 할지라도 '유형'에 대한 사진이 항상 외형과 도덕적 성격 사이의 상호관계를 결정짓는 근거를 제공해 주는 것으로 볼 수는 없다. 인류학자들은 서로 다른 인종들의 문화에 더욱 많은 관심을 갖게 되면서 인종 '유형'을 찍은 신체 측정 사진의 효용성에 대해 의문을 갖기 시작했다. 1893년에 에버라드 임 툰(Everard im Thurn)은 '신체를 측정한 사람들이 찍은 순수하게 생리학적인 사진'을 '단순히 생명이 없는 몸을 찍은 사진'으로 간주하는 것을 비판했다. 그는 이와 같은 맥락에서 '아무 특징이 없는 불쌍한 원주민'을 찍은 생명 없는 사진을 '박제되어 흉하게 왜곡된 동물'을 찍은 사진과 비교하기도 했다.[735] 인류학자를 비롯한 여러 사람들이 이러한 방식으로 관찰을 통해 만들어 내려 했던 진실이라는 것에 대해 의문을 제기할 때에야 비로소 사진은 구조화된 '유형'이 차지하는 중심적 위치를 무너뜨리는 방향으로 사용되기 시작한다.

상업 사진가들은 언제나 '생명 없는 몸'보다 더 많은 것에 대해 관심을 보였고, '유형'이라는 것이 인류학 안에서 점차 그 중요성을 잃어가면서 민족지적 장면이라는 장르는 오로지 상업 사진 안에 확고부동하게 자리 잡게 되었다. 이러한 현상은 특히 19세기 말의 대중 사진 출판의 형태에서 나타났는데 슬라이드(lantern-slide), 화보 잡지, 입체 풍경 등이 그 좋은 예다. 특히 학생들을 가르치는 일이 무엇보다 중요한 지

71. '태평양 섬에 사는 우리 사촌들과 그들의 가정, 투투일라, 사모아 섬', 입체 관망기 슬라이드, 1890년경

리학 같은 분야에서 중요하게 활용되었다.[736] 일례로, 키스톤 뷰 컴퍼니 (Keystone View Company)는 1880년대 이래 놀이와 교육용으로 인종 의 '유형'을 담은 입체 장면 사진을 수천 장씩 출판하였다. '입체 관망기' 를 통해 그러한 사진들을 봄으로써 3차원의 환상이 만들어졌고, 이는 사진을 보는 사람을 차이에 관한 가상 세계 안으로 쑤셔 넣는 결과를 만들어 냈다. 거기에다 사진 뒷면에는 그 지역 지리와 인종 집단에 관 한 정보가 제시되어 있었다. 그래서 '태평양 섬에 사는 우리 사촌들과 그들의 가정'('Some of our Pacific Island cousins and their home', 사진 71) 에 나타난 모습은 당시 도출된 태평양 지역에 대한 관점의 일부를 보여 주는 것이었다. 당시 그들은 사모아 지역을 태평양 천국으로 재현하였 고, 사모아 사람들을 '인류의 인종' 가운데 한 계보에 속한 것으로 봄과 동시에 '귀족적인 야만인'의 일종으로 범주화하였다.[737] 다음 장에서 논 의하겠지만, 사진 기술이 다양한 강의와 교육에 사용되면서 인종과 장 소에 대한 이미지는 훨씬 큰 의미를 띠게 된다.

6장 _ 시각 교육

사진을 활용한 수업

빅토리아 여왕이 즉위한 지 60년째 되던 해인 1897년은 여왕과 그의 제국을 축하하는 대중적 사진 출판이 쏟아져 나왔다. 일례로 『여왕, 그녀의 제국 그리고 영어를 사용하는 세계』(*The Queen, Her Empire and the English-Speaking World*, 1897)와 이 책의 화신이라 할 수 있는 『영어를 사용하는 세계』(*The English-Speaking World*, 1896)는 각각 '민족의 맨 앞에 놓인 선하고 순수한 조국의 삶'은 물론이고 도시, 산업 등의 여러 장면들을 담아 '해가 지지 않는 제국'을 전하려는 의도로 거의 200장이나 되는 망판(網版, half-tone) 사진을 재생 사용하였다.[738] 많은 출판사가 새로운 망판 재생 방식을 사용하여 비슷한 종류의 사진 대중 출판이 쏟아져 나왔다. 초기에는 주 단위로 나올 정도였는데, 모두 대영제국의 팽창을 축하하는 것이었다. 일례로, 매주 16장의 포트폴리오로 이루어진 12주 동안의 연속 주간지로 출발한 『더 넓어진 영국』(*Broader Britain*, 1895)은 브리타니아 여신의 자녀들이 조국을 심장에

간직한 채 얼마나 멀리까지 나아갔는가를 주제로 삼았다. 이 책은 그들이 당시 다른 어떤 식민주의자들보다 더 멀리 나아갔음을 보여 주기 위한 의도로 출간되었다. 책의 서문에서 그는 이렇게 말한다. "여신이 지구 끝까지 나아가 자자손손 평화와 행복이 넘쳐흐르도록 보장해 주는 것은 그의 굳센 흰 팔을 강력하게 사용하지 않고서는 불가능하다.'[739] 출판사 편집자가 말하는 '굳센 흰 팔'이란 '캐나다 인디언'에서 '오스트레일리아 원주민'에 이르는 비유럽인을 찍은 사진에서 분명하게 드러났는데, 그들은 조잡스러운 판에 박힌 고정관념으로 줄기차게 묘사되었다.[740] 사진 작업은 종속민, 식민 정부, 산업 발전, 군사력 등을 재현함으로써 19세기가 거의 저물어갈 무렵에는 더욱 커진 하나의 통합된 제국을 촉진시키는 데 크게 기여하였다.

이 시기에 출판된 사진으로 자세히 들여다보는 대영제국에 관한 책으로는 『여왕의 제국』(The Queen's Empire, 1897)[741]을 들 수 있다. 이 책은 처음에는 외국에 관한 24부분으로 구성되었는데, 거의 300장에 달하는 사진과 설명 캡션으로 대영제국을 속속들이 보여 주었다. 각 부분은 대영제국의 '수도와 주요 도시', '관습과 의식'에서부터 '제국 교육'과 '공병의 승리'에 이르기까지 여러 측면을 통한 대영제국의 모습을 다룬다. 각 주제는 제국 전역에 걸친 삶의 한 단면이 그 자체로 나타나기를 의도하지만, 책 전체는 영국을 중심으로 하여 자연스럽게 전체가 통합된 하나의 실체로서의 제국을 투사하는 야망에 가득 찬 파노라마를 제공하고 있다. 그 좋은 예로, 그러한 모습을 최종 이슈로 삼아 제작한 천연색 지도이다. 영국 의회 의원인 휴 오클리 아놀드 포스터(Hugh Oakley Arnold Foster)는 빅토리아 여왕의 제국에 대해 자신의 책 서문에서 다음과 같이 소개한다.

최고로 고상하고, 다양하면서도 매우 행복하게 하나의 연방으로서 유대가 있고, 그 안에 통일성이 있다. 우리는 제국의 모든 부분에서 영국이 세계 전역에 걸쳐 이루고 있는 업적의 성과를 찾을 수밖에 없을 것이다. 그것은 문명화와 통치의 작업이며, 삶과 번영을 가져다 주는 과업이고, 교역과 상업의 혜택을 널리 확장시키는 일이다.[742]

『여왕의 제국』에 사용된 사진은 개인이 사적으로 찍은 것, 철도회사나 정부 부처 같은 제국 기관이 찍은 것 등 아주 다양한 자료에서 뽑아내어 사용한 것들이다. 『여왕의 제국』은 제국의 권위적 야망을 투사하기 위해 사진들을 아주 조심스럽게 선택하여 사용하였다.

전혀 타협하지 않는 지침을 고수하면서 『여왕의 제국』이 제국의 통합을 가장 중요한 내용으로 가르치는 데 전력을 다했다는 사실은 전혀 놀랄 만한 일이 아니다. '제국의 교육'을 다루는 곳에서 사용된 한 특징 있는 사진을 보면 식민 지배의 밝은 빛이 퀸슬랜드 학교의 어둠을 밝혀준다(사진 72). 그리고 그 사진에 따른 텍스트는 "영국의 학교 선생님이 A B C를 가지고 구원하러 왔다"라고 말한다. 여기에서 오스트레일리아 원주민은 '지식 사다리의 가장 아래'에 처한 이들로 영국 통치가 가져온 학습, 언어 그리고 문화에 의해 계몽되고 고양되는 한 인종으로 표현되었다. 제국이 문명에서 하나의 위대한 학교처럼 묘사되는 것이 보통이었고, 그래서 조국 안에 있든지 밖에 있든지 간에 모든 식민지 종속민들이 제국에 대해 충성을 다하고 그것을 자신의 정체성으로 삼게 만드는 하나의 강력한 수단이었다. 이러한 많은 사진 책들은 영국 내에서 젊은 층, 특히 남성을 널리 겨냥하였다. 이런 점에서 『여왕의 제국』은 축파사와 편집자에 의해 최대한 폭넓은 차원에서 교육적

72. '지식 사다리의 가장 아래', 『여왕의 제국』, H. O. 아놀드-포스터가 편찬하고 서문 씀(2판, 1902)

으로 사용되고자 했다. 이 책이 다양한 판본으로 출판되었다는 사실
은 대중적으로 널리 퍼졌다는 것을 의미한다. 1907년도부터는 그 이미
지가 학교나 클럽 그리고 여러 종류의 제국 기관들에서 사용할 수 있
도록 디자인된 포스터 '우리 제국의 모습'이 8장 한 조로 대형으로 만
들어져 쏟아져 나오기도 했다.[743] 6장의 망판 사진을 포함한 각 포스터
는 아주 특징적인 장면들을 보여 주었는데, 오스트레일리아의 경우(사
진 73) 뉴사우스웨일스(New South Wales)의 양떼에서부터 숲까지 6장
으로 되어 있다. 포스터는 『여왕의 제국』 자체가 그랬던 것처럼 제국의
자연 자원, 농업, 교역, 교통 등을 파노라마로 보여 주는 역할을 담당했
다. 식민 지리학의 사진들이 보여 주는 것처럼 시각 교육의 방식들은
학교 교육, 특히 지리학에서 행하는 실천 그리고 언어와 아주 밀접하게
연결되면서 실시되었다.

PICTURES OF OUR EMPIRE.

AUSTRALIA.

73. '우리 제국의 모습'; 제2번: 오스트레일리아(1909)

시각, 특히 사진 기술을 통한 교육을 대중 관객에게 제국에 대한 적합한 지식을 주입하는 하나의 유효한 수단으로 간주했던 사람들은 단지 상업 출판인만은 아니었다. 교육자, 정부 관리 그리고 19세기 말 대영제국 선전을 위한 여러 모임의 대표들이 제국의 미래 시민을 교육시키는 것은 치명적인 중요성을 띤 기획이었는데, 거기에는 단순한 A B C 를 넘어선 더 많은 것들이 포함되어야 한다는 사실을 줄기차게 주장하였다. 학교 '교사'들이 식민 사업과 탐험에 관한 '사진-이야기들'에 오랫동안 익숙해 있던 반면, 시간이 갈수록 '시각 교육'을 더욱 활용해야 한다는 요구가 늘어난 것이다. 시각 교육에 사용되는 매체로는 지도, 견본, 도해, 사진, 실물 등이 있는데 이것들을 전시나 '실물' 교재, 교과서, 슬라이드 강의 등을 통해 교육하는 것이다. 이제 그때까지 전혀 시행되지 않았던 야망에 가득 찬 매우 의도적인 제국적 시각 교육의 공적 프로그램에 대해 검토해 보고자 한다.

식민성(省)시각교육위원회

식민성시각교육위원회는 처음 문을 연 1902년과 문을 닫은 제1차 세계대전 이후 사이에 제국 전역에 걸친 슬라이드 강의 계획을 추진하였다. 나아가 사진을 실은 교과서를 개발하여 우선은 영국의 아이들에게 자신들의 제국에 대해 교육시키고, 다음으로는 제국의 아이들에게 '모국'에 대해 교육시켰다. 이러한 기획은 제국 홍보 안에서 매우 세밀하게 이루어졌다.[744] 따라서 그것을 그냥 단순하게 하나의 독자적인 홍보 기획으로 치부하는 것은 제국의 통합, 시민권 그리고 시각 교육에 대한 사상을 널리 퍼뜨리면서 주입하려는 아주 중요한 방법을 제대로 이해하지 못하는 것이다. 특히 식민성시각교육위원회는 사진을 통해 시각 교육과 지리 교육 및 제국 홍보를 결합시켰다. 실제로 그들의 업무는 제국적 야망 안에서 사진과 지리학을 통합시키려는 결코 쉽지 않은 시도에서 역사의 정점을 찍었던 것이 사실이다.

식민성시각교육위원회는 당시 국무장관이던 조셉 체임벌린(Joseph Chamberlain)에게 교육위원회의 특별조사위원장이던 마이클 새들러(Michael Sadler)가 제안한 것이 받아들여져 설치되었다. 새들러는 아이들에게 슬라이드 강의 기획을 제안했다. 그것은 대영제국 곳곳의 서로 다른 여러 삶에 대해 사진으로 보여 주는 것이었는데, '제국의 통합과 신민 의식을 강화시키는 교육적 수단으로 시행하고자 한 것'이었다.[745] 식민성시각교육위원회는 '제국의 날'을 고안해 낸 제국의 선전자 미드(Meath) 백작이 위원장을 맡은 제국 조직이자 교육 조직의 대표 기구로 구성되었다. 적어도 1911년이 되기까지 그 위원회의 두 주역은 식민성의 찰스 루카스(Charles Lucas) 그리고 강의 준비와 기획 감독의 업무를 담당한 핼포드 매킨더였다. 루카스는 지리 교육 분야에서 상당한 영향력을 가진 인물이었는데, 대영제국의 역사 지리학에 대해 널리 강연을 하고 다녔다.[746] 그리고 핼포드 매킨더는 영국 지리학을 궤도에 올린 매우 중요한 인물인데, 옥스퍼드 대학교의 지리학과 부교수로 1899년에 케냐 산에서 혁혁한 공을 쌓은 적이 있다고 앞에서 설명한 바 있다. 식민성시각교육위원회의 기획을 감독하고 있던 당시에 런던정경대학(London School of Economics and Political Science)의 학장이 되었는데(1903~1908), 그때 매킨더는 영국에서 지리 교육을 활성화시키는 일에 매진하고 있었다.[747] 사실 제국적 시각을 장려하는 수단으로서의 시각 교육에 대한 관심은 지리학에 대해 상당한 영향력을 끼친 그의 여러 생각들을 하나로 통합시키는 역할을 하였다.

1911년에 열린 교육위원회의 제국교육학회(Imperial Education Conference)에서 매킨더는 '제국적 관점에서의 지리 교육과 시각 강의로 만들어지고 만들어질 수 있는 지리 교육의 활용'이라는 주제로 강연을 했다. 이 강연에서 그는 지리학이 바로 그 제국 학문이 되어야 한다고 주장했다.[748] 그는 '지리학은 특별한 방식과 사고 습관을 시각화의 특별한 형태로' 설명하는데, 그것을 '지리학적으로 생각하기'라고 정의했다.[749] 뿐만 아니라 식민성시각교육위원회의 기획은 시각의 권위 위에서 세워진 자신의 지리학 개념을 구체화하였는데, 거기에서 '지리학적으로 생각하는 것'은 바로 '제국주의적으로 생각하기'와 같은 것이었다.[750] 결국 매킨더에게 식민성시각교육위원회란 제국 지리학 안에서 확장된 하나의 조직이었을 뿐이다. 이제 그 기획을 지리 교육에 관한 당시 논쟁의 맥락에서 확고하게 자리 잡기 전에 어떠한 기획이 작동하였는지에 대해 더욱 상세하게 살펴볼 필요가 있다.

식민지에 영국 투사하기

식민성시각교육위원회는 제국 전역을 다루는 강연을 단일하게 기획하고자 했다. 슬라이드를 보여 주면서 하는 강의를 통해 대영제국의 권위 있는 모습을 제국 안에 있는 아이들에게 그리고 제국을 영국 안에 있는 아이들에게 전해 주고자 했던 것이다. 우리는 영국 내에서의 소비를 위해 제작한 제국의 여러 슬라이드를 보기 전에 여러 식민지에 영국을 재현하는 슬라이드 강의에 대해 생각해 보는 것이 반드시 필요하다고 본다. 슬라이드를 생산하는 일은 식민성시각교육위원회의 초기 사업이었다.

식민성시각교육위원회의 7개로 이루어진 첫 슬라이드 강연은 매킨더가 고안한 것이었는데, '동방 식민지' 실론과 홍콩 해협 거주지를 위한 것이었다. 매킨더는 1904년 12월 런던의 메트로폴(Metropole) 호텔의 화이트홀 룸(Whitehall Rooms)에서 철저하게 준비한 견본으로 시연회를 가졌는데, 그 모임은 식민지 국무장관이 주재하는 자리였다.[751] 이어 1905년부터 1907년 사이에 모리셔스, 서아프리카, 서인도제도, 인도, 캐나다 그리고 남아프리카를 위한 판이 마련되었다. 사진 이미지들은 상업 제작자와 식민 당국 도서관을 통해 구했고, 일부는 식민지 자체에서 확보된 경우도 있었다.[752] 1907년 4월 64개 조가 넘는 (낱장으로는 23,000장에 달하는) 슬라이드가 제국 전역을 다루게 되었는데, 이후의 공식 보고서를 기초로 평가해 보면 그 가운데 상당수가 널리 사용되었다.

슬라이드 강의는 각 식민지에서 영국으로 여행하는 형식을 취했는데, 영국에 도착한 후에는 영국의 여러 명소와 경치를 돌아보게끔 만들어졌다.[753] 그래서 슬라이드를 보는 사람들은 시각적으로 '동방으로부터의 여행'을 하게 되는데, '수에즈 운하' 같은 유명한 경로를 통해 '제국 도시' 런던으로 발길이 옮겨지게 된다. 런던의 여러 유명한 기념물과 기관의 사진을 보고 난 뒤에는 '도버의 절벽'(Cliffs of Dover)에서부터 '자이언츠 코즈웨이'(Giant's Causeway)에 이르는 '영국의 경치'에 관한 슬라이드 강연으로 이어졌다. '역사 중심지와 민족의 삶에 끼친 영향'(Historic Centres and Their Influence on National Life)이라는 제목의 슬라이드 강연은 성채, 교회, 학교, 대학 등을 보여 주면서 '마을 숲과 여관', '호프 따기', '얼음지치기 놀이' 등 '시골에서의 삶과 작은 소도시'(Country Life and Smaller Towns)의 전원생활 모습을 보여 준다. 또 '대도시의 산업과 상업'(Great Towns, the Industries and Commerce)에 관한 강연은 소박한 나라라는 이미지로부터 최고의 산업, 상업, 경제 권력으로서의 영국의 비전으로 주제가 옮겨진다. 슬라이드는 석탄, 철강 등의 천연 자원 그리고 섬유와 비누 제조업, 전기 같은 근대적 방식의 국가 전력과 에너지 등을 보여 준다. 영국이 가진 전 세계적 힘은 매킨더의 마지막 강연인 '제국의 수호'라는 제목의 강연에서 훨씬 더 확고하게 전달되었는데, 이것은 항구, 해군 기지, 전쟁터, '인도 보병'에서부터 '서아프리카 변경의 군인'에 이르기까지의 제국 군대의 사진을 보여 주는 강연이었다.

슬라이드 강연은 식민성시각교육위원회로 하여금 이후에 많은 작업을 하도록 기회를 마련해 주었다. 모든 슬라이드 강연의 중심은 하나의 가상여행 구조와 '전형적인 경치'에 대한 강조에 두어졌다. 이와 비슷하게 영국에 관한 슬라이드 또한 풍경 이미지가 만들어 낸 중요한 역할을 보여 주기도 한다. 여기에서 도버의 하얀 절벽에서부터 대도시 런던에 이르기까지의 풍경은 영국과 제국의 위대함을 대변하는 상징이 된다. 그러한 강연들이 영국 국가의 도상학에 초점을 맞추면서 그들은 순박한 힘과 안정이 어떻게 더 큰 차원의 제국의 권위와 권력의 기반으로 작동하게 되었는지를 보여 주기도 했다. 영국과 제국의 정체성에 대해 하나씩 시각적으로 투사하는 것이 매우 의미심장한 작업이었던 것은 식민성시각교육위원회가 제국을 재현하면서 영국 또한 재현하였기 때문이다. 실제로 매킨더의 제안에 따라 주로 인도 버전을 토대로 한 '복합' 판이 슬라이드와 화보집의 형태로 발행되기도 했다. 매킨더는 "제국은 지리, 역사, 자원, 기후 그리고 인종에 관한 널리 퍼져 있는 지식에 기초하여 이해하고 감동을 나눌 때만이 함께 가는 것이다"라는 말로 슬라이드와 화보집을 정당화하였다. 그러면서 그는 더욱 구체적으로 '영국의 아이들이 인도 아이들 입장에서 스스로를 상상해 보는 것은 정치적 동질감이라는 가치 있는 감성을 자아내고 각인시키는 쪽으로 작용하게 할 것'이라는 바람을 갖기도 했다.[754] 이를 통해 우리는 이 시기에 식민성시각교육위원회가 기획의 두번째 측면, 즉 영국의 어린이들을 위한 시각 교육에 주의를 돌린 사실을 알 수 있다.

영국에 식민지 투사하기

식민지들은 영국에 관한 슬라이드 강의를 제작하는 데 비용을 지불하는 것은 물론이고, 영국 내에서 하는 슬라이드 강의를 위해 사진들을 제공해 줄 것을 요구받았다. 하지만 매킨더는 여러 식민 정부로부터 받은 사진들이 자신이 사용하기에는 맞지 않는다는 사실을 알게 되었다. 식민지에 대한 적합한 이미지를 확보하는 어려움은 저작권 제한 문제와 겹쳐 더욱 어려워졌다. 그리하여 매킨더는 식민성시각교육위원회가 그 기획을 제대로 수행하려면 '상당한 예술가적 힘을 가진 일급 사진가'를 제국 곳곳에 보내 적합한 이미지를 찍어 오도록 해야 할 것이라고 다시 결론을 내렸다.[755] 1907년 6월 찰스 홀로이드(Charles Holroyd: 국립미술관장)의 도움을 받은 식민성시각교육위원회는 만장일치로 휴 피셔(Hugh Fisher)를 사진작가로 선발했다. 당시 『일러스트레이티드 런던 뉴스』 제휴 작가로 상당한 평판을 갖고 있던 피셔는 왕립아카데미(Royal Academy), 파리살롱(Paris Salon), 뉴잉글리시 아트클럽(New English Art Club)에서 전시를 한 바 있다.[756] 식민성시각교육위원회는 왕세자비의 후원을 통해 거의 4천 파운드에 달하는 거액의 후원금을 확보한 후 피셔에게 '전적으로 매킨더 씨의 지도 아래'[757] 3년 동안 업무를 수행하도록 했다

피셔는 1907년 10월부터 1910년 8월까지 제국 전역을 돌아다니면서 4천 장에 달하는 사진을 찍었고 스케치와 그림도 그렸는데, 매킨더는 그 가운데 일부 이미지를 골라 식민성시각교육위원회의 슬라이드 강의와 강의 교재에 사용하였다.[758] 피셔의 제국 여행과 사진 작업에 미친 매킨더의 영향은 상당했다. 피셔는 매킨더가 잡아준 코스에 따라 세 차례의 여행을 통해 제국의 많은 곳을 돌아봤는데 실론, 인도, 버마, 소말리아, 키프로스를 1907년 10월부터 1908년 6월까지 돌아봤고, 캐나다, 뉴펀들랜드(Newfoundland), 웨이하이웨이(Weihaiwei), 홍콩, 보르네오, 싱가포르를 1908년 7월부터 1909년 5월까지 여행했다. 그리고 마지막으로 지브롤터와 말타, 오스트레일리아, 뉴질랜드 그리고 피지를 1909년 10월부터 1910년 8월까지 다녔다. 이러한 일정은 식민성시각교육위원회의 재정 통제에 영향을 받은 것이다. 일례로, 왕립우편선박소포상사(Royal mail Steam Packet Company)로부터 무료 여행을 찬조 받았기 때문에 그들이 항해하는 여정에 국한되어 아프리카의 대부분은 놓칠 수밖에 없었다.

매킨더는 피셔가 자신에게 주어진 사진 과업을 통해 비전을 투사할 수 있도록 상당 수준으로 계획을 짰다. 우선, 매킨더는 피셔에게 사진 훈련을 시키는 데 심혈을 기울였는데, 슬라이드 제작회사인 뉴튼사에서 실습할 수 있도록 했고 톰슨 씨로부터 '특별 수업'을 받도록 주선해 주었다. 여기에서 톰슨 씨라 함은 십중팔구 앞에서 언급한 바 있는 1899년 케냐 산 원정에서 찍은 사진을 통해 매킨더가 알게 된 존 톰슨일 것이다.

더욱 중요한 것으로 매킨더는 1907년 10월 여행을 떠나기 전날 밤 피셔에게 공무 지시를 내렸다.[759] 매킨더가 지시한 바에 따르면 식민성시각교육위원회의 총체적 목표는 피셔의 '임무'가 '전적으로 새로운 모습들'을 찍어야 한다는 것이었는데, 그 안에서는 각각의 주제들이 "함께 어우러져 가능한 한 각 나라의 하나의 완결된 생생한 그림을 보여 주는 시각을 표현해야 한다는 것이다."[760] 1905년에는 당시 식민성 장관이던 앨프리드 라이틀튼(Alfred Lyttelton)이 "슬라이드가 강의를 보조하기 위해 활용된 것이 아니라 슬라이드를 보여 주기 위해 강의가 이루어졌다"[761]고 지적했다. 실제로 식민성시각교육위원회에게 사진은 단순히 보여 주는 예시가 아니라 강의의 토대가 되는 시각적 주장이었다. 피셔는 단순히 주제에 대한 본질적 관심을 해결하는 데 시간을 보내지 말고 "해당 국가의 넓고 생생한 인상을 만드는 데 꼭 필요한 대상에만 집중해야 한다"[762]는 지시를 받았다. 식민성시각교육위원회는 피셔에게 '그 나라와 그곳에 사는 사람들 고유의 특징은 물론이고 영국의 지배로 인하여 눈에 띄게 보태진 특징들을'[763] 사진 형태로 표현하고 확인하도록 특별히 공식 지시를 내렸다. 그래서 매킨더와 그의 동료 위원들은 피셔가 사진 형태로 확보하여 표현하기를 요구하는 제국의 특정한 이미지를 가지고 있었다. 그 결과로 만들어진 슬라이드 강의와 교재가 보여 주듯 식민성시각교육위원회는 피셔의 사진들로 확고한 시각적 틀을 구축하였는데, 그 틀을 통해 제국의 각 지역과 주민이 제국의 소속으로 확고부동하게 자리 잡힐 수 있도록 만들어 나갔다.

피셔의 사진들이 매킨더와 식민성시각교육위원회에 의해 시각화된 제국의 단일적인 그림 안에서 실제로 어느 정도로 만들어졌는지를 평가하는 것은 슬라이드 강의의 구성을 좀더 자세히 검토해 봐야 알 수 있을 것이다. 그런데 이 문제를 다루기 전에 식민성시각교육위원회 기획의 목표와 기술을 시각 교육에 관한 당대의 사고에 관한 더 넓은 맥락 안에 위치시키는 것이 반드시 필요할 것이다.

슬라이드

어떤 점에서 보면, 식민성시각교육위원회의 기획은 전례가 없는 것이었다. 프로젝트의 규모만 해도 당시의 교육에 관한 다른 비정부 프로그램과는 판이하게 다르다. 그렇지만 다른 관점에서 보면 기존의 개념, 관행, 기술 등을 제국 선전 차원에서 사진을 배열하여 지리 교육용으로 단순히 섞어 놓은 것이었다. 예를 들어, 슬라이드 강의를 채택함으로써 식민성시각교육위원회는 제국의 세계관을 촉진시키려는 잘 만들어진 수단을 활용한 셈이었다.

1902년에 접어들자 슬라이드 시연은 강의나 여흥 용도로 영국 전역에 널리 행해졌다.[764] 멀리 떨어져 있는 식민지 땅과 그곳 사람들을 보여 주는 슬라이드는 학교, 교회, 선교관, 극장 그리고 과학협회 등을 통해 다양한 용도로 사용되었다.[765] 영국의 제국주의 정신을 널리 펼쳐야 한다는 소명에 들떠 있던 시점에서[766] 다양한 제국 홍보 협회들이 슬라이드를 비롯한 다른 여러 시각 기술을 제국의 강인하고 통합적인 야망을 대중의 상상에 투사하기에 특히 안성맞춤인 수단으로 활용하기 시작했다. 빅토리아 연맹(Victoria League)은 슬라이드를 활용하여 부활하는 제국의 야망을 대중화시키는 강의를 널리 하였는데, 해당 교육위원회에 의하면 1906년 한 해에 이러한 방법으로 강의한 사람의 숫자가 '적어도 18,000명이 넘었다'고 한다.[767] 뿐만 아니라 이와 유사한 방식의 시각 교육이 식민 정부 자체에 의해서도 행해졌는데, 영국에 있던 해당 대표 단체들이 홍보와 교육이라는 두 가지 용도로 자체 슬라이드 세트를 계발해 사용하였다. 캐나다 총영사관은 1902년에 해마다 영국 전역에 상영할 슬라이드를 40세트나 만들어 보유하였고, 한 철(보통 한 해 중 가장 음산한 달인 10월에서부터 그다음 해 4월까지)에 적어도 1,500회 는 상영하였다고 식민성시각교육위원회에 보고하였다.[768] 이러한 홍보 목적은 전적으로 식민성시각교육위원회의 설립 취지와 일치하는 것이 었다. 실제로 식민성시각교육위원회는 스스로를 공식적이면서 동시에 독립적인 기획 조직이라고 내세우면서 대영제국 전체를 통합적으로 다룸으로써 영국 내의 여러 선전 조직과 식민 정부의 업무를 보완해 주는 역할을 하였다.

지리 가르치기

식민성시각교육위원회의 기획에 대한 포부와 기법들을 이해하기 위해서는 교육에서 시각 강의가 어떻게 이루어져 왔는지 그 역사 안에 위치시켜 보는 것이 필요하다. 19세기 학교에서 가르치던 여러 교과목 가운데 하나로 시각 강의의 여러 방식들을 도입하였을 때, 지리학은 그 여러 방식들을 독특하게 대형 크기로 채택하였다. 이는 부분적으로 왕립지리학회 같은 단체들이 지리 교육에서 새로운 기법을 촉진시키려 오랫동안 해온 노력의 결과였다. 1886년에 왕립지리학회의 지리 교육 감독관이던 존 스콧 켈티(John Scott Keltie)는 상당한 영향력을 행사하는 보고서를 통해 영국의 많은 학교들에 효과적인 강의 방법이 결여되어 있다고 비판하였는데, 이는 특별히 시각 강의의 부재를 의미하는 것이었다. 켈티는 유럽 대륙의 학교들이 이 분야에서는 훨씬 앞서 있다고 지적하였다. 켈티는 독일의 할레(Halle)에 있는 한 학교를 방문하는 동안 오스트레일리아에 관한 어떤 '전형적인 수업'에 크게 감명받았다. 그곳에서는 학생들에게 부메랑, 창 그리고 '오스트레일리아 원주민의 실물 크기의 머리 사진'을 보여 주었고, 그것을 통해 오스트레일리아 사람들과 다른 인종들을 비교하는 강의가 이루어졌다.[769] 1885~1886년 왕립지리학회가 지리 교육 기자재 순회 전시와 부대 강연에서 홍보하였던 것은 다름 아닌 이러한 실제 강의 방식이었다.[770] 켈티는 그중 한 강의에서 대형으로 다시 인쇄한 것을 포함한 모든 사진이 "모든 지리 강의를 위해 최고의 것이다"라고 하며 사진 시연을 활용한 강의를 강력하게 추천했고 나아가 교육용으로 대형 사진을 수집해야 한다는 희망을 피력했다.[771] 그 외의 다른 지리학자, 예를 들어 더글러스 프레시필드(Douglas Freshfield) 같은 이도 이와 유사한 의견을 제시했는데, 그는 '전적으로 과학적이면서 예술적인 지리학적 사진 연작'을 활용할 것을 강력하게 촉구했다.[772]

지리학의 시각화에 대한 강조는 1880년대 중반부터 교실과 강의실에서 슬라이드 사용 강의가 크게 늘어나면서 반영된 현상이었다. 비록 그 정확한 역할에 대한 논란이 일어나긴 했지만 슬라이드, 특히 대영제국 각지에서 찍은 사진들로 제작한 것은 지리를 가르치는 교사들이 사용하는 기자재에서 중요한 위치를 차지하게 되었다. 20세기 초가 되면서 슬라이드 영사기가 없는 강의실은 찾아보기 어려울 정도가 되었다. 그 좋은 예를 1912년에 찍은 『지리 교사』(The Geographical Teacher)에 수록된 해로(Harrow)의 카운티 스쿨(County School) '지리 교실'에서 시행한 그 당시의 사진에서 찾아볼 수 있다(사진 74).[773] 지리 수업에서 슬라이드 영사기의 사용이 갈수록 늘어난 것은 일부이지만 이를 지리 수업에서 널리 사용하도록 지지하고 다닌 켈티나 갤튼 같은 영향력 있는 인사들의 노력에 힘입은 바가 크다.[774] 슬라이드는 1860년대 중반 이후부터 본격적으로 쓰이기 시작했는데 도해, 지도 그리고 실

74. '지리 교실', 해로의 카운티 스쿨, 『지리 교사』(1912)에 수록

물 증거 등이 과학의 대중적 파급과 함께 활용되었다.[775] 학교에서 슬라이드를 사용하면서 강의하는 지리 교사에 대한 수요가 크게 늘면서 결국 1893년에는 지리학협회(Geographical Association)가 생기기까지 하였다.[776] 교사에게 막강한 영향력을 갖는 이 단체는 각 학교에 지리 수업을 위한 슬라이드 세트를 마련하고 배포하는 활동을 개시하면서 '랜턴 기금'을 조성하기도 했다. 그리고 몇 년 지나지 않아 1895년 런던에서 열린 제6차 국제지리학대회(the Sixth International Geographical Congress)에서 지리학협회는 20개가 넘는 슬라이드 세트를 선보이는 전시를 하기도 했다.[777] 지리를 사진으로 찍으면서 제국적 관심사에 걸맞게 많은 슬라이드가 제작되었다. 그래서 지리학협회의 초대 회장이던 더글러스 프레시필드는 슬라이드를 지도, 지리적 그림과 함께 영국

의 젊은이들로 하여금 멀리 떨어져 있는 식민지의 장래에 익숙해지는 수단으로 사용하도록 촉구했다.[778] 그러한 모습은 이제 지리 수업 때 일상적으로 볼 수 있는 풍경이 되었고, 왕립지리학회는 1899년에 환등기를 '일요일 학교 소풍'과 동의어로 사용하는 사람들의 반대가 있었음에도 자체적으로 영사기를 구입하기도 했다.[779]

식민성시각교육위원회가 슬라이드 강의를 통해 시각 교육을 활성화시킨 것은 당시 지리학 교육 내부에서 널리 유행하던 사고와 행위의 일부를 보여 주는 것이었다. 매킨더가 식민성시각교육위원회에 관여하고 있었을 때 지리학협회와도 깊숙이 연계되었을 뿐만 아니라 제국적 문제와 지리적 문제를 다루는 슬라이드 강의에서 상당한 전문성을 발휘했다. 그러한 전문성은 식민성시각교육위원회의 기획용으로 제작된 사진과 텍스트를 신중하게 준비하는 과정에서 반드시 있어야 할 요소로 판명되었다.

인도 사진 찍기

휴 피셔가 식민성시각교육위원회의 공식 예술 사진가로서 첫 여행의 목표로 삼은 곳은 바로 인도였다. 피셔는 수백 장의 사진을 찍어 런던으로 보냈고, 매킨더는 그 가운데서 이미지를 골라 480장짜리 컬러 슬라이드 한 세트를 제작하였다. 매킨더는 그 슬라이드를 가지고 상당한 시간을 들여 8개의 강의 원고를 집필하였다. 시간이 오래 걸린 것은 해야 할 다른 과제가 있었기도 했지만, 인도청 업무를 봐야 하기도 했기 때문이다. 그 결과물이 1910년에 저렴한 가격의 화보 교과서 판으로 나왔다.[780] 인도는 영국의 제국적 상상의 한가운데에 위치하였고, 그래서 슬라이드 강의로 재현된 인도는 많은 역사적인 주제를 당겨온 것이었다. 그 안에는 이국적 '유형'을 지닌 매혹으로부터 서구의 기술을 보여주는 것까지 모두 포함되었다.

이제 슬라이드 강의에서 인도를 어떻게 재현했는지에 대해 집중할 차례다. 이를 위해 피셔의 사진과 매킨더에게 보낸 편지를 살펴보고자 한다. 이 문제를 탐구하는 것은 식민성시각교육위원회가 토대로 삼은 역사적 전통을 밝혀내는 것이자 전체적으로 식민성시각교육위원회 프로젝트 내부에서 약간의 모순을 드러내는 것이다. 앞에서도 언급하였듯이 식민성시각교육위원회가 피셔에게 공식적으로 내린 지침은 '원주민'의 특징과 영국의 지배가 가져다준 탁월한 은혜에 대해 기록해달라는 것이었다. 그렇지만 피셔가 제국의 현장에서 그러한 것을 분간한다는 것은 그리 녹록지 않았다. 피셔는 매킨더에게 보낸 편지들을 모아 『펜과 붓으로 인도와 미얀마를 돌아보다』(1910)를 출간했는데, 아주 색다른 '여행 그림' 연작물을 자주 선보였다.[781] 길게 묘사한 것과 시를 쓰는 것같이 장황하게 표현한 것은 '말로 만든 그림'을 만들어 내는 시도였지만, 시간이 부족해서 성공하지는 못했다. 이러한 문학적 이미지는 사진보다는 인상과 그림을 견본으로 삼은 것이었는데, 당시 피셔는 그 방면에 새로이 발을 들여놓은 사람이었다.[782] 실제로 피셔의 책이나 편지에서는 사진 행위에 대해 거의 언급한 적이 없었는데, 이는 사진이 여행의 최우선 목표였다는 사실을 고려해 볼 때 놀랄 만한 일이다. 매킨더는 어떤 사진가 한 사람이 단일한 관점에서 제국의 모든 의미 있는 측면들을 찍어 기록으로 남겼으면 하는 것을 목표로 삼았음에도 사진에 대한 피셔의 야망은 단일적이지 않았다. 그의 사진과 글은 자신에게 부과된 장면을 사진으로 포착하고 그것들을 전개해야 한다는 확실한 임무를 자주 어겼다.

인도에 대한 매킨더의 슬라이드 강의는 청중을 '대영제국의 해양 중심지'인 런던에서 콜롬보 그리고 인도로 이어지는 여정을 따라 영국의 '제국 내의 제국'에 대한 광범위한 여행으로 데려다주었다.[783] 물론 행정상 영국령 인도 제국의 일부에 속해 있던 미얀마 또한 이 여행 안에 포함되었다. 이야기 속에 들어 있는 곳곳의 위치와 길을 제대로 보여주기 위해 지도가 신중하게 제작되었다(사진 75). 사진은 일종의 심상의 지리를 투사하였는데, 그로 인해 청중은 백인 영국인의 시선으로 탐사에 나서도록 초대받았다. 매킨더는 여행의 마지막이 인도에 도착하는 것으로 극적인 장면을 만들어냈다.

그 땅에 내린다. 하얀 면으로 된 옷을 제대로 걸치지도 않은 사람들이 미친 듯이 손을 흔들어대며 우리를 에워싼다. …… 마드라스 행 특급 열차가 기다리고 있지만, 우리에게는 그 첫 산책을 즐길 만한 시간이 없다. 여행객이 새로운 땅에 발을 내딛기에는 충격이 너무나 깊어서다.[784]

매킨더의 강의는 인도에 대한 생각을 그림 같은 장관이나 하나의 거대한 전시로 불러일으키면서 방랑하는 유럽인 여행객을 들뜨게 했다. 그렇게 함으로써 그의 강의는 그림이나 전시로써 동양이 경험되고 재현되는 유럽적 전통의 일부를 이루었다.[785] 19세기 중반 이래로 인도에 대한 전시는 제국의 정당화와 강화를 촉진하기 위한 강력한 공공 영역이 되었다.[786] 이국 세계를 열어젖히는 관문과 아치의 이미지는 매킨더의 슬라이드 강의를 관통하면서 나타난다. 인도에 관한 매킨더의 초기 이미지 가운데 하나는 인도의 극남 지역인 트리치노폴리

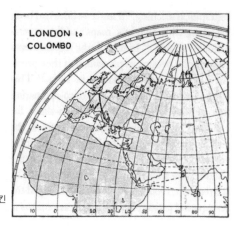

75. '런던에서 콜롬보까지', H. J. 매킨더, 『인도: 여덟 개의 강의』(1910)

(Trichinopoly)에 있는 환영의 아치 광경이었다. '우리 미래의 황제를 영광스럽게 환영합니다'('Glorious Welcome to Our Future Emperor')이라는 글이 새겨져 있는 아치는 웨일스 대공 부부가 1905~1906년에 인도를 방문한 것을 기념하여 세운 것이다. 시드니 로(Sydney Low)가 런던 신문 특파원으로 그들 왕가의 여행을 담당하였고, 여행 후에는 영국 대중의 인도에 대한 무관심에 대해 자신의 책 『인도의 비전』(*A Vision of India*, 1905)에서 반박했다. 그는 자신이 받은 인상을 토대로 하여 '드넓고 변화무쌍한 우리의 영토'에 대한 '탐사'로서 그 책을 썼다.[787] 왕가의 제국 여행은 그 자체가 제국의 강화를 꾀하고자 하는 시도로, 1901년에 『제국 고찰』(*Empire Review*)의 편집인이 보여 주듯 "의심의 여지없이 대영제국은 일체 단합되었다. 그리고 그 모든 부분은 하나의 틀로 합체된다."[788] 매킨더는 피셔에게 내린 지시를 통해 자신이 바라는 전체적인 효과가 공식 여행을 하는 똑똑한 여행자에 의해 확보될 수 있는 것으로 기대하였다.[789] 피셔는 스스로를 공식 방문자로 지정했는데, 지역 관리를 가이드로 활용하고 하인과 짐꾼들도 대동하였다. 제국의 아

치 이미지는 매킨더가 쓴 교과서의 표지 그림으로 재생되었고, 그의 강
의들을 관통하는 중심 주제로 재현되기도 했다. 즉, 인도에 관한 다양
하고 시각적으로 찬란한 그 모든 것은 영국의 식민 통치와 영국 황실이
라는 권위의 커다란 품 안에서 틀이 짜이고 통합되었다는 것이다.

제국의 도시들에 관한 사진과 건축 관련 성과물은 출판물을 통한
조사와 제국 찬양에 공통적으로 활용되었다.[790] 인도에서 대영제국 당
국에 의해 지어진 기념물과 기념관의 이미지는 특별히 풍성하였다. 피
셔가 매킨더에게 보낸 편지를 통해 언급했듯이, "카시미르 케이트는 사
진으로 하도 많이 알려지다 보니 런던에서는 버킹검 궁에 맞먹을 정도
로 유명했다."[791] 피셔는 자신이 방문한 각 도시에서 매킨더의 안내에
따라 영국 통치의 상징을 기록으로 남겼다. 예를 들어 마드라스에 특별
히 덧붙여진 측면은 성(聖)조지 성(城), 대법원, 성(聖)마리아 교회, 법과
대학, YMCA 건물, 은행, 대중 공원 등이었다.[792]

피셔는 매킨더의 지시를 따르긴 했지만, 그에게는 그런 곳을 촬
영하는 것이 따분한 일이었다. 이러한 공공의 지표를 효과적인 방식
으로 응축해서 담아 내기 위해 그는 높은 지점을 확보하고 난 후 촬
영하였다. 예를 들어, 이전의 다른 사진가들과 마찬가지로[793] 그 역
시 오츠테를로니 기념물(Ochteroly Monument) 꼭대기에서 정부청사
(Government House)로부터 영국 성당(English Cathedral)에 이르기까
지 제국의 건축물들을 카메라로 살펴보았다. 매킨더는 강의에서 이러
한 높은 광경들을 '좁은 길과 북적거리는 원주민 도시'[794]를 전형적으로
보여 주는 캘커타의 티레타 바자르 거리(Tiretta Bazaar Street) 이미지와
대비시켰다. 매킨더는 마찬가지로 봄베이와 델리도 이러한 조감도로 촬
영하였다.[795]

19세기 인도에 관한 영국의 이미지 가운데 가장 중요한 하나의 영향을 말하라고 한다면 소위 '1857 반란'일 것이다.[796] 1857 반란은 피셔의 사진과 매킨더의 강의 주제로 끊임없이 등장했다. 피셔의 사진 가운데 러크나우 레지던시(Residency)의 바일리 게이트(Bailey Gate)를 찍은 사진이 있는데, 이는 영국의 국방에 대해 찬양하는 모습을 띤다(사진 76). 피셔는 전투 흔적이 남아 있는 문 바로 앞에서 1857년 전투를 치르는 동안 이 문을 지켜낸 퇴역 군인 윌리엄 아일랜드(William Ireland)를 찍었다. 또한 피셔는 러크나우의 학살터나 카운포르(Cawnpore) 기념관 등을 돌아다니면서 사진을 찍음으로써[797] 1857 반란의 상징적 지리학을 재배치하면서 장식하였다. 같은 맥락에서 바일리 게이트의 사진들이 슬라이드 상업회사에 의해 제작되기도 했는데, 런던에 기반을 둔 에스 에이치 벤슨(S. H. Benson)사와 본 앤 셰퍼드(Bourne & Shepherd)사가 대표적인 예다(사진 77). 이 사진들은 모두 『여왕의 제국』(The Queen's Empire)에 수록되었다.[798] 매킨더는 바일리 게이트를 '영국군이 가장 치열하게 공격받은 장면'이라고 부르면서 1857년에 용감하게 싸운 영국군의 용기와 대영제국 안에서 인도가 보여 준 폭넓으면서 지속적인 충성심을 증명하기 위해 피셔의 이미지를 사용하였다고 했다.[799] 그의 텍스트는 독자로 하여금 그 영웅적이고 충성적인 과업에 의해 감동받고 자부심을 느끼게 하도록 하였다. 그들의 과업이야말로 인도 내 영국인을 구했고, 동인도회사를 빅토리아 여왕의 직할 정부로 교체하도록 만들었다.[800]

인도에 대한 강의를 담은 매킨더의 책에서 바일리 게이트는 '베나레스의 화장터'('The Burning Ghat, Benares', 사진 76을 보라) 이미지 바로 다음 위치에 재생되었다. 화장터 이미지를 집어넣은 것은 그 안에

Copyright.] [See page 58.
THE BURNING GHAT, BENARES.

Copyright.] [See page 66.
THE BAILLIE GATE, LUCKNOW.

76. '베나레스의 화장터'(위 왼쪽), '러크나우 바일리 게이트'(위 오른쪽), H. J. 매킨더, 『인도: 여덟 개의 강의』(1910)에 수록

77. '바일리 게이트', S. H. 벤슨, 1900년경(가운데)

78. '캘커타의 화장터; 바이블 III', 색칠을 한 랜턴 슬라이드, 『바이블 독본』 1900년경(아래)

나타난 인도인의 이국적인 종교적 모습을 강조하기 위해서였다. 그러한 모습은 오랫동안 선교사를 비롯한 여러 사람들이 비(非)기독교 문화의 야만성을 보여 주기 위한 근거로 사용하였던 것이다. 에드먼드 에반스(Edmund Evans)가 1861년에 낸 『화보로 보는 세계 선교 지도』(Pictorial Missionary Map of the World)가 그 좋은 예이다. 이 책은 가격이 단 1페니였는데, 그 안에는 세계 종교 지도를 둘러싸고 '갠지스 강둑'(banks of the Ganges), '힌두 우상 숭배의 잔인함'(cruelty of hindoo idolatory)을 판각으로 새긴 장면들이 포함되어 있다. 인도는 '이단의 땅'을 의미하면서 거의 검은색으로 칠해졌다. 화장하기 직전 상태의 상반신이 알몸인 여성의 모습을 보여 주는 '캘커타의 화장터'(Burning Ghat, Calcutta, 사진 78) 같은 사진과 함께 제작된 여러 슬라이드 사진은 '이단'의 여러 관습들과 심지어는 '과부 화장'과 같이 관객을 충격과 전율에 빠뜨리는 모습을 적나라하게 보여 주었는데, 이는 선교 모임이나 주일학교에서 널리 상영되었다. 실제로 (원래는 채색된) 이 슬라이드 사진은 치프사이드(원어)의 우드(E. G. Wood)가 제작한 것으로 성경 읽기를 위해 구성된 것이다. 이러한 사진들은 대상의 성격이 매우 민감한 데다가 그런 환경에서는 사진가가 너무 쉽게 드러나기도 했다. 피셔는 이러한 문제를 해결하기 위해 멀리 떨어진 배 위에서 사진을 찍었다.

피셔에게 문화적으로 다른 장면을 담아내는 것은 여행 중 해야 할 일 가운데 가장 즐거운 일이었다. 그는 영국 정부가 세운 건축물을 사진으로 조사하면서 자신의 글에서 언급한 것 중에 대충의 윤곽을 끌어내는 데 그치지 않고 적극적으로 토착 건축물과 예술품을 만났으며, 그를 통해 열정적인 말을 길게 쏟아낸 적이 많았다.[801] 피셔는 인도에 오기 전부터 이미 다른 문화와의 조우를 틀로 짜는 작업을 했는데, 매킨더의 가르침을 받은 후 문화에 대한 스스로의 생각을 미리 세워 놓았다. 피셔의 경험은 분명히 동양 여행이란 이국적이고 육감적인 것을 만나는 것을 의미한다는 유럽인이 가진 재현 전통 안에서 구성된 것이 사실이다. 피셔는 화가로서 들라크르와(Delacroix) 같은 영국이나 프랑스 화가들의 작품에 익숙해 있었을 것으로 보이는데, 그들은 동양을 재현하는 자신의 작품에 그러한 요소들을 분명하게 조합시켰다.

피셔나 매킨더는 모두 동양을 독해하거나 파악할 수 있다는 유럽의 문화 전통 위에서 그림을 그렸다. 그래서 사진가이자 저자인 두 사람은 '동양'의 여러 모습이나 각 개인을 '전형적'인 것으로 확인하는 전통을 충실하게 따랐던 것이다. 좋은 예로, 매킨더는 베나레스를 '모든 힌두 인도의 전형'으로 자리매김하였다. 그곳에서 쇠못 침대에 앉아 있는 한 남자를 찍은 피셔의 사진(사진 79)에 대해 매킨더는 다음과 같이 평했다.

그림자가 길게 드리워진 좁은 골목과 지저분하기 짝이 없는 사원의 공터는 동양 사람들의 전형적인 삶의 모습일 것이다. 아우랑제브(Aurangzeb) 사원 옆에 딱 달라붙어 있는 한 고행자가 그 좋은 예인데, 독실한 신자라면 응당 그에게 보시를 건넨다. 그는 밤낮을 가리지 않고 이 쇠못 침대 위에서 기거한다.[802]

피셔의 사진 '베나레스의 한 고행자'(A Fakir at Benares)는 졸렬하고 허세에 꽉 찬 전형적인 동양의 삶을 매킨더에게 보여 주었다. 피셔의 시각은 매킨더와 다르지 않았는데, 그것은 그가 매킨더에게 해설해 준 다음과 같은 말을 통해 잘 알 수 있다. "마하비는 이렇게 8년을 살고 있

Copyright.]　　　　　　　　　[See page 59.　Copyright.]　　　　　　　　[Sea page 59.
　　A FAKIR AT BENARES.　　　　　SNAKE CHARMERS AT BENARES.

79. '베나레스의 한 고행자', '베나레스의 땅꾼들', H. J. 매킨더, 『인도: 여덟 개의 강의』(1910)에 수록

는데 —— 무서운 사기꾼이지요 —— 사실 누구나 그리 큰 불편함 없이 쇠

못 위에 앉아 있을 수 있거든요. 그리고 들리는 바에 따르면 그는 밤만

되면 자리를 떠 작은 천막으로 간다고 합니다."[803]

　　이 이미지는 땅꾼들을 찍은 사진과 같이 매킨더의 강의에서 볼 수

있는 사진 가운데 하나이다. 이는 땅꾼 사진 바로 다음 위치에 삽입된

사진인데, 인도인 삶의 '특징적 장면'을 잘 드러낸 것이라고 주장하였다.

앞에서 지적하였듯, 사진을 통해 이와 같은 이국적 차이를 대중적 판

박이로 만듦으로써 인종 '유형'을 창조하고 전개하는 데서 사진이 하나

의 분류 형태로 사용되는 방식을 통해 특정한 방식의 유통이 확보되었

다. 셰퍼드나 로버트슨 같은 상업 사진가들이 찍은 땅꾼이나 고행자 사

진은 인도에 거주하던 사람들이나 여행 온 사람들이 찍은 사진에서도

흔히 볼 수 있다.[804] 그런 사진은 『인도 사람들』(1868~1875)과 같이 인종

유형을 사진으로 탐사하는 책 안에도 등장하였다.

　인도 아대륙 사람들에 대한 매킨더의 시각과 피셔가 카메라로 담을 대상을 선정하는 일은 주로 인종 '유형'의 관습에 따라 지시된 것이 보통이었다. 그래서 피셔의 많은 사진은 사람들의 생김새나 직업에 따라 '인종 유형'을 범주화하는 전통에 따라 찍은 것들이다. 예를 들어, 피셔는 만달라이(Mandalay) 부근의 한 대장장이 가게를 찍었는데, 이에 대해 "잭 버먼(Jack Burman)이 닦아 놓은 쉬운 길을 따라 드러낸 것"이라고 말한 바 있다.[805] 얼마 후 피셔는 '버먼'의 사진 한 장을 초상용으로 골랐는데, 그것은 바로 그가 '그 인종의 전형적 표본'이었기 때문이다.[806] 피셔가 인종 유형을 범주화한 것은 자신이 가진 제국주의적 세계관에 의해 형성된 것이기도 하였다. 예를 들어, 피셔는 버마인을 다스리기는 쉽지만 '성공하기에는 결정적으로 게으른', 그래서 외국 투기꾼들에게 쉽게 먹잇감이 되는 사람들이라고 기술하였다. 그래서 피셔는 버마에서 강력한 제국 정책을 사용할 것을 지지하였는데, '일본이나 중국 사람들이 우리 영토 안으로'[807] 일절 들어오지 못하도록 하면서 교역을 확보해야 한다고 했다. 이런 관점에서 볼 때 피셔의 사진은 매킨더의 강의와 일맥상통한다. 매킨더의 강의에서 이국적 '타자'의 이미지는 결국 뛰어난(우월한) 유럽 문명과 '전형적으로 토착적인' 것들을 구별해 내는 역할을 하였던 것이다.[808]

　피셔는 분명히 인종 분류에 대한 일반적 관습 안에서 사진을 찍었지만, 그러는 동안 그 문화 차이가 너무나도 복잡해서 식민 범주를 만들려는 여러 시도가 실패하기도 했다. 그 이전에 인도를 여행했던 많은 다른 유럽인 여행자들과 같이 피셔 또한 시장(bazaar)에 크게 매료당했다.[809] 예를 들어, 그는 어떻게 해서든 식민 범주화를 하려 했으나, 만달라이 시장이 너무나 복잡해 자신의 카메라로는 그 시장을 '분류하는' 일을 할 수 없음을 알게 되었다.[810] 이와 유사하게 피셔는 러크나우 박물관에 있는 한 조각품을 보고 너무나 아름다워서 "기술하기가 불가능하다"고 하기도 했다.[811]

매킨더는 피셔에게 '봄베이와 카운포르(Cawnpore) 같은 곳의 새로운 공장 상황'을 '옛 가내 산업'과 대조하여 보여 주도록 지시를 내렸다.[812] 좋은 예로, 피셔가 찍은 '영국군에게 제복을 지어 주는 원주민 재단사'(사진 80) 사진은 카운포르의 발전 중인 산업을 기록하려는 시도의 일환이었다. 이러한 이미지에 힘입어 매킨더는 인도의 경제를 '발전'이라는 용어로 기술하였는데, 카운포르 안에서 나타나는 여러 변화를 산업혁명 시기에 영국에서 나타난 변화와 비교하고자 했다. 매킨더는 피셔의 글에서 인용하여 카운포르를 '인도의 맨체스터'라고 기술하면서 "서구의 자본과 사상 그리고 조직이 거대한 규모로 작동하고 있는 곳"[813]이라고 주장했다. 그와 동시에 분필로 그린 선에 따라 옷감을 재단하는 인도 남자들의 이미지는 영국의 군대가 제국에 반드시 필요한 공동체를 강화하는 모습을 조용하게 보여 주는 효과를 자아낸다. 매킨더는 보고하기를, 비록 군복 천이 사용된다고는 하지만 그 또한 '원주민의 노동과 영국의 기계'가 만들어 낸 산물이라고 했다.[814] 하지만 피셔 자신은 그러한 작업 환경에 충격을 받았는데, 그는 자신에게 보여 주고 사진을 찍도록 허락한 곳이 선택된 일부 지역이었음을 알고 있었다.[815] 피셔는 자신이 훨씬 더 좋아하는 인도의 전통 교역을 찾고 난 후에야 아그라(Agra)로 간신히 빠져나갈 수 있었는데, 그곳에서 그는 '옛 인도 세계의 그림 같은 측면'을 담아 낼 수 있었고, 먼저 그곳을 지나간 유럽의 여행자들과 마찬가지로 진정한 유럽의 과거와 유사한 비전을 발견

80. H. 피셔, '영국군에게 제복을 지어주는 원주민 재단사', 1908

하였다.[816]

20세기가 시작되면서 철교는 대표적인 식민주의의 상징으로 자리 잡았는데, 매킨더는 피셔가 찍은 기차, 역, 역동적인 철로 모습 등을 담은 사진들을 인도 철도 지도와 함께 제국의 발전과 통합의 상징으로 사용하였다.[817] 그 좋은 예로 피셔는 라호르와 퀘타(Quetta) 구간의 서북 철도 여행을 하면서 그 유명한 인더스 강의 랜스다운(Lansdowne) 철교를 공식적으로 여행할 수 있는 기회를 얻었다(사진 81).[818] 랜스다운 철교는 로버트슨과 헤켓(Hecquet)이 1887년부터 1889년까지 만든 것으로 사진가들의 주목을 한 몸에 받았는데, 그 이미지가 대영제국을 기술하는 당대의 출판물에 수도 없이 등장하였다.[819] 매킨더는 피셔의 사진을 사용하면서 "이 철교야말로 아마도 인도에서 가장 뛰어난 다리일 것"이라고 평가했다. 매킨더는 피셔의 이미지에 나타난 철교 위를 지나가는 기차를 가리키면서 이 장면은 '순장 대신 사회로부터 격리를 택한 과부들을 위해 세운 어느 한 과부원'[820]에서 찍었다는 사실을 밝혔다. 매킨더는 인더스 강을 가로지르는 바로 이 쇠로 만든 극적인 확장을 물질의 강력함을 보여 주는 신호로 사용했을 뿐만 아니라 영국 지배 하의 인도에서 이루어지는 도덕의 진전에 대한 비유로 사용하기도 했다. 매킨더가 서북 변경 지역에 대한 마지막 강의에서 보여 준 랜스다운 철교 모습에 대한 재현에서 기차는 영국 권력의 넝쿨손으로서, 전초 기지 퀘타나 변경 지역의 정거장 차만(Chaman) 등 멀리 떨어져 있는 곳들을 확보하기 위해 열악한 땅을 거침없이 달리는 의미를 담고 있었다.

　　매킨더의 강의는 특정 지역의 전략적 지리를 설명하기도 했다. 그는 피셔가 인도의 서북 변경 같은 국경 지역을 자료로 남겨야 한다는 데 혈안이 되었다.[821] 그래서 매긴더는 '시북 지역의 동양적 전제주의와 인종 지배'에 대해 경고하였고, 그러한 공포를 누그러뜨리려는 차원에서 전략적 철도와 군사 기지의 이미지를 사용하였던 것이다.[822] 총검술을 하는 구르카 소총수들(사진 82)을 찍은 장면도 마찬가지로 영국령 인도 제국의 안전 보장 이미지를 나타내기 위해 사용되었다. 그렇지만 인도에 관한 슬라이드 강의를 통해 거창한 군사력을 과시하는 것은 『여왕의 제국』 같은 당대의 상업 출판물에서와 같이 많이 나타나지는 않았다. 오히려 제국 통치의 부드러운 영향에 강조점이 두어졌다. 이에 대해 매킨더는 "영국은 인도를 단순히 정복한 것이 아니라 평화와 통일을 조직해 주었다"라고 주장하였다.[823] 또한 그는 "영국의 인도 통치의 정수를 보여 주는 것은 군사력이 아닌 법원이다"[824]라고 역설했다.

　　피셔의 사진은 애초부터 학생들에게 보여 주기 위해 계획적으로 제작되었다는 사실을 통해 볼 때 그 이미지들이 여러 다른 교육 행위

81. H. 피셔, '인더스 강 랜스다운 철교의 루리 쪽 끝 경관', 1908

들을 기록하기도 한다는 사실은 그리 놀랄 만한 일이 아닐 것이다. 매킨더의 강의는 '영국의 지배권 아래에서 서구 문명이 어떻게 인도 전역에 스며들어가는지'[825]를 증거하기 위하여 그러한 이미지들을 사용하였던 것이다. 피셔가 라호르의 마요미술학교(Mayo School of Art in Lahore)[826]의 목공예에서부터 페샤와르의 공립고등학교의 체육 강의에 이르기까지 질서 있고 잘 훈련된 여러 행위들에 대해 개별적으로 초점을 맞춘 학교생활을 찍은 것은 바로 이런 맥락에서였다.[827] 매킨더는 이같은 훈련된 학교 교육을 찍은 이미지를 사용하여 "영국 지배의 변두리에서조차 서구 교육의 진보를 볼 수 있는 것은 얼마나 흥미로운 일인가?"[828]라고 역설했다. 강의는 가부장적 교육에 훨씬 일반적인 강조를 두는 것이었는데, 이는 전체적으로 볼 때 영국이 인도를 문명의 성숙

82. '총검술을 하는 구르카 소총수들', H. J. 매킨더, 『인도: 여덟 개의 강의』(1910)에 수록

수준으로 이끈다는 사고를 재생하는 것이었다. 이러한 생각은 베이커 (W. G. Baker)의 『대영제국』(*The British Empire*, 1890) 같은 지리 교과서에 더욱 분명하게 개진되었는데, 그 책에서 영국령 인도는 '아시아인을 위한 학교로서 유럽인이 가르치는 곳'이라고 기술되었다.[829] 피셔는 자신의 책에서 인도인을 '양자'로 기술하였는데, 이는 그들에 대한 교육과 복지를 영국이 책임지기 때문이라는 의미가 들어가 있었다.[830]

총체적으로 매킨더는 피셔의 사진들을 사용하여 영국령 인도 제국을 여행으로 돌아보는 강의를 정성스럽게 준비하였는데, 거기에는 자신의 관객을 교육시키고자 하는 것과 즐겁게 해주려는 두 가지 의도가 담겨 있었다. 그는 그 관객에게 '반란' 유적을 보여 주는 이미지들과 함께 이동하고, 이국적인 '유형들'의 사진들과 함께 흥분하며, 나아가 공업의 발전 양상을 보여 주는 이미지를 제공하여 깊은 인상을 심어 주었

다. 식민성시각교육위원회가 주관한 인도에 관한 강의는 제국의 단합에
서 인도가 차지하는 중심적 역할에 대한 비전을 널리 선전하기 위하여
많은 재현된 이미지들을 채용하였다. 그러면서 그 강의들은 인도의 자
유는 대영제국을 떠나서 생각할 수 없는 것이라는 사실을 강조하였다.
어느 비평가가 지적하였듯이 매킨더의 강의에 담긴 뜻은 '노골적으로
제국주의적'이었던 것이다.[831]

제국 투사하기

매킨더는 인도에 관한 슬라이드 강의를 출판한 후 식민성시각교육위
원회로부터 방향을 다른 곳으로 트는 데 점차 더 많은 시간을 할애하
여 다른 과제에 훨씬 깊이 몰두하였다. 1910년이 끝날 무렵 매킨더는
런던대학교에서 상학(商學)을 전공하는 동료 교수 사전트(A. J. Sargent)
를 위해 캐나다, 오스트레일리아 그리고 제국의 전초 기지들에 관한 일
련의 슬라이드 강의를 제작하는 과제를 조직했다.[832] 이 강의들은 매킨
더의 총감독 아래 진행되었는데, 그 구조는 이전에 자신이 했던 강의를
답습한 것이었다. 강의는 피셔의 사진으로 식민성시각교육위원회의 전
반적 목표 안에서 착실히 진행되었다. 그 결과 인도에 관한 슬라이드와
강의를 통해 드러내는 많은 주제를 재현하는 데 있어서 단순히 오리엔
탈리스트적인 양식과는 거리가 있었다. 이러한 사실은 이후 식민성시
각교육위원회에서 펴낸 출판물에 잘 드러난다.

　　전체적으로 식민성시각교육위원회의 기획은 제국 지리의 전략
적 시각을 강조한 것이다. 예를 들어 『동양으로 가는 바닷길』(The Sea
Route to the East)에서 소말릴란드는 '바다를 통제하는 것과의 관련성
을 제외하고는 아무런 의미가 없는' 곳으로 기술되었다. 그래서 그곳의

경관을 찍은 사진 또한 지휘권을 쥐고 있던 백인의 관점을 전달하는 것으로 사용되었다. 사전트는 글을 통해 소말릴란드의 셰이크(Sheikh)를 방문하면서 그 경관에 대한 관점을 다음과 같이 기술했다. "정치인 숙소에서 보면 길고 가파른 고개가 명료하게 나타나는데, 지금 우리가 여행하고 있는 저 바위투성이의 나라에 대해 뭔가 생각해 볼 수 있다." 경관을 읽어내는 것은 더욱 중요한 의미를 지니고 있었는데, 그것은 "그 나라의 지리는 모두 토착민 침입자에게 유리하게 만들어진 것일 뿐 그를 잡아내려 하는 문명화된 군대에 대해서는 전혀 그렇지 않았기" 때문이다. 어느 한 소말리 전사를 찍은 사진은 다음과 같은 메시지를 강요한다. "소말리 사람은 태생적으로 전사여서 그 몸에서 무기가 떨어진 적이 없다."[833]

다른 '인종들'에 대한 사진은 식민성시각교육위원회의 강의를 통해 그 모습을 드러냈는데, 캐나다와 오스트레일리아 같은 '정착 식민지'에 대한 강의에 특별히 국한되었다. 사진가 휴 피셔는 캐나다와 오스트레일리아의 '원주민 보호구역'을 찾아가 그곳의 원주민을 찍었기 때문에 그 이후 이루어진 강의는 그들을 그러한 공간 안에 거주하는 것을 확정하고 제한시키는 경향을 띠었다. 그래서 오스트레일리아 원주민은 '성격을 크게 바꾸지 않는 한' 점차 멸종되어 버릴 원초적 인종으로 그려졌다. 강의들은 원주민 개화에 강조를 두려 했지만, 결국 그 '원주민'이 자기들의 위치에서 살기를 애써 고대하였다. '퀸슬랜드의 원주민 집단'이라는 사진 한 장은 다음과 같은 설명이 달려 있다. "여기 퀸슬랜드에서 다시 비록 편해 보이지는 않지만, 유럽의 옷으로 바꿔 입은 원주민을 본다."[834] 캐나다와 오스트레일리아 사람들에게 그 강의는 원주민의 수멸은 어쩔 수 없음을 보여 주는 것이었다. 그들은 그 나라가 갖는 진정한 가치와 비교하는 데는 아무런 의미도 두지 않았다. 좋은 예로 사전트는 오스트레일리아를 기술하면서 다음과 같이 말했다.

미합중국만큼 큰 지역을 수천 명의 야만인 집단만 사는 곳으로 남겨 둘 수는 없다. 이제 우리는 자신의 부족 체계를 가진 야만인 대신 가장 발달한 형태의 공업과 농업 그리고 연방 국가의 정교한 정치적 법을 가진, 인종 기원적으로 볼 때 순수 영국인으로만 구성된 백인을 갖게 된다.[835]

마찬가지로 캐나다에 관한 강의는 자신들의 '원시적' 관습과 신앙을 보여 준 토착민들을 찍은 사진을 포함하였는데, 이러한 예는 '희한한 토템 인물'을 통해 볼 수 있다. 이에 대해 텍스트는 다음과 같이 기술한다. "캐나다가 미래의 발전을 이루는 데 인디언을 하나의 요소라고 할 수는 없다. 즉, 그들은 전체 800만에 달하는 인구 가운데 기껏해봤자 혼혈까지 포함하여 15만도 안 된다."[836] 인구가 크게 줄어든 원주민은 이제 '백인 거주 식민지'의 번영을 위해 아무런 위협이 되지 못하는 것으로 인식되었다.

그래서, 식민성시각교육위원회의 캐나다와 오스트레일리아에 관한 강의는 전반적으로 영국 시민의 정착에 대한 전망에 초점이 맞추어진 것이 사실이다. 뉴사우스웨일스(New South Wales)의 양털깎이부터 빅토리아에서의 저수지 축조에 이르기까지 농업과 공업의 발달을 보여 주는 장면은 식민지 오스트레일리아의 밝은 미래를 증명하는 것이다. 퀸슬랜드에서 찍은 '어떤 정착민 가정'이나 '어떤 새 농가' 같은 사진은 번영하는 농촌의 생활로 초대하는 광경을 담고 있다. 그런 사진들은 캐나다와 오스트레일리아 정부가 공식 강의를 통해 이민을 장려하는 차원에서 활용했다는 점이 공통적으로 비슷하였다. 그들은 '우리 제국'(Our Empire) 안에서 여러 삶의 모습을 보여 주는 포스터를 널리 활용하였다(사진 73을 보라).

그들은 강의가 이민이 주는 혜택을 보여 주려 애쓰는 동안 정착 식민지에서 자신들이 '이방인'의 위치에 있음을 지나치게 강조하지 않으려 노력했다. 헝가리인, 메노파교도, 아이슬란드인 그리고 중부 유럽인으로 이루어진 정착지를 보여 주는 사진 연작을 제시한 뒤 텍스트는 다음과 같이 조언한다.

하지만 우리는 캐나다가 이방인의 땅이 되고 있는 중이라고 생각해서는 안 된다. 이주자들 대부분은 영어를 배우고 있으므로 그 후손들은 모두 캐나다인이 될 것이다. 압도적인 부류는 영국인이다. …… 이 나라 비즈니스의 대부분이 영국계 캐나다 사람의 손 안에 있다.[837]

캐나다 사람들이 낚시를 하거나, 나무를 베거나, 대륙 간 횡단철도의 어떤 구간을 새로 건설하는 장면을 담은 사진 등은 모두 식민지의 공업 발전과 번영에 대한 증거였다. 식민성시각교육위원회의 교재로 재생된 피셔의 사진 가운데 거대한 나무 형태로 영국령 캐나다의 번영에 대한 전망을 찍은 것이 있다(사진 83). 피셔는 밴쿠버 공원에 있는 이 미국소나무 위에 자신의 모자를 올려놓음으로써 그 나무의 어마어마한 크기를 강조하였다. 1860년대 초반에 칼리튼 왓킨스(Carleton Watkins)가 찍은 요세미티(Yosemite)의 세쿼이아 사진이 미국의 국가 의식 안에

83. 휴 피셔, '거대한 나무(크기를 측정하기 위해 놓은 모자를 보기 바람)', 1909

서 '거대한 나무'의 위치를 확인시켜 주었듯이[838] 빅토리아 시대의 어린
이들이 그 거대한 나무의 뿌리 위에 걸터앉아 쉬는 모습이나 나무 몸
통을 관통한 구멍 속으로 자동차가 다니는 모습을 담은 사진 등은 모
두 북아메리카 영국 식민지의 공통적인 상징이 되었다. '어느 제재소'(A
Sawmill)에서 '통나무집 버얼링'(Log Burling)에 이르는 사진 장면들에
나타나듯 식민성시각교육위원회의 캐나다에 대한 강의에서 나무는 빠

지지 않고 등장하는 소재였는데, 그것은 나무가 자연 자원에서 교역, 산업, 생산품 등으로 전환되는 것이었기 때문이다. 밴쿠버 공원에서 피셔가 찍은 더글러스전나무는 방문객이 그 옆에 서서 사진을 찍기 위해 세대를 거치면서 보존해 두었는데, 그 안에는 무궁한 발전의 의미가 담겼다. 사전트는 자신의 책에서 밴쿠버 공원의 더글러스전나무를 '숲의 마지막 생존자'라고 기술하였다.[839] 그 이유는 그들이 밴쿠버를 건설하고 캐나다 태평양 철도를 구축하기 위해 숲을 베어 버리는 사업을 축하하긴 했지만, 그와 동시에 나무가 다 사라져 버린 것을 애통해하면서 캐나다의 자연 풍경의 아름다움을 상징하는 그 거대한 식물의 생존을 사진으로 남기고자 했기 때문이다.

이와 유사한 모순은 다른 식민지 풍경에도 등장한다. 좋은 예로 나이아가라 폭포의 경우를 들 수 있는데, 이 엄청난 자연의 경이를 보여 주기 위한 멋진 묘사 방식이 관심을 끌었다. 그런데 강의 텍스트는 "실용적인 측면에서 우리의 마음을 사로잡는 것은 그 광경의 아름다움보다는 그냥 버려지기 위해 쏟아지는 그 엄청난 힘이다"[840]라고 언급하였다. 결국 강의를 통해 전달받은 메시지는 이미지와 텍스트를 어떻게 결합하는가에 달려 있었다.

전반적으로 볼 때 이러한 제국주의적 텍스트와 사진을 결합시키는 것은 전혀 어려운 일이 아니었다. 그것은 피셔 스스로 내린 지시에서 잘 나타나 있듯 분명한 상징을 통해 사진을 찍었기 때문이다. 식민지의 건축물과 기념물이 제국주의 통치의 상징으로 뚜렷이 나타난 것은 바로 그런 맥락 때문이었다. 대부분의 강의는 적어도 한 번은 빅토리아 여왕의 동상 사진을 보여 주었는데, 여왕의 동상은 봄베이에서 홍콩에 이르기까지 화려하게 꾸며진 많은 제국 도시들에서 쉽게 찾아볼 수 있었다. 강의는 그러한 식민지 예술과 건축을 찍은 사진들을 설명하는 표준적 방식에 대해 설명하기도 했는데, 심지어는 처음으로 나타난 대상이 큰 주목을 받지 못했을 때도 그랬다. 예를 들어 페낭(Penang)의 영국인 거주지는 셀랑고르(Selangor)의 술탄 궁전이 시선에 함께 들어오면 '하찮은 오두막'처럼 보일 수 있지만, "그것은 시크교도 경비원의 모습에서 우리가 이곳에 도입한 법과 질서를 통해 행정의 효율성을 나타내는 것이기도 하다"[841]라고 설명한 것을 통해 엿볼 수 있다. 법과 질서를 보여 주는 장면들은 '바요넷 훈련장의 구르카족'(Gurkhas at Bayonet Practice)에서부터 '피지 원주민 경찰지구대'(Fiji Native Constabulary)에 이르기까지 대영제국 전역에서 찍은 군인이나 선원들의 슬라이드로 하는 식민성시각교육위원회의 강의를 통해 아주 확실하게 드러났다. 이러한 이미지를 통해 식민 질서는 단순한 숫자의 힘이 아닌 의무와 훈육을 통해 유지된다는 생각을 전수해주었다. 이런 맥락에서 포트서스캐처원(Fort Saskatchewan)에서 훈련 중이던 왕립 북서기마경찰대를 찍은 사진 한 장에는 다음과 같이 기술되었다. "바로 이 멋진 남자들의 몸은 비록 그 숫자가 몇백에 지나지 않지만, 법과 질서가 많은 인도인과 혼혈 인구를 가진 거대한 영토를 저 궁벽한 시골에 이르기까지 관통하는 것을 재현하는 것이다."[842]

훈육과 의무는 식민성시각교육위원회가 주는 메시지의 핵심이다. 그것은 무엇보다 학교 교육과 시민권의 은전을 제국 전역에 걸쳐 베풀어 준 것이라는 그 자체로서의 논쟁이었다. 학교 교육은 문명과 문화 진보의 표식으로 받아들여졌는데, 프렌들리 아일랜즈(Friendly Islands)의 기독교인 거주민이 '태평양 지역에서 학교 교육을 가장 잘 받은 사람들'[843]로 평가받는 것을 통해서도 알 수 있다. 제국 신민의 정신은 많

84. 휴 피셔, '(빅토리아의 엘담에 있는 야라 강의 보이스카우트 크리스마스 캠프와) 동일한 캠프의 부엌들', 1909

은 강의에 주입되었다. 멜버른 외곽을 흐르는 야라 강(Yarra River)을 찍은 슬라이드 사진(사진 84)은 보이스카우트의 크리스마스 캠프에서의 놀이 장면을 보여 주는데, 사진 캡션을 읽는 사람들은 그 보이스카우트가 "오스트레일리아뿐만 아니라 우리가 사는 제국의 일부에서도 알려져 있다는 사실을 기억나게 해준다."[844] 그러나 시각 교육을 받는 학생들에게 이러한 사실을 알도록 강제한다는 의미는 아니다. 바덴-포웰(Baden-Powell)의 베스트셀러 『보이스카우트 하기』(1908)는 그로부터 불과 몇 년 전에 출간되었다. 식민성시각교육위원회의 기획은 소년과 소녀 모두를 겨냥한 것이었지만, 『보이스카우트 하기』가 그 프로젝트의 정점에서 등장했다는 사실은 그러한 기획들 사이에 뭔가 밀접한 연계가 있었다는 사실을 우리에게 분명하게 상기시켜 준다. 식민성시각교육위원회 회장이던 미드의 얼(Earl of Meath)은 1910년 보이스카우트 운동의 집행위원회에 들어온 후 80대에 이르기까지 왕성한 활동을 했다. 그는 두 개의 조직 모두에 관여했는데, 그 이유는 그 두 조직, 즉 식민성 시각교육위원회와 보이스카우트는 모두 젊은 층, 특히 소년들에게 제국 신민 의식을 키워 주고자 하는 목표를 공유했기 때문이다.

식민성시각교육위원회에 대한 평가

어느 면에서 보면 식민성시각교육위원회의 기획은 단순히 야망에 찬 사진 기획에 지나지 않는 것으로 간주될 수 있다. 식민성시각교육위원회는 제국 전역에 수천, 수만 장이 넘는 슬라이드를 뿌렸는데, 영국 안에서 해야 하는 보완 사업은 자금 부족으로 인해 질질 끌려 다니는 괴로움을 당하기 일쑤였다. 영국 내에서의 슬라이드 강의는 실망스러웠다.[845] 무엇보다 중요한 것은 식민성시각교육위원회가 공적 책임과 인기 영합이라는 야망 사이에 걸쳐 있었다는 사실이다. 식민성 안의 한 부처로서 식민성시각교육위원회는 선전해야 하는 정보를 들고 조심스럽게 발걸음을 내디뎌야 했는데도 상업 기구 비슷한 위치에서 심한 경쟁 세계에 뛰어들 수밖에 없었다. 매킨더는 식민성시각교육위원회의 기획과 그 기관이 행한 지리 시각화의 방식을 계속해서 홍보하긴 했지만, 점차 식민성시각교육위원회의 실질적인 의무에서 빠져나오기 시작했다. 이어 1911년에는 조직을 제국의 공적 조직이 아닌 다른 것으로 바꾸는 것이 가능할지 숙의하기도 했다. 식민성시각교육위원회는 상업적 독립성이나 왕립 후원 중 어느 것도 잃지 않으려 했다. 기획은 1911년 이후로는 주로 찰스 루카스와 에버라드 임 툰(Everard im Thurn)의 노력에 의해 유지되었다.[846] 그런데 그들의 노력에도 사진은 주로 식민 정부의 특파원을 통해 수집되었는데,[847] 그런 경우로는 남아프리카, 서인도제도 그리고 아프리카의 여러 식민지를 들 수 있다.[848] 결국 제1차 세계대전이 발발하면서 식민성시각교육위원회는 더 이상 지속되지 못했고, 기획의 완성은 왕립식민연구소(Royal Colonial Institute)로 이관되었다.

식민성시각교육위원회의 작업에 대한 중요성은 선전 기획 차원에서의 성공이나 실패의 차원을 넘어선다. 비록 그 기획이 한때 꿈꾸었던 것처럼 영국 대중에게까지 미치지는 못했지만, 제국주의 정신을 소생시키려는 열망과 시각 교육이라는 새로운 수단은 당대의 제국 교육의 담론 안에서 훨씬 폭넓은 관심을 반영하였다. 구체적으로 보면, 식민성시각교육위원회는 시각의 힘에 기초한 제국 지리학에 대한 핼포드 매킨더의 개념을 기관의 형태 안에서 인식하였다.[849] 매킨더에 의해 기술된 '시각화의 힘'은 바덴-포웰이 청년들의 관찰력을 양성하고자 기울인 관심을 통해 이루어진 시각 지능에 관한 사고와 같은 범주에 속한 것이었다.[850] 이와 관련하여 매킨더는 가장 기본적인 "지리적 사고는 나라의 시각 안에 존재하는데, 그것은 여우 사냥꾼과 군인의 성격을 만드는 것이다"[851]라고 주장했다. 바덴-포웰의 정찰에 관한 생각과 마찬가지로 매킨더의 '지리적 생각'에 관한 관심은 적어도 일부는 군사 훈련으로부터 나온 것이었지만, 민간과 관련된 의무와 교육 그리고 시민권의 더 넓은 틀 안에서 적용되었다. 매킨더는 남자란 지리학적 훈련을 통해 상상력을 동원하여 '드넓은 지표면을 어렵지 않게 돌아다니는 힘'을 확보할 수 있었다고 믿었다. 즉, 그는 "조간신문에서 세계의 드라마를 보는 남자야말로 진정한 지리학자"[852]라는 것이다. 결국 매킨더가 가진 제국 신민에 대한 개념은 바덴-포웰과 같이 남성성 위에 기초하는 것이었다. 나아가 '지리적으로 생각하는 것' 또한 어떤 특정한 시각을 갖는 것을 의미하였는데, 이는 영국의 지구적 권위 위에 전제된 하나의 관점이었다. 매킨더는 1911년에 다음과 같이 말한 바 있다. "우리의 교육을 영국의 관점 위에서 하게 하자. 그래야 최종적으로 세계가 영국이 하는 일들을 위한 하나의 극장임을 보게 된다."[853] 하나의 거대한 시각적 전개로서 제국의 구축은 식민성시각교육위원회 자체의 프로젝트였고, 결국 그것은 심상의 지리학에서 이루어진 행위였을 뿐이다.

식민성시각교육위원회는 대영제국의 지리적 비전을 투사하기 위한 수단으로서만 작용한 것은 아니었다. 사실 당시의 지리 교재는 하나같이 제국을 선양하는 차원에서 같은 보조를 취했다. 매킨더는 1906년부터 1912년까지 일련의 교과서를 만들어 냈는데, 거기에는 대단히 많은 지도와 사진이 들어갔다. 그가 『우리의 섬』(Our Own Islands, 1906)에서 지적하였듯이, "그렇게 작은 나라가 어떻게 그렇게 위대한 국민의 고향이 될 수 있는지"를 아이들에게 제시하고자 한 시도였다. "단순히 장식을 목적으로 삽입한 사진은 단 한 장도 없고, 학생들이 각 장면에 대해 질문을 하도록 유도해야 했다."[854] 차츰 아이들의 지리적 심상의 범주가 세워지면서 『우리의 섬』에 이어 『해협 너머의 땅, 머나먼 땅』(Lands Beyond the Channel, Distant Lands)이 출간되었고, 마지막으로 『근대 세계의 국가들』(The Nations of the Modern World)이 나왔다.[855] 이러한 기초 지리 여행은 "학생들이 변화무쌍한 장면과 쉴 틈 없이 일어나는 변화의 전체 세계를 하나로 파악하면서 그것을 어떻게 시각화할 것인지에 대해 대답해야 할 부분에서 끝이 난다."[856] 그러한 지구적 파노라마는 분명히 식민성시각교육위원회가 추구하는 것이었다.

매킨더가 펴낸 교과서들과 그 자신이 식민성시각교육위원회를 위해 작성한 많은 교재들이 채택한 사진으로 보여 주는 기술과 이데올로

기적 관점은 결코 특이한 것은 아니었다. 실제로 그는 앞서 나온 로버트 브라운(Robert Brown)의 『근대 세계의 국가들』(*The Nations of the Modern World*, 1876~1881) 같은 출판물에서 널리 채택한 사진으로 보여 주는 방식을 채용하였다. 이 책은 심상의 '거대한 여행'이라는 구조를 띤 것으로, 지구 차원의 지리적 시각을 상술한 것이며 그 안에는 영국과 영국의 제국적 이해가 확고하게 그 중심을 차지하고 있었다.[857] 마찬가지로 블래키 앤 선(Blackie & Son)의 『지리 안내서』(*Geographical Manuals*, 1888~1896)도 도해, 삽화, 지도와 같이 그림으로 보여 주는 자료를 통해 제국 지리의 비전을 투사하였다.[858]

당시의 많은 교과서는 더욱 독창적인 전개 방식으로 사진을 구성했다. 예를 들어, 비시커(W. Bisiker)의 『대영제국』(*The British Empire*, 1909)은 전통적 전도(atlas)를 가지고 다시 작업하였는데, 사진을 지도, 도해, 통계, 텍스트 등과 함께 붙여 대영제국의 관점에서 그림과 지도로 세계 전체를 훑어볼 수 있도록 제작했다. '교육과 제국'에 관한 토론의 주제로서 대영제국의 형상과 자원에 대한 깊이 있는 지식이 없는 사람들, 특히 학생들의 이해를 돕기 위한 차원에서 그리고 식민지의 여러 가지 대상들을 연계시키기 위해 사진과 그림 그리고 그에 따르는 설명이 들어가게 된 것이다. 특징 있는 장면을 보여 주는 사진이나 그림, '주거지 형태', 동식물군, 번호가 달린 용례표 등이 각 나라의 여러 파노라마 장면과 결합한다. 예를 들어, 남아프리카의 사자, 빅토리아 폭포 같은 이미지들을 한데 묶어 놓은 화보(사진 85)는 한 발 더 나아가 정치 지형도로 그 외곽이 둘러쳐졌다. 동물, 식물, 광물, 기후, 기관, 인구 밀집도 등을 비롯한 정부의 통계 정보, 역사 그리고 영토의 재정 상황 등이 기재되었다. 비시커는 그 사진들이 함께 묶여 시민지의 '완벽한 전형'으

로 읽히기를 바랐다.[859]

이러한 사진의 콜라주 기법은 당시의 많은 교과서에서 채택되었다. 그 좋은 예로 『필립의 대영제국 사진 전도』(*Philip's Picture Atlas of the British Empire*, 1911)를 들 수 있는데, 이 책은 비슷한 '제국 사진들'을 담고 있다. 사진들은 대영제국의 교역, 국방, 교통, 인구 그리고 영토 통제 등에 대한 그래픽 정보들과 유기적으로 나란히 배치되었다. '본국과 식민지'에 대한 비교 통계 정보와 세계 제국의 인구가 제공되었는데, 이는 각 나라의 윤곽을 표시하는 등급과 '인종 유형'의 사진을 사용하여 그림으로 대영제국의 우월성을 효율적으로 전달하려는 의도에 따른 것이었다. 제국을 나타내는 여러 사진들로 만드는 이러한 화보식의 디자인은 교육 안에서 여러 다양한 경향을 받아들였을 뿐만 아니라 당시에 유행하던 광고의 가상 이미지로부터도 많은 것을 차용한 것이다. 그 좋은 예로 식민지 영토의 윤곽이 '보브릴'(Bovril: 20세기 초부터 전 세계적으로 널리 알려진 쇠고기 육즙을 담은 가공식품 브랜드)이라는 철자로 재구성된 것을 들 수 있다.[860]

순간적인 시선

통일된 제국의 비전을 세우려 한 식민성시각교육위원회의 시도는 궁극적으로 사진가 휴 피셔의 눈과 기획의 주된 입안자 핼포드 매킨더의 손의 조화에 달려 있었다. 매킨더는 제국의 관점으로 사진을 찍도록 피셔를 훈련시켰다. 그의 그런 시도는 상당 부분 성공하였다. 그는 피셔의 작업에 분명히 만족하였고, 그래서 1910년에는 편지를 통해 피셔의 인도에 대한 슬라이드는 "매우 뛰어난 작품 모음이고, 그로 인해 너는 크게 인정받을 것이다"[861]라고 평가하였다. 그렇지만 피셔는 잘 알려지지

85. W. 비시커, '남부 아프리카', 『대영제국』(1909)

않은 매체에서 일하면서 완전히 새로운 경험에 괴로움을 겪는 동안 매킨더가 설정해 준 가이드라인 안에서만 항상 작업한 것은 아니었다. 비록 영국의 함몰된 제국주의적 시각을 바라보는 기존의 방식을 따르기는 했지만, 피셔의 사진은 빅토리아 시기의 상업 사진 작가들이 취한 심미학적 일관성을 거의 따르지 않았다. 예를 들어, 상업 사진 작가 새무얼 본이 40여 년 전에 가졌던 인도에 대한 그림 같은 관점은 인도인이 주로 대상의 크기 측정을 위해 혹은 아름다움의 효과를 내기 위한 차원에서만 들어가는 엄격히 구성된 장면이었다. 하지만 피셔는 사람이 보이지 않는 제국의 땅 대신 주민이 사는 환경으로서의 풍경을 찍었다. 그가 찍은 랜스다운 철교(사진 81) 사진은 절반만 나오는 철교 앞면에 자리 잡은 어부에게 철교 그 자체만큼이나 미학적 우선 순위를 두었다. 피셔는 카메라로 황량한 공간을 길들이기보다는 이미 통제 아래

들어갔고, 카메라에 의해 이미 식민화된 공간을 기록하고자 하였던 것이다. 한층 개선된 사진 장비의 혜택과 확충된 식민지 기반시설이 있었음에도 (혹은 그러하였기 때문에) 피셔의 사진 미학은 선배들에 비해 일관되거나 확고부동하지 않았다.

피셔가 찍은 많은 제국 사진은 운송 수단에 의해 모양새가 만들어졌다. 구체적으로 말하자면 인도에서 운송 수단은 그가 관찰하거나 재현한 인도아대륙의 방식에 깊은 영향을 끼쳤다. 그의 반(半)공식적 도시 여행은 주로 자동차를 이용한 것이었는데, 때로는 경찰이 이용하는 배나 심지어 코끼리가 제공되기도 했다. 피셔는 움직이는 기차에서 사진을 찍음으로써 자신이 느낀 인상을 포착하려는 시도도 하였는데, 그 좋은 예가 버마에서 찍은 '바간과 랑군 사이 기차에서 찍은 스냅샷' (Railway Snapshots between Pagan and Rangoon, 사진 86)이다. 피셔는 이때의 기차 여행을 회상하면서 자신의 일기에 다음과 같은 글을 남겼다.

> 창문을 열고서 하는 기차 여행은 느닷없는 스냅샷 사진들을 모으는 것 같다. 황갈색 매 한 떼가 생선을 말리는 원주민 주변에 몰린다. 1미터가 넘는 날개를 가진 독수리 녀석 …… 흰개미둑 위에 서 있는 영국 나무 한 그루……[862]

피셔는 자신이 받은 예술적 훈련과 낭만적인 감성 덕분에 그러한 순간적인 인상을 즐기게 되었는데, 공간에 대한 근대적 경험은 무료로 일등석 기차를 이용할 수 있어서였다는 사실을 반드시 기억해야 한다.

기차에서 바라볼 광경이 항상 하나의 통일된 시선을 가져다준 것

86. 휴 피셔, '바간과 랑군 사이 기차에서 찍은 스냅샷', 1908

은 아니었다. 사실, 기차는 식민성시각교육위원회가 운명적으로 부과하려 한 제국 세계에 대한 단일한 사진적 의미에 대한 적절한 은유를 제공하였다. 사실 피셔가 포착한 기차 차창 밖에 펼쳐진 세계에 대한 순간적인 이미지는 카메라가 남기려 한 눈의 권위를 침해한 것일 수 있다.[863] 매킨더는 피셔에게 사진에 '가능한 한 많은 운동이 시사하는 바'가 들어가도록 하라고 요구했으나, 피셔는 기차에서 이러한 스냅샷으로 사진을 찍었다. 결국 그가 찍은 이런 사진은 식민성시각교육위원회의 기획에 아무런 소용이 없는 것이 되었다.[864] 사진에 나타난 차창의 가장자리는 사진가가 준비해놓은 존재를 누설하는 것이고, 그 이미지 자체는 사진가가 원한 것이 동일함과 고정됨이었을 때 그와는 다른 유동성과 차이를 가져다주었다. 매킨더에게 풍경과 사람을 제 자리에 고정시키는 지리학이 가진 '시각화의 힘'은 "기차 차창을 통해 들여다보이는 풍경에서 리본의 존재와 인쇄된 페이지 안에서 더욱 확장되기 위해 사라져 가는"[865] 경향을 띠었다.

그러한 이미지의 유동성과 선택적으로 통제될 수 없는 시각 정보가 주는 전망 때문에 매킨더는 당시 갈수록 각광을 받던 영사기에 대해 적대적인 감정을 드러냈는데, 영사기를 "보는 사람을 완전히 제거해 버리고 상상을 타락시킨 것"이라고 비판했다.[866] 기술적이고 경험적 차원에서 슬라이드로 이미지를 보여 주는 것이 초기 영화의 중요한 선구 역할을 했음에도 매킨더 같은 교육하는 사람에게 사진 슬라이드로 하는 강의는 젊은 층 청중에게 지리에 대한 고정된 사고방식을 심어주는 하나의 수단일 뿐이었다. 이렇듯 식민성시각교육위원회의 강의는 부분적으로 대영제국을 다른 것으로 찍으려는 것이었으나, 본질적으로는 대영제국의 통치 아래 하나로 통합된 같은 것을 찍으려는 시도였다. 아이러니하게도 사진을 그렇게 고정적으로 독해하는 것은 피셔 자신이 직접 겪은 대영제국에서의 경험과 자신의 사진 미학의 많은 부분을 실질적으로 구성한 유기체설 및 유동성과 전체적으로 병립할 수 없는 것이었다.

7장 _ 결론을 향하여

사진은 지금까지 인류의 행복과 지식 증대에 기여했고, 앞으로도 그
럴 것이다. 사진이라는 수단을 통한 지식과 행복은 열대에서부터 남
극과 북극에 걸쳐 사는 지구의 모든 사람들에게 돌아간다. 지구 안
의 모든 도시들, 산들이 모두 우리에게 친숙하게 다가선다.[867]

1858년, 영국의 사진가 윌리엄 레이크 프라이스(William Lake
Price)가 지적했듯이 지구상에서 멀리 떨어진 장소와 사람들을 빅토리
아 시대의 시각으로 만들어 내는 사진의 능력은 대영제국을 사진으로
표현하는 데 하나의 독특한 위치를 가져다주었다. 정확하고 믿을 수 있
다지만, 실제로 사진은 사실을 구성하고 의미를 부여하는 만큼 사실을
기록하지는 못했다. 사진가들은 그림에 대한 생각에서부터 과학적 분
류체계에 이르기까지 그리고 풍경에서 '인종 유형'이라는 여러 서로 다
른 시각적 주제에 이르기까지 수사와 형상에 대한 여러 가지 고안물을
통해 제국의 심상의 지리를 표현해 냈다. 사실 사진은 하나의 재현 방

식으로서 빅토리아 시대 사람들로 하여금 외국 풍경에 대해 익숙하게 만들어 준 것보다 훨씬 많은 것을 해주었다. 사진은 그들에게 상징적으로 전 세계를 두루 여행하고, 탐험하고, 심지어는 그 장소들을 소유할 수 있게 만들어 주었다.

19세기의 사진을 당시에 보았던 것과 정확하게 같은 방식으로 보는 것이 가능하지 않다는 것은 명백한 사실이다. 그것은 그 사진들이 당시에 여러 많은 반향을 이끌어 냈기 때문이라는 가정 아래에서 그렇다. 어쨌거나 사진은 더 많은 담론을 통해 그 의미들이 어떻게 짜여지는지를 보여 주기 위해 제작되고 전시되는 역사적이고 문화적인 맥락 안에 위치시키는 것이 필요하다. 이러한 사실이 중요한 것은 빅토리아 시대의 제국에 대한 열망이 그야말로 다양한 시각 매체와 글자 매체를 통해 제작된 유럽과 비유럽 세계에 관한 심상의 지리를 아주 잘 모아 놓은 아카이브로부터 빌려온 것이기 때문이다. 예를 들어, '암흑 아프리카'나 북인도 풍경의 장관을 사진으로 재현한 것은 18세기 회화의 전통과 상상력에서 나온 그들의 심미안으로부터 많이 물려받은 것이다. 사진이 보통 관습적인 상상력, 개념 그리고 기술 위에 기초하고 있긴 하지만 사진만이 갖는 모사, 즉 빛을 통해 렌즈 앞에 놓인 사물을 2차원적인 이미지 안에 잡아내는 능력으로 인해 사진은 세계를 재현하는 극적이리만큼 새로운 수단이 될 수 있었다. 예술가나 과학자 모두 19세기에 그 시대를 풍미한 자연주의와 실증주의에 대한 신념으로 가득 차 있었기 때문에 주저하지 않고 사진을 세계 그 자체를 재현해 내는 자연의 한 과정으로 인식하였다. 그래서 사진을 만들어 내는 사람이나 그것을 보는 사람 할 것 없이 19세기에 사진은 알려지지 않은 장소와 사람들에 관한 사실을 그대로 포착한 것이었을 뿐 아니라 빅토리아 시대 사람들로 하여금 자신들을 역사를 만드는 사람들로 재현하도록 하였다. 따라서 사진은 1892년에 사진가 존 톰슨(John Thomson)이 말했듯이, "무엇인가에 대한 기록을 전달하는 수단이자 19세기 우리의 진보 안에서 우리가 이룩한 것을 기록하여 전달하는 수단이다."[868]

프라이스나 톰슨이 자신들의 문화가 역사를 만들고 기록하는 능력을 갖추었다고 믿은 것은 참으로 놀랄 일이다. 여러 관점에서 볼 때 19세기부터 20세기까지 영국의 지리적 담론 안에서 사진이 차지하는 위치는 사진의 '외부성'을 전제로 한다. 다시 말하면, 사진이란 영국의 탐험가, 예술인, 과학자, 식민지 관리, 군인 등 너 나 할 것 없이 그 자신을 위해 그리고 그 자신과 '고국'에 있는 관객에게 유럽 바깥의 세계를 재현해 주는 사람들이었다는 사실에 근거한다는 것이다.[869] 그렇지만 고국과 바깥 세계, 제국의 중심과 제국의 변방 사이에 있는 공간의 벽을 허물어뜨린 것도 사진이었다.

1913년에 유명한 사냥꾼이자 동물학자, 제국 설계자인 셀루스(Frederick Courteney Selous)가 러그비학교자연사협회(Rugby School Natural History Association)에서 '아프리카에서의 사냥대회'에 대해 연설한 바 있다. 그는 자신이 겪은 많은 경험을 담은 슬라이드를 보여 주며 멋지게 연설한 러그비학교 동문 중 가장 뛰어난 연설가 중 한 사람이었다. 그는 빅토리아 폭포의 장관을 보여 주면서 연설을 마쳤다.[870] 그가 보여 준 여러 슬라이드 가운데 하나는 빅토리아 폭포 다리 아래로 멋지게 자리 잡은 성바오로 성당의 모습이다(사진 87). 이 이미지는 내가 이 책을 통해 논의해온 많은 요소들을 종합하는 것으로 보이는 세부 사항들을 고려하는 중요한 가치가 있다.

리빙스턴이 '발견'한 후 1855년에 영국 여왕 빅토리아의 이름을 따

87. 잠베지 강의 빅토리아 폭포 다리 아래의 성바오로 성당, 프레드릭 코트니 셀루스(Frederick Courteney Selous) 랜턴—슬라이드 컬렉션

88. 윌리엄 엘러튼 프라이, 'D 지점에서 찍은 무스—오아—투니아(빅토리아 폭포) 잠베지', 1892

온 빅토리아 폭포는 오랫동안 많은 화가와 사진가들의 목적지가 되었다. 리빙스턴도 수채화와 연필 스케치를 남겼다. 그는 제국 지리학의 대표적 명소의 모습을 그림으로 담고, 넓이와 부피를 측량하기도 했다.[871] 1862년에서 1865년까지 탐험가 제임스 채프먼은 여러 차례에 걸쳐 폭포를 사진으로 찍으려는 시도를 했고, 토머스 배인즈는 스케치와 그림으로 연달아 폭포를 담았으며, 그것들을 묶어 나중에 책으로 출판해 찬사를 받았다.[872] 사진으로 빅토리아 폭포를 조사하는 야심찬 시도 가운데 하나는 몇 년 뒤 윌리엄 엘러튼 프라이에 의해 이루어졌다. 사진과 군사 작전에 대해 다룬 부분에서 지적하였듯이 프라이는 1890년 마쇼날란드 개척단의 원정 때 셀루스의 조수로, 공식 사진가이자 정보 요원이면서 기상학자로 고용되었다. 그가 여러 장의 빅토리아 폭포를 찍은 것은 참여 후 2년이 지나고 나서였다(사진 88). 사진 제목이 보여 주듯, 그 경관은 폭포 주변의 지정된 위치에서 잡은 것이다. 이는 프라이가 식민 당국을 위한 업무 차원에서 상세한 지도 제작에 활용하기 위해 찍은 것이다. 지도와 사진은 폭포의 전체 시각 조사를 만들어 내려는 시도가 되는 것이었는데, 그러한 시도들은 특히 왕립지리학회 같은 단체로부터 좋은 평가를 받았다.

실제로 폭포와 산은 많은 사람들에 의해 가장 순수한 자연 경관으로 인식되었고, 그것을 발견하고 정복하는 것은 지리와 관련하여 남자라면 추구해야 할 가장 위대한 행위로 받아들여졌다. 1884년 파리니(G. A. Farini)는 베추아날랜드[Bechuanaland: 오늘날의 보츠와나(Botswana)]를 원정 탐사한 후 기록을 남겼다. 이곳은 파리니가 '총과 카메라 그리고 노트'를 들고 다녀온 직후 영국의 식민지가 되었는데, 기록에서 파리니는 칼라하리 지역이 (열심히 일을 하고 관개를 한 덕에) 풍요롭고 건강한 영국의 식민지가 되었다는 사실과 "수백 개 폭포로 이루어진 세계에서 가장 크고 접근하기 어려운 오렌지 강의 폭포를 위대한 정신으로 단련하고 그것을 사진으로 담은 쾌거"라는 사실을 입증했다고 주장했다.[873] 파리니는 원정 사진을 전시한 왕립지리학회에서의 강연에서 사진 탐험의 용감무쌍한 성격을 강조했는데, "좋은 경관을 잡기 위해서는 급류를 헤엄쳐 건너가야 하기도 하고, 바위산을 올라가야 하기도 하며, 로프를 타고 절벽을 내려오기도 해야 한다"[874]라고 말했다.

폭포 이미지가 지리학 관련 단체들과 신사들로 구성된 여러 클럽을 완전히 압도하게 되는 것은 놀랄 만한 일이 아니다. 실제로 1915년 당시 왕립지리학회 회장이자 제국을 디자인하는 데 지대한 역할을 한 것으로 유명한 케델스톤(Kedelstone)의 커즌 경은 자신의 임기 동안 왕립지리학회에서 새로이 연 사진 전시실의 상설 전시를 위해 세계의 주요 폭포 사진을 널리 확보하도록 지시했다.

아프리카에서 가장 큰 제국 폭포인 빅토리아 폭포는 셀루스에게 특별한 상징적 의미를 제공했다. 로즈는 1880년대와 1890년대 아프리카 이 지역에서 셀루스의 식민지 꿈을 이루게 하는 데 상당한 역할을 하였다. 이는 영국 동인도회사가 1890년에 처음으로 마쇼날란드에 탐험 원정을 수행하도록 이끌어 준 것을 의미한다. 셀루스는 마쇼날란드에 대해 큰 꿈을 가지고 있었는데, 1893년에 쓴 다음과 같은 글을 통해 잘 알 수 있다. "난 폭포가 떨어지는 그곳을 보려고 여태껏 살았는지도 모른다. …… 이제 이곳은 대영제국 가운데서 풍요가 활짝 핀 곳이 될 것이다. 이는 내가 가장 바라는 꿈이다."[875] 1905년에 완공된 철교는 새로운 방식으로 폭포를 보고 찍을 수 있게 해주었을 뿐 아니라 자연을 정복하는 영국의 기술력을 나타내는 것으로 제국의 진보와 함께 가는 상징이 되기도 했다. 실제로 그 다리는 로즈의 꿈인 케이프타운-카이로 기차선의 중심이었다. 비록 그 꿈은 구체화되지 못했지만 다리는 세워졌고, 그 덕분에 폭포에 최대한 가까이 붙어 지나가면서 열차 승객은 차창을 때리는 물줄기를 만끽하였다. 그들은 제국의 방문객을 위해 두 번 다시 오지 않을 추억을 만들어 주고 싶다는 로즈의 꿈을 찬양하였다. 이에 대해 얀 모리스(Jan Morris)는 다음과 같이 논했다. "다리는 천둥소리를 내는 폭포, 튀는 물방울 세례, 떠나갈 듯 울리는 대포 터지는 소리, 펄펄 끓는 어마어마한 양의 물을 쏟아내는 폭포를 배경으로 기대어 저항하듯 서 있다. 허공을 우아하게 가르며 곡선을 그리는 것이 너무 가냘퍼 부서질 듯하다."[876] 셀루스는 100미터가 넘는 크기의 협곡을 연결하는 단일 철골의 아치가 자아내는 굉장한 광경과 다리 아래에 성 바울 성당을 중첩시켜 슬라이드 사진으로 제작하였다. 이 이미지는 윌리엄 말로(William Marlow, 1714~1813)가 베니스 풍경에 성바울 성당을 그려 넣은 「베니스 대운하가 있는 런던 성바울 성당」(St. Paul's, London, with the Grand Canal, Venice, c. 1795) 같은 18세기 광상곡 전통을 일부 따른 하나의 지형학적 판타지다. 그렇지만 19세기에 동안 성바울 성당은 런던을 제국의 수도로 재현하는 데 있어서 갈수록 커나가는 중요성을 갖게 되었다. 예를 들어, 아서 베번(Arthur Bevan)은 자신의 책 『제국 런던』(Imperial London)에서 "성바울 성당은 이제 대(大)런던의 거의 한가운데 …… 세계 수도의 중심"이 되었다.[877] 니엘스 룬드(Niels M. Lund)의 그림 「제국의 심장」(The Heart of the Empire)은 '런던의 힘과 성바울 성당의 찬란한 영광' 모두를 보여 주었다.[878] 휴 아널드-포스터(Hugh Arnold Foster)의 『여왕의 제국』(The Queen's Empire)에 사용된 사진 또한 '제국의 수도로서의 런던'을 보는 관점을 견지하는데, 이 사

89. '런던 성바울 성당', 『여왕의 제국』, H. O. 아널드 포스터가 편찬하고 서문 씀(1902)

진은 성바울 성당에 초점을 맞추고 있다. 여기에서 성바울 성당은 '런던의 고귀하고 찬란한' 중심(사진 89)이자 『우리의 위대한 도시』(*Our Great City*, 1990)라고 기술했다.[879] 사실 『여왕의 제국』에 수록된 사진은 셀루스가 제작한 슬라이드의 겹쳐진 이미지와 매우 닮았다.

셀루스의 사진은 지도 위에 제국 런던의 심장부와 식민지 아프리카를 함께 붙여 위치시킨다. 그 이미지는 분명하게 하나의 몽타주이면서 어찌 되었든 간에 '사진적'이다. 그리고 그것은 모든 사진과 연계된 속성인 즉각성과 진실성을 가지고 있다.[880] 사진은 세계를 선택적이고 상징적으로 투사하는 매체로서 시각화를 통해 시간과 공간을 정복하는 능력 안에서 많은 양의 질 높은 식민 사진을 표현해 냈다.

사진을 통해 구축된 제국에 대한 심상의 지리학은 본국과 멀리 떨어진 공간을 무너뜨렸고 혼란스럽게 만들어 버렸다. 새무얼 본이 인도 지형을 '영국' 풍경이 보여주듯 재현하였던 것처럼 사진은 본국의 이미지 안에서 멀리 떨어진 곳을 길들이고 재구성하는 강력한 수단이었다. 다른 점에서 보면, 런던 사회를 탐사하고 사진을 찍는 사람들은 그 도시의 공간과 주민을 제국 탐사의 언어와 상징으로 범주화하고 재현하였다. 그래서 본국과 그 바깥에서의 인종적·사회적으로 설정한 '유형'에 관한 이미지와 개념은 아주 복합적인 방식으로 서로 얽히게 되었다. 좀더 개괄적으로 말하자면, 제국의 이미지에 대한 투사는 영국 그 자체 내에서 전혀 의심할 바 없이 시민권이나 국가 정체성과 관련된 일련의 개념 구축과 강하게 연계되었다.

사진은 비유럽 세계를 분류하고 시각화하는 데 강력한 수단이었다. 그렇지만 사진을 일관되게 그리고 효율적으로 제국주의적 압제를 실어 나르는 것으로 과장하는 것은 옳지 않다. 사실, 사진을 특히 19세기의 범죄학, 약학, 우생학, 인류학 같은 분야의 '징계 처분 권리의 행사 안에서의 감시 장치'[881]와 대동소이한 어떤 것으로 고정시키는 것은 오히려 아주 쉽다. 의심의 여지없이 어떤 사진 기획, 예컨대 인도청이 행한 민족지적 조사인 『인도 사람들』(1868~1875) 같은 것은 19세기 제국 국가의 강력해진 권력의 근거를 제공해 준다. 그렇지만 모든 사진을 단순히 제국의 감시 수단으로 보는 것은 사진 행위와 제국 담론 안에 나타나는 불일치와 차이를 간과한 것이다.

무엇보다 제국 정부가 필요로 하는 것들 외에도 몇 가지 요소가 개인 사진가들의 행위를 규정한다는 사실을 고려해야 한다. 이는 자신들의 경험을 기록하는 아마추어 사진가든 아니면 상업적 차원에서 작업하는 프로 사진가든 모두 마찬가지였다. 모순적으로 들릴지 모르겠지만, 사진에 대한 나의 초점은 기술적이면서 역사적인 행위로서 그것이 갖는 균열된 지위를 제시하는 쪽에 있다. 사진이라는 것이 '예술-과학'으로서 이중적으로 위치 지어졌을 뿐만 아니라 지리학 담론 안에서의 위치는 기술적 요구사항에 의해 규정되기도 했다. 나는 카메라의 휴대에서부터 감광판에 따라 달라지는 노출 시간 등 기술적 차원의 문제들이 탐험이나 자연사 같은 영역 안에서 사진을 실질적으로 적용하는 것뿐만 아니라 그것이 갖는 상징적 의미에도 강한 충격을 주었다고 제시한 바 있다.

각자의 기술적인 능력과 미적 감수성 그리고 문화적 편견을 통해 개별 사진가들은 자기 고유의 이미지를 형성하였을 뿐만 아니라 그것들의 일부를 구성하는 더욱 큰 규모의 작업을 이루었을지라도 사진의 의미를 구축하는 데 사진들이 떠맡은 역할을 규정하기는 쉽지 않다. 그 이유는 기술적 생산물 너머에 사진이 그 자체로서의 생명을 갖게 되고, 과정 속에서 심각한 변화를 겪을 수 있기 때문이다.

이러한 현상은 사진이 제국을 효과적으로 선양하는 데 있어 상징적으로만 간주되지 않는 곳에서 아주 활발하게 일어났다. 『여왕의 제국』에서 휴 아널드 포스터가 사진을 "제국 전역의 삶과 경치, 인간과 관습 그리고 인간이 행한 작업과 자연의 경이라는 실재에 대한 진정 정확한 재현"[882]이라고 주장하였음에도 사진가들은 자주 사진에 손을 댔고, 극적으로 바꿔 버린 경우도 수없이 많았다. 그 좋은 예로 '동아프리카에서의 조약 체결'('Treaty Making in East Africa', 사진 90)을 들 수 있다. 이 사진은 '제국의 정부' 판에 재생된 것으로, 1889년 탐험가이자 탄광 탐사자인 어니스트 게지(Ernest Gedge)가 찍은 사진을 『여왕의 제국』이 주는 메시지에 적합한 이미지로 수정한 것이다. 게지의 원래 사진(사진

TREATY-MAKING IN EAST AFRICA.

We here see the officials of the Imperial British East Africa Company engaged in the work of treaty-making with the chiefs of the district of Kikuyu. The process of treaty-making with natives has often been grossly abused in the past, but a happier state of things now prevails, and the recognised officials of the State may be trusted to deal justly in their diplomatic dealings with the natives who are so often at the mercy of superior intelligence and a higher civilisation than their own. The British East Africa Company has recently given way to direct Imperial rule ; and though Companies of the kind are sometimes necessary, and though the East Africa Company was a good specimen of its class, there is no reason to regret that the direct responsibility of the British Government has superseded that of private persons.

90. '동아프리카에서의 조약 체결', 『여왕의 제국』, H. O. 아널드 포스터가 편찬하고 서문 씀(1902)

91. 어니스트 게지, '키쿠유(Kikuyu)에서의 조약 체결, 1889년 8월 11일'

91)은 제국동아프리카회사(British East Africa Company)를 위해 프레드릭 잭슨(Frederick Jackson)과 함께 동아프리카를 탐사하면서 찍은 것으로, 아프리카에서 영국의 탐험과 조약 체결 시 예의 정돈되지 않은 비공식적 과정의 모습을 재현한 것이다. 그런데 『여왕의 제국』에 사용된 이미지는 완전히 개조된 것이다. 예를 들어 보기 흉하게 서 있는 나무 기둥 같은 단정치 못한 세부적인 모습은 지워 없애 버렸다. 하지만 이보다 더 중요한 것은 사진의 초점이 추장 카미리(Kamiri)에서 모자를 쓴 백인[원래 그 자리에는 무역상이자 여행자인 제임스 마틴(James Martin)이 있었다]으로 옮겨졌다는 사실이다. 새 주인공은 주변에 식민 관리들의 여러 잡다한 용품들로 둘러싸여 있는 것으로 추가되고, 계약의 세부 요구사항을 아프리카 추장에게 읽어주는 모습으로 나타났다.

'동아프리카에서의 조약 체결'과 같이 이미지를 손댄 사실은 식민 사진이라는 것이 그 자체로 하나의 단일하고 단순한 메시지를 전달하기에는 너무나 모호했다는 것을 보여 준다. 사실, 사진 안에 들어 있는 매우 풍부한 정보는 예의 그 사진가가 의도적으로 포함한 과잉이었다. 그것을 어떻게 사용하고 어떤 의미를 부여할지는 다중적으로 열려 있다. 결국 사진은 자르고 보태는 것뿐만 아니라 제목과 설명 캡션을 달아서 제국의 사진으로 만드는 것이다. 그리하여 아널드 포스터가 단 '동아프리카에서의 조약 체결'이라는 캡션은 여왕의 제국에 대한 제국주의적 수사학 측면에서 사진을 고정시키게 된다. 좀더 개괄적으로는 제국을 찍는 것의 대부분은 전적으로 사진을 지도, 그림, 다양한 종류의 글을 포함한 여러 다른 종류의 텍스트와 함께 짜 맞추는 일에 달려 있다고 할 수 있다. 식민성시각교육위원회가 '시각화'의 한 형태로서 제국의 지리 교육 진흥 차원에서 사진을 적극 활용하였다는 사실은 시각 기술에 달려 있는 것이 아니라 그림과 글 사이에 존재하는 문화적 경계에 달려 있다는 것을 보여 주는 좋은 예라 할 수 있다. 앞에서 제기하였듯, 식민성시각교육위원회를 위해 찍은 피셔의 사진들은 매킨더가 그에게 글과 연속 서사로 부과한 훈련받은 결과물이었다. 그렇지만 피셔 — 그는 훈련을 거쳤으며, 원래 소질 있는 화가였다 — 가 찍은 많은 사진들은 식민성시각교육위원회에서 기획한 강의들이 지향한 틀에 성공적으로 담기에는 너무나 많은 정보를 담고 있었다.

바로 이러한 텍스트 간의 관계 개념은 사진적 의미라는 것이 이미지 안에 숨겨져 있는 것으로 알아차려지는 것이 아니라 표면에서 깜빡거리는 하나의 투사에 훨씬 가깝다는 사실을 강조하는 것이 중요하다.[883] 사진가, 출판인 그리고 편집자는 책과 강의를 통해 사진을 소비하는 것에 익숙하도록 시도하지만, 관객이 그 이미지 위에 투시한 의미들에 대해 완전한 규정을 내릴 수 없고 한정지을 수도 없다. 사진은 보는 방식에 따라 과학 강의, 개인 앨범, 입체 관망기, 화보집, 슬라이드 쇼, 전시 등 매우 다양하게 전개되었다. 사진은 시각 기술의 복합적 다양성에 따라 경험되었기 때문에 단순히 '감시'를 위한 하나의 모델로만 해석할 수는 없다.[884] 예를 들면, 어떤 개인이 새무얼 본의 캐비닛 사진을 구입하는 것은 확대경의 도움을 받아 조용히 인도 제국을 숙독할 수 있다는 것이다. 또 누군가가 식민성시각교육위원회의 슬라이드 강의에 참석하였다는 것은 캄캄한 방에 다른 많은 관객과 함께 앉아서 강의자가 통제하면서 해석하는 연속된 사진들을 보았다는 사실을 의미한다. 새무얼 본의 시각이 각 개인에게 사색하는 심미적 기쁨을 가져다주었다면, 식민성시각교육위원회의 강연은 현대의 영화와 비슷한 집단적 시각의 경험을 자아냈던 것이다. 게다가 관객에게 미치는 시연 효과가 매우 미미한 것으로 나타났다 할지라도 우리는 관객이 수동적이었다거나 그러한 기술이 진보적으로 사용되지 못했다고 평가해서는 안 된다.[885]

제국은 비판받지 않은 적이 없었고, 확실한 증거로서의 사진은 식민 지배 반대운동에 대한 강력한 무기로 사용되기도 했다.[886] 예를 들어보면, 20세기 초 영국의 인본주의자들과 선교사들이 벌인 콩고자유국(Congo Free State) 반대운동에서 사진은 매우 큰 효과를 발휘했다. 존 해리스와 앨리스 해리스(John and Alice Harris) 부부는 1898년부터 1905년까지 콩고에서 선교사로 활동하는 동안 자신들의 선교 사역과 여행을 사진으로 기록하였다. 뿐만 아니라 콩고자유국의 왕 레오폴트 2세의 행정 관리들과 군인들이 고무 생산량을 맞추지 못한 아프리카 사람들에게 잔혹하게 폭력을 가한 뒷일을 기록하기도 했다. 그 사진 가운데 한 장(사진 92)은 왈라 은종고 디스트릭트(Wala Nsongo District)에서 온 세 명의 아프리카 사람이 1904년 5월에 고무 농장 감시자들에 의해 잘려나간 자기 친척의 손을 들고 있는 모습을 보여 준다. 사진은 세 명의 아프리카 사람과 함께 콩고 발랄로 선교원(Congo Balalo Mission)에 소속된 해리스 씨와 스탠나드(Stannard) 씨가 그들의 양쪽 옆에 서 있는 모습을 담고 있다. 이런 모습은 사진의 진실에 대해 더 확실한 신빙성을 제공해 주기 위해 기획한 것이다.

1890년대부터 벨기에 국왕 레오폴트 2세가 콩고자유국을 잔인하게 탄압하면서 강제적으로 아프리카 주민의 노동을 착취하는 보고서가 영국에 전해지는 일이 갈수록 증가하였다. 그러자 헨리 폭스 본(Henry Fox Bourne)이 이끄는 원주민보호협회 같은 박애주의 단체들이 벨기에 당국에 항의하는 운동을 벌였고,[887] 침례선교사회(Baptist

Missionary Society) ── 콩고에 근거지를 둔 선교 단체 ── 같은 선교 단체들이 레오폴트 2세의 통치에 반대하는 운동에 합류했다.

이 운동은 1905년 영국의 선교사 해리스 부부가 귀국하면서 큰 탄력을 받았다. 해리스 부부는 에드먼드 모렐(Edmund Morrel)의 콩고개혁연합(Congo Reform Association)에 가담했는데, 당시 이 단체는 그 전해부터 이미 벨기에 정권에 더욱 큰 정치적 압력을 가할 목적으로 대중의 관심을 높이기 위해 전력을 다하고 있었다.[888] 이러한 과정에서 사진은 중심적 역할을 하였는데, 특히 해리스 부부가 전국적으로 벌인 슬라이드 강의, 전단, 글 등을 통해서였다. 존 해리스가 제작한 1906년의 콩고개혁연합 팸플릿에는 '고무는 죽음이다'라는 제목이 달렸는데, 12장의 사진으로 콩고의 고무 채취인들이 겪은 운명적 이야기를 전하였다.[889] '콩고 잔혹 행위' 사진은 에드먼드 모렐이 편집장인 주간지 『서아프리카 우편물』(West African Mail)[890]에 수록된 모렐의 글과 그의 다른 몇몇 책에도 실렸다. 같은 사진(사진 92)이 그가 낸 콩고의 짐승같이 잔혹한 정권을 다룬 책 가운데 가장 크고 삽화가 가장 많이 들어간 화보집 『아프리카에서 레오폴트 왕의 통치』(King Leopold's Rule in Africa, 1904)[891]에 수록되었다.

물론 해리스 부부가 아프리카의 모든 유럽 식민주의에 반대하는 것은 아니었다. 사실, 그들은 기독교 선교사들과 영국의 식민 지배의 도움으로 아프리카 사람들이 레오폴트 2세 정권의 잔인한 착취와 권력으로부터 보호를 받아야 한다고 믿었던 사람들이다.[892] 나아가 콩고자유국을 억압하며 벌인 운동 과정에서 만들어진 상상은 그들이 식인(食人)과 수간(獸姦)을 한다는 이야기와 함께 어우러져 아프리카를 암흑과 야만의 땅의 이미지로 더욱 고착시켰을 뿐만 아니라 레오폴트 2세가 박애주의라는 이름으로 자행한 식민주의의 잔혹성을 마음껏 드러내기도 하였다. 하지만 그러한 운동은 식민주의적 사진을 새로이 급진적으로 사용하게 만들었는데, 특히 노예제 반대운동과 언론을 통해서였다. 존 해리스는 (1909년의 원주민보호협회와 통합하여 만든) 노예반대협회(Anti-Slavery Society)의 사무총장으로 1910년 이후 1940년 자신이 죽을 때까지 벌인 운동에서 사진을 쉬지 않고 적극적으로 사용하였다. 실제로 존 해리스의 활동을 회상한 어느 보고서는 다음과 같이 기술하고 있다. "지난날 플리트 스트리트(Fleet Street)에서는 세계의 잔혹 사진 가운데 존 해리스가 찍지 않은 것은 없다는 말이 있을 정도였다."[893]

콩고의 잔혹 행위에 반대하는 운동을 한 데 대해 존 해리스는 많은 공훈을 인정받았고, 1933년에는 노예반대협회에 끼친 공로로 기사 작위를 수여받았으며, 그의 아내 앨리스 해리스 또한 그와 동일한 공로를 인정받았다. 콩고 사진의 공로가 존 해리스에게 돌아갔다 할지라도 사실 그 사진들은 대부분 앨리스가 찍었을 것이다. 특히 존 해리스가 사진에 등장한 사진이 그렇다(사진 92). 실제로 앨리스는 남편만큼이나 사진을 잘 찍었고, 슬라이드 강의를 잘했으며, 노예 반대운동을 열심히 한 운동가였다.

제국을 사진으로 찍는 행위 안에서 사진 사용이 갖는 더욱 깊은 측면은 영국의 남성과 여성이 카메라라는 기술을 활용하는 서로 다른 방식에서 찾아볼 수 있다. 그것은 이미 앞에서 사진 행위의 많은 부분에서 남성성의 코드가 차지하는 비중에 대해 지적하였음에도 ── 특히 그 사진 행위가 사냥, 원정, 탐험 등과 관련될 때 ── 여성 또한 (이 부분도 앞에서 지적하였듯이) 같은 종류의 식민 행위 과정에서 카메라를 휘두르고 다녔음이 분명하다. 구체적으로 앨리스 해리스나 메리 킹슬리

92. 앨리스 해리스, '살해당한 친척의 손을 들고 있는 왈라 은종고 디스트릭트의 원주민. 백인은 남편 해리스 씨와 스탠나드(Stannard) 씨'(1904)

(Mary Kingsley) 같은 여성이 작업한 사진의 역할, 특히 선교 사역이나 의약, 여행이나 인류학 분야에서의 역할은 지금까지 이 책에서 다루었던 것보다 훨씬 많은 검토를 해야 할 것이다.[894]

내가 이 책을 통해서 논의하고자 했던 많은 부분은 제국에 대한 심상의 지리학을 사진을 통해 발전시킨 것에 대한 여러 파편들을 넓은 서사 차원에서 보여 준 것이다. 이 책에서 논의했던 바를 통해 적어도 사진을 사용하는 것에 대한 좀더 나은 방법 ──식민지의 종속성과 식민주의 비전의 객관화── 에 관하여 선교 사역, 광고, 식민 정착, 의약 등 다른 분야와의 관련 속에서 제시할 수 있었기를 희망한다.[895] 구체적으로 보자면, 20세기 초에 찍은 해리스 부부의 사진 같은 반(反)식민주의 사진에 관한 좀더 상세한 논의가 이런 작업을 보완해 줄 것이다. 나아가 내가 말하고자 하는 초점은 영국의 사진가에 의해 제작된 사진 활용에 우선적으로 맞춰져 있지만, 사진과 카메라가 식민지 사람들에 의해 전유되고 나아가 자기 표현의 수단으로 사용되었다는 사실을 잊지 않는 것 또한 매우 중요하다. 실제로 식민주의와 처음 만나면서 처음으로 카메라를 사용할 때부터 사진은 식민지 원주민의 시(詩)와 반(反)담론(counter-discourse)의 일부가 되었던 것이 사실이다.[896] 이 모든 것은 제국에 관한 역사적 사진들이 오늘날 영국의 국가적 과거와 식민의 추억 나부랭이를 보여 주는 도상학의 일부로서 재발견된 방식을 다루면서 이루어지는 작업들과는 상당한 거리가 있다.[897] 이를 좀더 개괄적으로 말하자면, 제국적 재현의 유산은 당대의 문화 영역, 즉 여행이나 관광 사진에서부터[898] 『내셔널 지오그래픽』(National Geographic) 같은 잡지에서의 대중적인 지리 담론에 이르기까지 폭넓은 흔적을 남기고 있다.[899]

제국을 사진으로 구성하는 것은 아주 다양한 수준으로 작동하였다. 탐험과 조사의 수단으로 작동하였고, '예술'로서 작동하였으며, '진보'를 증거하는 수단으로도 작동하였고, 개인적 기억의 상징으로도 작동하였다. 나는 특정한 이미지에 관심을 많이 두면서 제국의 사진을 통한 시각화에 관한 주요 주제들을 확인하려 시도하였지만, 제국의 전체성을 요약할 수 있도록 해주는 '전형적'인 사진을 고르는 것은 쉽지 않다. 실제로 그렇게 하는 것은 제국 사진 아카이브와 제국 그 자체의 다양성과 복합성을 호도하는 것이다. 그것은 내가 앞에서 보여 주었듯이 여러 사진들에 의해 통합된 하나의 제국 지리에 관한 실증주의자들의 판타지를 전혀 이루어 내지 못함에도 여러 다양한 사진들을 왕립지리학회 같은 기관을 통해 제국 아카이브로 수집함으로써 결국 세계의 끝없는 확장을 낳았던 것이다. 나아가 사진 재현의 확실성에 대한 큰 믿음이 기관, 기술, 공간 시각 같은 장치에 의해 함께 다루어졌기 때문에

이전에 예상했던 것보다는 사진의 유통이 더욱 견고해진 것이다.[900]

나는 사진의 이미지와 행위에 대해 초점을 맞추면서 사진을 통해 투사된 제국의 심상적 지리학이 단독으로서가 아니라 여행기, 지도, 그림 등과 같은 다른 미디어와 함께 상호작용하면서 어떻게 만들어지는지를 보여 주고자 하였다. 사진의 의미를 규정하는 것은 바로 이러한 서사적 요소다. 즉, 이는 사진과 다른 이미지 및 텍스트와의 관계를 말하는 것인데, 거기에는 시각적인 것과 구술적인 것 모두가 해당된다. 그리고 그 내용이 담는 양에 따라 의미도 결정된다. 이러한 방식을 통해 사진은 과거의 진실을 고정시키는 것처럼 보이는 것이다.

따라서 이 책에서 내가 논의하고 재생한 사진들은 개별적 의미가 시간 안에 얼어붙은 단순히 포착된 순간을 재현한 것이 아니다. 그 사진들은 정확한 분석 도구를 통해서만 풀릴 수 있는 것들이다. 또한 서로 다른 역사적·문화적 배경 안에서 서로 다른 의미를 반영하는 표면을 갖는 상호 얽힌 역사들을 가진 역동적 대상을 재현하는 것이다. 이는 식민 사진의 경우 어떤 진실을 담보하는데, 그것은 제국과 그것을 표상하는 기호가 끊임없이 변환되기 때문에 그렇다. 1900년대 초 러그비 학교 학생들에게는 빅토리아 폭포 철교가 아프리카에 제국의 경이를 마술과 같이 세워 놓은 것이 되는 반면, 얀 모리스가 지적했듯이 그 철교는 백인이 통제하는 로데지아(Rhodesia)와 예전 북로데지아(Northern Rhodesia)였던 흑인들의 잠비아(Zambia) 공화국이 분리된 1960년대에는 다른 의미를 갖는다. 실제로 1975년에 남아공 수상이 잠비아 대통령을 만났을 때 두 사람은 그 다리 가운데의 기차 객실에 앉아 협상을 진행했다.[901]

단 한 장의 사진이라도 개인의 삶 안에 켜켜이 쌓인 통찰력과 시대의 에토스를 불러 일으킬 수 있다. 얀 모리스가 잭 피셔의 사진 초상에 영감을 받아 빅토리아 제국의 영웅인 그를 화려하게 환기시킨 것은 이를 잘 보여 준다.[902] 여기에도 가족 사진이 주는 매혹이 있다. 그 매혹은 우리가 구축하는 일상의 서사가 어떻게 문화, 이데올로기 그리고 역사의 흐름에 의해 이루어지는지를 폭넓게 조사하기 위한 아주 강한 출발점이 될 수 있다는 것이다.[903]

후주

서문

1) P. Kennedy, *The Rise and Fall of the Great Powers: Economic Change and Military Conflict from 1500 to 2000* (London, 1989), p. 290.

2) J. M. MacKenzie, *Propaganda and Empire: The Manipulation of British Public Opinion, 1880-1960* (Manchester, 1984), pp. 1-14.

3) 예를 들어 다음을 보라. J. M. MacKenzie, ed., *Imperialism and Popular Culture* (Manchester, 1986); J. A. Mangan, *The Games Ethic and Imperialism: Aspects of the Diffusion of an Ideal* (Harmondsworth, 1986); P. Brantlinger, *Rule of Darkness: British Literature and Imperialism, 1830-1914* (London, 1988).

4) H. Gernsheim and A. Gernsheim, *Queen Victoria: A Biography in Words and Pictures* (London, 1958); E. Hobbsbawm, 'Introduction: Inventing Traditions' in *The Invention of Tradition*, ed. E. Hobbsbawm and T. Ranger (Cambridge, 1983), pp. 1-14.

5) J. Morris, *The Spectacle of Empire* (London, 1982).

6) A. Briggs, *Victorian Things* (London, 1988), pp. 103-41.

7) 인용함. ibid., p. 122.

8) 예를 위해 다음을 비교하라. J. Fabb, *India* (London, 1986); J. Fabb, *Africa* (London, 1987); N. Monti, *Africa Then, Photographs 1840-1914* (London, 1987).

9) 예를 위해 다음을 보라. D. Judd, *The Victorian Empire* (London, 1970); E. Baschet, *Africa 1900: A Continent Emerges* (Geneva, 1989). 최근의 예외를 위해서는 다음을 보라. P. J. Marshall, ed., *The Cambridge Illustrated History of the British Empire* (Cambridge, 1996).

10) R. Samuel, *Theatres of Memory I: Past and Present in Contemporary Culture* (London, 1994), pp. 329-30.

11) Ibid., p. 328.

12) R. Barthes, *Camera Lucida: Reflections on Photography* (London, 1984), p. 5.

13) Ibid., p. 85; R. Barthes, *Image/Music/Text* (London, 1977), p. 44.

14) Barthes, *Camera Lucida*, p. 4.

15) S. Highley, 'Hints on the Management of Some Difficult Subjects in the Application of Photography to Science', *Report of the BAAS*, XXIV (1854), p. 69

(강조는 원문에 있는 것임).

16) W. M. Ivins, 'Photography and the Modern Point of View', *Metropolitan Museum*, I (1928), pp. 16-24; P. Galassi, *Before Photography: Painting and the Invention of Photography* (New York, 1981).

17) 예를 위해 다음을 보라. B. Newhall, *The History of Photography from 1839 to the Present Day* (London, 1964); H. Gernsheim and A. Gernsheim, *A Concise History of Photography* (London, 1965)

18) 예를 위해 다음을 보라. G. Buckland, *Reality Recorded: Early Documentary Photography* (Greenwich, Conn., 1973).

19) J. Lemagny and A. Rouillé, eds, *A History of Photography: Social and Cultural Perspectives* (Cambridge, 1987). 다음도 보라. G. Freund, *Photography and Society* (London, 1980; 초판 1936).

20) R. L. Gregory, *Eye and Brain* (London, 1977), pp. 219-25; J. B. Deregowski, 'Illusion and Culture' in *Illusion in Nature and Art*, ed. R. L. Gregory and E. H. Gombrich (London, 1973), pp. 160-91.

21) A. Sekula, 'On the Invention of Photographic Meaning' in *Thinking Photography*, ed. V. Burgin (London, 1982), p. 86. 다음도 보라. A. Sekula, ed., *Photography Against the Grain: Essays and Photoworks 1973-1985* (Halifax, Nova Scotia, 1984).

22) J. Tagg, *The Burden of Representation; Essay on Photographies and Histories* (London, 1988), p. 118.

23) 다음을 보라. U. Eco, 'Critique of the Image' in *Thinking Photography*, ed. Burgin, pp. 32-8.

24) M. H. Pirenne, *Optics, Painting and Photography* (Cambridge, 1970), pp. 46-50; Tagg, *Burden of Representation*, p. 3.

25) A. P. Costall, 'Seeing through Pictures', *Word and Image*, VI (1990), pp. 273-7.

26) W. J. T. Mitchell, 'The Language of Images', *Critical Inquiry*, VI (1980), pp. 359-62.

27) R. L. Flaxman, *Victorian Word-Painting and Narrative: Towards the Blending of Genres* (Ann Arbor, 1987).

28) Barthes, *Image / Music / Text*, p. 39.

29) 다음을 보라. J. Hunter, *Image and Word: The Interaction of Twentieth-Century Photographs and Texts* (London, 1987).

30) 다음을 보라. R. Porter, 'Seeing the Past', *Past and Present*, CXVIII (1988), pp. 187-205.

31) 다음을 보라. I. Gaskell, 'History of Images' in *New Perspectives on Historical Writings*, ed. P. Burke (Cambridge, 1991), pp. 168-92.

32) J. B. Harley, 'Maps, Knowledge, and Power' in *The Iconography of Landscape: Essays on the Symbolic Representation, Design and Use of Past Environments*, ed. D. Cosgrove and S. Daniels (Cambridge, 1988), pp. 277-312.

33) 중요한 예외를 위해서는 다음을 보라. J. M. Schwartz, 'The Geography Lesson: Photographs and the Construction of Imaginative Geographies', JHG, XXII (1996), pp. 16-45; P. Jackson, 'Constructions of Culture, Representations of Race: Edward Curtis's "Way of Seeing" in *Inventing Places*, ed. K. Anderson and F. Gale (London, 1992), pp. 89-106.

34) G. B. Greenough, 'Presidential Address', *JRGS*, II (1841), pp. xxvii-lxxvii.

35) R. Murchison, 'Presidential Address', *JRGS*, XXVIII (1858), p. clv; 'Presidential Address', *JRGS*, XXIX (1859), pp. clii.

36) P. Carter, *Living in a New Country: History, Travelling and Language* (London, 1992), p. 33.

37) Anon, 'Art. VII', *The Quarterly Review* (October 1864), pp. 498-9, cited in A. J. Birrell, 'The North American Boundary Commission: Three Photographic Expeditions, 1872-74', *History of Photography*, xx (1996), p. 120, note 5.

38) 예를 위해 다음을 보라. Anon, 'The Application of Photography to Military Purposes', *Nature*, II (1870), pp. 236-7.

39) 다음을 보라. D. N. Livingstone, *The Geographical Tradition: Episodes in the History of a Contested Enterprise* (Oxford, 1992).

40) F. Driver, 'Geography's Empire: Histories of Geographical Knowledge', *Environment and Planning D: Society and Space*, X (1992), pp. 23-40; M. Bell, R. Butlin and M. Heffernan, eds, *Geography and Imperialism 1820-1940* (Manchester, 1995); N. Smith and A. Godlewska, eds, *Geography and Empire* (Oxford, 1994).

41) Earl Grey, 'Presidential Address', *PRGS*, IV (1860), pp. 207-8.

42) R. A. Stafford, *Scientist of Empire: Sir Roderick Murchison, Scientific Exploration and Victorian Imperialism* (Cambridge, 1989).

43) Livingstone, Geographical Tradition, p. 160.

44) Stafford, *Scientist of Empire*.

45) 왕립인류학회의 사진 컬렉션 제작에 대한 병행 토론을 위해서는 다음을 보라. R. Poignant, 'Surveying the Field of View: The Making of the RAI Photographic Collection' in *Anthropology and Photography 1860-1920*, ed. E. Edwards (London and New Haven, 1992), pp. 42-73.

46) S. Sontag, *On Photography* (London, 1978), p. 3.

47) T. Richards, *The Imperial Archive: Knowledge and the Fantasy of Empire* (London, 1993), p. 6.

48) J. F. W. Herschel, *Physical Geography: From the Encyclopedia Britannica* (Edinburgh, 1861), p. 2.

49) J. Thomson, 'Photography and Exploration', *Proceedings of the Royal Geographical Society*, n. s. XIII (1891), p. 673.

50) J. Thomson, *Illustrations of China and Its People, a Series of Two Hundred Photographs with Letterpress Description of the Places and People Represented* (London, 1873-4); J. Thomson, *The Straits of Malacca, Indo-China and China or Ten Years' Travels, Adventures and Residence Abroad* (London, 1875); J. Thomson, *The Land and People of China* (London, 1876); J. Thomson, *Through China with a Camera* (London, 1898).

51) Thomson, 'The Fruits of China', *Illustrations of China and Its People*, II, pl. XXIII, no. 59. 다음도 보라. 'Straits Fruits, Singapore, c. 1864' in S. White, *John Thomson: Life and Photographs - The Orient, Street Life in London, Through Cyprus with the Camera* (London, 1985), pl. IV.

52) Thomson, *Illustrations of China*, introduction.

53) 이 구절은 H. R. Mill이 한 말임. Livingstone, *Geographical Tradition*의 7장을 참조하기 바람.

54) F. Driver, 'Henry Morton Stanley and His Critics: Geography, Exploration and Empire', *Past and Present*, XXXIII (1991), pp. 134-66.

55) 그렇지만 다음을 보라. A. Godlewska, 'Map, text and image: The mentality of enlightened conquerors: a new look at the Description de l'Egypte', *TIBG*, n. s. xx (1995), pp. 5-28; D. Gregory, 'Between the book and the lamp: imaginative geographies of Egypt, 1849-50', *TIBG*, n. s. xx (1995), pp. 29-57.

56) E. W. Said, *Orientalism* (London, 1978).

57) *Images of the Orient: Photography and Tourism 1860-1900*, 전시 도록, ed. P. Faber, A. Groeneveld and H. Reedijk: Museum voor Volkenkunde (Amsterdam and Rotterdam, 1986); N. N. Perez, *Focus East: Early Photography in the near East* (1839-1885) (New York, 1988).

58) 다음을 보라. A. Porter, *European Imperialism, 1860-1914* (London, 1994), p. 68; L. Chrisman, 'The Imperial Unconscious? Representations of Imperial Discourse', *Critical Quarterly*, XXXII (1990), pp. 38-58.

59) 다음을 보라. N. Thomas, *Colonialism's Culture: Anthropology, Travel and Government* (Oxford, 1994).

60) *Commonwealth in Focus*, 전시 도록, ed. J. Falconer and D. Simpson: Royal Commonwealth Society, London: Queensland Art gallery, Melbourne (London and Melbourne, 1982); A. Roberts, ed., *Photographs as Sources for African History* (London, 1988); Edwards, ed., *Anthropology and Photography 1860-*

1920; C. Pinney, 'Classification and Fantasy in the Photographic Construction of Caste and Tribe', *Visual Anthropology*, III (1990), pp. 259-88.
61) Livingstone, *Geographical Tradition*, p. 171.

1. 암흑 탐험하기

62) H. Gernsheim and A. Gernshheim, *A Concise History of Photography* (London, 1965), pp. 27, 45.
63) Anon, 'The Application of the Talbotype', *Art Union*, VIII (1846), p. 195.
64) 다음을 보라. D. Brewster, *The Stereoscope: Its History, Theory, Construction and Application to the Arts and to Education* (London, 1856).
65) 잔지바르에 대한 27장의 사진으로 구성된 앨범. 그 가운데 하나를 제외한 나머지는 그랜트가 찍은 것으로 왕립지리학회(X73/018784-018810)에 남아 있다.
66) P. Carter, *Living in a New Country: History, Travelling and Language* (London, 1992), pp. 28-48.
67) P. Brantlinger, 'Victorians and Africans: The Genealogy of the Myth of the Dark Continent', *Critical Inquiry*, XII (1985), p. 166.
68) T. Baines, storekeeper's notebook (photocopy), Brenthurst Library, MS 029, pp. 54, 114.
69) H. C. Rawlinson, 'Presidential Address', *JRGS*, XLV (1875), p. CCX.
70) D. Livingstone to N. Bedingfeld, to April 1858, in *The Zambesi Expedition of David Livingstone 1858-1863: The Journal Continued with Letters and Dispatches Therefrom*, ed. J. P. R. Wallis (London, 1956), II. p. 423. 원정의 공식 목표에 대한 유사한 요약이 다음에 나온다. D. Livingstone and C. Livingstone, *Narratives of an Expedition to the Zambesi and its Tributaries and of the Discovery of the Lakes Shirwa & Nyassa, 1858-1864* (London, 1865), p.9
71) D. Livingstone to C. Livingstone, to May 1858, in *Zambesi Expedition*, ed. Wallis, p. 431.
72) Charles Livingstone to Austin Layard, n. d., FO97/322, f. 156, cited in G. W. Clendennen, *Charles Livingstone: A Biographical Study with Emphasis on his Accomplishments on the Zambesi Expedition, 1858-1863* (Ph. D. thesis University of Edinburgh, 1978). p. 255.
73) Richard Owen to Charles Spring-Rice, 9 December 1863, FO97/322. f.158, cited ibid., p. 256.
74) Livingstone and Livingstone, *Narratives of an Expedition to the Zambesi*, p. vii.

75) 다음을 보라. R. Coupland, *Kirk on the Zambesi: A Chapter of African History* (Oxford, 1928), pp. 54, 129. 다음도 보라. A. D. Bensusan, *Silver Images: The History of Photography in Africa* (Cape Town, 1966), pp. 24–5.

76) 커크가 찍은 29장의 잠베지 사진은 종이와 유리 네가티브 그리고 인쇄된 형태로 개인 소장품으로 남아 있는데, NLS, Acc. 9942/40 and 41로 대여 중이다.

77) 9 July 1858, cited in *Baines on the Zambesi, 1858-1859*, ed. E. C. Tabler, E Axelson and E. N. Katz (Johannesburg, 1982), p. 120.

78) Journal/letter, Charles Livingstone to Hariette Livingstone, 14 September-21 December 1858, G5/10 National Museum, Livingstone, Zambia, cited in Clendennen, *Charles Livingstone*, p. 251.

79) Ibid.

80) Ibid.

81) T. Barringer, 'Fabricating Africa: Livingstone and the Visual Image 1850-1874' in *David Livingstone and the Victorian Encounter with Africa*, 전시 도록, ed. J. M. MacKenzie: National Portrait Gallery, London (London, 1966), pp. 169-200.

82) D. Livingstone to T. Baines, 18 May, 1858, in *Zambesi Expedition*, ed. Wallis, p. 434.

83) W. Allen, *Picturesque Views on the River Niger. Sketched During Lander's Last Visit in* 1832-33 (London, 1840), preface.

84) D. Livingstone, 'Extracts from the Despatches of Dr. David Livingstone to the Right Honourable Lord Malmesbury,' *JRGS*, XXXI (1861). pp. 256-96.

85) David Livingstone to Lord Malmesbury, 17 December 1858, in *Zambezi Expedition*, ed. Wallis, p. 294.

86) Ibid., p. 299.

87) T. Jeal, *Livingstone* (New York, 1973), pp. 202-14. 다음도 보라. Coupland, *Kirk on the Zambezi*, p. 136.

88) J. Kirk, 'Kebrabasa Rapids, from a sketch by Dr. Kirk, Morumbwa cataract' (c. 1858): 'The "Ma Robert" on the Zambesi at Lupata' (c. 1859). 'Lupata Gorge, from right bank looking down. July 1859', NLS Archives, Acc. 9942/40.

89) J. Kirk, 'Murchison Rapids, River Shire' (c. 1859), NLS Archives, Acc. 9942/40.

90) R. A. Stafford, *Scientist of Empire: Sir Roderick Murchison, Scientific Exploration and Victorian Imperialism* (Cambridge, 1989), pp. 28-9.

91) Livingstone and Livingstone, *Narrative of an Expedition to the Zambesi*, p. 6.

92) P. D. Curtin, *The Image of Africa: British Ideas and Action, 1780-1850* (London, 1965); Brantlinger, 'Victorians and Africans', pp. 166-203.

93) Curtin, *Image of Africa*, pp. 58-87.

94) Earl Grey, 'Address to the Royal Geographical Society', *PRGS*, IV (1860), pp.

117-209.

95) J. Kirk, 'The Extent to Which Tropical Africa is Suited for Development by the White Races, or Under Their Superintendence', *Report of the Sixth International Geographical Congress* (London, 1896), p. 526. 다음도 보라. Curtin, *Images of Africa*, pp. 185-7, 349-53; D. N. Livingstone, 'The Moral Discourse of Climate: Historical Considerations on Race, Place and Virtue', *JHG*, XVII (1991), pp. 413-34.

96) Anon, 'The Application of the Talbotype', *Art Union* (1846), p. 195.

97) 여행기 안에서의 이러한 절차에 관한 예는 다음을 보라. M. L. Pratt, *Imperial Eyes: Travel Writing and Transculturation* (London, 1992), p. 61.

98) F. Galton, 'Zanzibar', *The Mission Field*, VI (1861), p. 128.

99) Earl Grey, 'Address to the Royal Geographical Society', pp. 117-209.

100) P. J. Marshall and G. Williams, *The Great Map of Mankind: British Perceptions of the World in the Age of Enlightenment* (London, 1982), pp. 227-57.

101) Curtin, *Image of Africa*, pp. 61-2.

102) 커크가 찍은 사진으로, 'Lupata July 13th 1859'라는 같은 제목을 단 비슷한 사진에는 다음과 같은 주석이 달려 있다. "루파타의 식물. 전면에 부드러운 덩굴을 가진 바오밥 줄기. 독과 즙을 가진 식물 공포증이 지난달 이웃에서 두 번째 기술자인 로(Rowe)에게까지 닿게 하였다", NLS Archives Acc. 9942/40.

103) J. Chapman, *Travels in the Interior of South Africa 1849-1863: Hunting and Trading Journeys from Natal to Walvis Bay & Visits to Lake Ngami & Victoria Falls*, ed. E. C. Tabler (Cape Town, 1971).

104) J. Chapman, 'Notes on South Africa', *PRGS*, V (1860), pp. 17-18.

105) 다음을 보라. 'Extracts from a letter from J. Kirk', *JRGS*, XXXIV (1865), pp. 209-92.

106) J. Thomson, 'Exploration with the Camera', *BJP*, XXXII (1885), p. 373.

107) 다음을 보라. T. J. Last, 'On the Society's Expedition to the Namuli Hills, East Africa', *PRGS*, IX (1887), pp. 467-78; T. J. Last, 'A Journey from Blantyre to Angoni-land and Back', *PRGS*, IX (1887), pp. 177-87.

108) *Photographic Views of Blantyre, BCA* (1900/01-1905), FCOL Photos, Malawi I. 이에 관한 예는 다음을 보라. pl. 7: 'Blantyre Mission Church', pl. 21: 'Coffee Plantations BCA. Kirk Mountains in Distance'; pl. 40: 'Croquet Lawn near Vice-Consulate'.

109) Ibid. 이에 관한 예는 다음을 보라. pl. 97: 'Through the Tangled Forest'; pl. 96; 'Rocks and Roots'.

2. 경관 틀 잡기

110) R. Herchkowitz, *The British Photographer Abroad: The First Thirty Years* (London, 1980); A Rouillé, 'Exploring the World by Photography in the Nineteenth Century' in *A History of Photography: Social and Cultural Perspectives*, ed. A. Rouillé and J. Lemagny (Cambridge, 1987), pp. 53-9; R. Fabian and H. Adam, *Masters of Early Travel Photography* (London, 1983).

111) N. M. P. Lerebours, *Excursions daguerriennes: representant les vues et les monuments anciens et modernes les plus remarquables du globe* (Paris, 1841-4).

112) E. Onne, *Photographic Heritage of the Holy Land 1839-1914* (Manchester, 1980); *Images of the Orient: Photography and Tourism 1860-1900*, 전시 도록, ed. P. Faber, A. Groeneveld and H. Reedijk: Museum voor Volkenkunde, Rotterdam (Amsterdam and Rotterdam, 1986).

113) J. Talbot, *Francis Frith* (London, 1985).

114) F. Galton to Dr. Norton Shaw, 25 March 1859 and 2 May 1859, RGS Archives.

115) R. J. Fowler, 'Letter from Paris, April 29 1867', *BJP*, XIV (1867), pp. 212-13.

116) 다음을 보라. J. M. MacKenzie, 'Introduction' in *Popular Imperialism and the Military 1850-1950*, ed. J. M. MacKenzie (Manchester, 1992), p. 5.

117) D. Cosgrove, *Social Formation and Symbolic Landscape* (London, 1984); D. Cosgrove, 'Prospect, Perspective and the Evolution o the Landscape Idea', *TIBG*, X (1985), pp. 45-62; D. Cosgrove and S. Daniels, eds, *The Iconography of Landscape: Essays on the Symbolic Representation, Design and Use of Past Environments* (Cambridge, 1988); S. Daniels, *Fields of Vision: Landscape Imagery and National Identity in England and the United States* (Cambridge, 1993); S. Schama, *Landscape and Memory* (London, 1995).

118) W. J. T. Mitchell, 'Imperial Landscape' in *Landscape and Power*, ed. W. J. T. Mitchell (Chicago, 1994), p. 17.

119) B. Smith, *European Vision and the South Pacific* (London, 1985). 다음도 보라. J. Hackforth-Jones, 'Imagining Australia and the South Pacific' in *Mapping the Landscape*, ed. N. Alfrey and S. Daniels (Nottingham, 1990), pp. 13-17.

120) G. Batchen, 'Desiring Production Itself: Notes on the Invention of Photography' in *Cartographies: Poststructuralism and the Mapping of Bodies and Spaces*, ed. R. Diprose and R. Ferrel (London, 1991), pp. 13-26.

121) R. Krauss, 'Photography's Discursive Spaces: Landscape/View', *Art Journal*, XLII (1982), pp. 311-20.

122) A. Birell, 'Survey Photography in British Columbia, 1858-1900', *BC Studies*, LII (1982), pp. 39-60; M. T. Hadley, 'Photography, Tourism and the CPR: Western Canada, 1884-1914' in *Essays on the Historical Geography of the Canadian West: Regional Perspectives on the Settlement Process*, ed. L. A. Rosenvall and S. M. Evans (Calgary, 1987), pp. 48-69.

123) J. M. Schwartz, 'Images of Early British Columbia: Landscape Photography, 1858-1888' (M. A. thesis, Department of Geography, University of British Columbia, 1977).

124) D. Mattison and D. Savard, 'The North-west Pacific Coast: Photographic Voyages 1866-81', *History of Photography*, XVI (1992), pp. 268-88.

125) Krauss, 'Photography's Discursive Spaces'.

126) 이와 비슷한 관점을 위해서는 다음을 보라. E. Jussim and E. Lindquist-Cock, *Landscape as Photograph* (New Haven, 1985).

127) Smith, *European Vision*, pp. 56-8, 106-7.

128) 다음도 보라. J. Snyder, 'Territorial Photography' in *Landscape and Power*, ed. Mitchell, pp. 175-201.

129) S. Bourne, 'Photography in the East', *BJP*, X (1863), p. 268.

130) Ibid.

131) S. Bourne, 'Ten Weeks with the camera in the Himalayas', *BJP*, XI (1864); 'Narrative of a Photographic Trip to Kashmir (Cashmere) and Adjacent Districts', *BJP*, XIII-XIV (1866-7); 'A Photographic Journey through the Higher Himalayas', *BJP*, XVI-XVII (1870-71).

132) A. Scharf, *Pioneers of Photography: An Album of Pictures and Words* (New York, 1976), pp. 87-102; A. Ollman, *Samuel Bourne: Images of India* (California, 1983); A. Ollman, 'Samuel Bourne: The Himalayan Images 1863-69', *Creative Camera* (1983), pp. 1, 122-9.

133) 그렇지만 다음을 보라. C. Pinney, 'Imperial Styles of Photography: Some Evidence from India' in *Photographs as Sources for African History*, ed. A. Roberts (1988), pp. 20-27; G. D. Sampson, 'The Success of Samuel Bourne in India', *History of Photography*, XVI (1992), pp. 336-47.

134) Anon, 'Letters', *BJP*, XVI (1869), p. 477.

135) Anon, 'Review', Ibid., p. 571.

136) Fowler, 'Letter from Paris, April 29 1867', pp. 212-13.

137) M. Archer, *British Drawings in the India Office Library* (London, 1969), II, pp. 574-99. 다음도 보라. G. H. R. Tillotson, 'The Indian Picturesque: Images of India in British Landscape Painting, 1780-1880' in *The Raj: India and the British 1600-1947*, 전시 도록, ed. C. A. Bayly: National Portrait Gallery,

London (London, 1990), pp. 141-51.

138) Bourne, 'Narrative of a Photographic Trip to Kashmir'.

139) J. Murray, *Picturesque Views in the North-Western Provinces of India. Photographed by J. Murray, with Descriptive Letter-Press by J. T. Boileau* (London, 1859).

140) M. Clarke, *From Simla Through Ladac and Cashmere, 1861* (Calcutta, 1862).

141) Ibid., pl. 1: 'Simla'; pl. 5: 'A Saungur, or Hill Bridge, Over the River Sutlej, at Képoo, Below Kortegōōr', pl. 25: 'The Visitor's Reach, Sreenuggur'.

142) Ibid., pl. 27: 'The Shalimar Gardens, Sreenuggur'; pl. 30: 'The 2nd or Ameera Bridge, Sreenuggur'; Bourne, 'Narrtive of a Photographic Trip to Kashmir', pp. 4-5.

143) Clarke, *From Simla Through Ladac and Cashmere, 1861*, pl. 21: 'An Old Imperial Bridge near Sreenuggur, Cashmere'.

144) Bourne, 'Narrtive of a Photographic Trip to Kashmir', p. 5.

145) Bourne, 'Photography in the East', p. 345.

146) Bourne, 'Narrtive of a Photographic Trip to Kashmir', p. 619.

147) Bourne, 'Photography in the East', p. 346.

148) Ibid.

149) Pinney, 'Imperial Styles of Photography'.

150) Bourne, 'Narrtive of a Photographic Trip to Kashmir', p. 474.

151) Anon, 'Indian Photographs. By S. Bourne', *BJP*, XIV (1867), p. 17.

152) Bourne, 'Narrtive of a Photographic Trip to Kashmir', p. 474.

153) Ibid., pp. 474, 499; Bourne, 'A Photographic Journey', p. 603.

154) Bourne, 'Narrtive of a Photographic Trip to Kashmir', p. 39.

155) Ibid., pp. 4-5.

156) Ibid., p. 39.

157) M. Alloula, *The Colonial Harem* (Manchester, 1987); Sarah Graham-Brown, *Images of Women: The Portrayal of Women in Photography of the Middle East, 1860-1950* (London, 1988).

158) E. W. Said, *Orientalism* (London, 1978); J. M. MacKenzie, *Orientalism: History, Theory and the Arts* (Manchester, 1995); R. Lewis, *Gendering Orientalism: Race, Feminity and Representation* (London, 1996).

159) N. N. Perez, *Focus East: Early Photography in the Near East* (1839-1885) (New York, 1988), p. 105.

160) C. Pinney, 'Classification and Fantasy in the Photographic Construction of Caste and Tribe', *Visual Anthropology*, 3 (1990), pp. 259-88.

161) Bourne, 'A Photographic Journey', p. 570.

162) Ibid.

163) Bourne, 'Ten Weeks with the Camera', p. 50.

164) P. H. Egerton, *Journal of a Tour through Spiti, to the Frontier of Chinese Tibet, with Photographic Illustrations* (London, 1864), preface.

165) Ibid.

166) Sampson, 'Success of Samuel Bourne', p. 339.

167) Egerton, *Journal*, p. 8.

168) Bourne, 'Ten Weeks with the Camera', p. 70.

169) Egerton, *Journal*, p. 60 맞은 쪽.

170) Ibid., pl. 12: 'The Hamta Pass'.

171) 다음도 보라. Bourne, 'A Photographic Journey', pp. 613-14.

172) Egerton, *Journal*, p. 10.

173) Ibid., pl. 14: 'Shigri Glacier – Upper View'; pl. 15: 'Rock on a Pedestal of Ice'; pl. 16: 'Shigri Glacier – Lower View'; pl. 17: 'Shigri Glacier – From the River'.

174) Bourne, 'A Photographic Journey', p. 629.

175) Ibid.

176) Egerton, *Journal*, p. 12.

177) Ibid., p. 7.

178) Bourne, 'A Photographic Journey', p. 150.

179) Scharf, *Pioneers of a Photography*, pp. 87-102.

180) Sampson, 'Success of Samuel Bourne'.

181) Cosgrove, 'Prospect, Perspective and the Evolution of the Landscape Idea', p. 55.

182) Bourne, 'Ten Weeks with the Camera', p. 51; Bourne, 'Narrtive of a Photographic Trip to Kashmir', pp. 559-60.

183) M. Andrews, *The Search for the Picturesque Landscape: Aesthetics and Tourism in Britain, 1760-1800* (Standford, 1989).

184) P. Hansen, 'Albert Smith, the Alpine Club, and the Invention of Mountaineering in Mid-Victorian Britain', *Journal of British Studies*, XXXIV (1995), pp. 300-324.

185) P. Hansen, 'Vertical Boundaries, National Identities: British Mountaineering on the Frontiers of Europe and the Empire, 1868-1914', *Journal of Imperial and Commonwealth History*, XXIV (1996), pp. 48-71.

186) Bourne, 'A Photographic Journey', p. 16.

187) Ibid., pp. 39-40.

188) Ibid., pp. 98-9.

189) Bourne, 'Ten Weeks with the Camera', p. 31.

190) J. Ruskin, *Modern Painters* (Boston, 1875), IV, pp. 133-4, 다음에서 인용함. Schama, *Landscape and Memory*, p. 513.

191) Ibid., pp. 506-13.

192) T. Hoffman, 'Exploration in Sikkim: To the North-East of Kanchinjinga', *PRGS*, XIV (1892), pp. 613-18.

193) Anon, 'Photographs: Twenty-three Photographs of Mountain Scenery in Sikkim', *PRGS*, XV (1893), p. 288. 다음을 보라. RGS photos PR/031591-677.

194) J. Thomson, *Illustrations of China and Its People, a Series of Two Hundred Photographs with Letterpress Description of the Places and People Represented* (London, 1873-4), I, introduction.

195) Ibid., 'From Hankow to the Wu-Shan Gorge, Upper Yangtsze', III, pls 17-24.

196) Ibid., I. introduction.

197) Ibid., 'The Tsing-Tan Rapid, Upper Yangtsze', III, pl. 22, no. 49.

198) J. Thomson, 'Photography and Exploration', *PRGS*, n. s. XIII (1891), p. 672.

199) A. S. Bickmore, 'Sketch of a Journey Through the Interior of China', *PRGS*, XII (1867), pp. 51-4.

200) A. Cotton, 'On a Communication between India and China', *JRGS*, XXXVII (1867), pp. 231-9.

201) J. Thomson, 'The Gorges and Rapids of the Upper Yangtsze', *Report of the BAAS*, I (1874), pp. 86-7.

202) Anon, 'Illustrations of China and Its People', *BJP*, XX (1873), p. 570.

203) G. Tissandier, *A History and Handbook of Photography* (London, 1876), p. 14.

204) S. White, *John Thomson: Life and Photographs - The Orient, Street Life in London, Through Cyprus with the Camera* (London, 1985), p. 30.

205) J. Thomson, *The Straits of Malacca, Indo-China and China or Ten Year's Travels, Adventures and Residence Abroad* (London, 1875); J. Thomson, *Through China with a Camera* (London, 1898); R. Brown, *The Countries of the World: Being a Popular Description of the Various Continents, Islands, Rivers, Seas, and Peoples of the Globe* (London, 1876-81).

206) 다음을 보라. J. Thomson to H. W. Bates, 12 June 1875, RGS Archives; *Congrès internationale des sciences géographique* (Paris, 1876), II, p. 432.

207) W. Allen, *Picturesque Views on the River Niger, Sketched during Lander's Last Visit in 1832-33* (London, 1840), preface.

208) Thomson, 'Silver Island, River Yangsze', *Illustrations of China*, III, pl. 8, no. 16.

209) Ibid., 'Canton', I, pl. 16.

210) Ibid., 'Shanghi Bund in 1869', III, pl. 41, no. 7.

211) Ibid.

212) Ibid., 'Part of Shanghi Bund in 1872', III, pl. 5. no. 8.

213) Ibid., introduction.

214) Ibid.

215) Ibid. 'Hong-kong', I. pl. 2.

216) Ibid., introduction.

217) Said, *Orientalism*, pp. 204-5.

218) Alloula, *The Colonial Harem; Perez, Focus East.*

219) 예를 보려면 다음을 보라. Thomson, 'Cenotaph Errected to the Banjin Lama of Tibet', *Illustrations of China*, IV. pl. 15, and 'The Open Altar of Heaven and the Temple of heaven, Pekin', IV, pl. 26.

220) Ibid., 'The Great Wall of China', IV, pl. 24. no. 56.

221) J. Thomson, *Through Cyprus with the Camera, in the Autumn of 1878* (London, 1879). 2 vols.

222) Ibid., I. preface.

223) Ibid., 'The Sea Shore, Larnaca', pl. 3. 소택지 개간에 대한 다른 논평은 다음을 보라. ibid., 'Famagosta', I, preface, II, pl. 45.

224) 예를 보려면 다음을 보라. ibid., 'The Pines of Olympus (Troodos)', I, pl. 35.

225) 예를 보려면 다음을 보라. ibid., 'Kerinya Harbour', I, pl. 21. 'Famagosta Harbour', II. pl. 46.

226) Ibid., 'The Front of St. Katherine's Church (Now a Mosque) Famagosta', II, pl. 48.

227) Ibid., 'Ruins at Famagosta', II. pl. 49.

228) Ibid., 'Entrance to the Cathedral, Famagosta', II, pl. 49.

229) Ibid., 'St. Nicholas, Nicosia', II, pl. 15.

230) J. W. Lindt, *Picturesque New Guinea* (London, 1887), pp. vii-viii. 각 사진에 번호를 매기고 캡션을 단 후 카드에 올려 다섯 권을 한 세트로 하는 동일한 이름의 책이 출간되기도 했다. J. W. Lindt, *Picturesque New Guinea*, FCOL, Papua New Guinea, 2.

231) Lindt, *Picturesque New Guinea*, p. viii.

232) Ibid., p. 28.

233) Lindt, 'Reach of Laloki River, near Badeba Creek, *Picturesque New Guinea*, FCOL, pl. 31.

234) 다음을 보라. R. Holden, *Photography in Colonial Australia: The Mechanical Eye and the Illustrated Book* (Sydney, 1988), p. 31.

235) Lindt, *Picturesque New Guinea*, p. 30.

236) Г. Г. Statham, 'On the Application of Photography to Scientific Pursuits',

BJP, VI (1860), pp. 192-3.

237) S. Sontag, *On Photography* (London, 1978), p. 7.

3. 작전의 예술

238) F. F. Statham, 'On the Application of Photography to Scientific Pursuits', *BJP*, vI (1860), p. 193.

239) Anon, 'Photography Applied to the Purposes of War', *Art Journal*, VI (1854), p. 152.

240) S. Highley, 'On the Means of Applying Photography to War Purposes in the Army and Navy', *Report of the BAAS*, XXIV (1854), p. 70.

241) C. E. Callwell, *Small Wars: Their Principles and Purpose* (London, 1899), pp. 1, 5.

242) 다음을 보라. R. H. MacDonald, 'A Poetics of War: Militarist Discourse in the British Empire, 1850-1918', *Mosaic*, XXIII, 3 (1990), pp. 17-36; J. Springhall ' "Up Guards and At Them!": British Imperialism and Popular Art, 1880-1914' in *Imperialism and Popular Culture*, ed. J. M. MacKenzie (Manchester, 1986), pp. 49-72.

243) J. M. MacKenzie, ed., *Popular Imperialism and the Military 1850-1950* (Manchester, 1992).

244) 원정에 대한 설명은 다음을 보라. A. Moorehead, *The Blue Nile* (London, 1962), pp. 211-80; D. Bates, *The Abyssinian Difficulty: The Emperor Theodorus and the Magdala Campaign 1867-68* (Oxford, 1979).

245) Callwell, *Small Wars*, p. 6.

246) 다음을 보라. G. A. Henty, *The March to Magdala: Letters Reprinted from the "Standard" Newspaper* (London, 1868); H. M. Stanley, *Coomassie and Magdala: The Story of two British Campaigns in Africa* (London, 1874).

247) Bates, *Abyssinian Difficulty*, p. 130.

248) F. Harcourt, 'Disraeli's Imperialism, 1866-1868: A Question of Timing', *History Journal*, XXIII (1980), pp. 87-109.

249) 완성된 앨범에 대한 것은 다음을 보라. *Abyssinian Expedition*, FCOL. Ethiopia/I. 다음도 보라. RGS PR/036171-036246; NAM Photos 7604-43. 공식 앨범에 수록되지 않은 몇몇 작품을 보기 위해서는 다음을 보라. NAM Photos 6510-222 (2-10).

250) T. J. Holland and H. M. Hozier, *Record of the Expedition to Abyssinia, Compiled by Order of the Secretary of State for War* (London, 1870).

251) Royal Engineers, 'Released Prisoners (Europeans)', RGS PR/036177.

252) S. Bourne, 'Photography in the East', *BJP*, X (1863), p. 268.

253) Bourne and Shephard, *2nd Afghan War, 1878-80*, NAM Photos, 5504-42.

254) J. Burke, *Afghan War 1878-79, Peshawar Valley Field Force, Album of 98 Photographs*, IOL Photo 430/2. 다음을 보라. R. Desmond, *Victorian India in Focus: A Selection of Early Photographs from the Collection in the India Office Library and Records* (London, 1982), p. 65.

255) H. Gernsheim and A. Gernsheim, *Roger Fenton: Photographer of the Crimean War* (London, 1954).

256) 다음을 보라. Desmond, *Victorian India in Focus*, pl. 52. p. 68.

257) J. McCosh, *Album of 310 photographs* (1848-53), NAM Photos 6204-3. 매코시 자신이 1850년대 후반에 편찬한 이 앨범은 현존하는 그의 작품 가운데 가장 큰 규모의 것으로 알려져 있다.

258) J. McCosh, *Advice to Officers in India* (London, 1856), cited in R. McKenzie, ' "The Laboratory of Mankind": John McCosh and the Beginnings of Photography in British India', *History of Photography*, XI (1987), p. 109.

259) Ibid., p. 114.

260) J. McCosh, *Topography of Assam* (Calcutta, 1837).

261) 다음을 보라. J. McCosh, 'An Account of the Mountain Tribes in the Extreme NE Frontier of Bengal', *Journal of the Asiatic Society of Bengal*, V (1836), pp. 193-208.

262) Dr. M'Cosh[sic], 'On the Various Lines of Overland Communication between India and China', *PRGS*, IV (1860), pp. 47-54.

263) 예는 다음을 보라. R. W. Porter, *History of the Corps of Royal Engineers* (Chatham, 1889) II, pp. 187-8.

264) J. Falconer, 'Photography and the Royal Engineers', *Photographic Collector*, II (1981), pp. 33-64.

265) Porter, *History of the Corps of Royal Engineers*, I, p. 4.

266) 1812년 채탐에 설립된 왕립 공병대의 교육 기관은 1869년에 군사공병학교 (School of Military Engineering)로 이름을 바꿨다. 다음을 보라. Ibid., II. 183-4.

267) J. Donnelly, 'On Photography and Its Application to Military Purposes', *BJP*, VII (1860), pp. 178-9.

268) Ibid., p. 179.

269) J. Spiller, 'Photography in Its Application to Military Purposes', *BJP*, X (1863), p. 486.

270) Anon, 'The Application of Photography to Military Purposes', *Nature*, II (1870), pp. 236-7.

271) H. B. Pritchard, 'Photography in Connection with the Anyssiaian Expedition', *BJP*, XV (1868), pp. 601-3.

272) Porter, *History of the Corps of Royal Engineers*, II, p. 6.

273) R. Hyde, *Panoramania! The Art and Entertainment of the 'All-Embracing' View* (London, 1988), pp. 179-98.

274) 다음을 보라. 'discussion after Markham's paper', *PRGS*, XII (1868), p. 116.

275) Porter, *History of the Corps of Royal Engineers*, I, p. 5; II, p. 1.

276) H. St. Clair Wilkins, *Reconnoitring in Abyssinia: A Narrative of the Proceedings of the Reconnoitring Party, Prior to the Arrival of the Main Body of the Expeditionary Field Force* (London, 1870), p. 312.

277) Pritchard, 'Photography in Connection with the Abyssiaian Expedition', p. 603.

278) W. Abney, *Instruction in Photography: For Use at the SME Chatham* (Chatham, 1871), p. I. 애브니의 *Instruction in Photography* (London, 1874)는 이후 11차례 의 판본을 냈다.

279) Pritchard, 'Photography in Connection with the Abyssiaian Expedition', p. 602.

280) Ibid., p. 603.

281) D. R. Stoddart, 'The RGS and the "New Geography": Changing Aims and Changing Roles in Nineteenth Century Science', *GJ*, CXLVI (1980), pp. 190-202; D. R. Stoddart, 'Geography and War: The "New Geography" and the "New Army" in England, 1899-1914', *Political Geography*, XI (1992), p. 89.

282) C. W. Wilson, 'Address to the Geographical Section of the British Association', *PRGS*, XIX (1874), p. 63.

283) Ibid., p. 65.

284) C. W. Wilson to D. Freshfeld, 6 March 1892, RGS Archives.

285) B. Becker, *Scientific London* (London, 1874), cited in F. Driver, 'Geography's Empire: Histories of Geographical Knowledge', *Environment and Planning D: Society and Space*, X (1992), p. 29.

286) 다음을 보라. 'Accessions to the Library since the Last Meeting', *PRGS*, XII (1867), pp. 1-4. 'Report of the Council', *JRGS*, XXXVIII (1868), p. viii.

287) A. C. Cooke, *Routes in Abyssinia* (London, 1867).

288) 다음을 보라. RGS Prints D108/023970-023981.

289) W. Allen, *Picturesque Views on the River Niger, Sketched during Lander's Last Visit in 1832-33* (London, 1840).

290) M. O'Reilly, 'Twelve Views in the Black Sea and the Bosphorous' (1856), RGS Prints D108, I, 17-30.

291) J. Ferguson (Lithographer), *Views in Abyssinia* (1867), RGS Prints D108/125-136.

292) 다음을 보라. 'discussion after Markham's paper', *PRGS*, XII (1868), p. 118.

293) H. James and R. I. Murchison, *Ordnance Survey: Report of the Committee on the Reduction of the Ordnance Plans by Photography* (London, 1859).

294) F. Galton, 'On Stereoscopic Maps, Taken from Models of Mountainous Countries', *JRGS*, XXXV (1865), p. 101.

295) 다음에서 인용함. B. Parritt, *The Intelligencers: The Story of British Military Intelligence up to 1914* (Ashford, 1983), p. 97.

296) 다음을 보라. R. I. Murchison, 'Anniversary Address', *JRGS*, XIV (1844), pp. cvi-cxx. 다음에서 인용함. R. Stafford, *Scientist of Empire: Sir Roderick Murchison, Scientific Exploration and Victorian Imperialism* (Cambridge, 1989), p. 154.

297) R. I. Murchison, 'Presidential Address', *PRGS*, XII (1867), p. 6.

298) C. R. Markham, 'Geographical Results of the Abyssinian Expedition', *JRGS*, XXXVIII (1868), pp. 12-49; 다음에도 있음. *PRGS*, XII (1868), pp. 113-19, 298-301. 다음도 보라. C. R. Markham, *A History of the Abyssinian Expedition* (London, 1869).

299) 다음을 보라. 'discussion after Markham's paper', *PRGS*, XII (1868), p. 301.

300) E. W. Said, *Orientalism* (London, 1978), pp. 42-3, 80-93.

301) MacKenzie, ed., *Popular Imperialism and the Military 1850-1950*, pp. 1-24.

302) Markham, *History of the Abyssianian Expedition*, p. 389.

303) Ibid., p. 236.

304) 예는 다음을 보라. Said., *Orientalism*, pp. 84-6.

305) 다음을 보라. 'discussion after Markham's paper', *PRGS*, XII (1868), p. 115-19.

306) RGS Museum 63/120. I; 94/ 120. I. 테오도르의 왕관은 1925년에 에티오피아로 반환되었다.

307) Hyde, *Panoramania!*, pp. 169-78.

308) Bates, *Abyssinian Difficulty*, p. 214.

309) H. Schaw, 'Notes on Photography', *Professional Papers of the Corps of Royal Engineers*, n. s. IX (1860), pp. 108-28.

310) 다음을 보라. A. Birrell, 'Classic Survey Photographs of the Early West', *Canadian Geographical Journal*. XCI (1975), pp. 12-19; A. Birrell, 'Survey Photography in British Columbia, 1858-1900', *BC Studies*, LII (1982), pp. 39-60.

311) C. Wilson, 'Report on the Indian Tribes Inhabiting the Country in the Vicinity of the 49th Parallel of North Latitude', *TESL*, n. s. IV (1865), pp. 275-

332.

312) N. Alfrey and S. Daniels, eds, *Mapping the Landscape: Essays on Art and Cartography* (Nottingham, 1990).

313) Allen, 'The Confluence of the Rivers Niger and Chadda' in *Picturesque Views on the River Niger*, pl. 13.

314) R. Baigre, ' "Deema" 3rd Halting Ground up the Tekoonda Pass', watercolour sketch, November 1867, photographed by Captain Sellon, RE, NAM Photos 6510-222, pl. 37, reverse.

315) Anon, 'Panoramic View of Plateau', n. d., two-photograph panorama annotated in black ink, NAM Photos 6510-222, pl. 21.

316) 다음을 보라. R. Baigre, 'Action of Arogee, Under the Heights of Fahla and Selassie Fought 10 April 1868', lithography by J. Ferguson, Topographical Department of the War Office, RGS Prints X441/022937; Lt.-Colonel R. Baigre, 'The Capture of Magdala, 13 April 1868', lithograph by J. Ferguson, Topographical Department of the War Office, RGS Prints X441/022938. Both these were reproduced in Holland and Hozier, *Record of the Expedition to Abyssinia*.

317) J. Waterhouse, *Report on the Cartographic Application of Photography as used in the Thopographical Departments of the Principal States in Central Europe, with Notes on the European and Indian Surveys* (Calcutta, 1870).

318) Pritchard, 'Photography in Connection with the Abyssinian Expedition', p. 603.

319) 예는 다음을 보라. Royal Enginners, 'Native town of Senafé!', NAM Photos 6510-222, pl. 3; Royal Engineers, 'Abyssinian Thieves in the Stocks at Senafé', NAM Photos 6510-222, pl. 5.

320) 다음을 보라. Royal Engineers, 'Antalo Village' and 'Village on Hill, near Ashangi', *Abyssinian Expedition*, FCOL, Ethiopia/I, pls. 23, 31.

321) Royal Engineers, "Martello Tower, Near Adabaga (photograph)', Abyssinian Expedition, FCOL, Ethiopia/I. pl. 20; Mr. Holmes, 'Martello Tower, Near Adabaga (sketch)', *Abyssinian Expedition*, FCOL, Ethiopia/I, pl. 21.

322) 다음을 보라. Bates, *Abyssinian Difficulty*, pp. 136-8, 148-51. 다음도 보라. Wilkins, *Reconnoitring in Abyssinia*, p. 83.

323) Royal Engineers, 'Abyssinian Fiddler', *Abyssinian Expedition*, FCOL, Ethiopia/I, pl. 64.

324) Markham, *History of the Abyssinian Expedition*, p. 163.

325) T. Baines, *Troops Ascending a Ravine from Annesley Bay in Abyssinia* (1868), oil on canvas, Cubbins Africana Library, in J. Carruthers and M. Arnold, *The*

Life and Work of Thomas Baines (Vlaberg, 1995), p. 101.

326) Callwell, *Small Wars*, p. 38.

327) Wilson, 'Address to the Geographical Section of the British Association', p. 63.

328) Illustrated London News, 20 June 1868, cited in Carruthers and Arnold, *The Life and Work of Thomas Baines*, p. 100.

329) 다음을 보라. Porter, *History of the Corps of Royal Engineers*, I.,p. 5.

330) R. I. Murchison, 'Presidential Address', *PRGS*, XII (1868), p. 275.

331) 다음을 보라. *PRGS*, XII (1868), p. 174.

332) Murchison, 'Presidential Address', p. 275.

333) MacKenzie, ed. in *Popular Imperialism and the Military*, p. 4; Stafford, *Scientist of Empire*, p. 209.

334) Markham, 'Geographical Results of the Abyssinian Expedition', p. 49.

335) 다음 뒤에 나오는 논의를 보라. ibid., pp. 115-19.

336) 다음을 보라. T. Pakenham, *The Scramble for Africa 1876-1912* (London, 1992), p. xxvii.

337) W. E. Fry, *Occupation of Mashonaland* (1890). 각각 150장의 카본 프린트를 가지고 있는 50권의 원본 앨범이 제작되었음. 이를 위해서는 다음을 보기 바람. RCS Photos Y 3052 A; NAM Photos 8206-103.

338) 예는 다음을 보라. Fry, 'The Administrator and Civil Staff', 'Pioneer Officers' and 'Police Officers', in ibid., RCS Photos Y3052 A (1-23).

339) 예는 다음을 보라. Fry, 'Police Tents, Tuli River', ibid., RCS Photos Y3052 A(40).

340) Markham, 'Geographical Results of the Abyssinian Expedition', p. 49.

341) 예는 다음을 보라. E. Lee, *To the Bitter End: A Photographic History of the Boer War, 1899-1902* (London, 1985).

4. 카메라와 함께하는 사냥

342) S. Sontag, *On Photography* (London, 1979), pp. 14-15.

343) M. Brander, *The Big Game Hunters* (London, 1988), pp. 9-11; B. Bull, *Safari: A Chronicle of Adventure* (London, 1992).

344) L. Barber, *The Heyday of Natural History* (New York, 1980)

345) W. Beinart, 'Empire, Hunting and Ecological Change in Southern and Central Africa', *Past and Present*, CXXVIII (1990), pp. 162-86.

346) H. Ritvo, *The Ancient Estate: The English and Other Creatures in the*

Victorian Age (Harmondsworth, 1990), pp. 203-88.

347) J. M. MacKenzie, *The Empire of Nature: Hunting, Conservation and British Imperialism* (Manchester, 1988).

348) 예는 다음을 보라. W. K. Storey, 'Big Cats and Imperialism: Lion and Tiger Hunting in Kenya and Northern India, 1898-1930', *Journal of World History*, II (1991), pp. 135-73.

349) W. C. Harris, *The Wild Sports of Southern Africa* (London, 1838). 1852년에 해리스가 설명한 것은 그 책의 제5판에서였음.

350) W. C. Harris, *Portraits of the Game and Wild Animals of Southern Africa* (London, 1840).

351) W. W. Hooper and V. S. G. Western, 'Tiger Shooting' (*c.* 1870), RGS Photos E 119/015651-015662.

352) 다음을 보라. J. Falconer, 'Willoughby Wallace Hooper: "A Craze About Photography"', *Photographic Collector*, IV (1984), pp. 258-86.

353) R. Barthes, *Camera Lucida: Reflections on Photography* (London, 1984), p. 15.

354) R. Ormond, *Sir Edwin Landseer* (London, 1981).

355) T. R. Pringle, 'The Privation of History: Landseer, Victoria and the Highland Myth' in *The Iconography of Landscape*, ed. D. Cosgrove and S. Daniels (Cambridge, 1988), pp. 142-61; MacKenzie, *Empire of Nature*, pp. 31-4.

356) 다음을 보라. Ibid., pp. 167-99.

357) G. N. Curzon, *British Government in India: The Story of the Viceroys and Government Houses* (London, 1925), I, p. 258.

358) 예는 다음을 보라. Diyal & Sons, 'Her Excellency in the Jungle', 'Their Excellencies in the Jungle' and 'Her Excellency Crossing a Nullah', from Lala Din Diyal & Sons. *Souvenir of the Visit of HE Lord Curzon of Kedleston, Viceroy of India to HH the Nizam's Dominions, April 1902*, IOL Photos 430/33 (13, 18 and 28).

359) Diyal & Sons, 'First Tiger Shot by HE Lord Curzon in India, Gwalior', from *HE Lord Curzon's First Tour in India* (1899), IOL Photos 430/17 (21).

360) T. Altick, *Shows of London* (London, 1978), p. 299.

361) 다음도 보라. J. Barrell, *The Infection of Thomas De Quincey* (London, 1991), pp. 48-66.

362) V. G. Kiernan, *The Lords of Human Kind: Black Man, Yellow Man, and White Man in an Age of Empire* (London, 1969), p. 64.

363) Curzon, *British Government in India*, I, pp.103-4, 125.

364) F. V. Emery, 'Geography and Imperialism: The Role of Sir Bartle Frere (1815-84)', *GJ*, CL (1984), pp. 342-50.

365) S. Alexander, *Photographic Scenery of South Africa* (1880), FCOL Photos, South Africa I.

366) 다음을 보라. H. Ricketts, 'Early Indian Photographs at the Graves Art gallery, Sheffield', *Creative Camera*, CCVIII (1982), pp. 476-84.

367) Alexander, *Photographic Scenery of South Africa*, prefce.

368) Ibid., pl. 99: 'Natal - Near Maritzburg'; pl. 100: 'Scene in a Bush'.

369) F. Galton, *Tropical South Africa* (London, 1853).

370) Ibid., pp. 69-70.

371) C. J. Anderson, *Lake Ngami: Explorations and Discoveries During Four Years' Wanderings in the Wilds of South Western Africa* (London, 1856).

372) F. Galton, *The Art of Travel: Or, Shifts and Contrivances Available in Wild Countries* (London, 1855).

373) H. A. Bryden, *Gun and Camera in Southern Africa: A Year of Wanderings in Bechuanaland, the Kalahari Desert, and the Lake River Country, Ngamiland* (London, 1893), p. 535.

374) W. E. Oswell, *William Cotter Oswell: Hunter & Explorer* (London, 1900), 2 vols.

375) J. Forsyth, *The Highlands of Central India: Notes on Their Forests and Wild Tribes, Natural History and Sport* (London, 1871).

376) 예는 다음을 보라. H. W. Seton-Karr, *Ten Years' Wild Sport in Foreign Lands* (London, 1889); M. W. H. Simpson, 'Shooting in the Barbary States' in *Big Game Shooting in Africa*, ed. H. C. Maydon (London, 1932), pp. 122-6.

377) F. C. Selous, 'Twenty Years in Zambesia', *GJ*, I (1893), pp. 289-324.

378) F. C. Selous, *Travel and Adventure in South-East Africa* (London, 1893), p. ix.

379) F. C. Selous, 'Introduction' in C. H. Stigand and D. D. Lyell, *Central African Game and Its Spoor* (London, 1906), pp. xi-xii.

380) 마쇼날란드(Mashonaland)와 마타벨란드(Matabeland)는 1895년에 로데지아(Rhodesia)가 되었다.

381) Selous, *Travel and Adventure*, p. 383.

382) 다음을 보라. K. Tidrick, *Empire and the English Character* (London, 1990), pp. 48-87.

383) 예는 다음을 보라. F. C. Selous, 'The History of the Matabela, and the Cause and Effect of the Matabele War', *PRCI*, XXV (1893-4), pp. 251-90.

384) W. E. Fry, *Occupational of Mashonaland* (1890), RCS Photos Y3052 A; NAM Photos 8206-103.

385) Fry, 'Sea Cow's Head (shot in Lundi)', ibid., RCS Photos Y3052 A (105).

386) Selous, Twenty Years in Zambesia, pp. 277-321.

387) Brander, *Big Game Hunters*, pp. 144-51.

388) Anon, 'Obituary: Major Chauncey Hugh Stignand', *GJ*, XXVIII (1920), pp. 237-9.

389) C. H. Stignand, *Scouting and Reconnaissance in Savage Countries* (London, 1907), pp. 74-5, 83, 87-8; 129.

390) C. H. Stignand, *Hunting the Elephant in Africa. And Other Recollections of Thirteen Years' Wanderings* (New York, 1913), pp. 309-24.

391) Ibid., p. 311.

392) Ibid., p. 310.

393) Stignand and Lyell, *Central Africa Game*, p. 1.

394) T. Roosevelt, 'Introduction' in Stignand, *Hunting the Elephant*, p. xi.

395) C. H. Stignand, *An African Hunter's Romance*, unpublished typescript (n. d.), 400 pp., RGS Archives AR 64. 2.

396) L. Davidoff and C. Hall, *Family Fortunes: Man and Women of the English Middle Class, 1780-1850* (London, 1987), p. 406.

397) 다음을 보라. L. Tickner, *The Spectacle of Women: Imagery of the Suffrage Campaign 1907-14* (London, 1987).

398) F. A. Dickinson, *Big Game Shooting on the Equator* (London, 1908), pp. 222, 245.

399) E. G. Lardner, *Soldering and Sport in Uganda* (London, 1912), p. 85.

400) M. Cocker, *Richard Meinertchagen: Soldier and Spy* (London, 1989), pp. 72-3, 172-3.

401) D. Birkett, *Spinsters Abroad: Victorian Lady Explorers* (Oxford, 1989).

402) S. Mills, *Discourses of Difference: An Analysis of Women's Travel Writing and Colonialism* (London, 1991).

403) M. H. Kingsley, *Travels in West Africa: Congo Francais, Corsico and Cameroons* (London, 1897), p. 288.

404) A. Blunt, *Travel, Gender, and Imperialism: Mary Kingsley and West Africa* (London, 1994), p. 73.

405) R. B. Loder, 'Journal' (1910-11) and 'British East Africa Journal' (1912-13), RGS Archives.

406) A. Herbert, *Two Dianas in Somaliland: The Record of a Shooting Trip* (London, 1908).

407) Ibid., p. 19.

408) Ibid., dedication.

409) Ibid., p. 205.

410) Ibid., p. 289.

411) Ibid., p. 39.

412) Ibid., p. 63.

413) Ibid., p. 97.

414) C. H. Stignand, *To Abyssinia Through an Unknown Land: An Account of a Journey Through Unexplored Regions of British East Africa by Lake Rudolf to the Kingdom of Meneleck* (London, 1910), pp. 83-4.

415) 예는 다음을 보라. Herbert, 'The Oryx at Home', *Two Dianas in Somaliland*, p. 48 맞은 쪽.

416) Ibid., pp. 269-70.

417) Ibid., p. 208.

418) Harris, *Wild Sports*, '카멜레퍼드(cameleopard)'는 기린을 가리키는 초창기 용어 였다.

419) J. G. Milais, *A Breath from the Veld* (London, 1899); J. G. Millais, *Wanderings & Memories* (London, 1919).

420) D. Livingstone to Lord Malmesbury, 17 December 1858, in *The Zambesi Expedition of David Livingstone 1858-1863*, ed. J. P. R. Wallis (London, 1956), II, p. 299.

421) J. Chapman, *Travels in the Interior of South Africa 1849-1863: Hunting and Trading Journeys from Natal to Walvis Bay & Visits to Lake Ngami & Victoria Falls*, ed. E. C. Tabler (Cape Town, 1971).

422) 다음을 보라. Chapman, 'The Hunters as Breakfast on Elephant Foot or Trunk', ibid., pl. 5, pp. 10-11.

423) Ibid., II, p. 211.

424) G. C. Dawnay, album of sepia prints, RGS photos C82/006132-301. 다음을 보라. Anon, 'Hon. Guy. C. Dawnay: Obituary', *PRGS*, XI (1889), p. 422.

425) Barthes, *Camera Lucida*, p. 79.

426) R. Ward, *The Sportsman's Handbook to Practical Collecting, Preserving and Artistic Setting-up of Trophies and Specimens* (London, 1882, 2nd edn), p. 11.

427) R. Ward, *The Sportsman's Handbook to Practical Collecting, Preserving and Artistic Setting-up of Trophies and Specimens* (London, 1911, 10th edn), p. 22.

428) Ibid., p. 139.

429) Ibid., p. 138.

430) C. Darwin, *The Expression of the Emotions in Man and Animals* (London, 1872).

431) R. G. G. Cumming, *Five Years of a Hunter's Life in the Far Interior of*

Southern Africa (London, 1850), 2 vols.

432) Altick, *Shows of London*, p. 477.

433) Brander, *Big Game Hunters*, pp. 44-8.

434) 예는 다음을 보라. W. H. Schneider, *An Empire for the Masses: The French Popular Image of Africa, 1870-1902* (Westport, 1982), pp. 125-51; MacKenzie, *Empire of Nature*, p. 31.

435) Altick, *Shows of London*, pp. 290-2.

436) 다음을 보라. A. E. Combes, *Reinventing Africa: Museums, Material Culture and Popular Imagination in Late Victorian and Edwardian England* (London, 1994), pp. 63-83.

437) Selous, *Travel and Adventure*, pp. 90-1.

438) C. G. Schillings, *In Wildest Africa* (London, 1907), 2 vols.

439) Bryden, *Gun and Camera in Southern Africa*, pp. 491-2.

440) C. V. A. Peel, *Somaliland* (London, 1900); C. V. A. Peel, *Wild Sport in the Outer Hebrides* (London, 1901).

441) C. V. A. Peel, *Popular Guide to Mr. C. V. A. Peel's Exhibition of Big-game Trophies and Museum of Natural History and Anthropology* (Guildford, 1906), pp. 4-6.

442) J. H. Patterson, *The Man-Eaters of Tsavo* (London, 1907).

443) Dickinson, *Big Game Shooting on the Equator*, p. 295.

444) Ward, *Sportsman's Handbook*, p. 14. 다음도 보라. H. C. Maydon, ed., *Big Game Shooting in Africa* (London, 1932), pl. I: 'Vital Shoots on the Elephant'.

445) H. B. George, *The Oberland and its Glaciers: Explored and Illustrated with Ice-Axe and Camera* (London, 1866), p. 3.

446) Ibid., p. iv.

447) N. Broc, *Les montagnes au siécle des lumiéres: perception et représentation* (Paris, 1991).

448) 다음을 보라. Altick, *Shows of London*, pp. 474-7; P. Hansen, 'Albert Smith, the Alpine Club, and the Invention of Mountaineering in Mid-Victorian Britain', *Journal of British Studies*, XXXIV (1995), pp. 300-24.

449) George, *Oberland*, p. 3.

450) H. B. George, 'Photography' in *Hints to Travellers*, ed. G. Back, R. Collinson and F. Galton (London, 1871), pp. 51-3; H. B. George, 'Photography' in *Hints to Travellers*, ed. F. Galton (London, 1878), pp. 47-53.

451) S. Bourne, 'Narrative of a Photographic Trip to Kashmir (Cashmere) and Adjacent Districts' *BJP*, XIII (1866), p. 524.

452) R. J. Fowler, 'Letter from Paris, April 29 1867', *BJP*, XIV (1867), pp. 212-13.

453) Anon, 'A Field for Work', *BJP*, XIV (1868), pp. 119-20.

454) W. Gilpin, 'On Picturesque Travel', from Three Essays (1792) in *Nature and Industrialization*, ed. A. Clayre (Oxford, 1977), p. 27.

455) L. Nochlin, 'The Imaginary Orient', *Art in America* (May 1993), p. 127, cited in S. Graham-Brown, *Images of Women: The Portrayal of Women in Photography of the Middle East, 1860-1950* (London, 1988), p. 8.

456) George, *Oberland*, p. 197.

457) Ibid., p. 242.

458) Ibid., p. 192.

459) Ibid., p. 197.

460) H. J. MacKinder, *The First Ascent of Mount Kenya*, ed. M. K. Barbour (London, 1991), p. 31.

461) Ibid., p. 219.

462) H. J. MacKinder, 'A Journey to the Summit of Mount Kenya, British East Africa', *GJ*, XV (1900), pp. 453-86.

463) B. Sharpe to H. J. MacKinder, 20 January 1900, SGO. *GJ*, MP/F/100.

464) MacKinder, 'A Journey to the Summit of Mount Kenya', p. 476.

465) 'MacKinder/Hausburg Photographs', SGO, MP/L/100.

466) MacKinder, *First Ascent*, pp. 184, 214.

467) Ibid., pp. 105, 110, 136, 188, 199, 212, 231, 244.

468) MacKinder, 'A Journey to the Summit', p. 476.

469) R. B. Sharpe, H. J. MacKinder, E. Saunders and C. Camburn, 'On the Birds Collected During the MacKinder Expedition to Mount Kenya', *Proceedings of the Zoological Society*, III (1900), pp. 596-609; O. Thomas, 'List of Mammals Obtained by Mr. H. J. MacKinder During His Recent Expedition to Mount Kenya, British East Africa', *Proceedings of the Zoological Society*, I (1900), pp. 173-80.

470) 다음을 보라. MacKinder, *First Ascent*, p. 105.

471) E. N. Buxton, *Two African Trips: With Notes and Suggestions on Big game Preservation in Africa* (London, 1902), pp. 173-80.

472) MacKinder, *First Ascent*, p. 215.

473) MacKinder, 'Journey to the Summit', p. 454.

474) MacKinder, *First Ascent*, p. 233.

475) 매킨더가 수집한 많은 동물의 종(種) 또한 자신의 이름을 땄는데, 예를 들어 수리 부엉이는 부보 매킨더(Bubo MacKinder)이다.

476) 다음을 보라. J. W. Arthur, 'Mount Kenya', *GJ*, LVIII (1921), p. 23.

477) F. Haes, 'Photography in the Zoological Gardens', *Photographic News*, X

(1865), pp. 78–9, 89–91.

478) F. York, *Animals in the Gardens of the Zoological Society, London, Photographed from Life* (London, 1873).

479) C. Reid, 'Some Experiments in Animal Photography', *BJP*, XXIX (1882), pp. 216–18.

480) E. J. Muybridge, *The Attitudes of Animals in Motion: A Series of Photographs Illustrating the Consecutive Positions Assumed by Animals in Performing Various Movements: Executed at Palo Alto, California, in 1878 and 1879* (San Francisco, Ca., 1881).

481) T. R. Dallmeyer, *Telephotography, an Elementary Tretise on the Construction and Application of the Telephographic Lens* (London, 1899)

482) J. Coles, ed., *Hints to the Travellers: Scientific and General* (London, 1901), I and II.

483) 다음을 보라. G. Didi-Huberman, 'Photography–Scientific and Pseudo–Scientific' in *A History of Photography: Social and Cultural Perspectives*, ed. J. Lemagny and Rouill? (Cambridge, 1987), pp. 71–5.

484) S. Giedion, *Mechanization Takes Command: A Contribution to an Anonymous History* (London, 1969), pp. 17–30.

485) 예는 다음을 보라. E. Bennet, *Shots and Snapshots in British East Africa* (London, 1914), pp. 268–9.

486) J. E. Cornwall, *Photographic Advertising in England 1890-1960* (Giessen-Wieseck, 1978).

487) C. J. Cornish, ed., *The Living Animals of the World: A Popular Natural History* (London, n. d.).

488) D. English, *Photography for Naturalists* (London, 1901); F. C. Snell, *A Camera in the Fields: A Practical Guide to Nature Photography* (London, 1905); E. J. Bedford, *Nature Photography for Beginners* (London, 1909); S. C. Johnson, *Nature Photography: What to Photograph, Where to Search for Objects, How to Photograph Them* (London, 1912).

489) R. Kearton, *Wild Life at Home: How to Study and Photograph It* (London, 1898).

490) C. Kearton, *Wild Life Across the World* (London, 1913).

491) Buxton, *Two African Trips*, p. v.

492) J. M. MacKenzie, *The Empire of Nature* (Manchester, 1988). pp. 211–16.

493) E. N. Buxton, *Short Stalks: Or Hunting Camps North, South, East and West* (London, 1892), p. 96.

494) Buxton, *Two African Trips*, pp. 54, 90.

495) Ibid., p. 106.

496) Ibid., pp. 117 맞은 쪽, 125.

497) Ibid., pp. 90-93.

498) Ibid., p. 2.

499) H. H. Johnston, 'Introduction' to C. G. Schlings, *With Flashlight and Rifle: A Record of Hunting Adventures and of Studies in Wild Life in Equatorial East Africa* (London, 1906), p. xiii.

500) Ibid., p. xiv.

501) Ibid.,

502) Schlings, *With Flashlight and Rifle.*

503) 예는 다음을 보라. G. Shiras, 'Photographing Wild Game with Flashlight and Camera', *National Geographic Magazine,* XVII (1906), pp. 367-423.

504) A. R. Dugmore, *Nature and the Camera* (London, 1903).

505) A. R. Dugmore, *Camera Adventures in the African Wilds: Being an Account of a Four Month's Expedition in British East Africa, for the Purpose of Securing Photographs of the Game from Life* (London, 1910); A. R. Dugmore, *Wild Life and the Camera* (London, 1912); A. R. Dugmore, *The Wonderland of Big Game* (London, 1925).

506) Dugmore, *Camera Adventures*, p. xvi.

507) Dugmore, *Wonderland of Big Game*, pp. 9-10.

508) S. F. Harmer, 'Preface' in M. Maxwell, *Stalking Big Game with a Camera in Equatorial Africa* (London, 1925), p. ix.

509) A. L. Butler, 'The Blue Nile & Its Tributaries' in *Big Game Shooting in Africa*, ed. Maydon, p. 131.

510) C. J. Schillings, *In Wildest Africa* (London, 1907), I, pp. 88-9.

511) Ibid., pp. 99-100.

512) Dugmore, *Camera Adventures*, pp. xvi-xvii.

513) D. D. Lyell, *Memories of an African Hunter* (London, 1923), p. 157.

514) Dugmore, *Camera Adventures*, p. 22.

515) 예는 다음을 보라. Schilling's photograph 'When My Bullet Hit It, the Rhinoceroes Threw Its Head Several Times', *With Flashlight and Rifle*, p. 229.

516) 다음을 보라. 'The Author and his camera', in Dugmore, *Camera Adventures*, p. 204 맞은 쪽.

517) Maxwell, *Stalking Big game*, p. xxi.

518) Ibid., p. 13.

519) Ibid., Chapter XII, pls. 1-5.

520) C. Kearton, *Photographing Wild Life Across the World* (London, n. d.), p. 15.

521) 예는 다음을 보라. 'Wounded Lions', Dugmore, *Camera Adventures*, p. 82 맞은 쪽, and text pp. 82-4; 'A Wounded Bull Giraffe at Close Quarters', Schillings, *With Flashlight and Rifle*, p. 321.

522) Kearton, *Photographing Wild Life Across the World*, p. 14.

523) Dugmore, *Wonderland of Big Game*, p. 13.

524) Dickinson, *Big Game Shooting*, pp. 14-15.

525) G. Babault, *Chasses et r?cherch?z zoologique en Afrique orientale anglaise* (Paris, 1917).

526) C. E. Akeley, *In Brightest Africa* (London, 1924). 애클리의 연구에 대한 의미 있는 논의는 다음을 보라. D. Haraway, *Primate Vision: Gender, Rase, and Nature in the World of Modern Science* (London, 1992), pp. 26-58.

527) Ibid., p. 45.

528) Lyell, *Memories*, p. 126.

529) Stigand and Lyell, *Central African Game*, p. 5.

530) Stigand, *Hunting the Elephant*, p. 17.

531) Buxton, *Two African Trips*, p. 40.

532) C. H. Stigand, *The Land of Zinj* (London, 1913), p. 309.

533) Ibid., p. 320.

534) W. R. Foran, *Kill or be Killed: The Rambling Reminiscences of an Amateur Hunter* (1933), p. 76. 포란의 광범위한 사진 수집품에 관해서는 다음을 보라. RCS Photos Y30469K/99; RHLO: Mss Afr. S. 771-775.

535) Ibid., p. 9.

536) Ibid., p. 91.

537) Ibid., p. 109.

538) 다음을 보라. MacKenzie, *Empire of Nature*, pp. 295-311.

5. '원주민 사진 찍기'

539) Anon, 'The Exhibition of the Photographic Society', *Art Journal*, n. s. VI (1854), p. 49.

540) T, Asad, *Anthropology and the Colonial Encounter* (London, 1973); G. W. Stocking, *Victorian Anthropology* (New York, 1987).

541) Stocking,*Victorian Anthropology*, pp. 78-109.

542) 이에 관해 좀 더 상세한 설명은 다음을 보라. V. Rae-Ellis, 'The Representation of Trucanini' in *Anthropology and Photography 1860-1920*, ed. E. Edward (London, 1992), pp. 230-33.

543) 다음을 보라. R. Poignant, 'Surveying the Field of View: The Making of the RAI Photographic Collection', ibid., p. 46.

544) 다음을 보라. J. Comaroff and J. Comaraff, 'Through the Looking-Glass: Colonial Encounters of the First Kind', *Journal of Historical Sociology*, I (1988), pp. 17-23.

545) J. Thomson, 'Comments on Photography', *PRGS*, IV (1882), p. 212.

546) J. Thomson, 'Note on the African Tribes of the British Empire', *JAI*, XVI (1886), pp. 182-6.

547) J. Thomson, *Through Masai Land* (London, 1887), pp. 46-8.

548) Comaroff and Comaroff, 'Through the Looking-Glass', p. 23.

549) J. Thomson, *Illustrations of China and Its People, a Series of Two Hundred Photographs with Letterpress Description of the Places and People Represented* (London, 1873-4), introduction.

550) M. Taussig, *Mimesis and Alterity: A Popular History of the Senses* (London, 1993). p. 198.

551) J. Thomson, 'Photography' in *Hints to Travellers*, ed. E. A. Reeves (London, 1921), II. p. 53.

552) T. Mitchell, 'The World as Exhibition', *Comparative Studies of Society and History*, XXXI (1989), p. 230.

553) F. Galton, *Narrative of an Explorer in Tropical South Africa: Being an Account of a Visit to Damaraland in 1851* (London, 1889), pp. 53-4. 이 책은 원래 *Tropical South Africa*라는 제목으로 출판되었음.

554) M. L. Pratt, *Imperial Eyes: Travel Writing and Transculturation* (London, 1992).

555) S. L. Gilman, *Difference and Pathology: Stereotypes of Sexuality, Race and Madness* (London, 1985), p. 45.

556) 예는 다음을 보라. S. Graham-Brown, *Images of Women: The Portrayal of Women in Photography of the Middle East, 1860-1950* (London, 1988), pp. 41, 137.

557) *Picturing Paradise: Colonial Photography of Samoa, 1875 to 1925*, 전시 도록 edited by Casey Blanton: Southest Museum of Photography, Daytona Beach, Florida; Rautenstrauch-Joest-Museum of Ethnology, Cologne; Pitt Rivers Museum, Oxford; Metropolitan Museum of Art in New York (Florida, 1995).

558) Gilman, *Difference and Pathology*; S. L. Gilman, *Health and Illness: Images of Difference* (London, 1995).

559) Gilman, *Difference and Pathology*, p. 107.

560) M. Banta and G. Hinsley. *From Site to Sight: Anthropology, Photography and*

the Power of Imagery (Cambridge. Mass., 1986); Edwards, ed., *Anthropology and Photography 1860-1920*.

561) D. Livingstone to C. Livingstone, 10 May 1858, in *The Zambesi Expedition of David Livingstone*, ed. J. P. R. Wallis (London, 1956), p. 431.

562) R. McKenzie, ' "The Laboratory of Mankind": John McCosh and the Beginnings of Photography in British India', *History of Photography*, XI (1987), pp. 109-18.

563) 다음을 보라. S. J. Gould, *The Mismeasure of Man* (Harmonsworth, 1981).

564) E. Edwards, 'Photographic "Types": The Pursuit of Method', *Visual Anthropology*, III. (1990), pp. 235-58.

565) D. N. Livingstone, *The Geographical Tradition* (Oxford, 1992), pp. 216-59.

566) D. N. Livingstone, 'Human Acclimatization: Perspectives on a Contested Field of Inquiry in Science, medicine and Geography', *History of Science*, XXV (1987), pp. 359-94.

567) G. Freund, *Photography and Society* (London, 1980), pp. 55-68.

568) B. V. Street, *The Savage in Literature: Representations of 'Primitive' Society in English Fiction 1858-1920* (London, 1975); M. Cowling, *The Artist as Anthropologist: The Representation of Type and Character in Victorian Art* (Cambridge, 1989).

569) Anon, 'The Exhibition of the Photographic Society', *Art Journal*, n. s. VI (1854), p. 49.

570) E. S. Dallas, 'On Physiognomy', *Cornhill Magazine*, (1861) p. 475, cited in Cowling, Artist as Anthropologist, p. 32.

571) F. Galton, *The Art of Travel: Or Shifts and Countrivances Available in Wild Countries* (London, 1872), p. 2.

572) BAAS, *A Manual of Ethnological Enquiry, Being a Series of Question Concerning the Human Race* (London, 1852), p. 195. 다음도 보라. J. Urry, 'Notes and Queries on Anthropology and the Department of Field Methods in British Anthropology, 1870-1920', *Proceedings of the Royal Anthropological Institute of Great Britain and Ireland* (1972), pp. 45-6.

573) BAAS, *Notes and Queries on Anthropology, for the Use of Travellers and Residents in Uncivilized Lands* (London, 1874).

574) E. B. Taylor, 'Anthropology' in *Hints to Travellers*, ed. H. H. Godwin-Austen, J. K. Laughton and D. W. Freshfield (London, 1883), p. 222.

575) E. B. Tylor, 'Presidential Address', *BAAS Report*, LIV (1884), pp. 899-910.

576) 다음을 보라. A. R. Hinks, ed., *Hints to Travellers* (London, 1938).

577) 디음을 보괴. F. Spencer, 'Some Notes on the Attempt to Apply Photography

to Anthropometry During the Second half of the Nineteenth Century' in *Anthropology and Photography 1860-1920*, ed. Edwards, pp. 99-107.

578) J. H. Lamprey, 'On a Method of Measuring the Human Form for the use of Students in Ethnology', *JESL*, n. s. I (1869), pp. 84-5.

579) Spencer, 'Some Notes on the Attempt to Apply Photography to Anthropometry During the Second Half of the Nineteenth Century' in Anthropology and Photography 1860-1920, ed. Edwards, pp. 99-107.

580) Lamprey, 'On a Method of Measuring the Human Form', p. 85.

581) C. Pinney, 'The Parallel Histories of Anthropology and Photography' in *Anthropology and Photography 1860-1920*, ed. Edwards, p. 77.

582) Lamprey, 'On a Method of Measuring the Human Form', p. 85.

583) J. H. Lamprey, 'Further remarks on the Ethnology of the Chinese' (unpublished manuscript) (1867), RGS Archives X. 437. 17.

584) Lamprey, 'On a Method of Measuring the Human Form', p. 85.

585) 다음을 보라. RAI Photos 1885-1889, Box 40 (Bonaparte Collection); RAI Photos 5999-6002, Box 159 (N. M. Witt Collection).

586) C. Damman and F. Damman, *Ethnological Photograpic Gallery of the Various Races of Man* (London, 1876). 다음도 보라. Edwards, 'Photographic "Types"'.

587) T. H. Huxley Papers, Imperial College, London, 1869:30:75, cited in Spencer, 'Some Notes', p. 99.

588) Edwards, 'Photographic "Types"'.

589) Spencer, 'Some Notes on the Attempt to Apply Photography to Anthropometry'.

590) M. V. Portman, 'The Exploration and Survey of the Little Andamans', *PRGS*, X (1888), pp. 567-76.

591) M. V. Portman, *Andamanese Islanders* (1893), IOL photos 188/1-11.

592) W. H. Flower, 'Address to Department of Anthropology', *BAAS*, LI (1881), pp. 682-9.

593) W. H. Flower, 'On the Osteology and Affinities of the Andaman Islands', *JAI*, IX (1880), p. 132.

594) W. H. Flower, 다음 글에 대한 논평, Portman 'The Exploration and Survey of the Little Andamans', p. 576.

595) Portman, *Andamanese Islanders* (1893), IOL photos 188/8 and 9.

596) Ibid., IOL photos 188/9. preface.

597) Ibid., IOL photos 188/1. 여기에는 남성과 여성을 찍은 25장의 정면과 측면의 전면 사진이 포함되어 있다,

598) Ibid., IOL photos 188/1(23).

599) Ibid., IOL photos 188/6(17).

600) 다음을 보라. E. Edwards, 'Science Visualized: E. H. Man in the Andaman Islands' in *Anthropology and Photography 1860-1920*, ed. Edwards, p. 116.

601) M. V. Portman, 'Photography for Anthropologists', *JAI*, XXC. (1896), p. 77.

602) Portman, *Andamanese Islanders* (1893), IOL photos 188/11 (6-24).

603) 다음을 보라. Portman, (1890), RAI 810-834, Box 146.

604) Portman, *Andamanese Islanders* (1893), IOL photos 188/6 (13).

605) Portman, 'The Exploration and Survey of the Little Andamans', p. 575.

606) Ibid.

607) 다음을 보라. E. H. Man, 'Europeans with a group of Öngés, Little Andaman, 1880s', Edwards, 'Science Visualized', pl. 73.

608) Portman, 'Photography for Anthropologists', p. 77.

609) J. Forbes Watson and J. W. Kaye, *The People of India: A Series of Photographic Illustrations, with Descriptive Letterpress, of the races and Tribes of Hindustan* (London, 1868-75), I, preface.

610) 사냥과 관련하여 후퍼가 가진 사진에 대해 관심이 있으면 pp. 100-101과 사진 37번을 보라.

611) Watson and Kaye, *The People of India*, I. preface.

612) J. Lubbock, *The Origin of Civilization and the Primitive Condition of Man* (London, 1870).

613) T. H. Huxley, 'Opening Address', *JESL*, n. s. I (1869), p. 90.

614) *JESL*, n. s. I (1869), p. x.

615) G. Campbell, 'On the Races of India as Traced in Existing Tribes and castes', *JESL*, n. s. I (1869), pp. 128-42.

616) *Congrés internationale des sciences géographique* (Paris, 1876), II, p. 416.

617) Watson and Kaye, *The People of India*, IV, pl. 192.

618) S. Nigam, 'Disciplining and Policing the "Criminals by Birth"', *India Economic and Social History Review*, XXVII (1990), p. 131.

619) Watson and Kaye, *People of India*, IV. pl. 180.

620) C. Pinney, 'Classification and Fantasy in the Photographic Construction of Caste and Tribe', *Visual Anthropology*, III (1990), pp. 259-88.

621) T. Saunders, 'The First General Census of India', *BAAS Report*, LIV (1884), p. 804.

622) E. W. Said, *Orientalism* (London, 1978), p. 22.

623) R. Oliver, *Sir Harry Johnston and the Scramble for Africa* (London, 1957); J. A. Casuda, 'Sir Harry H. Johnston as a Geographer', *GJ*, CXLIII (1977), pp. 393-

406.

624) 예는 다음을 보라. H. H. Johnston, *British Central Africa* (London, 1897).

625) H. H. Johnston, *The Uganda Protectorate: An Attempt to Give Some Description of the Physical Geography, Botany, Zoology, Anthropology, Languages and History of the Territories Under British Protection in East Central Africa* (London, 1902)

626) Ibid., I, p. vi.

627) Ibid., p. 2.

628) J. Thomson, 'Notes on Cambodia and Its races', *JESL* (1867), pp. 246–52.

629) J, Doolottle, *Social Life of Chinese: A Daguerrotype of Daily Life in China* (London, 1868).

630) Anon, 'Illustrations of China and Its People', *BJP*, XX (1873), P. 570

631) J. Thomson, 'Male heads, Chinese and Mongolian', *Illustrations of China and Its People* (London, 1873–4), II, pl. 9.

632) Ibid.

633) Ibid.

634) 다음을 보라. *Congrés internationale des sciences géographique* II. pp. 416, 432.

635) Thomson,' Male Heads, Chinese and Mongolian'.

636) Thomson, 'Mongols', *Illustrations of China*, IV, pl. 17. no. 45.

637) J. Thomson, 'Photography and Exploration', *PRGS*, n. s. XIII (1891), p. 672.

638) Thomson, 'Strre Groups, Kiukiang', *Illustrations of China*, III, pl. 14, no. 25.

639) Thomson, 'Chinese medical men' and 'Dealers in Ancient Bronzes & C.', *Illustrations of China*, IV, pl. II. nos. 26 and 28.

640) W. Allen, 'The Palaver', *Picturesque Views on the River Niger, Sketched during Lander's Last Visit in 1832-33* (London, 1840), pl. 12.

641) 예는 다음을 보라. Edwards, 'Science Visualized', pp. 108–21, pl. 67.

642) Cowling, *Artist as Anthropologist*.

643) 다음을 보라. Anon, 'Obituary: E. Delmar Morgan', *GJ*, XXIV (1909), pp. 94–5. 다음도 보라. RGS PR/029328=029446.

644) C. Mackerras, *Western Images of China* (Oxford, 1989); L. C. Goodrich and N. Cameron, *The Face of China as Seen by Photographers and Travellers 1860-1912* (Philladelphia, 1978).

645) Thomson, 'Small Feet of Chinese Ladies', *Illustrations of China*, II, pl, 14. no. 39.

646) Thomson, 'Opium Smoking in a Restaurant' and 'A Whiff of Opium at Home'. ibid , I, pls. 9 and 10.

647) V. G. Kiernan, *The Lords of Human Kind: Black Man, yellow man, and White Man in an Age of Empire* (London, 1969), p. 162.

648) J. Thomson, *The Straits of Malacca, Indo-China and China or Ten Years' Travels, Adventures and Residence Abroad* (London, 1875).

649) Ibid, introduction.

650) Thomson, 'A Pekingese Costermonger', *llustrations of China*, IV, pl. II, no. 29. 다음도 보라. Thomson, 'Chinese Medical Men', ibid., IV, pl. II, no. 26.

651) J. Taylor, 'The Alphabetic Universe: Photography and the Picturesque Landscape' in *Reading Landscape: Country-City-Capital*, ed. S. Pugh (Manchester, 1990), p. 184.

652) Stocking, *Victorian Anthropology*, p. 261.

653) BAAS, 'Report of the Anthropometric Committee', *BAAS Rerport*, I (1880), p. 120. 중요한 설명에 대해서는 다음을 보라. Poignant, 'Surveying the Field of View' in *Anthropology and Photography 1860-1920*, ed. Edwards, pp. 58-60.

654) Ibid., p. 121.

655) P. B. Rich, *Race and Empire in British Politics* (Cambridge, 1986), pp. 12-26.

656) BAAS, 'Report of the Anthropometric Committee' (1880), p. 120.

657) BAAS 'Recommendations Adopted by the general Committee', *BAAS Rerport*, LI (1881), pp. lxii-lxix. 이 새 위원회는 윌리엄 플라워(William Flower), 존 베도(John Beddoe), 브래브루크(F. Brabrook), 프랜시스 갤튼, 파크 해리슨(J. Park Harrison), 찰스 로버츠(Charles Roberts) 그리고 피트 리버스(Pitt Rivers) 장군 등을 포함한다.

658) BAAS, 'First Report of the Committee', *BAAS Report*, LII (1882), p. 270.

659) Ibid.

660) J. B. Davis and J. Thurnam, *Crania Brittannica, Delineations and Descriptions of the Skulls of the Aboriginal and Early Inhabitants of the British Isles*, 2 vols (London, 1865). 다음을 보라. BAAS, 'Rerport of the Committee', *BAAS Rerport*, LIII (1883), pp. 306-8.

661) BAAS Racial Committee Albums: I, II and III (*c.* 1883) RAI Photos. 이 앨범들에는 위원회가 수집한 것으로 생각되는 전체 884장의 사진 가운데 557장의 초상 사진이 들어 있다.

662) BAAS 'Rerport of the Committee' (1883), pp. 306-8.

663) 다음을 보라. 'East Coast of Yorkshire' (*c.* 1882). B-type *carte-de-visite*, selected by J. P. Harrison, BAAS Racial Committee Album II. pls. 73-76, RAI 2926-2929.

664) 다음을 보라. Briggs with Miles, *A Victorian Portrait: Victorian Life and values as seen Through the Work of Studio Photographers* (London, 1989), pp.

72-91.

665) J. Beddoe, *The races of Britain: A Contribution to the Anthropology of Western Europe* (Bristol, 1885). 베도는 1869년에 인류학회(Anthropological Society)의 회장이 되었다. 그는 1870년부터 영국과학진보학회(BAAS)의 위원이었고, 그래서 사진을 수집하는 일을 비롯하여 위원회 산하의 인종위원회가 하는 여러 가지 사업에 밀접하게 연계되었다.

666) Beddoe, *Races of Britain*, p. 255.

667) BAAS, 'Final Report of the Anthropometric Committee', *BAAS Report*, LIII (1883), pp. 253-306.

668) Ibid., p. 271.

669) Ibid., pp. 269-71.

670) Ibid., p. 269.

671) Ibid., p. 300

672) F. Galton, 'On Stereoscopic Maps, Taken from Models of Mountainous Countries', *JRGS*, XXXV (1865), p. 101. 나중에 갤튼은 카메라를 사용하여 구름의 움직임에 관한 높이, 거리 그리고 그 정도를 측정하는 실험을 하기도 했다.

673) F. Galton, 'Address to the Department of Anthropology', *BAAS Report*, XLVII (1877), pp. 94-100.

674) F. Galton, 'Composite Portraits', *JAI*, VIII (1878), pp. 132-48.

675) Ibid., 135.

676) 이어 갤튼은 그 과정을 바꾸어 개인의 특정 형상을 집단의 공동 형상으로부터 격리시키고자 하였다. 이에 관해서는 다음을 보라. F. Galton, 'Analytical Photography', *Photographic Journal*, XXV (1900), pp. 135-8.

677) 갤튼의 사진 작업을 그의 우생학 안에 확실히 위치시키는 데 대한 설명은 다음을 보라. D. Green, 'Veins of Resemblance: Photography and Eugenics', *Oxford Art Journal*, VII (1984), pp. 3-16.

678) F. Galton, 'On the Application of Composite Portraiture to Anthropological Purposes', *BAAS*. LI (1881), pp. 690-91.

679) F. Galton,'Exhibition of Composite Photographs of Skulls by Francis Galton', *JAI*, XV (1885), pp. 390-92. 다음도 보라. W. S. Duncan, 'A New Method of Comparing the Forms of Skulls', *BAAS Report*, LIII (1883), pp. 570-71.

680) E. B. Tylor, 'Presidential Address', *BAAS Report*, LIV (1884), pp. 809-910.

681) 타일러에 대한 하나의 가능한 반응은 다음을 보라. A. C. Fletcher, 'Composite Portraits of American Indians', *Science* VIII (1886), cited in Green, 'Veins of Resemblance', p. 16.

682) F. Galton, *Hereditary Genius* (London, 1869), p. 325.

683) Ibid., p. x.

684) Ibid., pp. 393-5.

685) Ibid., p. xxv.

686) 다음을 보라. R. E. Fancher, 'Francis Galton's African Ethnology and Its Role in the Development of His Psychology', *British Journal for the History of Science*, XVI (1983), pp. 67-79.

687) Galton, *Narrative of an Explorer in Tropical South Africa*, preface.

688) Ibid., p. 75.

689) 다음을 보라. H. J. Dyos and M. Wollf, eds, *The Victorian City* (London, 1973), 2. vols; P. Keating, ed., *Into Unknown England, 1866-1913: Selections from the Social Explorers* (Glasgow, 1976); D. E. Nord, 'The Social Explorer as Anthropologist' in *Visions of the Modern City*, ed. W. Sharpe and L. Wallock (Baltimore, 1987), pp. 122-34.

690) J. Thomson and A. Smith, *Street Life in London* (London 1878), preface. 여기에 는 우드베리타입(Woodburytype)으로 만들어낸 37장의 사진이 수록되어 있다. 이 사진들은 처음에는 1877년 2월부터 1878년 1월까지 총 12회에 걸쳐 우드베리영 원사진사(Woodbury permanent Photographic Printing Co., London)에 의해 (각 회마 다 세 장의 사진과 그에 따른 평론이 붙은 형태로) 발간되었다가 나중에 전체를 하나로 묶어 책으로 출간하였다.

691) Ibid.

692) Stephen White, *John Thomson: Life and Photographs - The Orient, Street Life in London, Through Cyprus with the Camera* (London, 1985), p. 31.

693) J. Thomson and A. Smith, *Street Incidents* (London, 1881). 다른 대안적 관점을 위해서는 다음을 보라. I. Gibson-Cowan, 'Thomson's *Street Life* in Context', *Creative Camera*, CCLI (1985), pp. 10-15.

694) 아돌프 스미스(Adolphe Smith)는 1884년에 사회민주연맹(Social Democratic federation)에 가입하였다. 공식 통역관에 의하면 그는 1886년부터 1905년 사이 에는 국제노조회의(International Trade Union Congress)에 연루되기도 하였다. 그는 특히 위생과 의약에 관한 저술에 관심을 많이 가졌는데, 40년이 넘는 동안 『랜싯』 (*Lancet*) 지의 특별 위원을 역임했다.

695) 모든 사진은 톰슨이 찍은 반면에 그 사진에 따라붙은 수많은 이야기는 아돌프 스미스가 모은 것이다('A. S.'). 두 개의 이야기는 톰슨의 작품으로 인정을 받는다 (1877년 2월의 'London Namades'와 1877년 3월의 'Street Floods in Lambeth'). 누구의 것인지 분명하게 밝혀지지 않은 10개는 두 사람의 공동 저작인 듯하다.

696) Thomson and White, *Street Life*, preface.

697) 아돌프 스미스는 자유주의 계열의 『로이드의 주간 런던 뉴스페이퍼』의 편집장인 블랜차드 제롤드(Blanchard Jerrold)의 사위였다.

698) B. Jerrold and G. Doré, *London: A Pilgrimage* (London, 1872)

699) G. Pollock, 'Vicarious Excitements: *London: A Pilgrimage* by Gustave Doré and Blanchard Jerrold, 1872', *New Formations*, IV (1988), p. 28.

700) 블랜차드(Blanchard)의 아버지인 더글러스 제롤드(Douglas Jerold)는 헨리 메이휴(Henry Mayhew)의 장인이었다. 메이휴와 더글러스 제롤드는 1841년 『펀치』 (Punch) 지의 창립 편집자였다.

701) H. Mayhew, *London Labour and the London Poor* (London, 1861), 4 vols. 이 작품집은 메이휴가 1849년과 1850년에 『모닝 크로니클』(Morning Chronicle) 지에 연속으로 기고한 글을 모아 만든 것인데, 잡지사를 떠난 후 자비로 출판한 것이다. 자료들을 모두 모아 1851년부터 1852년까지 출판하였는데, 1861년부터 1862년 사이에 네 권으로 나오게 된 것이다. 이하의 논의는 1861-2 판본을 참조한 것이다. 이에 관해 다음을 보라. G. Himmelfarb, *The Idea of Poverty: England in the Early Industrial Age* (London, 1984), pp. 312-70.

702) Thomson and White, *Street Life*, preface.

703) 다음을 보라. A. McCawley, 'An Image of Society' in *A History of Photography: Social and Cultural Perspectives* ed. J. Lemagny and A. Roill? (cambridge, 1987), pp. 62-70.

704) G. H. Martin and D. Francis, 'The Camera's Eye' in *The Victorian City*, ed. Dyos and Wolff, I, pp. 227-46; M. Wolff and C. Fox, 'Pictures from the magazines', ibid., II, pp. 559-82.

705) S. Spencer, *O. G. Rejlander's Photographs of Art* (Ann Arbor, 1985).

706) J. M. Da Costa Nunes, 'O. G. Rejlander's Photographs of Ragged Children', *Nineteenth Century Studies*, IV (1990), pp. 105-36.

707) Da Costa Nunes, 'O. G. Rejlander's Photographs', pp. 118-19.

708) Mayhew, *London Labour*, I. preface.

709) Ibid., I, p. 1.

710) Thomson and Smith, *Street Life*, 'London Nomades'.

711) 다음을 보라. Thomson, 'Female Coiffure', *Illustrations of China*, IV, pl. 8. no. 19. 다음도 보라.Thomson, 'Mongols', ibid., IV, pl. 17, no. 45, and 'male Heads, Chinese and Mongolian', ibid., II, pl. 9.

712) Mayhew, *London Labour*, I, p. 2.

713) Ibid., I. p. 43.

714) H. Mayhew and J. Binney, *The Criminal Prisons of London and Scenes of Prison Life* (London, 1862), p. 4.

715) Ibid.

716) Ibid., p. 5.

717) J. Greenwood, *The Wilds of London* (London, 1874), 이 책은 앨프리드 콘캐넌 (Alfred Concanen)이 그린 12장의 스료가 들어 있다.

718) J. Greenwood,, *Prince Dick of Dahomey* (London, 1890); *Old People in Odd Places, or The Great Residuum* (London, n. d.); *The Wild Man at Home* (London, n. d.).

719) Greenwood, *Wilds of London*, p. 5.

720) Ibid., p. 7.

721) A. McClintock, *Imperial Leather: Race, Gender and Sexuality in the Colonial Contest* (London, 1995), pp. 132–80, 207–31.

722) BAAS, 'Final Report of the Anthropometric Committee', pp. 272–3.

723) A. Levy, *Other Women: The Writing of Class, Race, and Gender, 1832-1898* (Princeton, 1991).

724) Greenwood, *Wilds of London*. preface.

725) Mayhew, *London Labour*, IV. 광고.

726) 다음을 보라. E. C. Grenville Murray, *Spendthrifts: And Other Social Photographs* (London, 1887); Shadow [pseud], *Midnight Scenes and Social Photographs: Being Sketches of Life in the Streets, Wynds, and Dens of the City* (Glasgow, 1857); P. Colins, ed., *Dickens: The Critical Heritage* (London, 1970).

727) 예는 다음을 보라. ' "Hookey Alf" of Whitechapel', Thomson and Smith, *Street Life*, November, 1877.

728) Jerrold and Doré, London, J. R. Walkowitz, *City of Dreadful Delight: Narratives of Sexual Danger in Late-Victorian London* (London, 1992), pp. 15–39.

729) Mayhew and Binney, *Criminal Prisons*, p. 4. 강조는 원래부터 있던 것임.

730) Ibid., p. 7.

731) Jerrold and Doré, London, pp. 147–8; P. J. Keating, 'Fact and Fiction in the East End' in *The Victorian City*, ed. Dyos and Wolff, II, pp. 585–602.

732) J. Barrel, *The Infection of Thomas De Quincey: A Psychopathology of Imperialism* (London, 1991), pp. 48–66, 197.

733) 시선(vision)과 권력 사이의 관계에 대한 더 깊은 논의를 위해서는 다음을 보라. M. Foucault, *Discipline and Punish: The Birth of Prison* (Harmondswoth, 1987), p. 187. J. Fabian, *Time and the Other: How Anthropology Makes Its Object* (New York, 1983), pp. 105–41.

734) B. McGrane, *Beyond Anthropology: Society and the Other* (New York, 1989).

735) E. F. im Thurn, 'Anthropological Uses of the Camera', *JAI*, XXII (1893), p. 186.

736) 예는 다음을 보라. P. Emerson and W. C. Moore, *Geography Through the Stereoscope: Teacher's Manual and Student's Field Guide* (London, 1907).

737) 다음도 보라. *Picturing Paradise: Colonial Photography of Samoa, 1875 to*

1925.

6. 시각교육

738) *The Queen, Her Empire and the English-Speaking World* (London, 1897), p. viii; *The English-Speaking World: Photographic Reproductions of Its Scenery, Cities and Industry* (London, 1896).

739) *Broader Britain: Photographs Depicting the Scenery, the Cities and the Industries of the Colonies and Dependencies of the Crown* (London, 1895), introduction

740) 예는 다음을 보라. *The English-Speaking World.*, pp. 59, 107, 120, 153, 186.

741) H. O. Arnold-Forster, ed., *The Queen's Empire; A Pictorial and Descriptive Record* (London, 1897).

742) Ibid., p. x.

743) *Pictures of Our Empire* (London, 1907)

744) J. M. MacKenzie, *Propaganda and Empire* (Manchester, 1984), pp. 162-6.

745) CO885/8 Misc. No. 150 (1902), p. 1.

746) 예는 다음을 보라. C. Lucas, *A Historical Geography of the British Colonies* (London, 1887-1925).

747) G. Kearns, 'Halford John Mackinder 1861-1947', *Geographers Biobibliographical Studies*, IX (1985), pp. 71-86; B. W. Blouet, *Halford Mackinder: A Biography* (Texas, 1987).

748) H. J. Mackinder, 'The Teaching of Geography from an Imperial Point of View and the Use which Could and Shouls be Made of Visual Instruction', GT, vi (1911), pp. 79-86.

749) Ibid., p. 80.

750) H. J. Mackinder, 'On Thinking Imperially', in M. E. Sadler, ed., *Lectures on Empire* (London, 1907), pp. 32-42.

751) CO 885/8 Misc. No. 157 (1903), pp. 1-9.

752) CO 885/17 Misc. No. 157 (1906), pp. 47-9.

753) CO 885/8 Misc. No. 174 (1905), pp. 1-10.

754) H. J. Mackinder, *Seven Lectures on the United Kingdom for Use in India. Revised for Use in the United Kingdom* (London, 1909), pp. v-vii.

755) CO 885/17 Misc. No. 188 (1906), pp. 78.

756) *Who Was Who 1941-1950*, IV (London, 1950), p. 387.

757) CO 885/17 Misc. No. 188 (1907), pp. 134-6

758) 피셔의 28장으로 된 앨범이 현존한다. RCS FC/1.

759) CO 885/17 Misc. No. 188 (1907), pp. 134-6.

760) Ibid. p. 136.

761) Ibid. (1905), p. 2.

762) Ibid. (1907), p. 134.

763) Ibid. p. 135.

764) S. Humphries, *Victorian Britain Through the Magic Lantern* (London, 1989).

765) D. Simpson, 'The Magic Lantern and Imperialism', *Royal Commonwealth Society Library Notes* (1973).

766) MacKenzie, *Propaganda and Empire*, pp. 147-72.

767) CO 885/17 Misc. No. 188 (1908), p. 84.

768) CO 885/8 Misc. No. 152 (1902), p. 7.

769) J. S. Keltie, *Report of the Proceedings of the Society in Reference to the Improvement of Geographical Education* (London, 1886), p. 45.

770) J. S. Keltie, 'Catalogue of Exhibition of Educational Appliances used in Geography Education', ibid., pp. 245-343.

771) J. S. Keltie, 'On Appliances Used in Teaching Geography', ibid., p. 197.

772) 켈티 다음에 나오는 프레시필드(Freshfield)의 논평을 보라. ibid., p. 203.

773) S. Nicholls, 'The Geography Room and Its Essential Equipment', *GT*, VI (1912), pp. 308-14; E. Young, A. R. Laws and M. Byers, 'Geography Class Rooms', *GT*, VI (1912), pp. 314-23.

774) Keltie, 'On Appliances', pp. 193, 199.

775) 예는 다음을 보라. H. E. Roscoe et al., *Science Lectures for the People* (Mancjester, 1866-7).

776) 예는 다음을 보라. D. W. Freshfield, 'Valedictory Address', *GT*, II (1903), p. 12.

777) J. S. Keltie and H. R. Mill, *Report of the Sixth International Geographical Congress* (London, 1895), appendix B, pp. 16-17.

778) D. W. Freshfield, 'Presidential Address', *GT*, II (1903), p. 12.

779) H. R. Mill, *The Record of the Royal Geographical Society 1830-1930* (London, 1930), p. 103.

780) H. J. Mackinder, *India: Eight Lectures Prepared for the Visual Instruction Committee of the Colonial Office* (London, 1910). 같은 제목으로 런던의 조지필립스사(社)에서 교과서가 출간되기도 했다. 이어지는 인용은 후자에서 단 것이다.

781) A. H. Fisher, *Through India and Burmah with Pen and Brush* (London, n. d. [1910]), preface.

782) A. H. Fisher to H. J. Makinder, 13 November 1907, RCS FC/5/i, p. 67.

783) Mackinder, *India*, p. v.

784) Mackinder, *India*, p. 6.

785) T. Mitchell, 'The World as Exhibition', *Comparative Studies of Society and History*, XXXI (1989), pp. 217-36.

786) P. Greenhalgh, *Ephemeral Vistas: The Exposition Universelles, Great Exhibition and World's Fairs, 1851-1939* (Manchester, 1988), p. 59; C. A. Breckenridge, 'The Aesthetics and Politics of Colonial Collecting: India at World Fairs', *Comparative Studies of Society and History*, XXXI (1989), pp. 195-216.

787) S. Low, *A Vision of India* (London, 1906), preface.

788) C. K. Cooke, 'The Royal Colonial Tour', *Empire Review*, II (1901), p. 556.

789) CO 885/17 Misc. No. 188 (1907), p. 134.

790) 예는 다음을 보라. W. E. Hooper, ed., *The British Empire in the First Year of the Twentieth Century and the Last of the Victorian Reign: Its Capital Cities and Notable Men* (London, 1904), 2 vols.

791) Fisher to MacKinder, 날짜 미상, RCS FC/5/i, p. 650.

792) MacKinder, *India*, pp. 15-16.

793) 예를 들어, 1883년부터 1905년까지 인도조사국 사진과의 조교장이었던 헨리 하워드(Henry Howard)는 같은 장소에서 유사한 사진 연속물을 만들었다. 다음을 보라. H. Howard, IOL photo 527 (21-25).

794) MacKinder, *India*, pp. 42-3.

795) Ibid., pp. 71-2, 107.

796) 인도를 재현하는 데 끼친 반란이 가져온 다양한 충격에 대한 예로 인도에 있던 인도인과 영국인이 나타나는 그림, 인쇄, 사진을 보기 위해서는 다음을 보라. *The Raj: India and the British 1600-1947*, 전시 도록 edited by C. A. Bayly: National Portrait Gallery, London (London, 1990), pp. 231-49.

797) 이 책에서 나는 지명을 표기하는 데 요즘 사용하는 표기가 아닌 피셔가 사용했던 표기를 사용한다. 예를 들어 오늘날의 칸푸르(Kanpur) 대신 카운포르(Cawnpore)를 사용한다.

798) Arnold-Forster, *The Queen's Empire*, II. p. 263.

799) MacKinder, *India*, p. 63.

800) Ibid., p. 67.

801) 예는 다음을 보라. Fisher to MacKinder, 31 December 1907, RCS FC/5/i. p. 281; Fisher to Mackinder, 10 January 1908, RCS FC/3/i. pp. 387-92.

802) MacKinder, *India*, p. 59.

803) Fisher, 앨범 쪽수 기준 주석, RCS FC/1, album 4. 피셔의 사진은 MacKinder, *India* p. 54 맞은 쪽에 다시 수록되었다.

804) 예는 다음을 보라. Shepherd and Robertson, 'Udasees (Fakirs), Delhi' (c. 1862),

RCS Y330222b/96 (1127); 'Snake Charmers' (c. 1862), RGS Photos G13/21 (1123).

805) Fisher to MacKinder, 10 January 1908. RCS FC/5/i, p. 336. 다음도 보라. RCS FC/1, album 2, no. 331.

806) Fisher to MacKinder, 10 January 1908, RCS FC/5/i, p. 346.

807) ibid. pp. 360-61.

808) CO 885/17 Misc. No. 188 (1907), p. 135.

809) 예는 다음을 보라. Fisher to MacKinder, 날짜 미상, RCS FC/5/i, p. 536.

810) Fisher to MacKinder, 10 January 1908, RCS FC/f/i, p. 374. 다음도 보라. RCS FC/1, album 3, nos. 382-5.

811) Fisher to MacKinder, 날짜 미상, RCS FC/5/i, p. 544.

812) Ibid.

813) MacKinder, *India*, p. 60-61. 피셔의 기술에 관해서는 다음을 보라. Fisher to MacKinder, 날짜 미상, RCS FC/5/i, pp. 549-54

814) MacKinder, *India,* pp. 60-61.

815) Fisher to MacKinder, 날짜 미상, RCS FC/5/i, p. 567-9.

816) Ibid., pp. 567-70.

817) MacKinder, *India*, p. 68-71.

818) Fisher to MacKinder, 날짜 미상, RCS FC/5/i, pp. 845-9; RCS FC/i, album 6, nos 875-7.

819) 예는 다음을 보라. Arnold-Forster, *The Queen's Empire*, II. p. 192.

820) MacKinder, *India*, p. 130.

821) CO 885/17 Misc. No. 188 (1907), p. 138.

822) MacKinder, *India*, p. 118.

823) Ibid., p. 13.

824) Ibid., pp. 42-3.

825) Ibid., p. 79.

826) 다음을 보라. RCS FC/1, album 6, nos 846-7.

827) MacKinder, *India*, p. 118.

828) Ibid.

829) W. G. Baker, *The British Empire: The Colonies and Dependencies* (London, 1890), p. 49.

830) Fisher, *Through India and Burmah*, p. 347.

831) J. B. R(eynolds], 'Review of H. J. Makinder, *Seven Lectures on the United Kingdoms for Use in India* (1909)' GT, VI (1911), p. 73.

832) CO 885/21. Misc. No. 249, p. 41. 다음도 보라. A. J. Sargent, *The Sea Route to the East: Gibraltar to Wei-bai-wei: Six Lectures Prepared for the Visual*

Instruction Committee of the Colonial Office (London, 1912); A. J. Sargent, *Canada and Newfoundland: Seven Lectures Prepared for the Visual Instruction Committee of the Colonial Office* (London, 1913); A. J. Sargent, *Australia: Eight Lectures Prepared for the Visual Instruction Committee of the Colonial Office* (London, 1913).

833) Sargent, *Sea Route to the East*, pp. 43–5.

834) Sargent, Australia, p. 14.

835) Ibid.

836) Sargent, *Canada and Newfoundland*, p. 16.

837) Ibid., p. 85.

838) S. Schama, *Landscape and Memory* (London, 1995), pp. 191–4.

839) Sargent, *Canada and Newfoundland*, p. 101.

840) Ibid. 73.

841) Sargent, *Sea Route to the East*, p. 82.

842) Sargent, *Canada and Newfoundland*, p. 90.

843) Sargent, *Sea Route to the East*, p. 123.

844) Sargent, *Australia*, p. 55.

845) 1911년 9월에 이르러서는 슬라이드 여섯 세트와 매킨더의 인도에 관한 강의 책 914권이 판매되었을 뿐이다: CO 885/21 Misc. No. 265 (1911), p. 5. 슬라이드 전체 세트의 판매 가격은 50파운드로 비싼 편이었지만, 각 강의용 슬라이드는 하루에 60%의 가격으로 뉴튼사(Newton & Co.)에서 대여할 수 있었다.

846) 에버라드 임 툰은 1890년대에 인류학적 사진을 실천에 옮긴 중요한 인물이었고, 그가 나중에 식민성시각교육위원회에서 1911년부터 맡았던 역할은 여기에서 다룬 것보다 훨씬 상세히 다루어야 할 필요가 있다. 이에 관해서는 다음을 보라. D. Tayler, "'Very loveable human beings"; The Photography of Everard im Thurn' in *Anthropology and Photography 1860-1920*, ed. E. Edwards (Cambridge, 1992), pp. 187–92.

847) 다음을 보라. CO 885/22 Misc. No. 276, p. 86.

848) A. J. Sargent, *South Africa: Seven Lectures Prepared for the Visual Instruction Committee of the Colonial Office* (London, 1914); Sir Algernon Aspinal, *The West Indices: Seven Lectures Prepared for the Visual Instruction Committee of the Colonial Office* (London, 1914). 와이엇(A. Wyatt)이 집필하기로 한 아프리카 식민지에 관한 강연집은 결국 실현되지 못했다.

849) 매킨더가 자신의 지리학에서 시각성에 대해 특혜를 준 것에 대한 이론적 해체에 대해서는 다음을 보라. G. Ó. Tuathail, *Critical Geopolotics: The Politics of Writing Global Space* (London, 1996), pp. 75–110.

850) 다음을 보라. T. Jeal, *Baden-Powell* (London, 1989), pp. 363–423.

851) Mackinder, 'The Teaching of Geography', p. 80.

852) Ibid. 강조는 원문에 있는 것임.

853) Ibid., p. 83.

854) H. J. Makinder, *Our Own Islands* (London, 1906), pp. 2, vi-vii.

855) H. J. Makinder, *Lands Beyond the Channel* (London, 1908); H. J. Makinder, *Distant Lands* (London, 1910); H. J. Makinder, *The Nations of the Modern World* (London, 1912).

856) Mackinder, 'The Teaching of Geography', p. 80.

857) R. Brown, *The Countries of the World: Being a Popular Description of the Various Countinets, Islands, Rivers, Seas and Peoples of the Globe* (London, 1876-81), p. 1.

858) 예는 다음을 보라. W. G. Baker, *Realistic Elementary Geograpgy, Thought by Picture and Plan* (London, 1888); W. G. Baker, *The British Empire: The Home Countries* (London, 1889); W. G. Baker, *The British Empire: The Colonies and Dependencies* (London, 1890).

859) W. Bisiker, *The British Empire* (London, 1909), preface.

860) A. McClintock, *Imperial Leather: Race, Gender and Sexuality in the Colonial Contest* (London, 1905), pp. 207-31.

861) CO 885/21 Misc. No. 249 (1912), p. 4.

862) Fisher to MacKinder, 31 December 1907, RCS FC/5/i, pp. 301-2. 다음도 보라. Fisher, *Through India and Burmah*, p. 23.

863) Fisher to MacKinder, 2 November 1908, RCS FC/5/i, pp. 54-5.

864) CO 885/17 Misc. No. 188 (1907), p. 136.

865) Mackinder, 'The Teaching of Geography', p. 81.

866) Ibid., p. 86.

7. 결론을 향하여

867) W. L. Price, *A Manual of Photographic Manipulation, Treating of the Practice of the Art and Its Various Applications to Nature* (London, 1858), pp. 1-2.

868) J. Thomson, 'Photography and Exploration', *PRGS*, n. s. XIII (1891), p. 673.

869) E. W. Said, *Orientalism* (London, 1978), p. 20.

870) 러그비학교(Rugby School) 회원들이 펴낸 The Meteor, XLVII (1913), p. 132

871) 다음을 보라. D. Livingstone, 'Sketch of the Victoria Falls' (1860), RGS Archives. Reproduced in *David Livingstone and the Victorian Encounter*

with Africa, 전시 도록, edited by J. M. Mackenzie: National Portrait Gallery, London (London, 1996), cat. no. 2,20.

872) T. Baines, *The Victoria Falls - Zambesi River: Sketched on the Spot during the Journey of J. Chapman and T. Baines* (London, 1865).

873) G. A. Farini, *Through the Kalahari desert: A Narrative of a Journey with Gun, Camera, and Note-book to Lake N'gami and Back* (London, 1886), p. ix.

874) G. A. Farini, 'A Recent Journey in the Kalahari', *PRGS*, n. s. VIII (1886), pp. 447-8.

875) F. C. Selous, *Travel and Adventure in South-East Africa* (London, 1893), p. ix.

876) J. Morris, *Farewell the Trumpets: An Imperial Retreat* (Hommonsworth, 1978), p. 349.

877) A. H. Beaven, *Imperial London* (London, 1901). p. 63. cited in S. Daniels, *Fields of Vision: Landscape, Imagery and National Identity in England and the United States* (Oxford, 1993), p. 29.

878) Daniels, *Fields of Vision*, p. 31 and. fig. 3.

879) H. O. Arnold Foster, *The Queen's Empire: A Pictorial and Descriptive Record* (London, 1897); H. O. Arnold Foster, *Our Great City: Or, London the Heart of the Empire* (London, 1900), pp. 251-60.

880) 다음을 보라. D. Ades, *Photomontage* (London, 1981).

881) D. Green, 'On Foucault: Disciplinary Power and Photography', *Camerawork*, XXXII (1985), p. 9: D. Green, '"Classified Subjects": Photography and Anthropology - the Technology of Power', *Ten: 8*, XIV (1984), pp. 30-37; T. McGrath, 'Medical Police' *Ten: 8*, XIV (1984), pp. 13-18; John Tagg, *The Burden of Representation: Essays on Photographies and Histories* (London, 1988), p. 118.

882) Foster, *Queen's Empire*, p. x.

883) D. Hebdige, *Hiding in the Light: On Images and Things* (London, 1988), p. 140.

884) J. Crary, *Techniques of the Observer: On Vision and Modernity in the Nineteenth Century* (London, 1990).

885) 예는 다음을 보라. T. Dennett, 'Popular Photography and Labour Albums' in *Family Snaps: The Meanings of Domestic Photography, ed. J. Spence and P. Holland* (London, 1991), pp. 72-83.

886) B. Porter, *Critics of Empire: British Radical Attitudes to Colonialism in Africa, 1895-1914* (London, 1968).

887) 예는 다음을 보라. H. R. Fox Bourne, *The Aborigines Protection Society: Chapters in Its History* (London, 1899), pp. 52-60.

888) C. A. Cline, *F. D. Morel 1873-1924: The Strategies of Protest* (Belfast, 1980)

889) 예는 다음을 보라. J. H. Harris, 'Rubber is Death' (London, 1906)

890) 예는 다음을 보라. E. D. Morel, 'Consul Casement's Report on the Congo State Territory', *West African Mail* (19 February 1904), pp. 1,182-8.

891) E. D. Morel, *King Leopold's Rule in Africa* (London, 1904), p. 48 맞은 쪽.

892) 다음을 보라. J. H. Harris, *Dawn in Darkest Africa* (London, 1912).

893) Anon, *The Bystander*, 8 May 1940.

894) 다음을 보라. H. Callaway, *Gender, Culture and Empire* (Oxford, 1988); J. Trollope, *Britannia's Daughters: Women of the British Empire* (London, 1983)

895) 다음을 보라. M. Vaughan, *Curing Their Ills: Colonial Power and African Illness* (Cambridge, 1991).

896) N. Thomas, *Entangled Objects: Exchange, Material Vulture, and Colonialism in the Pacific* (London, 1991), pp. 83-124; J. M. Gutman, *Through Indian Eyes: Nineteenth and Early Twentieth Century Photography from India* (New York, 1982); J. Comaroff and J. Comaroff, 'Through the Looking-Glass: Colonial Encounters of the First Kind', *Journal of Historical Sociology*, I (1988), p. 7.

897) 예는 다음을 보라. J. Fabb, *Victoria's Golden Jubilee* (London, 1987). J. Fabb, *Royal Tours of the British Empire* (London, 1989).

898) 다음을 보라. J. Taylor, *A Dream of England: Landscape, Photography and the Tourist's Imagination* (Manchester, 1994).

899) C. A. Lutz and J. L. Collins, *Reading National Geographic* (Chicago, 1993), pp. 39-41.

900) 다음을 보라. C. Pinney, 'The Parallel Histories of Anthropology and Photography' in *Anthropology and Photography 1860-1920*, ed. E. Edwards (London, 1992), pp. 74-95.

901) Morris, *Farewell the Trumpets*, p. 348, note 1.

902) J. Morris, *Fisher's Face* (London, 1995).

903) 다음을 보라. J. Hirsch, *Family Photographs: Content, Meaning and Effect* (Oxford, 1981); J. Spence and P. Holland, eds, *Family Snaps: The meanings of Domestic Photography* (London, 1991). 다음도 보라. Z. Yalland, *Boxwallahs* (London, 1995). 식민주의적 가족 사진에 대한 또 다른 해석에 대해서는 다음을 보라. G. Pollock, 'Territories of Desire: Reconsiderations of an African Childhood. Dedicated to a Woman Whose Name was Not Really "Julia" in *Travellers' Tales: Narratives of Home and Displacement*, ed. G. Robertson et. al (London, 1994), pp. 63-89.

참고문헌

수고 및 사진 자료들

The Brenthurst Library, Johannesburg, South Africa

Thomas Baines Papers, MS. 49.

Frederick C. Selous Papers, MS. 57, 58.

James Chapman Papers, MS. 168.

Foreign and Commonwealth Office Library, London

Photographic Views of Blantyre, BCA(1900/01~1905), Photos, Malawi/1.

Royal Engineers, *Abyssinian Expedition*(1868~9), Photos, Ethiopia/1.

J. W. Lindt, *Picturesque New Guinea*, Photos, Papua New Guinea/2.

India Office Library, London

Lala Din Diyal & Sons, *Souvenir of the Visit of HE Lord Curzon of Kedleston, Viceroy of India to HH the Nizam's Dominions, April 1902*, Photo 430/33.

HE Lord Curzon's First Tour in India(1899), Photo 430/i7.

H. Haward Collection, Photo 527.

Samuel Bourne, *India, Scenery 1874*, Photo 94/4.

Maurice Vidal Portman, *Andamanese Islanders*(1893), Photo 188/1-11.

National Army Museum, London

Frederick Bremner, *Types of the Indian Army*(c.1880), Photo 5701-26.

Royal Engineers, *Abyssinian Expedition*(1869), Photo 7604-43.

John McCosh, 'Album of 310 photographs'(1848~53), Photo 6204-3.

William Ellerton Fry, *Occupation of Mashonaland*(1890), Photo 8206-103.

Sir Stafford Northcote Collection(c. 1870), Photo 6510-222.

J. Ritchie, 'MS Notes on John McCosh'(n.d.), Archives 7910-10.

National Library of Scotland, Edinburgh

John Kirk Photographs(Private Collection): Ace. 9942/40-41.

Rhodes House Library, Oxford

Anti-Slavery Society Papers, Mss. Brit. Emp. s.24/J46-49.

Royal Anthropological Institute, London

British Association for the Advancement of Science, Racial Committee Albums
I, II and III(c. 1883).

Bonaparte Collection, Box 40, Photos 1885-1889.

N. M. Witt Collection, Box 159, Photos 5999-6002.

M. V. Portman photographs(1890), Box 146, Photos 810-834.

Royal Commonweallh Society Collections, Cambridge

Fisher Collection(FC)

No. 1: 28 albums of photographs taken or collected by A. H. Fisher.

No. 5: Letters to H. J. Mackinder: i. Outward Journey to India and Bunnah, 24
October 1907~March 1908, pp.1~853.

Royal Geographical Society, London

Photographs

A. F. Beaufort Collection, E117.

Prince Roland Bonaparte, Collection Anthropologique(c.1880), RGS PR/032113-
032121.

Guy Dawnay Collection, C80; C82/006132-301.

J. Grant, '27 Photographs of Zanzibar', X73/018784-018810.

F. H. H. Guillemard Collection, E55.

W. W. Hooper and V. S. G. Western, *Tiger Shooting*(c.1870), E119/015651- 015662.

Delmar Morgan Collection(c. r875), PR/029328-029466.

Royal Engineers, Abyssinian Expedition, PR/036171-036246.

Miscellaneous Albums: E118, E119, G13.

Miscellaneous Photographs: PR/.

Prints

M. O'Reilly, *Twelve Views in the Black Sea and the Bosphorous*, Day & Son, Lithographers to the Queen, London, 1856. D108/1, 17~30.

James Ferguson(Lithographer), *Views in Abyssinia*, London, Harrison & Sons, 1867. D108/125-136.

Miscellaneous prints: D108/.

Museum

Royal Seal and Locket of King Theodore, 63/120.1; 94/120.1.

Chauncey Hugh Stigand Collection

Manuscripts

Correspondence

Henry Walter Bates; T. D. Forsyth; Francis Galton; James A. Grant; Thomas H. Holdich; Harry H. Johnston; John Scott Keltie; Halford John Mackinder; Clements Markham; Roderick Impey Murchison; Cuthbert Peek; Chauncey Hugh Stigand; John Thomson; James T. Walker; War Office; Charles William Wilson.

Private Papers

R. B. Loder, 'Journal Kept by Reginald B. Loder of Mandwell Hall, Northamptonshire, during his visit to British East Africa, 1910-1911'; 'British East Africa Journal, 1912-1913'.

Chauncey Hugh Stigand, 'Essays on Central Africa by Kusiali', n.d., AR/64, 5(6).

_____, 'An African Hunter's Romance', unpublished typscript, n.d., 400 pp.AR/64, 2.

Unpublished Journal MSS

Jones H. Lamprey, 'Further Remarks on the Ethnology of the Chinese', 1867.

John Thomson, 'Notes of a Journey with H. G. Kennedy through Siam to the Ruins of Cambodia', 1866.

Committee Minutes

Scientific Purposes Committee Minute Book, November 1877-March 1883.

School of Geography, Oxford

Mackinder Papers(MP): Letters, Mount Kenya Expedition, MP/F/100.

Mackinder and Hausburg Photographs, Mount Kenya Expedition, 1899,
MPL/100(91 prints), MP/H/200(62 Glass Lantern-slides).

University College, London

Francis Galton Papers 118/4; 152/8; 158/2 190.

Wellcome Institute for the History of Medicine, London

John Thomson Correspondence 1920-22, IC 357.

공식 기록

Colonial Office Papers(CO)

CO 885/8 Miscellaneous No. 150, 1902, Lantern Lectures on the British Empire;
Memorandum by M. E. Sadler, 8pp.

CO 885/8 Miscellaneous No. 152, 1902, Lantern Lectures on the British Empire.

CO 885/8 Miscellaneous No. 157, 1903, 'Syllabus of a Course of Seven
Lectures, Illustrated by Lantern Slides, on a Journey to England from the
East', 9pp.(Superseded by No. 174).

CO 885/9 Miscellaneous No. 172, 1904, 'Lantern Lectures on the United
Kingdom for Use in the Colonies; Memorandum', 2pp.

CO 885/9 Miscellaneous No. 174, 1905, 'Syllabus of a Course of Seven
Lectures, Illustrated by Lantern Slides, on a Journey to England from the
East', 10pp.

CO 885/17 Miscellaneous No. 188, 1908. Correspondence Relating to Visual
Instruction(1905~1907), 137pp.

CO 885/18 Miscellaneous No. 200, 1907. Illustrated Lectures on the Colonies,
for the Use of Schools in This Country; Memorandum, 2pp.

CO 885/19 Miscellaneous No. 218, 1910. Further Correspondence Relating to
Visual Instruction(1908-1909), 56pp.

CO 885/21 Miscellaneous No. 249, 1912. Further Correspondence Relating to
Visual Instruction(1910-1911), 93pp.

CO 885/21 Miscellaneous No. 265, 1911. The Visual Instruction Committee.
Memorandum by C. P. Lucas, 14pp.

CO 885/22 Miscellaneous No. 276, 1914. Further Correspondence Relating to Visual Instruction(1912-1913), 94pp.

CO 885/23 Miscellaneous No. 303, 1915. Further Correspondence Relating to Visual Instruction(1914-1915), 27pp.

당대의 출판물들

Periodicals and Newspapers

Art Journal; Art Union Journal; British Journal of Photography; Cornhill Magazine; Empire Review; The Field; Geographical Journal; Geographical Magazine; Geographical Teacher; Journal of the African Society; Journal of the Anthropological Institute; Journal of the Ethnological Society of London; Journal of the Royal Geographical Society; Macmillan's Magazine; Mission Field; Photographic Journal; Photographic News; Proceedings of the Royal Colonial Institute; Proceedings of the Royal Geographical Society; Proceedings of the Zoological Society; Professional Papers of the Corps of Royal Engineers; Reports of the British Association for the Advancement of Science; The West African Mail.

Books and Articles

William de W. Abney, *Instruction in Photography: For Use at the SME Chatham*, Chatham, 1871.

William Allen, *Picturesque Views on the River Niger, Sketched during Lander's Last Visit in 1832-33*, London, 1840.

Charles John Andersson, *Lake Ngami: Explorations and Discoveries During Four Years' Wanderings in the Wilds of South Western Africa*, London, 1856.

Anon., 'The Abyssinian Expedition', *British Journal of Photography*, XIV, 1867, p.389.

_____, 'The Application of Photography to Military Purposes', *Nature*, 11, 1870, pp. 236-7.

_____ 'The Application of the Talbotype', *Art Union, Monthly Journal of the Fine Arts and the Arts, Decorative, Ornamental*, VIII, 1846, p.195.

_____ 'Photography Applied to the Purposes of War', *Art Journal*, VI, 1854, p.

152.

H. O. Arnold-Forster, ed., *The Qpeen's Empire: A Pictorial and Descriptive Record*, London, Paris and Melbourne, 1897.

Robert S. S. Baden-Powell, *Scouting for Boys: A Handbook for Instruction in Good Citizenship*, London, 1908.

John Beddoe, *The Races of Britain: A Contribution to the Anthropology of Western Europe*, Bristol, 1885(republished London, 1971).

E. Bennet, *Shots and Snapshots in British East Africa*, London, 1914.

Samuel Bourne, 'Narrative of a Photographic Trip to Kashmir(Cashmere) and Adjacent Districts', *British Journal of Photography*, XIII-XIV, 1866-7;XIII: pp. 474-5, 498-9, 524-5, 559-60, 583-4, 617-19; XIV: pp.4-5, 38-9, 63-4.

_____ 'A Photographic Journey Through the Higher Himalayas', *British Journal of Photography*, XVI-XVII , 1870-71; XVI: pp. 570, 579-80, 603, 613-14, 628-9; XVII: pp. 15-16, 39-40, 75-6, 98-9, 125-6, 149-50.

_____ 'Photography in the East', *British Journal of Photography*, X, 1863, pp. 268-70, 345-7.

_____ 'Ten Weeks with the Camera in the Himalayas', *British Journal of Photography*, XI, 1864, pp. 50-51, 69-70.

British Association for the Advancement of Science, *Notes and Quteries on Anthropology, for the Use of Travellers and Residents in Uncivilized Lands*, London, 1874.

_____ 'Report of the Committee ... Appointed for the Purpose of Carrying out the Recommendations of the Anthropometric Committee of 1880', *Report of the British Association for the Advancement of Science*, LII, 1882, pp. 278-80.

_____ 'First Report of the Committee ... Appointed for the Purpose of Obtaining Photographs of the Typical Races in the British Isles', *Report of the British Association for the Advancement of Science*, LII, 1882, pp. 270-74.

_____ 'Report of the Commitee ... Appointed for the Purpose of Defining the Facial Characteristics of the Races and Principal Crosses in the British Isles, and Obtaining Illustrative Photographs', *Report of the British Association for the Advancement of Science*, LIII, 1883, pp. 306-8.

_____ 'Final Report of the Anthropometric Committee', *Report of the British Association for the Advancement of Science*, LIII, 1883, pp. 253-306.

Robert Brown, *The Countries of the World: Being a Popular Description of the*

Various Continents, Islands, Rivers, Seas, and Peoples of the Globe, London, 1876-81.

H. Anderson Bryden, *Gun and Camera in Southern Africa: A Year of Wanderings in Bechuanaland, the Kalahari Desert, and the Lake River Country, Ngamiland*, London, 1893.

Richard F. Burton, *The Lake Regions of Central Africa: A Picture of Exploration*, London, 1860, 2 vols.

Edward North Buxton, *Short Stalks: Or Hunting Camps North, South, East and West*, London, 1892.

_____ *Two African Trips: With Notes and Suggestions on Big Game Preservation in Africa*, London, 1902.

Charles E. Callwell, *Small Wars: Their Principles and Purpose*, London, 1899.

Abel Chapman, *On Safari: Big-Game Hunting in British East Africa with Studies in Bird-Life*, London, 1908.

James Chapman, *Travels in the Interior of South Africa 1849-1863: Hunting and Trading Journeys, from Natal to Walvis Bay & Visits to Lake Ngami & Victoria Falls*, ed. Edward C. Tabler, Cape Town, 1971.

Melville Clarke, *From Simla Through Ladac and Cashmere, 1861*, Calcutta, 1862.

John Coles, ed., *Hints to Travellers: Scientific and General*, London, 1901.

A. C. Cooke, *Routes in Abyssinia*, London, 1867.

C. J. Cornish, ed., *The Living Animals of the World: A Popular Natural History*, London, n.d.

Roualeyn George Gordon Cumming, *Five Years of a Hunter's Life in the Far Interior of Southern Africa*, London, 1850.

Carl Dammann and Frederick W. Dammann, *Ethnological Photographic Gallery of the Various Races of Man*, London, 1876.

Charles Darwin, *The Expression of the Emotions in Man and Animals*, London, 1872.

John Donnelly, 'On Photography and Its Application to Military Purposes', *British Journal of Photography*, VII, 1860, pp. 178-9.

Justus Doolittle, *Social Life of the Chinese: A Daguerreotype of Daily Life in China*, London, 1868.

Arthur Radclyffe Dugmore, *Camera Adventures in the African Wilds: Being an Account of a Four Months' Expedition in British East Africa, for the Purpose of Securing Photographs of the Game from Life*, London, 1910.

_____, *Nature and the Camera*, London, 1903.

_____, *WildLife and the Camera*, London, 1912.

_____, *The Wonderland of Big Game*, London, 1925.

Philip Henry Egerton, *Journal of a Tour Through Spiti, to the Frontier of Chinese Thibet, with Photographic Illustmtions*, London, 1864.

Philip Emerson and William Charles Moore, *Geogmphy Through the Stereoscope: Teacher's Manual and Student's Field Guide*, London, 1907.

A. Hugh Fisher, *Through India and Burmah mith Pen and Brush*, London, n.d. [1910].

William Robert Foran, *Kill: Or Be Killed, the Rambling Reminiscences of an Amateur Hunter*, London, 1933.

Douglas W. Freshfield, 'The Place of Geography in Education', *Proceedings of the Royal Geographical Society*, n.s. VIII, 1886, pp. 698-714.

Francis Galton, *The Art of Travel: Or, Shifts and Contrivances Available in Wild Countries*, London, 1855.

_____, 'Composite Portraits', *Journal of the Anthropological Institute*, VIII, 1878, pp. 132-48.

_____, *Hereditary Genius*, London, 1869.

_____, *Inquiries into Human Faculty and Its Development*, London, 1907.

_____, *Narrative of an Explorer in Tropical South Africa: Being an Account of a Visit to Damaraland in 1851*, London, 1889.

_____, 'On the Application of Composite Portraiture to Anthropological Purposes', *Report of the British Association for the Advancement of Science*, LI, 1881, pp. 690-91.

_____, 'On Stereoscopic Maps, Taken from Models of Mountainous Countries', *Journal of the Royal Geographical Society*, XXXV, 1865, pp. 99-104.

Hereford Brooke George, *The Oberland and its Glaciers: Explored and Illustrated with Ice-Axe and Camera*, London, 1866.

James Greenwood, *The Wild Man at Home or, Pictures of Life in Savage Lands*, London, n.d.

_____, *The Wilds of London*, London, 1874.

Frank Haes, 'Photography in the Zoological Gardens', *Photographic News*, X, 1865, pp. 78-9, 89-91.

William Cornwallis Harris, *Portraits of the Game and Wild Animals of Southern Africa*, London, 1840.

_____, *The Wild Sports of Southern Africa*, London, 1838.

Agnes Herbert, *Two Dianas in Somaliland: The Record of a Shooting Trip*, London, 1908.

Samuel Highley, 'Hints on the Management of Some Difficult Subjects in the Application of Photography to Science', *Report of the British Association for the Advancement of Science*, XXIV, 1854, pp. 69-70.

_____, 'On the Means of Applying Photography to War Purposes in the Army and Navy', *Report of the British Association for the Advancement of Science*, XXIV, 1854, p. 70.

Trevenen J. Holland and Henry M. Hozier, *Record of the Expedition to Abyssinia, Compiled by Order of the Secretary of State for War*, London, 1870.

H. N. Hutchinson, J. W. Gregory and R. Lydekker, eds, *Living Races of Mankiud: A Popular Illustrated Account of the Customs, Habits, Pursuits, Feasts and Ceremonies of the Races of Mankind throughout the World*, London, n.d. [1903].

Everard F. im Thurn, 'Anthropological Uses of the Camera', *Journal of the Anthropological Institute*, XXII, 1893, pp. 184-203.

Harry Hamilton Johnston, *British Central Africa*, London, 1897.

_____, *The Negro in the New World*, London, 1910.

_____, *The Uganda Protectorate: An Attempt to Give Some Description of the Physical Geography, Botany, Zoology, Anthropology, Languages and History of the Territories Under British Protection in East Central Africa*, London, 1902.

Cherry Kearton, *Photographing Wild Life Across the World*, London, n.d.

_____, *Wild Life Across the World*, London, 1913.

Richard Kearton, *Wild Life at Home: How to Study and Photograph It. Fully Illustrated by Photographs Taken Direct from Nature by C. Kearton*, London, 1898.

John Scott Keltie, 'Geographical Education, Report to the Council of the Royal Geographical Society', *Royal Geographical Society, Supplementary Papers*, 1, 1886, pp. 443-594.

_____, 'On Appliances used in Teaching Geography', in *Report of the Proceedings of the Society in Reference to the Improvement of Geographical*

Education, London, 1886, pp. 182-203.

John Kirk, 'The Extent to Which Tropical Africa is Suited for Development by the White Races, or Under Their Superintendence', *Report of the Sixth International Geographical Congress*, London 1895, 1896, p. 526.

Jones H. Lamprey, 'On a Method of Measuring the Human Form for the Use of Students in Ethnology', *Journal of the Ethnological Society*, n.s. 1, 1869, pp. 84-5.

J. Bridges Lee, 'Photography as an Aid to the Exploration of New Countries', *Journal of the African Society*, 1, 1901, pp. 302-11.

Nöel-Marie-Paymal Lerebours, *Excursions daguerriennes: représentant les vues et les monuments anciens et modernes les plus remarquables du globe*, Paris, 1841-4.

John William Lindt, *Picturesque New Guinea*, London, 1887.

David and Charles Livingstone, *Narrative of an Expedition to the Zambesi & Its Tributaries and of the Discovery of the Lakes Shirwa & Nyassa, 1858-1864*, London, 1865.

John McCosh, *Advice to Officers in India*, London, 1856.

_____, 'On the Various Lines of Overland Communication Between India and China', *Proceedings of the Royal Geographical Society*, 1860, pp. 47-54.

Halford John Mackinder, 'A Journey to the Summit of Mount Kenya, British East Africa', *Geographical Journal*, XV, 1900, pp. 453-86.

_____, *The First Ascent of Mount Kenya*, edited with an introduction by Michael K. Barbour, London, 1991.

_____, 'Geography in Education', *Geographical Teacher*, 11, 1903, p. 100.

_____, *India: Eight Lectures Prepared for the Visual Instruction Committee of the Colonial Office*, London, 1910.

_____, 'On Thinking Imperially' in *Lectures on Empire*, ed. M. E. Sadler, London, 1907, pp. 32-42.

_____, 'The Teaching of Geography from an Imperial Point of View, and the Use Which Could and Should be made of Visual Instruction', *Geographical Teacher*, VI, 1911, pp. 79-86.

Clements R. Markham, *A History of the Abyssinian Expedition*, London, 1869.

_____, 'Geographical Results of the Abyssinian Expedition', *Journal of the Royal Geographical Society*, XXXVIII, 1868, pp. 12-49.

Marius Maxwell, *Stalking Big Game with a Camera in Equatorial Africa, with a Monograph on the African Elephant*, London, 1925.

Henry Mayhew, *London Labour and the London Poor*, London, 1861.

Hugh Robert Mill, *The Record of the Royal Geographical Society 1830-1930*, London, 1930.

J. A. da Cunha Moraes, *African Occidental: Album Photographico e Descriptivo*, Lisboa, 1885-8.

R. Whitworth Porter, *History of the Corps of Royal Engineers*, Chatham, 1889, 2 vols.

Maurice Vidal Portman, 'The Exploration and Survey of the Little Andamans', *Proceedings of the Royal Geographical Society*, X, 1888, pp. 567-76.

_____, 'Photography for Anthropologists', *Journal of the Anthropological Institute*, XXV, 1896, pp. 75-87.

William Lake Price, *A Manual of Photographic Manipulation, Treating of the Practice of the Art: and Its Various Applications to Nature*, London, 1858.

H. B. Pritchard, 'Photography in Connection with the Abyssinian Expedition', *British Journal of Photography*, XV, 1868, pp. 601-3.

C. Reid, 'Some Experiments in Animal Photography', *British Journal of Photography*, XXIX, 1882, pp. 216-18.

Arthur John Sargent, *Australasia: Eight Lectures Prepared for the Visual Instruction Committee of the Colonial Office*, London, 1913.

_____, *Canada and Newfoundland: Seven Lectures Prepared for the Visual Instruction Committee of the Colonial Office*, London, 1913.

_____, *The Sea Road to the East: Gibraltar to Wei-hai-wei. Six Lectures Prepared for the Visual Instruction Committee of the Colonial Office*, London, 1912.

_____, *South Africa: Seven Lectures Prepared for the Visual Instruction Committee of the Colonial Office*, London, 1913.

Carl G. Schillings, *In Wildest Africa*, London, 1907.

_____, *With Flashlight and Rifle: A Record of Hunting Adventures and of Studies in Wild Life in Equatorial East Africa*, London, 1906.

Frederick Courteney Selous, *A Hunter's Wanderings in Africa*, London, 1881.

_____, *Travel and Adventure in South-East Africa: Being the Narrative of the Last Eleven Years Spent by the Author on the Zambesi and Its Tributaries: With an Account of the Colonization of Mashunaland and the Progress of the Gold Industry in that Country*, London, 1893.

_____, 'Twenty Years in Zambesia', *Geographical Journal*, 1, 1893, pp. 289-324.

John Spiller, 'Photography in Its Application to Military Purposes', *British Journal of Photography*, X, 1863, pp. 485-7.

F. F. Statham, 'On the Application of Photography to Scientific Pursuits', *British Journal of Photography*, VI, 1860, pp. 159, 192-3.

Chauncey Hugh Stigand, *Hunting the Elephant in Africa. And Other Recollections of Thirteen Years' Wanderings*, New York, 1913.

_____, *Scouting and Reconnaissance in Savage Countries*, London, 1907.

Chauncey Hugh Stigand and D. D. Lyell, *Central African Game and Its Spoor*, London, 1906.

John Thomson, 'Exploration with the Camera', *British Journal of Photography*, 1885, pp. 372-3.

_____, 'Geographical Photography', *Scottish Geographical Magazine*, XXIII, 1907, pp. 14-19.

_____, 'The Gorges and Rapids of the Upper Yangtsze', *Report of the British Association for the Advancement of Science*, 1874, pp. 86-7.

_____, *Illustrations of China and Its People, a Series of Two Hundred Photographs with Letterpress Description of the Places and People Represented*, London, 1873-4.

_____, *The Land and People of China: A Short Account of the Geography, Religion, Social Life, Arts, Industries, and Government of China and Its People*, London, 1876.

_____, 'Photography and Exploration', *Proceedings of the Royal Geographical Society*, n.s. XIII, 1891, 669-75.

_____, 'Practical Photography in Tropical Regions', *British Journal of Photography*, XIII, 1866, pp. 380, 393, 404, 436-7, 472-3, 487.

_____, *The Straits of Malaccas, Indo-China and China or Ten Years' Travels, Adventures and Residence Abroad*, London, 1875.

_____, *Through China with a Camera*, London, 1898.

_____, *Through Cyprus with the Camera, in the Autumn of 1878*, London, 1879.

John Thomson and Adolphe Smith, *Street Life in London*, London, 1878.

Gaston Tissandier, *A History and Handbook of Photography*, translated and edited by John Thomson, London, 1876.

Rowland Ward, ed., *The Sportsman's Handbook to Collecting, Preserving, and Setting-up Trophies and Specimens,* London, 1911.

J. Forbes Watson and John William Kaye, *The People of India: A Series of Photographic Illustrations, with Descriptive Letterpress, of the Races and Tribes of Hindustan,* London, 1868-75.

2차 자료

Nicholas Alfrey and Steven Daniels, eds, *Mapping the Landscape: Essays on Art and Cartography,* Nottingham, 1990.

Malek Alloula, *The Colonial Harem,* Manchester, 1987.

Richard D. Altick, *The Shows of London,* London, 1978.

The Art of Photography 1839-1989, exhibition catalogue, ed. Mike Weaver, London, 1989.

Talal Asad, *Anthropology and the Colonial Encounter,* London, 1973.

Melissa Banta and Curtis Hinsley, *From Site to Sight: Anthropology, Photography and the Power of Imagery,* Cambridge, Mass. 1986.

John Barrell, *The Infection of Thomas De Quincey: A Psychopathology of Imperialism,* London, 1991.

Roland Barthes, *Camera Lucida: Reflections on Photography,* London, 1982.

_____, *Image/Music/Text,* London, 1977.

Geoffrey Batchen, 'Desiring Production Itself: Notes on the Invention of Photography', in *Cartographies: Poststructuralism and the Mapping of Bodies and Spaces,* ed. Rosalyn Diprose and Robyn Ferrell, London, 1991, pp. 13-26.

Morag Bell, Robin Butlin and Michael Heffernan, eds, *Geography and Imperialism 1820-1940,* Manchester, 1995.

A. D. Bensusan, *Silver Images: The History of Photography in Africa,* Cape Town, 1966.

John Berger, *About Looking,* London, 1980.

_____, *Ways of Seeing,* Harmondsworth, 1972.

Andrew J. Birrell, 'The North American Boundary Commission: Three Photographic Expeditions, 1872-74', *History of Photography,* XX(1996) pp. 113-121.

Alison Blunt, *Travel, Gender, and Imperialism: Mary Kingsley and West Africa*, London, 1994.

Christine Bolt, *Victorian Attitudes to Race*, London, 1971.

Patrick Brantlinger, *Rule of Darkness: British Literature and Imperialism, 1830-1914*, London, 1988.

_____, 'Victorians and Africans: The Genealogy of the Myth of the Dark Continent', *Critical Inquiry*, XII, 1985, pp. 166-203.

Asa Briggs, *Victorian Things*, London, 1988.

Asa Briggs with Archie Miles, *A Victorian Portrait: Victorian Life and Values as Seen Through the Work of Studio Photographers*, London, 1989.

Bartle Bull, *Safari: A Chronicle of Adventure*, London, 1992.

Victor Burgin, ed., *Thinking Photography*, London, 1982.

Paul Carter, *Living in a New Country: History, Travelling and Language*, London, 1992.

James Chapman, *Travels in the Interior of South Africa 1849-1863: Hunting and Trading Journeys from Natal to Walvis Bay & Visits to Lake N gami & Victoria Falls*, ed. Edward C. Talbler, Cape Town, 1971.

John Comaroff and Jean Comaroff, *Of Revelation and Revolution: Christianity, Colonialism, and Consciousness in South Africa*, London, 1991.

_____, 'Through the Looking-Glass: Colonial Encounters of the First Kind', *Journal of Historical Sociology*, 1, 1988, pp. 6-32.

Commonwealth in Focus: 130 Years of Photographic History, exhibition catalogue, by John Falconer, Peter Lyon and Donald Simpson: Queensland Art Gallery, Melbourne, 1982.

Annie E. Coombes, *Reinventing Africa: Museums, Material Culture and Popular Imagination in Late Victorian and Edwardian England*, London, 1994.

James E. Cornwall, *Photographic Advertising in England 1890-1960*, Giessen-Wieseck, 1978.

Denis Cosgrove, 'Prospect, Perspective and the Evolution of the Landscape Idea', *Transactions of the Institute of British Geographers*, n.s. X, 1985, pp. 45-62.

_____, *Social Formation and Symbolic Landscape*, London, 1984.

Denis Cosgrove and Stephen Daniels, eds, *The Iconography of Landscape: Essays on the Symbolic Representation, Design and Use of Past*

Environments, Cambridge, 1988.

Reginald Coupland, *Kirk on the Zambesi: A Chapter of African History*, Oxford, 1928.

Mary Cowling, *The Artist as Anthropologist*, Cambridge, 1989.

Johnathan Crary, *Techniques of the Observer: On Vision and Modernity in the Nineteenth Century*, London, 1990.

Philip D. Curtin, *The Image of Africa: British Ideas and Action, 1780-1850*, London, 1965.

Jadviga M. Da Costa Nunes, 'O. G. Rejlander's Photographs of Ragged Children: Reflections on the Idea of Urban Poverty in Mid-Victorian Society', *Nineteenth Century Studies*, IV, 1990, pp. 105-36.

Stephen Daniels, *Fields of Vision: Landscape Imagery and National Identity in England and the United States*, Cambridge, 1993.

Ray Desmond, *Victorian India in Focus: A Selection of Early Photographs from the Collection in the India Office Library and Records*, London, 1982.

Felix Driver, 'Geography's Empire: Histories of Geographical Knowledge', *Environment and Planning D: Society and Space*, X, 1992, pp. 23-40.

_____, 'Henry Morton Stanley and His Critics: Geography, Exploration and Empire', *Past and Present*, XXXIII, 1991, pp. 134-66.

Felix Driver and Gillian Rose, eds, *Nature and Science: Essays in the History of Geographical Knowledge*, London, 1992.

H. J. Dyos and Michael Wolff, eds, *The Victorian City: Images and Realities*, London, 1973, 2vols.

Elizabeth Edwards, 'Photographic "Types": The Pursuit of Method', *Visual Anthropology*, 111, 1990, pp. 235-58.

_____, ed., *Anthropology and Photography 1860-1920*, London, 1992.

J. Rainer Fabian and Hans-Christian Adam, *Masters of Early Travel Photography*, London, 1983.

John Falconer, *A Vision of the Past: A History of Early Photography in Singapore and Malaya - The Photographs of G. R. Lambert & Co. 1880-1910*, Singapore, 1987.

_____, 'Photography and the Royal Engineers', *Photographic Collector*, 11, 1981, pp. 33-64.

_____, 'Willoughby Wallace Hooper: "A Craze About Photography"', *Photographic Collector*, IV, 1984, pp. 258-86.

Raymond E. Fancher, 'Francis Galton's Arican Ethnology and Its Role in the Development of His Psychology', *British Journal of History of Science*, XVI, 1983, pp. 67-79.

Ivan Gaskell, 'History of Images' in *New Perspectives on Historical Writing*, ed. P. Burke(Cambridge, 1991), pp. 168-92.

Helmut Gemsheim, *Incunabula of British Photographic Literature, 1839-1870*, London, 1984.

Helmut Gemsheim and Alison Gemsheim, *A Concise History of Photography*, London, 1965.

_____, *Roger Fenton: Photographer of the Crimean War*, London, 1954.

Sander L. Gilman, *Difference and Pathology: Stereotypes of Sexuality, Race and Madness*, London, 1985.

L. Carrington Goodrich and Nigel Cameron, *The Face of China as Seen by Photographers and Travellers 1860-1912*, Philadelphia, 1978.

Sarah Graham-Brown, *Images of Women: The Portrayal of Womm in Photography of the Middle East, 1860-1950*, London, 1988.

David Green, '"Classified Subjects": Photography and Anthropology - The Technology of Power', *Ten:8*, 1984, pp. 30-37.

_____, 'On Foucault: Disciplinary Power and Photography', *Camerawork*, XXXII, 1985, pp. 6-9.

_____, 'Veins of Resemblance: Photography and Eugenics', *Oxford Art Journal*, VII, 1984, pp. 3-16.

Judith Mara Gutman, *Through Indian Eyes: Nineteenth and Early Twentieth Century Photography from India*, New York, 1982.

Donna Haraway, *Primate Visions: Gender, Race, and Nature in the World of Modern Science*, London, 1992.

Freda Harcourt, 'Disraeli's Imperialism, 1866-1868: A Question of Timing', *History Journal*, XXIll, 1980, pp. 87-109.

Robert Herchkowitz, *The British Photographer Abroad: The First Thirty Years*, London, 1980.

Gertrude Himmelfarb, *The Idea of Poverty: England in the Early Industrial Age*, London, 1984.

Eric Hosbawm, *The Age of Empire 1875-1914*, London, 1987.

Eric Hosbawm and Terence Ranger, eds, *The Invention of Tradition*, Cambridge, 1983.

Robert Holden, *Photography in Colonial Australia: The Mechanical Eye and the Illustrated Book*, Sydney, 1988.

Steven Humphries, *Victorian Britain Through the Magic Lantern*, London, 1989.

Ronald Hyam, *Britain's Imperial Century 1815-1914: A Study of Empire and Expansion*, London, 1976.

Ralph Hyde, *Panoramania! The Art and Entertainment of the 'All-Embracing' View*, London, 1988.

Images of the Orient: Photography and Tourism 1860-1900, exhibition catalogue, ed. Paul Faber, Anneke Groeneveld and Hein Reedijk, Amsterdam, 1986.

Estelle Jussim and Elizabeth Lindquist-Cock, *Landscape as Photograph*, New Haven, 1985.

Peter J. Keating, ed., *Into Unknown England, 1866-1913: Selections from the Social Explorers*, Glasgow, 1976.

V. G. Kiernan, *The Lords of Human Kind: Black Man, Yellow Man, and White Man in an Age of Empire*, London, 1969.

Rosalind Krauss, 'Photography's Discursive Spaces, Landscape/View', *Art Journal*, XLII, 1982, pp. 311-20.

Jean-Claude Lemagny and André Rouillé, eds, *A History of Photography: Social and Cultural Perspectives*, Cambridge, 1987.

Anita Levy, *Other Women: The Writing of Class, Race, and Gender, 1832-1898*, Princeton, 1991.

Jorge Lewinski, *The Camera at War: A History of War Photography from 1848 to the Present Day*, London, 1978.

David N. Livingstone, *The Geographical Tradition: Episodes in the History of a Contested Enterprise*, Oxford, 1992.

David Livingstone and the Victorian Encounter with Africa, exhibition catalogue, ed., J. M. MacKenzie, London, 1996, pp. 169-200.

Anne McClintock, *Imperial Leather: Race, Gender and Sexuality in the Colonial Contest*, London, 1995.

John M. MacKenzie, *The Empire of Nature: Hunting, Conservation and British Imperialism*, Manchester, 1988.

_____, *Propaganda and Empire*, Manchester, 1984.

John M. MacKenzie, ed., *Imperialism and the Natural World*, Manchester, 1990.

_____, *Imperialism and Popular Culture*, Manchester, 1986.

_____, *Popular Imperialism and the Military 1850-1950*, Manchester, 1992.

Ray McKenzie, '"The Laboratory of Mankind": John McCosh and the Beginnings of Photography in British India', *History of Photography*, XI, 1987, pp. 109-18.

Colin Mackerras, *Western Images of China*, Oxford, 1989.

Roy MacLeod and M. Lewis, eds, *Disease, Medicine and Empire*, London, 1988.

J. A. Mangan, ed., 'Benefits Bestowed'? *Education and British Imperialism*, Manchester, 1988.

_____, *The Games Ethic and Imperialism: Aspects of the Diffusion of an Ideal*, Harmondsworth, 1986.

Timothy Mitchell, *Colonizing Egypt*, Cambridge, 1988.

_____, 'The World as Exhibition', *Comparative Studies of Society and History*, XXXI, 1989, pp. 217-36.

W. J. T. Mitchell, ed., *Landscape and Power*, Chicago, 1993.

_____, *The Language of Images*, London, 1980.

Nicolas Monti, ed., *Africa Then: Photographs 1840-1914*, London, 1987.

James Morris, *Pax Brittanica*, London, 1968.

_____, *Heaven's Command*, London, 1973.

_____, *Farewell the Trumpets*, London, 1978.

Jan Morris, *Fisher's Face*, London, 1994.

_____, *The Spectacle of Empire*, London, 1982.

Beaumont Newhall, ed., *The History of Photography: From 1839 to the Present*, London, 1982.

_____, *Photography: Essays and Images. Illustrated Readings in the History of Photography*, London, 1980. .

Deborah Epstein Nord, 'The Social Explorer as Anthropologist: Victorian Travellers among the Urban Poor' in *Visions of the Modern City*, ed. W. Sharpe and L. Wallock, Baltimore, 1987, pp. 122-34.

Arthur Ollman, 'Samuel Bourne: The Himalayan Images 1863-69', *Creative Camera*, 1983, pp. 1, 122-9.

_____, *Samuel Bourne: Images of India*, California, 1983.

Eyal Onne, *Photographic Heritage of the Holy Land 1839-1914*, Manchester, 1980.

Nissan N. Perez, *Focus East: Early Photography in the Near East(1839-1885)*,

New York, 1988.

Picturing Paradise: Colonial Photography of Samoa, 1875 to 1925, exhibition catalogue edited by Casey Blanton, Florida, 1995.

Christopher Pinney 'Classification and Fantasy in the Photographic Construction of Caste and Tribe', *Visual Anthropology*, III, 1990, pp. 259-88.

_____, 'Future Travel: Anthropology and Cultural Distance in an Age of Virtual Reality; or, a Past Seen from a Possible Future', *Visual Anthropology Review*, 8, 1992, pp. 38-55.

_____, 'The Parallel Histories of Anthropology and Photography' in *Anthropology and Photography 1860-1920*, ed. E. Edwards, London, 1992, pp. 74-95.

Rosalyn Poignant, 'Surveying the Field of View: The Making of the RAI Photographic Collection' in *Anthropology and Photography 1860-1920*, ed. E. Edwards, London, 1992, pp. 42-73.

Griselda Pollock, 'Vicarious Excitements: London: A Pilgrimage by Gustave Doré and Blanchard Jerrold, 1872', *New Formations*, IV, 1988, pp. 25-50.

Andrew Porter, *European Imperialism, 1860-1914*, London, 1994.

Bernard Porter, *The Lion's Share: A Short History of British Imperialism 1850-1983*, London, 1984.

Roy Porter, 'Seeing the Past', *Past and Present*, CXVIII, 1988, pp. 187-205.

Mary-Louise Pratt, *Imperial Eyes: Travel Writing and Transculturation*, London, 1992.

_____, 'Scratches on the Face of the Country; or, What Mr Barrow saw in the Land of the Bushmen', *Critical Inquiry*, XII, 1985, pp. 119-43.

The Raj: India and the British 1600-1947, exhibition catalogue, ed. C. A. Bayly, London, 1990.

Oliver Ransford, *David Livingstone: The Dark Interior*, London, 1978.

Paul B. Rich, *Race and Empire in British Politics*, Cambridge, 1986.

Beau Riffenburgh, *The Myth of the Explorer: The Press, Sensationalism, and Geographical Discovery*, London, 1993.

Harriet Ritvo, *The Animal Estate: The English and Other Creatures in the Victorian Age*, Harmondsworth, 1990.

Andrew Roberts, 'Photographs and African History', *Journal of African History*, XXIX, 1988, pp. 301-11.

Andrew Roberts, ed., *Photographs as Sources for African History. Proceedings* of a Workshop Held at the School of Oriental and African Studies, London, 12-13 May 1988, London, 1988.

Edward W. Said, *Culture and Imperialism*, London, 1993.

_____, *Orientalism*, London, 1978.

Gary D. Sampson, 'The Success of Samuel Bourne in India', *History of Photography*, XVI, 1992, pp. 336-47.

Raphael Samuel, *Theatres of Memory Volume I : Past and Present in Contemporary Culture*, London, 1994.

Simon Schama, *Landscape and Memory*, London, 1995.

Aaron Scharf, *Pioneers of Photography: An Album of Pictures and Words*, New York, 1976.

Joanna Cohan Scherer, 'Picturing Cultures: Historical Photographs in Anthropological Inquiry', *Visual Anthropology*, Special Issue, III, 1990.

Joan M. Schwartz, 'The Geography Lesson: Photographs and the Construction of Imaginative Geographies', *Journal of Historical Geography*, XXII, 1996, pp. 16-45.

Allan Sekula, ed., *Photography against the Grain: Essays and Photoworks 1973-1985*, Halifax, Nova Scotia, 1984.

Robert Sennett, *The Nineteenth Century Photographic Press: A Study Guide*, New York, 1987.

Bernard Smith, *European Vision and the South Pacific*, London, 1985.

Neil Smith and Anne Godlewska, eds, *Geography and Empire*, Oxford, 1994.

Abigail Solomon-Godeau, ed., *Photography at the Dock: Essays on Photographic History, Institutions, and Practices*, Minneapolis, 1991.

Susan Sontag, *On Photography*, New York and Harmondsworth, 1979.

Jo Spence and Patricia Holland, eds, *Family Snaps: The Meanings of Domestic Photography*, London, 1991.

Robert A. Stafford, *Scientist of Empire: Sir Roderick Murchison, Scientific Exploration and Victorian Imperialism*, Cambridge, 1989.

George W. Stocking, *Victorian Anthropology*, New York, 1987.

D. R. Stoddart, *On Geography and Its History*, Oxford, 1986.

Brian V. Street, *The Savage in Literature: Representations of 'Primitive' Society in English Fiction 1858-1920*, London, 1975.

Edward C. Tabler, E. Axelson and E. N. Katz, eds, *Baines on the Zambezi, 1858-1859*, Johannesburg, 1982.

John Tagg, *The Burden of Representation: Essays on Photographies and Histories*, London, 1988.

John Taylor, *A Dream of England: Landscape, Photography and the Tourist's Imagination*, Manchester, 1994.

Alan Thomas, *The Expanding Eye: Photography and the Nineteenth- Century Mind*, London, 1978.

Nicholas Thomas, *Colonialism's Culture: Anthropology, Travel and Government*, Oxford, 1994.

_____, *Entangled Objects: Exchange, Material Culture, and Colonialism in the Pacific*, London, 1991.

John Thomson: China and Its People, exhibition catalogue, ed. William Schupbach, London, 1991.

Kathryn Tidrick, *Empire and the English Character*, London, 1990.

G. Ó. Tuathail, *Critical Geopolitics: The Politics of Writing Global Space*, London, 1996.

James Urry, 'Notes and Queries on Anthropology and the Development of Field Methods in British Anthropology, 1870-1920', *Proceedings of the Royal Anthropological Institute of Great Britain and Ireland*, 1972, pp. 45-57.

Megan Vaughan, *Curing Their Ills: Colonial Power and African Illness*, Cambridge, 1991.

Judith R. Walkowitz, *City of Dreadful Delight: Narratives of Sexual Danger in Late-Victorian London*, London, 1992.

J. P. R. Wallis, ed., *The Zambesi Expedition of David Libingstone 1858-1863: The Journal Continued with Letters and Dispatches Therefrom*, London, 1956.

Stephen White, *John Thomson: Life and Photographs - The Orient, Street Life in London, Through Cyprus with the Camera*, London, 1985.

Clark Worswick and A. Embree, *The Last Empire: Photography in British India 1855-1911*, London, 1976.

Robert Young, *White Mythologies: Writing History and the West*, London, 1990.

옮긴이 후기

사진 공부를 한 것은 느닷없는 일이었다. 역사학자로서 그것도 고대사를 전공하는 연구자인 필자가 사진에 관심을 갖기 시작한 것은 2000년대 초반의 일이었다. 반전평화운동가로서 2002년 미국의 아프가니스탄 공습 이후 아프가니스탄에 몇 번 다녀온 나는 내가 살아온 오늘의 세계를 기록으로 남기고 싶었고 그 일에 사진이 매우 좋은 수단임을 알게 되었다. 그런데 나라고 하는 한 인도사학자는 그 어떤 것을 접하든지 그것의 역사를 먼저 훑어보고 그 다음에는 그것이 사료로서 어느 정도 활용 가능한지를 모색해 보는 독특한 습관을 가지고 있다. 그것은 인도사 연구자로서 30년 동안 익혀 온 사료에 대한 잡식성이라는 일종의 직업병 증상이었다. 절대적으로 사료가 부족한 고대 인도사를 연구하는 나로선 모든 것이 다 사료가 될 수 있다는 생각을 가질 수밖에 없었고 그래서 걸리는 대로 그 사료로서의 가능성을 탐구해 보는 것이다.

인도 고대사에는 보통 흔히 말하는 (근대적 의미의) 역사서가 없다. 고대 인도의 브라만들은 인간이 사회에서 무슨 일을 언제 어떻게 했는지에 대해 관심을 두지 않았다. 그보다는 이 세계를 운행하는 이치가 무엇인지에 대해 궁리에 궁리를 거듭하였다. 그들은 세상사를 아침 이슬과 같이 금세 사라져 버리는 무의미한 것이라 생각하여 그 어느 것도 기록으로 남겨 두지 않았다. 각 인간이 처한 사회적 위치에서 마땅히 해야 할 도리——그것은 우주법이자 보편법이다. 그 위에서 사회제도로 체계화된 것이 카스트 체계이다——에 대해서는 숱하게 설파했지만, 실제로는 어떤 일이 어찌 일어났고, 그 현상과 결과가 어떠하였는지에 대해서는 말하지 않았다. 그래서 우리 인도 고대사 연구자들이 실제로 일어난 역사를 복원하기 위해서는 종교에 기반을 둔 많은 법전과 경전을 비롯해 이야기, 노래, 신화, 전설, 전기문은 물론이고, 동전이나 비문을 비롯한 여러 유물과 유적지 등 옛날의 단면을 보여 줄 수 있는 것이라면 그 어떤 것이라도 분석 검토해야 한다.

대한민국 모든 대학교 역사학과에서 인도사를 전공으로 하는 정규직 교수는 단 한 명도 없다. 그나마 내가 인도사를 전공한 유일한 정규직 교수이지만, 나도 역사학과 소속이 아닌 인도학부에 소속된 교수다. 나는 인도사 전공자가 극히 적은 상황에서, 학계나 문화계에서 요구하는 것을 뿌리치고 내 전공인 고대사에만 몰두할 수는 없었다. 자의반 타의반으로 근현대사를 연구해야 할 필요성을 절실하게 가지고 있던 것이다. 그 가운데 가장 관심을 두었던 것은 식민주의, 사회운동, 서발턴 역사학, 사학사 등이었다. 이 가운데 기본이 되는 것은 식민주의였고, 인도의 식민주의는 항상 한국의 식민주의 문제와 연계된다. 내 주변의 많은 진보적 지식인들은 다음과 같은 인도 식민주의에 대한 의문들을 가지고 있다. '인도 근대사에서는 근대화와 수탈에 대한 논쟁은 어떻게 진행되는가', '왜 인도사에서는 우리의 친일파와 같은 의미의 친영

파가 없고, 왜 역사 청산이라는 말이 없는가', '왜 인도는 아직도 영국과 사이가 그렇게나 좋은가', '지금의 인도 정치의 문제는 인도-파키스탄 분단과 어떤 관계를 갖는가' 등은 끊임없이 내게 제기된 물음들이었다.

나는 이 모든 문제의 핵심에는 결국 식민주의의 한 요소로서 영국 동인도회사가 추진한 근대화의 성격이 있다고 보았다. 인도에서 근대화는 근대사의 다른 주요 분야 즉 사회운동, 종교공동체 갈등, 분단, 불가촉천민, 사회 보수화, 역사 해석과 서발턴 역사학 등에 대한 이해의 플랫폼과 같은 역할을 하였다. 인도에서의 초기 근대화, 즉 영국의 지배는 특히 상층 카스트와 신흥 엘리트 계층의 큰 지지를 받았다. 식민 지배라는 동전의 이면인 근대화는 인도의 모든 것을 압도하였다. 왜, 도대체 어떻게 인도 사람들은 제국주의 지배자로 군림하는 영국 사람들에게 그렇게 우호적이었을까? 무엇에 반하고, 무엇에 홀렸을까? 영국은 도대체 어떻게 했기에 그 엄청난 크기의 땅덩어리를 몇 되지도 않은 수의 사람들로 지배를 할 수 있었을까? 그 힘은 근대화에 있었다. 그 근대화와 함께 들어온 여러 문명의 이기들은 역사를 진보로 이끄는 동력이었다. 구세주가 따로 없었다. 그야말로 어둠을 밝혀 주는 빛이었다. 그 동력을 구성하는 것은 과학이고 증거였다. 나는 그 문명의 이기를 둘러싼 총체적인 모습을 꾸준히 지켜보았다. 그리고 그 한가운데에 사진이 서 있었음을 알게 되었다.

도대체 사진이 어떤 것이기에 그 엄청난 일을 할 수 있었단 말인가? 의문 끝에 나는 본격적으로 사진사를 공부하고, 사진을 이해하는 데 필요한 미학을 공부하면서 사진은 존재하지 않는 것을 존재하는 것으로 믿게끔 해주는 마력을 지니는 존재였음을 알게 되었다. 사진은 아무런 본질을 가질 수 없는 허탄한 이미지임에도 불구하고 본질을 만들어 낼 수 있고, 그 만들어진 본질 없는 실체가 실제 사회를 움직여 새로운 실체를 만들어 낼 수 있었음을 알게 되었다. 사진은 문자나 말 혹은 연극이나 영화와 마찬가지로 고유의 언어 구조를 가지고 있는데, 그것들보다는 직접성과 논리성이 떨어지는 유추 언어로서의 성격이 매우 강하다. 사진이란 아무 말도 단독으로는 할 수 없는 불분명한 이미지이다. 그 사진을 보는/읽는 사람이 갖는 어떤 경험이나 지식 혹은 이데올로기에 따라 서로 다른 다양한 느낌과 의미가 생성된다. 이미지라는 것은 그 자체의 특성상 사실을 신비화하는 힘을 가지고 있어서 사진 이미지가 보여 주는 특정 장면은 그것은 기억하게 할 수 있지만, 그로 인해 다른 장면을 기억하는 것을 방해하고, 망각하게 하기도 한다. 그래서 사진은 사실에 대한 기록을 기억의 이미지로 전화(轉化)시킨다. 그 이미지가 강력할수록 그 사진 기록이 갖는 사건의 장소, 대상의 정체성, 시간 등에 대한 구체성은 약화되고 상징성은 강력해진다. 상징성이 확대됨으로써 그 이미지는 사건의 표피만을 남기고, 그 이면에 담긴 복합적 관계는 무시된다. 이미지가 보편화됨으로써 사건의 복합 상황이 단순하게 치환되고, 그 근원의 인과 관계를 흐리게 만드는 것이다.

이는 카메라가 본질적으로 그런 성격을 갖기 때문이라기보다는 권력 기구의 장치에 의해 생긴 현상이다. 사진이나 역사나 모두 위치의 정치 즉 그것이 작동하는 사회문화적 위치에 따라 그 의미가 달라질 수밖에 없는 정치를 하는 것이다. 결국 사진이 정치를 한다는 것이 되니, 요즘 흔히들 말하는 이미지 정치가 되는 것이다. 그 사진의 정치학이 식민주의-제국주의 역사와 구체적으로 어떤 관련을 가졌을까? 이 의문에 가장 적절한 답을 찾는 과정에서 바로 이 책, 제임스 라이언의 『제국을 사진 찍다』(Picturing Empire)를 만났다.

『제국을 사진 찍다』는 해가 지지 않는다는 대영제국이 만들어지는 과정에서 사진이 어떤 역할을 했는지에 관해 연구한 결과물로, 사진을 중심으로 지리학과 역사학의 관점에서 영국 제국주의를 분석하고 있다. 이 책에서 제임스 라이언은 19세기 후반부터 영국이 사진으로 세계를 어떻게 재단하고, 규정하면서 제국주의의 역사를 전개해 나갔는지를 밝힌다. 널리 알려진 바와 같이 카메라가 발명된 시기는 대영제국이 가장 크게 팽창하던 빅토리아 여왕 시기다. 영국이 개인주의로부터 집단주의로, 자유방임주의로부터 국가간섭주의로 이행하는 시기로 제국주의를 옹호하는 분위기가 크게 위세를 떨치던 시기다. 생산력이 폭발하고 자본과 통신의 교류가 확대되면서 자본주의 발전이 중심부에서 주변부로 팽창했으며 그 과정에서 세계는 서로 밀접하게 연결되면서 통합되었다. 하지만 실제의 세계는 단일한 하나의 세계가 아닌 진보와 낙후가 혼재되어 있는 상태에서 서로를 명확하게 구분할 수 없었고, 그 실체도 전적으로 파악하거나 규정할 수 없었다.

그럼에도 불구하고 자본의 중심부를 차지한 유럽인은 자신들의 이념으로 주변부를 재단하여 일방적으로 자신들의 구조 안으로 편입시키려 하였다. 그러면서 지구 전역으로 유럽의 자본가, 탐사가, 선교사들의 진출이 러시를 이루었다. 봇물이 터지는 듯한 이 시대의 탐사는 과거처럼 단순한 경험 혹은 새로운 지식 습득의 문제가 아니라 후진적이고 야만적인 것을 문명과 진보로 바꾸는 것을 의미하였다. 그러한 역사적 진보의 분위기에 싸인 영국에서 제국은 부와 힘과 독립과 미덕을 증진시키는 중간 계급의 천국이었다. 기독교가 바탕이 된 당시 빅토리아 시기는 고전적인 인종 혐오주의의 시대였다. 그 인종 혐오의 체계화는 특히 앵글로색슨 태생의 상층 및 중간층 프로테스탄트들 사이에 광범위하게 형성되었다. 인종주의는 백인의 유색 인종에 대한 지배, 부자의 가난한 자에 대한 지배를 정당화하는 것이었다. 이것이 제국주의와 결부되었다는 의미는 결국 영국 밖 멀리 떨어진 곳에 존재하는 검은 피부색을 가진 사람들에 대한 우월감과 지배해야 한다는 관념이 널리 퍼져 있었다는 것이다. 따라서 그들은 백인이 아닌 자들과 그들이 사는 세계를 과학적으로 측정하고 기록할 필요성을 갖게 되었는데, 이를 자신들이 짊어져야 하는 이른바 '백인의 짐'으로 인식하고 있었다.

서구인들은 자기 정체성을 타자를 대면함으로써 만들어 왔다. 그것은 그리스 시대 때부터 있어 온 역사적 사실이다. 매우 조야한 이분법의 세계관 안에서, 자신들은 이성적이고 과학적이어서 역사의 진보를 이루는 사람들이고 자기들이 아닌 사람들은 그렇지 못해 야만의 상태에 놓여 있을 수밖에 없다는, 소위 오리엔탈리즘을 금과옥조로 삼아 왔다. 바로 그 타자 개념으로서의 '동양'에 대한 지식을 과학적이고 실증적으로 보여 줄 때 가장 유용하게 활용된 것이 바로 사진이었다. 원래 동양의 실물을 본 적이 없는 오리엔탈리스트 화가들에 의해 창조된 동양에 대한 상상의 이미지가 과학과 객관이라는 성격을 부여받은 사진에 의해 확실성을 보장해 주는 체계로 등장한 것이다.

사진은 전체 맥락보다는 사진가가 보고 싶은 것만 보게 하고, 보여 주고 싶은 것만 보여 주게 하는 은닉과 배제의 성격을 가지고 있었고, 이러한 성격은 당시의 역사적 상황에 매우 잘 맞아 떨어졌다. 보지 않은 것을 사진으로 보여 주면 마치 과거 어느 땐가 보았음직하게 익숙해지는 것은 사진의 주요 작동 원리다. 사진으로 본 것은 실제로 본 것과 같은 착각의 기억을 만들고, 그러한 행위가 보편화되면 그 기억은 실재화로 확장되면서 사진은 실재를 대표하고 확장하는 역할을 하게 된다. 사실은 존재하는 모든 것이 아닌, 카메라를 든 사진가가 원하는 대로 선택하여 보여 주는 것일 뿐인데도, 어느덧 사진이 보여 주는 이미지는 가보지 않은 식민지 모습의 전체를 대표하는 역할을 하게 된다. 식민주의자들과 궤적을 함께 하는 그 시대의 서구 사진가들은 아시아-아프리카의 다양하고 이질적인 세계를, 사진 이미지가 보여 주는 것과 같은 단일 정체성의 세계로 바꿔 버렸다. 사진이 다름 아닌 식민 담론을 일방적으로 강제하면서 작동시키는 기제가 됐음을 의미한다.

그런 의미에서 이 책의 저자는 카메라를 총과 동일한 체제로 작동되는 것이라 규정했으니, 그것은 단지 그 원리가 장전, 조준, 격발의 단계를 거치기 때문이라기보다는 카메라가 식민 지배를 공고히 하는 제국주의 원리 안에서 전쟁을 치르는 총과 똑같이 작동하기 때문이라는 것이다. 물심양면으로 제국주의 정부의 지원을 받고, 제국주의 정부의 의도에 따라 사진을 찍어대는 사진가가 카메라를 들이대는 이상, 그 대상이 되는 식민지는 영락없는 야만인들의 땅, 교화해야 할 대상으로 자리 잡을 수밖에 없게 되는 것이다.

30년 넘게 인도 고대사만 연구해 온 사람이 나이 오십이 넘어서 새삼스럽게 미지의 세계를 공부한다는 것이 그리 쉬운 일은 아니었다. 겁이 없었던 것은 그만큼 재미가 있어서였기도 했지만, 나름 자신감이 있어서이기도 했다. 고대 인도의 종교와 사상의 역사를 오랫동안 공부해 오다 보니 세계, 눈, 존재, 재현 등과 같이 사진을 제대로 이해하기 위해 반드시 필요한 개념을 최소한 남들만큼은 가지고 있었고, 문학, 예술, 철학, 역사, 종교, 미학과 같은 (지금은 여러 분과로 나뉘어 버린) 기초 인문 학문에 대한 상식 또한 어느 정도는 가지고 있었다. 사진을 깊이 있게 이해하기 위해서 남은 것이 있다면, 사진의 원리 정도였다. 사진 원리에 대한 이해만 보태면 사진에 대한 이해를 어느 정도 할 수 있겠다는 생각이 들었다. 상당히 무모했지만, 내가 예술로서의 사진에 대한 가치를 평가하는 것보다는 오로지 기록으로서의 사진에 대한 관심을 가지고 있었기 때문에 가능한 일이었을 것이다. 사진의 예술적 심미안을 논하는 것보다는 역사적·사회적·문화적 맥락에서의 이해가 나에게는 더 필요했다. 결국, 그 후 나는 본업인 역사학자 외에 사진 비평가로서 혹은 사진사학자로서 이런저런 활동을 하고 있다. 그 기반을 다져준 책이 바로 이 책이다. 사진을 예술로서, 미학으로서 먼저 접근하지 않고, 역사적 맥락으로 접근하게 이끌어 준 이 책이 내 사진 비평의 스승이고, 사진사 연구의 길라잡이다. 많은 사람들이 사진을 예술로서만, 작품으로서만, 평가하는 대상으로서만 간주하지 말고, 역사와 사회를 구성하는 하나의 수단으로서, 매체로서 관심을 가졌으면 하는 바람으로 이 책을 꼭 번역 출판하고 싶었다. 그리고 사진은 우리가 사는 세계의 이야기를 고스란히 담고 있는 역사의 보물 창고라는 말을 이 책과 함께 독자들에게 전하고 싶다.

항상 그렇지만, 번역이라는 고통스러우면서도 뿌듯한 긴 여정은 가족의 희생 위에서 만들어진다. 번역하는 동안 관심 있게 지켜봐 준, 나이가 들어가면서 점차 '엄마' 같아져 가는 사랑하는 아내 유재희, 쉬운 길만 가지 않는 자랑스러운 딸 상은에게 고마움을 전한다. 그리고 이제 나와 동학으로서 고단하지만 뿌듯한 연구자의 길을 가기 시작한 아들 상원과 며느리 백지현에게 격려의 징표로 이 책을 보낸다. 이 책이 한국의 사진가들이 사진에 대해 더 다양하고 깊은 이해를 하는 데에 작은 도움이라도 되었으면 한다. 이제는 기억력도 크게 떨어지고, 몸도 이곳저곳 아프고 해서, 이 책을 번역하기 시작한 3년 전에 더 이상 번역이라는 고통을 감당하지 않겠노라고 선언했다. 이 책이 30년 연구 인생에서 마지막 번역 작업이 되었으면 하는 것이 솔직한 심정이다.

2015년 가을, 부산의 서재에서

옮긴이

찾아보기